GOLDMANN

W0105253

*Buch*

Vor über zweitausend Jahren in Höhlen nahe des Toten Meeres verborgen und erst 1947 entdeckt, bieten die berühmten Qumran-Rollen einen einzigartigen Einblick in die jüdischen und christlichen Ursprünge. Seit 1952, als ein internationales Team von Wissenschaftlern eingesetzt und die Höhle 4 in Qumran gefunden wurde – aus der die Texte in diesem Buch stammen –, wurden sie von einem von der katholischen Kirche streng ausgewählten kleinen Kreis von Priestern unter Verschluß gehalten.

Im Herbst 1991 durchbrach die Huntington Bibliothek in Kalifornien dieses Monopol und erlaubte den Zugang zu ihren Kopien der Qumran-Rollen. Bald darauf erfolgte die Veröffentlichung der Faksimile-Ausgabe, an der Robert Eisenman entscheidenden Anteil hatte. Schon seit längerem hatten er und Michael Wise an dem unveröffentlichten Corpus der Texte gearbeitet. Ihre überraschenden Forschungsergebnisse, die in diesem Buch vorgelegt werden, widersprechen entschieden den Behauptungen der von der Kirche berufenen Forscher, daß diese Texte nichts nennenswert Neues über den Aufstieg des Christentums in Palästina enthielten.

Begleitet von einem allgemeinverständlichen Kommentar, liefern die Originaltexte aufregende und höchst bedeutsame Erkenntnisse über die Messianische Bewegung, die Prophezeiungen, die Mysterien, die Weissagungen, die Sintflut und vieles mehr.

*Autoren*

Robert Eisenman ist Professor für Religionen im Nahen Osten und Direktor der Theologischen Fakultät der *California State University* in Long Beach. Als Autor von mehreren Büchern über die Qumran-Rollen riet er der Huntington Bibliothek in Kalifornien, ihre Archive zu öffnen, und erhielt als erster Forscher Einblick in ihre Sammlung von Kopien der Qumran-Rollen.

Michael Wise ist Professor für Aramäisch an der Fakultät für Sprachen und Kulturen des Nahen Ostens der *University of Chicago*. Er hat ein Buch über die Tempelrolle sowie zahllose Artikel über die Qumran-Rollen verfaßt.

Robert Eisenman · Michael Wise

# Jesus und die Urchristen

Die Qumran-Rollen entschlüsselt

Aus dem Englischen von Phillip Davies
und Birgit Mänz-Davies

**GOLDMANN VERLAG**

Die Originalausgabe erschien 1992 unter dem Titel
»The Dead Sea Scrolls Uncovered«
bei Element Books Ltd., Dorset, England.
Die Rechte für die Abbildungen liegen
beim Originalverlag.

*Umwelthinweis:*
Alle bedruckten Materialien dieses Taschenbuches
sind chlorfrei und umweltschonend.

Der Goldmann Verlag
ist ein Unternehmen der Verlagsgruppe Bertelsmann

Genehmigte Taschenbuchausgabe 1994
© 1992 by Robert Eisenman und Michael Wise
© der deutschsprachigen Ausgabe 1993
by C. Bertelsmann Verlag GmbH, München
Umschlaggestaltung: Design Team München
(unter Verwendung eines Fragments einer
Qumran-Rolle der Huntington Library)
Druck: Presse-Druck Augsburg
Verlagsnummer: 12550
SK · Herstellung: Stefan Hansen
ISBN 3-442-12550-2

10   9   8   7   6   5   4   3   2   1

# Inhaltsverzeichnis

# Abkürzungen

K. Beyer, *Texte*  K. Beyer, *Die aramäischen Texte vom Toten Meer*
(Göttingen: Vandenhoeck & Ruprecht, 1984)

DJD  *Discoveries in the Judaean Desert (of Jordan)*

*DSSIP*  S. A. Reed, *Dead Sea Scroll Inventory Project: Lists of Documents, Photographs and Museum Plates* (Claremont: Ancient Biblical Manuscript Center, 1991 –)

ER  R. H. Eisenman and J. M. Robinson, A *Facsimile Edition of the Dead Sea Scrolls*, 2 Volumes
(Washington, D.C.: 1991)

J. T. Milik,  J. T. Milik, *The Books of Enoch: Aramaic Fragments of Qumrân Cave 4*
*Books of Enoch*  (Oxford: Clarendon Press, 1976)

J. T. Milik, *MS*  J. T. Milik, »Milki-sedeq et Milki-resha dans les anciens écrits juifs et chrétiens«, *Journal of Jewish Studies* 23 (1972), S. 95-144

J. T. Milik,  J. T. Milik, *Ten Years of Discovery in the Wilderness of Judaea*
*Ten Years*  (London: SCM, 1959)

PAM  Palestine Archaeological Museum (Bezeichnung für die fortlaufenden Nummern der Fotografien von den Rollen)

4Q  Qumran-Höhle 4; die Texte sind hier numeriert, zum Beispiel: 4Q390 = Handschrift Nummer 390 von Höhle 4

[ ]  Fehlende Buchstaben oder Wörter

*vacat* Unbeschriebenes Leder

{ }  Tilgung durch alten Schreiber oder durch modernen Herausgeber

<>  Über der Zeile eingefügte Worte

III  Alte Chiffren in einigen Texten, gebraucht für die Ziffern 1–9

⌐  Alte Chiffren in einigen Texten, gebraucht für die Zahl 10

3  Alte Chiffren in einigen Texten, gebraucht für die Zahl 20

⌐⌐  Alte Chiffren in einigen Texten, gebraucht für die Zahl 100

. . .  Sichtbare Spuren von Tinte; Buchstaben können nicht entziffert werden

# Einleitung

Was macht die Rollen vom Toten Meer so interessant? Warum sind sie so wichtig? Wir glauben, daß das vorliegende Buch, das fünfzig Texte aus dem bisher nicht veröffentlichten Korpus präsentiert, helfen wird, diese Fragen zu beantworten.

Die Geschichte von der Entdeckung der Rollen in den Höhlen entlang der Küste des Toten Meeres in den späten vierziger und frühen fünfziger Jahren ist hinreichend bekannt. Die erste Höhle wurde von Beduinenjungen 1947 entdeckt. Die bekanntesten Arbeiten in der Qumran-Forschung befassen sich mit dem Material aus dieser Höhle; Qumran, die arabische Bezeichnung für den Ort, an dem die Rollen gefunden wurden, wird von Wissenschaftlern als Abkürzung gebraucht, wenn sie sich auf die Rollen beziehen.

Entdeckungen aus anderen Höhlen sind weniger bekannt, aber gleichermaßen wichtig. Zum Beispiel wurde 1952 Höhle 3 entdeckt. In ihr fand man eine Kupferrolle, die, wie es scheint, eine Liste von Verstecken für den Tempelschatz enthält. Von Anfang an war es ein Problem, diese Kupferrolle in ihren richtigen historischen Rahmen einzufügen. Die vorliegende Arbeit könnte dazu beitragen, diese oder ähnliche Fragen zu beantworten.

Die für unsere Arbeit wichtigste Höhle war die 1954 entdeckte Höhle 4. Da sie *nach* der Teilung Palästinas gefunden worden war, wanderte ihr Inhalt in das Rockefeller-Museum nach Ost-Jerusalem, das unter jordanischer Verwaltung stand, während der Inhalt von Höhle 1 zuvor in dem unter israelischer Verwaltung stehenden Israel-Museum in West-Jerusalem untergebracht worden war.

Wissenschaftler beziehen sich auf diese Höhlen, in denen man Handschriften fand, in der chronologischen Reihenfolge ihrer Entdeckung: zum Beispiel 1Q = Höhle 1, 2Q = Höhle 2, 3Q = Höhle 3 usw. Der scheinbar esoterische Kode zur Bezeichnung von Handschriften und Fragmenten funktioniert also folgendermaßen: 1QS = die Gemeinderegel aus Höhle 1; 4QD = die Damaskus-Schrift aus Höhle 4, im Gegensatz zu CD, der Rezension desselben Dokuments, das am Ende des letzten Jahrhunderts in einem Magazin, das unter dem Namen Kairoer »Geniza« bekannt ist, entdeckt wurde.

Die Entdeckung dieses offensichtlich alten Dokuments mit jüdisch-christlicher Färbung unter mittelalterlichem Material verblüffte Kenner der Materie anfangs. Später wurden Fragmente davon unter dem Material aus Höhle 4 gefunden; Forscher aber benutzten weiterhin die Kairo-Geniza-Versionen, da die Qumran-Fragmente nie veröffentlicht wurden. In diesem Buch präsentieren wir nun Abbildungen der letzten Spalte dieses Dokuments (Tafeln 19 und 20). Es spielte auch eine wichtige Rolle bei den Ereignissen, die zur endgültigen Publikation der unveröffentlichten Tafeln führten.

Der Kampf um den Zugang zu dem Material aus Höhle 4 war lang und beschwerlich, manchmal sogar erbittert. Ein Internationales Team von Editoren war von der jordanischen Regierung eingesetzt worden, um das Prozedere zu überwachen. Um es kurz zu sagen: Erstens war das Team kaum international zu nennen, zweitens war die Teamarbeit nicht gut, und drittens zog das Team den Redaktionsprozeß unendlich in die Länge.

1985 – 86 befand sich Professor Robert Eisenman, der Mitherausgeber dieses Buches, als Fellow der National Endowment for the Humanities in Jerusalem am William-F.-Albright-Institut für Archäologische Forschung, der »Amerikanischen Schule«, zu der die Rollen von Höhle 1 1947 ursprünglich zur Untersuchung gebracht worden waren. Der Gegenstand seiner Forschungsarbeit war die Beziehung der Qumran-Gemeinde zu der Kirche in Jerusalem. Letztere wird auch als die Jerusalemer Gemeinde Jakobus' des Gerechten bezeichnet, der in den Quellen der »Bruder Jesu« genannt wird – was auch immer diese Benennung bedeutet. Die Ehre solcher Quellenforschung war vorher größtenteils Archäologen zuteil geworden, aber nur wenigen Übersetzern, einschließlich einiger im Internationalen Team. Professor Eisenman war so der erste Historiker, der zugelassen wurde.

Frustrierenderweise konnte er in Jerusalem nur wenig ausrichten. Was den Zugang zu den Rollen selbst anging, so wurde er an der Nase herumgeführt, ein Umstand, der allen, die die Rollen-Saga kennen, inzwischen nur zu bekannt ist. Er wurde hin- und hergeschickt zwischen dem israelischen Department of Antiquities, heute im Rockefeller-Museum untergebracht, und der École Biblique oder »Französischen Schule«, in unmittelbarer Nähe der »Amerikanischen Schule« gelegen. Wenn er zu dieser Zeit von dem Archiv in der Huntington Library in Kalifornien, nicht weit von seiner Universität, Kenntnis gehabt hätte, hätte er mit weit größerem Nutzen seine Forschungen zu Hause betreiben können. Denn die Existenz dieses Archivs war nie einer breiten Öffentlichkeit bekannt gemacht worden, und nicht einmal alle Mitarbeiter der Bibliothek selbst wußten davon.

Aus den Reihen der »Französischen Schule«, der sogenannten École Biblique, einem Zweig des Dominikanerordens in Jerusalem, stammten alle früheren Editoren, darunter auch die beiden letzten: Pater Benoit, bis zu seinem Tode Leiter der École, und John Strugnell. Das Internationale Team war von Roland de Vaux, wiederum ein Dominikaner, eingesetzt worden. Zwischen 1954 und 1956 führte de Vaux Grabungen in Qumran durch. De Vaux war ausgebildeter Soziologe, kein Archäologe und ebenfalls Leiter der École Biblique gewesen.

Nach der Eroberung Ost-Jerusalems im Sechstagekrieg 1967 mag mancher die Israelis als die größten Profitmacher gesehen haben, denn die verbliebenen Rollen waren vielleicht ihre größte Beute – wenn sie dies nur erkannt hätten! Leider war dies nicht der Fall. Aufgrund der delikaten internationalen Lage und ihrer eigenen Trägheit taten sie wenig, um den Editionsprozeß der Rollen zu beschleunigen, der wegen der ebengenannten Probleme hinsichtlich der Kupferrolle mehr oder weniger zum Erliegen gekommen war. Das Gegenteil trat ein: Der bisherige Stand der Edition, die damals dem Zusammenbruch nahe war, erhielt einen zwanzigjährigen neuen Auftrieb.

Im Sommer 1986, zu Ende seines Aufenthaltes in Jerusalem, sprach Professor Eisenman zusammen mit dem britischen Wissenschaftler Phillip Davies bei einem der zuständigen israelischen Beamten vor – ein Mittelsmann zwischen dem Department of Antiquities (jetzt die »Autorität«) und dem Internationalen Team und der Kurator der Rollen am Israel-Museum. Ihnen wurde klipp und klar gesagt: »Ihr werdet die Rollen zu euren Lebzeiten nicht mehr sehen.«

Im Rampenlicht der weltweiten Aufmerksamkeit, die der Sache – vor allem unterstützt durch eine Kampagne der *Biblical Archaeology Review* – in den Medien zuteil wurde, war Eisenman der Wissenschaftler, auf den sich alles konzentrierte. Schließlich wurden ihm Fotografien der übrigen unveröffentlichten Rollen vom Toten Meer zugänglich gemacht. Anfangs, ab September 1989, erhielt er nur kleine Sendungen, dann, durch stärkeres Drängen, im Herbst 1990, also ein Jahr später, Fotografien von praktisch dem gesamten unveröffentlichten Korpus. Die Veröffentlichung einer zweibändigen *Faksimile-Ausgabe* zwei Jahre später, zusammen mit dem vorliegenden Buch, ist das Ergebnis.

An diesem Punkt trat Professor Michael Wise von der University of Chicago, ein Spezialist in Aramäisch, auf den Plan. Im November 1990 begann Eisenman, ihm Einblicke in das Archiv zu gewähren, und zwei Teams nahmen sofort die Arbeit auf: eines unter Professor Eisenman an der California State University in Long Beach und ein anderes unter Professor Wise an der University of Chicago. Ihr Ziel war es, alles durchzukämmen – jedes Foto einzeln –, um zu sehen, was vorhanden war, egal, wie lange es dauern würde, nichts dem Zufall überlassend *und ohne Inanspruchnahme jeglicher Hilfe.*

Was war eigentlich das Problem der Qumran-Forschung, das alle diese Bemühungen um Richtigstellung hervorrief? Die Existenz eines Internationalen Teams, welches den Eindruck einer offiziellen Einrichtung vermittelte, beeinflußte die Öffentlichkeit natürlich dahingehend, die von diesem Team veröffentlichten Ausgaben (hauptsächlich von der Oxford University Press in der Serie *Discoveries in the Judaean Desert*) und seine Interpretationen als autoritativ anzusehen. Diejenigen, die nicht die Gelegenheit hatten, diese Texte persönlich einzusehen, waren leicht von denen in die Schranken zu weisen, die beanspruchten, entweder mehr zu wissen oder mehr gesehen zu haben.

Anders formuliert: Kontrolle über die unveröffentlichten Handschriften bedeutete Kontrolle über das ganze Fachgebiet. Wie funktioniert das? Dadurch, daß es die unveröffentlichen Handschriften kontrollierte – den Zeitpunkt ihrer Veröffentlichung, die Entscheidung darüber, wem ein Dokument zur Redaktion gegeben wurde und wem nicht –, konnte das Internationale Team – um nur ein Beispiel zu nennen – unmittelbar wissenschaftliche »Superstars« schaffen. Zum anderen steuerte es die Interpretation der Texte: Anstelle von John Allegro wurde einem gewissen John Strugnell Zugang gewährt, anstelle von Robert Eisenman einem Frank Moore Cross, anstelle von Michael Wise einem Emile Puech. Ohne konkurrierende Analysen wuchsen diese Interpretationen unausweichlich zu einer Art offizieller Wissenschaft.

So entstand innerhalb des Arbeitsfeldes eine Auffassung, als »Essener-Theorie« bekannt, die dominiert wurde von den »offiziellen Wissenschaftlern«, die sie vertraten. Wie aus der vorliegenden Arbeit ersichtlich werden wird, ist diese Theorie ungenau und unzureichend, um die Gesamtheit des Materials, das das Qumran-Korpus repräsentiert, zu beschreiben. Ein anderer verhängnisvoller Umstand war, daß einzelne beteiligte Personen – ob durch Zufall oder mit Absicht – die Kontrolle über weiterführende wissenschaftliche Forschungen auf diesem Gebiet erhielten. Das bedeutete: Wenn jemand ein bestimmtes Dokument studieren wollte, so mußte er sich an dasjenige Instituts- oder Fakultätsmitglied wenden, das die Kontrolle über die entsprechende Handschrift hatte. Eine andere Möglichkeit bestand nicht. Hieraus wiederum erwuchs unausweichlich die Kontrolle über alle neuen Lehrstühle oder Positionen auf dem Fachgebiet – wenige genug ohnehin – und weiterhin über alle Rezensionen (ohnehin unter der Federführung von Harvard, Oxford und der École Biblique), Publikationskomitees, Redaktionsvorstände von Zeitschriften und Büchern. Jeder, der sich diesem Modus widersetzte, wurde als »zweitklassig« gebrandmarkt; wer sich anpaßte, war »erstklassig«.

Es war diese Art von Problemen innerhalb der Qumran-Forschung, die Eisenman lösen wollte, indem er den Gordischen Knoten ein für alle Male mit der Publikation der rund 1800 bisher unveröffentlichten Tafeln, die er im Besitz hatte, durchschlug. Die vorliegende Arbeit ist ein Nebenprodukt dieser Entscheidung, und die fünfzig Dokumente, die das Buch enthält, präsentieren nach unserem Urteil das Beste von dem, was es gibt. Rekonstruiert in der Zeit von Januar 1991 bis Mai 1992, geben diese einen exzellenten Überblick über das, was in dem bisher zurückgehaltenen Korpus vorhanden ist, und über seine Bedeutung.

Die fünfzig Texte in diesem Band wurden aus etwa 150 Tafeln rekonstruiert, ihre Nummern sind für den Leser in den Anmerkungen am Ende eines jeden Kapitels aufgeführt. Fünfundzwanzig der interessantesten Tafeln werden in diesem Band vorgestellt, nicht allein wegen des Interesses für den Leser, sondern auch mit der Absicht, ihm die Überprüfung der Genauigkeit der Übertragung bzw. Übersetzung zu ermöglichen. Der Rest kann in *A Facsimile Edition of the Dead Sea Scrolls,* veröffentlicht von der Biblical Archaeology Society of Washington 1991, ausfindig gemacht werden; die entsprechenden Nummern der Tafeln sind darin enthalten.

Dreiunddreißig dieser Texte sind in Hebräisch (einschließlich eines in kryptischer Schrift, die entschlüsselt werden mußte) und siebzehn in Aramäisch verfaßt. Aramäisch scheint als besser geeignetes »Medium« für die Aussagen von Testamenten, Bekenntnissen u.a. angesehen worden zu sein. Erbauungsschriften waren meist in Hebräisch, der heiligen Sprache der Bücher Moses, geschrieben. Die Schreiber apokalyptischer Visionen bevorzugten Aramäisch, wahrscheinlich aufgrund der Tradition, daß Aramäisch die Sprache der Engel war. Diese Einteilung kann, wenn auch in keinster Weise verbindlich, außerdem als ein Charakteristikum der vorliegenden Sammlung gesehen werden.

Texte und Fragmente sind so genau wie möglich übersetzt, das heißt, wie sie sind; nichts Wesentliches wurde zurückgehalten und getilgt. Eine präzise Transkription in neuhebräische Schriftzeichen wurde üblicherweise verwendet, um klassisches Hebräisch und/oder Aramäisch wiederzugeben, so daß der Leser diese Texte mit den Originalfotografien vergleichen oder die Übersetzung überprüfen kann, wenn er will. Nicht jede Übersetzung mag perfekt sein und die Anordnung der Fragmente in einigen Fällen noch immer auf Vermutungen beruhen, aber sie sind präzise und ausreichend, um dem Leser eigene Schlußfolgerungen zu ermöglichen, was in der Tat der Sinn dieses Buches ist.

Demselben Zweck dienen Kommentare zu jedem Text, einige länger, andere weniger lang; sie sollen dem Leser durch die Tiefen der oft so verborgenen Anspielungen und Zusammenhänge helfen. Die Kommentare versuchen außerdem, Sachverhalte in die richtige historische Perspektive zu rücken, wenn auch zu bedenken bleibt, daß Professor Eisenman und Professor Wise Standpunkte vertreten, die zwar einander ergänzen, aber nicht unbedingt identisch sind. Beide stimmen überein, was den »zelotischen« und/oder den »messianischen« Charakter der Texte betrifft, aber der eine würde weiter gehen als der andere in Richtung einer »zadokidischen«, »sadduzäischen« und/oder »jüdisch-christlichen« Theorie.

Außerdem wird keine Mühe gescheut, diese neuen Dokumente mit den wichtigeren Texten zu verbinden, die aus den frühesten Tagen der Qumran-Forschung bekannt sind und die in den fünfziger und sechziger Jahren veröffentlicht wurden, einschließlich der Damaskus-Schrift, der Gemeinderegel, des Habakuk-Kommentars, der Kriegsrolle und der Hymnen; diese liegen in

Hebräisch/Aramäisch und in deutscher Übersetzung vor. Unsere Kommentare ermöglichen dem Leser auch, diese frühen Texte in einem anderen Licht zu sehen. Ohne Kommentare dieser Art, die eine Wortverbindung mit der anderen, ein Bündel von Anspielungen mit einem anderen – manchmal verborgenen, aber immer einfallsreichen – in Beziehung setzen, und neue Dokumente, die wir in diesem Buch präsentieren, kann die Interpretation der früheren Texte bestenfalls unvollständig sein.

Auch ist die Anzahl der hier gebotenen Texte keineswegs unerheblich. Sie nimmt sich im Vergleich mit den bereits veröffentlichten Texten nicht schlecht aus und demonstriert die Wichtigkeit offener Archive und freien Wettbewerbs auch in der akademischen Welt. Sie entkräftet außerdem die Behauptung, daß fünfunddreißig Jahre nötig waren, um diese Texte zu studieren, und diskreditiert den Appell an die Geduld der Öffentlichkeit.

Ebenso sind diese Dokumente, wie der Leser selbst beurteilen kann, weder langweilig noch unwichtig. Sie widerlegen vollkommen die Ansicht, daß es in dem unveröffentlichten Korpus nichts Interessantes gebe oder Stil und literarische Qualität minderwertig seien. Im Gegenteil: Einige – insbesondere ekstatische und visionäre – Passagen sind von außerordentlicher Schönheit und von einzigartigem historischen Interesse.

Von dem Material aus Höhle 4 in der *DJD*-Serie und den rund 1800 Fotografien in der *Faksimile-Ausgabe* können ungefähr 580 einzelne Handschriften identifiziert werden. 380 von diesen sind nichtbiblischer oder – wie man in Fachkreisen sagt – gruppenspezifischer Art; der Rest ist biblisch. Nichtbiblische oder »gruppenspezifische« Texte findet man also nicht in der Bibel. Abgesehen von jenen apokryphen und pseudepigraphischen Werken, die über verschiedene Traditionen auf uns gekommen sind, sind die meisten dieser Texte neu, da nie zuvor eingesehen.

Während der erbitterten Kontroverse 1989 über den Zugang zu den unveröffentlichten Dokumenten behaupteten einige, daß sie bereit seien, die ihnen anvertrauten Dokumente einsehen zu lassen. Dies geschah manchmal nicht ganz aufrichtig. Im Blick auf die biblischen Handschriften mag diese Behauptung in gewisser Hinsicht wahr gewesen sein; jedoch waren die Dokumente nicht besonders aufregend oder gar von bahnbrechender Bedeutung. Sie stimmt sicher nicht, sofern es sich um nichtbiblische oder »gruppenspezifische« Dokumente handelte. Diese letzteren blieben fest unter der Kontrolle der Wissenschaftler, die auf die eine oder andere Art und Weise mit der zuvor erwähnten École in Verbindung standen, wie zum Beispiel die Kollegen de Vaux', Pater Milik, Pater Benoit, Pater Starky, John Strugnell und Pater Emile Puech.

Diese nichtbiblischen Dokumente sind von höchster Wichtigkeit für Historiker, da sie wertvolle Informationen über Ideengut und Strömungen des Judentums enthalten sowie das geistig-moralische Klima widerspiegeln, das die Entstehung des Christentums vom 1. Jahrhundert v. Chr. bis zum 1. Jahrhundert n. Chr. begünstigte. Sie sind Augenzeugenberichte dieses Zeitraums. Während sich jene, die für den schleppenden wissenschaftlichen Fortgang verantwortlich sind, mit philologischen Gründen zu rechtfertigen suchten, wurden die Interessen der Historiker völlig ignoriert.

Die meisten Philologen, die hauptsächlich daran interessiert sind, einen einzelnen Text oder eine Passage dieses Textes zu rekonstruieren, konnten einfach nicht verstehen, warum Historiker, nachdem sie dreißig Jahre darauf gehofft hatten, daß alles Material zugänglich gemacht werde, nicht mehr länger warten wollten – und zwar ungeachtet dessen, wie vollkommen oder unvollkommen ihre Übersetzungsbemühungen geraten waren. Der Historiker braucht Material, das sich auf eine bestimmte Bewegung oder eine historische Strömung bezieht, bevor er Schlüsse ziehen oder sich ein Urteil über diese Bewegung bilden kann.

Manche philologischen Bemühungen enden eben, da sie die Verwandtschaft einer Handschrift mit einer anderen ignorieren – etwa eine Anspielung –, in Ungenauigkeit. Dies ist oft der Fall in der Qumran-Forschung. Solange nicht alle relevanten Materialien verfügbar sind, kann nichts wirklich Endgültiges gesagt werden, weder vom Philologen noch vom Historiker; daher profitieren beide vom Zugang zum Material. Nach unserer Meinung bestätigen die Ergebnisse unserer Arbeit in diesem Buch diese Aussage.

Dasselbe gilt für Passagen innerhalb dieser Textsammlung, die direkte historische Beziehungen zu wirklichen Personen herstellen. Die Mitglieder des Internationalen Teams wußten von diesen Beziehungen und erwähnten sie gelegentlich (über Jahre hinweg!) in ihrer Arbeit, sahen aber keinen Grund, sie publik zu machen, weil sie ihnen entweder irrelevant erschienen – nur Gegenstand vorübergehender Neugier – oder sie sie nicht verstehen konnten. Dies ist bezeichnend – und jeder, der sieht, was wir daraus gemacht haben, kann sich seinen Reim darauf machen. Für den Außenstehenden oder einen Herausgeber, der einen differenzierten Standpunkt vertritt, ist dieses Material von weitreichendster historischer Bedeutung. In der Tat steht eine *Lösung* des Qumran-Problems bevor. Dies sollte sogar dem gelangweiltesten Zeitgenossen klar sein. Dasselbe kann für den Text über Gemeindedisziplin am Ende dieses Buches gesagt werden, der die Namen von Personen nennt, die mit der Gemeinde verbunden waren. Alle Zeugnisse dieser Art, zusammen mit den historischen Umständen, unter denen sie auftreten, erweitern unser Verständnis der Qumran-Gemeinde um ein vielfaches.

Dies trifft auch auf die beiden Briefe über die Werkgerechtigkeit in Kapitel 6 zu. Teile dieser Briefe sind unter unterschiedlichen Namen schon eine gewisse Zeit im Umlauf gewesen, aber ein vollständiger Text wurde bis jetzt nicht verfügbar gemacht. Im Gegenteil: Bemühungen, die Briefe zu veröffentlichen, wurden unglaublich in die Länge gezogen – Insider wußten schon vor dreißig Jahren von ihrer Existenz. Der Eindruck, den man von den öffentlichen Kommentaren dieser Insider über ihre Interpretationen der Briefe bekommt, kann die Forderung nach freiem Zugang nur verstärken. Die Relevanz dieser Briefe ist für die grundsätzliche Lösung der mit Qumran und dem frühen Christentum verbundenen Probleme von großer Tragweite, wie wir später sehen werden. Was uns betrifft, so haben wir in Einklang mit unserer schon genannten Absicht in diesem Buch das gesamte Korpus selbst durchforstet, unabhängig von anderen Arbeiten. Wir haben Auswahl und Anordnung selbst getroffen, einschließlich der Identifizierung von Überschneidungen und Verbindungen. Der Arbeitsprozeß dauerte nur ungefähr sechs Wochen. Die Informationen, die diese beiden Briefe enthielten, hätten vor dreißig Jahren verfügbar gemacht werden sollen, und viele Mißverständnisse innerhalb der Qumran-Forschung wären vermieden worden.

Dasselbe gilt auch für die letzte Spalte der Damaskus-Schrift, mit der wir Kapitel 6 beenden. Diese war Gegenstand der besonderen Bitte um Zugang, die Eisenman und Davies im Frühjahr 1989 an John Strugnell, den damaligen Leiter des Internationalen Teams, und an das israelische Department of Antiquities richteten – nur um kategorisch zurückgewiesen zu werden. Das Scheitern dieser »offiziellen« Bemühungen erregte schließlich in der internationalen Presse großes Aufsehen.

Welchen Unterschied macht es, ob man den Zugang zu einer einzigen unbekannten Spalte der Damaskus-Schrift hat? Der Leser braucht nur einen Blick auf unsere Interpretation dieser Spalte zu werfen, um ihn zu verstehen. Die Sache bekommt ein völlig anderes Gesicht. Bevor wir nicht jede einzelne Zeile übersetzt und alles Material zur Verfügung hatten, konnten wir uns das gar nicht vorstellen. Im Licht des übrigen Korpus und verglichen mit den Schlüsselstellen im Neuen Testament stellt sich heraus, daß wir hier die Grundlage für Paulus' theologischen Ansatz zum Tode Jesu vor uns haben, einen Ansatz, auf dem das spätere christlich-theologische Verständnis basiert.

Von den wenigen Krumen, die das Internationale Team bereit war, den Wissenschaftlern von Zeit zu Zeit zuzuwerfen, wußten wir, daß es in diesem Text irgendeinen Hinweis auf eine wichtige Versammlung der Gemeinde an Pfingsten gab – genauso wie wir Gerüchte über Passagen anderer unveröffentlichter Texte hörten. Da wir sie aber nie zu Gesicht bekamen, wußten wir nicht, daß der Text ein Exkommunikationstext war oder daß die Damaskus-Schrift mit einer solchen Orgie nationalistischen »Fluches« endete. Das bedeutet einen grundlegenden Unterschied.

Bestimmte theologische »Ableitungen« des Paulus, die die Verwünschungen betreffen und die Bedeutung der Kreuzigung Christi, werden nun ins rechte Licht gerückt. Dadurch wurden Vorstellungen über den erlösenden Charakter des Todes Christi, wie sie in Jes. 53 dargelegt werden und wie sie Menschen immer noch als grundlegend ansehen, geklärt. Der Leser sollte unsere weitere Diskussion dieser Punkte am Ende von Kapitel 6 nachschlagen. Dies ist der Unterschied, der sich ergibt, wenn alle Dokumente verfügbar sind.

Was also stellen im Endeffekt diese Dokumente dar? Wahrscheinlich nicht weniger als ein Bild der Bewegung, aus der das Christentum in Palästina entstand. Und noch mehr: Wenn wir den messianischen Charakter dieser Texte bedenken, wie wir ihn in diesem Buch skizzieren, und damit verwandte Begriffe wie zum Beispiel »Gerechtigkeit«, »Frömmigkeit«, »Rechtfertigung«, »Werke«, »die Armen«, »Geheimnisse«, so erhalten wir ein Bild dessen, was das Christentum in Palästina wirklich war. Der Leser wird wahrscheinlich Schwierigkeiten haben anzuerkennen, daß da praktisch das vollkommene Gegenteil dessen zum Vorschein kommt, was er in der Schule gelernt hat. Dies ist speziell der Fall bei Dokumenten wie den zwei ebengenannten Briefen über die Werkgerechtigkeit und anderen in Kapitel 6, welche im Detail auflisten, was als »Gerechtigkeit« oder als »Werke, die gerecht machen«, angesehen wurde.

Der Grund hierfür ist einfach. Wir können nicht wirklich von einem »Christentum« als solchem im Palästina des 1. Jahrhunderts sprechen. Der Begriff wurde, wie Apg. 11,26 verdeutlicht, nur geprägt, um die Situation im syrischen Antiochien während der fünfziger Jahre des 1. Jahrhunderts zu beschreiben. Später wurde er benutzt, um den großen Teil der »überseeischen«, heidenchristlichen Welt, die inzwischen christlich geworden war, zu kennzeichnen. Dieses Christentum war jedoch völlig verschieden von der Bewegung, die aus den uns vorliegenden Texten aufscheint – vielleicht nicht *völlig.*

Beide Bewegungen verwenden dasselbe Vokabular, dieselben Schriftstellen zum Beweis und ähnliche begriffliche Zusammenhänge; die eine aber kann als das Gegenstück der anderen charakterisiert werden. Während das palästinische Christentum zelotisch, nationalistisch, politisch engagiert, fremdenfeindlich und apokalyptisch war, so war das heidenchristliche kosmopolitisch, antinomisch und pazifistisch – mit einem Wort: »paulinisiert«. Ebenso können wir die zuerst genannte Bewegung »jakobisch« nennen, zumindest wenn wir von dem Brief ausgehen, der im Neuen Testament dem Jakobus zugeschrieben wird; sowohl Eusebius als auch Martin Luther waren der Auffassung, dieser Brief sollte nicht in den Kanon des Neuen Testamentes aufgenommen werden. Verständlicherweise – denn sein allgemeiner Glaubensinhalt weist Parallelen zu vielen Qumran-Dokumenten auf und ist deshalb mit Begriffen und Wörtern durchsetzt, die auch in Qumran erscheinen.

Aus diesen Gründen halten wir es für angemessener, die Bewegung, die wir vor uns haben, als die »messianische« zu bezeichnen und entsprechend ihre Literatur als die der »messianischen Bewegung« in Palästina anzusehen. Soweit diese Literatur dem Essenertum gleicht, kann sie »essenisch« genannt werden, soweit dem Zelotentum, »zelotisch«, soweit den Sadduzäern, »sadduzäisch«, soweit dem Judenchristentum – was immer auch damit gemeint sei – »jüdisch-christlich«. Die Nomenklatur ist unwichtig und nicht unbedingt relevant.

Klar sollte sein, daß wir hier unabhängig von der Datierung ein eindrucksvolles Archiv vor uns haben. Wenn nicht aus dem 1. Jahrhundert, so führt es mit Sicherheit direkt zu den Hauptbewegungen des 1. Jahrhunderts, von denen jede das zeitgenössische Vokabular und Ethos als eigenes annimmt. Es ist zum Beispiel, wie wir bemerkten, unmöglich, das Ideengut und die Terminologie, die mit der Jerusalemer Gemeinde von Jakobus dem Gerechten in Verbindung gebracht werden, von dem Material, das in diesem Korpus gefunden wurde, zu unterscheiden.

Das Archivmaterial, das wir vor uns haben, zeigt aber deutliche Verbindungen zu der »Zeloten-Bewegung«, wie wir später erläutern werden; Professor Wise ist schon seit einiger Zeit für diese Theorie eingetreten. Tatsächlich hat man diese Theorie über die Ursprünge Qumrans schon in den Anfängen der Qumran-Forschung vorgeschlagen. Diejenigen, die die etablierte »Essener-Theorie« unterstützten, glaubten, sie hätten die »Zeloten-Theorie« vor zwanzig Jahren bereits widerlegt, und verlachten deren Befürworter Cecil Roth und G. R. Driver aus Oxford. Die Theorie, die sie damals vorlegten, enthielt Mängel, da sie nicht den gesamten Umfang der durch das Qumran-Korpus repräsentierten Literatur einbeziehen konnte. Wie auch immer – ein gut Teil dieser Mängel kann behoben werden, wenn man unsere in diesem Buch vorgelegte Darstellung der Bewegung als einer messianischen, die sowohl zelotische als auch jüdisch-christliche Züge trägt, berücksichtigt.

Was in der Qumran-Literatur reflektiert wurde, muß scheinbar einer *messianischen* Elite zugeordnet werden, die sich in die Wüste zurückzog oder absetzte, um, wie es Jes. 40,3 forderte, »in der Wüste den Weg des Herrn zu bereiten«. Diese Elite wohnte anscheinend in »Wüstenlagern«, in denen sie sich auf den Besuch der Engel, die sie als die »Himmlischen Heerscharen« bezeichneten, und auf einen endgültigen Heiligen Krieg gegen alles Böse dieser Erde vorbereiteten. Dies war wohl der Grund für die Ausübung extremster Reinheit in der Wüste, wie es diese Texte beschreiben, und hat nichts mit der rückblickenden Darstellung im Neuen Testament zu tun, wie sie uns überliefert ist. Diese Bewegung bestand aus einem kleinen Kader engagierter »Freiwilliger« oder »Kriegsanhänger«, aus »Heiligen« und »Seligen«, die sich in der Wüste rüsteten durch die »Vollendung des Weges« und den »Eifer für das Gesetz für den Tag der Heimsuchung«.

Der militante Zug dieser Gesinnung, die durch die vorliegenden Texte geistert und die die beiden Herausgeber dieses Buches in getrennten Analysen des Qumran-Materials herauszuarbeiten versucht haben, wird für viele Leser ungewohnt sein. Hier ist vielleicht auch der Kern der Bewegung hinter den

ähnlich militanten Bestrebungen des Judas Makkabäus auszumachen, fortgeführt durch die Nachkommen seines Neffen Johannes Hyrkan – seine Epigonen unter den sogenannten »Zeloten« im Krieg gegen Rom im 1. Jahrhundert und danach. Diese waren, wenn man so will, »heilige Krieger« ihrer Zeit,
bereit, ein Leben von äußerster Einfachheit zur Vorbereitung auf die »letzten
Tage« zu führen. Denjenigen, denen mehr der »sanftere« heidenchristliche
Ansatz vertraut ist, wird es schwerfallen zu akzeptieren, daß dieser militante
Zug das Christentum in seinen Anfängen in Palästina prägte.

Was die Datierung und die Chronologie generell betrifft, so haben wir uns
nicht auf die Methoden der Paläographie verlassen. Diese Methoden sind in
der Vergangenheit oft zu Unrecht in der Qumran-Forschung angewendet worden, um den Laien zu verwirren. Die paläographisch ermittelten Reihenfol-
gen sind, wenn auch hilfreich, doch zu unsicher, um wirklich relevant für eine
so kurze chronologische Periode sein zu können. Hinzu kommt, daß sie auf
der falschen Annahme einer schnellen und geradlinigen Entwicklung von
Schriften in dieser Zeit basieren.

»Bücher« bzw. Hand-Schriften sind gewöhnlich langlebig – oft über Jahrhunderte nach ihrer Niederschrift; informelle und halbkursive Handschriften
können auf der gegenwärtigen Basis einfach nicht genau datiert werden. Mit
anderen Worten: Die Möglichkeit, den Ursprung einer bestimmten Handschrift zu datieren – eine zweifelhafte Angelegenheit, egal in welcher Zeit und
an welchem Ort –, sagt uns nichts darüber, wann eine bestimmte Person
innerhalb einer Gemeinde, wie zum Beispiel derjenigen, die in der Literatur
Qumrans vorgestellt wird, diese Handschrift wirklich benutzt hat. Das gleiche gilt für ein anderes Steckenpferd der Qumran-Forschung, die Münzdatie-
rung. Das Prägedatum einer Münze sagt nichts darüber aus, wann sie jemand
danach fallen ließ. Vergleichbares betrifft die Paläographie. Sogar wenn es
möglich wäre, den Stil einer bestimmten Handschrift genau zu datieren, so
wissen wir damit nur, daß sie nicht für die Zeit vor dem Datum ihrer theore-
tischen Entstehung in Frage kommt, nicht aber, für einen wie langen Zeit-
raum danach. Diese gesamte Konstruktion ist eine tautologische Absurdität.

Ähnliche Probleme stellen sich mit den AMS-Karbon-14-Datierungstech-
niken. In ihrem zuvor erwähnten Brief an das israelische Department of
Antiquities 1989 schlugen Eisenman und Davies als erste die Anwendung
dieser Technik vor. Diese Karbon-Datierung steckt noch in den Kinderschu-
hen, läßt viele Variablen zu und ist zu unsicher, um sie präzise auf das vor uns
liegende Material anwenden zu können. Wie immer auf diesem Gebiet wird
man am Ende wieder zurückverwiesen auf Literarkritik, Textkritik und auf
einen sicheren historischen »Griff« – umstritten genug auf anderen Gebieten,
hier beinahe gänzlich fehlend –, um Entscheidungen dieser Art zu treffen.

Unter den Dokumenten der vorliegenden Sammlung sind einige von erha-
bendster und unglaublicher Schönheit: etwa die »Hymnen und Geheimnisse«

(Kapitel 7), ebenso die visionären Erzählungen in den Kapiteln 1, 2, 3 und 5. Der visionäre Charakter des Qumran-Korpus wird in der Tat weit unterschätzt. Texte dieser Art grenzen an das, was im Judentum unter dem Namen *Kabbala* subsumiert wird, und es ist in der Tat schwer zu leugnen, daß da eine unmittelbare Verwandtschaft, wenn auch im »Untergrund«, bestanden haben muß. Hinzu kommt, daß auch alle Anspielungen und Ideen, die in den Dokumenten dieser Sammlung enthalten sind, in einem erstaunlichen Zusammenhang stehen. Bezüge sind sehr präzise, Wortgruppen erscheinen regelmäßig. Ideen und Bilder bewegen sich so konsequent von einem Dokument zum anderen, daß sie dem Forscher Ehrfurcht einflößen. Alles ist so homogen und stimmig, daß wenig Zweifel darüber bestehen kann, daß das Vorliegende das Archiv einer Bewegung ist.

Wir haben versucht, mit unserer Übersetzung so genau wie möglich dem Original zu folgen. Das Ergebnis kann ein stellenweise holpriger Stil sein. So haben wir Sätze nicht umgestellt oder die Anordnung der Wörter geändert, um eine fließendere Sprache zu erhalten. Wir haben in der englischen Übersetzung Wörter oder Wortverbindungen groß geschrieben, die wir als besonders wichtig oder relevant für die Qumran-Lehre ansahen und die über die gesamte Breite des Qumran-Korpus erscheinen. Beispiele für solche Wörter – der deutsche Leser kann dies nicht unmittelbar nachvollziehen, da im Deutschen Substantive grundsätzlich groß geschrieben werden – sind »Gerechtigkeit« (»Righteousness«), »Frömmigkeit« (»Piety«), »Wahrheit« (»Truth«), »(Er-)Kenntnis« (»Knowledge«), »Fundamente« (»Foundations«), »die Armen« (»the Poor«), »die Sanftmütigen« (»the Meek«), »Geheimnisse« (»Mysteries«), »Pracht« (»Splendour«) und »Quelle« (»Fountain«). Diese Wörter sind oft von großer historischer Wichtigkeit.

Im Unterschied zu vielen Übersetzern – die alles zu versuchen scheinen, um den Eindruck der Zusammenhanglosigkeit zu erwecken und Verwirrung zu stiften, und die offensichtlich nicht wissen, was für Qumran ein wichtiger Begriff war und was nicht – haben wir uns bemüht, gängige Ausdrücke zu benutzen, um Schlüsselwörter zu übersetzen, zum Beispiel »Heiliger Geist« anstelle von »Geist der Heiligkeit«, »der Weg« anstatt »der Pfad«, »Werke« anstelle von »Taten« und »Messias« für »der Gesalbte«. Wann immer wir auf ein Wort wie zum Beispiel »Rechtfertigung« (»Justification«) stießen, das in der Art und Weise verwendet wird, wie es im frühen Christentum bekannt war, übersetzten wir es eben mit »Rechtfertigung« und nicht anders. Wo die Formulierung »Werkgerechtigkeit« auftauchte, wie etwa in den beiden nach ihr benannten Briefen, verwendeten wir sie unverändert, gleichgültig, wie ungewohnt die »Werke« in diesem Zusammenhang erschienen.

Wir haben auch den Versuch gemacht, bekannte Wörter übereinstimmend wiederzugeben. So beziehen sich einige Texte auf »die *Thora*«. Dieselben Texte oder andere sprechen aber auch von »*Chok*«/»*Chukkim*«, dies bedeutet

»Anordnung(en)« oder »Gesetz(e)«. Da gelegentlich ein für die Entwicklung der »Zeloten-Bewegung« wichtiger Begriff wie etwa »Eifer« mit den genannten Wörtern in Verbindung gebracht wird, haben wir ihn meist mit »Gesetz« oder »Gesetze« wiedergegeben, in der Bedeutung von individuellen Anforderungen der Thora oder des Bundes.

Verwirrend ist auch sicher, daß es einen zweideutigen rechtlichen Gebrauch für *»Mischpat«* gibt. Abhängig vom Kontext kann die Übersetzung »Urteil« oder »Anordnung« sein. Da – wenn im eschatologischen Sinne gebraucht – *»Mischpat«* sich meistens auf das bezieht, was im Deutschen als »das Jüngste Gericht« bezeichnet wird, haben wir es vorgezogen, *»Mischpat«* weitgehend mit »Urteil« zu übersetzen, so daß der Leser das zugrundeliegende hebräische Wort in der Übersetzung erkennt, obwohl dies gelegentlich zu Ungenauigkeiten führen kann, wenn es sich um alltägliche Angelegenheiten handelt. Zum Beispiel erscheint in Kapitel 6 eine Person mit dem Namen *»Mebakker«* oder »Bischof«; immer wenn er Einzelfälle beurteilt oder individuelle Regeln aufstellt, erscheint dies als »Urteile« sprechen.

Ein Schlüsselwort ist *»Hesed«*. In den meisten Fällen bedeutet es »Frömmigkeit« (»Piety«), manchmal aber, speziell auf Gott bezogen, kann es »Gnade« (»Grace«) heißen, wie oft von Paulus in seinen Briefen benutzt. Um der Übereinstimmung willen haben wir es durchgehend mit »Frömmigkeit« (»Piety«) übersetzt. Es gibt unzählige Beispiele für Schlüsselwörter: *»Ebjon«*, *»'Ani«* und *»Dal«*, die alle auf »die Armen« (»the Poor«) oder »Armut« (»Poverty«) Bezug nehmen. Aus Gründen der Übereinstimmung und der Genauigkeit haben wir »die Armen« (»the Poor«) für den ersten, »die Sanftmütigen« (»the Meek«) für den zweiten und »die Geknechteten« (»the Downtrodden«) für den dritten Begriff gewählt.

Schließlich noch ein Wort zur Rekonstruktion der einzelnen Fragmente zu einem sinnvollen Ganzen. Ihre Reihenfolge ist oft willkürlich und gibt wieder, was unter den gegebenen Umständen am sinnvollsten erschien. Es ist manchmal nicht klar, ob alle Fragmente wirklich zum selben Text gehören. Zum Beispiel fanden wir in einem herrlichen mystischen, visionären Passus den »Wagen der Herrlichkeit«, einen Exkommunikationstext, vergleichbar mit der letzten Spalte der Damaskus-Schrift, eingebettet in mehr prosaisches Material. Was sollen wir mit einem derartigen Fragment tun? Wie auch immer: Solche Spalten wurden ihrem Anschluß entsprechend aufgenommen – wie es dem Charakter des vor uns liegenden Materials entspricht.

Oft entschlossen wir uns, derartige Passagen einfach als Teile derselben Handschrift bestehen zu lassen, sogar wenn sie vielleicht kein Teil davon waren. Dies trifft auch in einigen – aber sicherlich nicht allen – Fällen zu, was die Reihenfolge der Fragmente in bestimmten Dokumenten angeht. Wir dachten, daß dies kein hinreichender Grund sei, der unsere Arbeit aufhalten sollte, wie das bei einigen der »offiziellen« Editoren der Fall war. Wir hielten solche Problemfälle für relativ unbedeutend (von größerem Interesse für den Spezialisten als für den Leser), gemessen am Recht der Öffentlichkeit »zu wissen«. Uns war wichtiger, eine bestimmte Handschrift zu übersetzen, einen Kommentar vorzulegen, dies herauszugeben und es der Öffentlichkeit zu überlassen, sich zu diesen sensiblen Punkten ein eigenes Urteil zu bilden.

Abschließend möchten die Herausgeber beiden Teams, die an diesen Texten gearbeitet haben, dem einem an der California State University, Long Beach, und dem anderen an der University of Chicago, ihren Dank aussprechen. Im ersten wirkten Rabbi Leo Abrami, Eron Viner, Ilan Cohen, Eyran Eylon und Dr. James Battenfield mit, im zweiten David Clemens, Deborah Friedrich, Michael Douglas und Anthony Tomasino. Was das zweite Team betrifft, so möchte Professor Wise seinen besonderen Dank Mr. Douglas und Mr. Tomasino ausdrücken. Sie teilten seine Arbeit an vielen Handschriften. Mr. Tomasino leistete einen besonderen Beitrag mit seiner Arbeit in allen Phasen des Projekts. Die Herausgeber danken außerdem für die Hilfe und Vorschläge von Professor Norman Golb, Professor Dennis Pardee, Dr. Douglas Penny und Dr. Yiftah Zur. Diese Kollegen und Studenten haben die Qualität dieses Buches verbessert. Übersetzungen der vorliegenden Art sind schwierig. Eine Arbeit, die während der letzten fünfunddreißig Jahre größtenteils zurückgestellt worden war, wurde unter schwierigen Bedingungen – wenn auch nur vorläufig – vollendet.

Diejenigen, die mitgeholfen haben, verdienen ausschließlich Dank und keinen Tadel für irgendwelche Fehler in Texten oder in der Interpretation. Die letzte Verantwortung für Texte, Übersetzungen und Kommentare liegt – wie immer – natürlich bei den Autoren. Professor Wise möchte außerdem seinem Bruder Jamie und seiner Frau Cathy seinen Dank aussprechen, für die die Worte des Poeten gelten: *Mater pulchra filia pulchrior;* Professor Eisenman seiner Frau Heather und seinen Kindern Lavi, Hanan, Nadav und Sarah. Die Arbeit auf diesem Gebiet hat nun einen Anfang. Wir hoffen, daß unsere Bemühungen in diesem Buch helfen werden, den weiteren Weg zu erhellen.

Fountain Valley, California
Des Plaines, Illinois
Juni 1992

# Kapitel 1
# Messianische und visionäre Erzählungen

Diese Texte gehören mit zu den herausforderndsten des Korpus. Wegen ihres messianischen, visionären und mystischen, ja fast kabbalistischen Inhalts und der Bildersymbolik haben wir ihnen das erste Kapitel gewidmet. Dies sind jedoch nicht die einzigen Texte von solcher Wichtigkeit. Im Gegenteil: Ihre Brisanz steigert sich noch bis zu den Kapiteln 5 und 7.

Das messianische Theoretisieren, das diese Texte widerspiegeln, ist höchst interessant – es ist bisher entweder unterschätzt oder aus irgendeinem Grund bei der Erforschung der Rollen heruntergespielt worden. In mindestens zwei Texten dieses Kapitels (einmal ganz abgesehen von anderen Kapiteln) haben wir definitive Anspielungen auf den Messias. Wir nennen die messianischen Visionstexte nach einer Anspielung in der ersten Zeile »Der Messias des Himmels und der Erde« und »Der messianische Führer« (Nasi). In beiden Texten finden sich klare Bezüge zu messianischen Abschnitten beim Propheten Jesaja.

Interessanterweise spiegelt sich hier die Lehre von den zwei Messias-Gestalten, wie wir sie aus den ersten Tagen der Qumran-Forschung kennen – wie zum Beispiel aus der Damaskus-Schrift, die in zwei Rezensionen gegen Ende des letzten Jahrhunderts in der Kairoer Geniza gefunden wurde, oder aus der Gemeinderegel aus Höhle 1 –, nicht wider; statt dessen stoßen wir auf den »normativeren«, einen Messias, der Christen und Juden eher vertraut vorkommt. Obwohl in dem Text vom messianischen Führer (Nasi) diese Figur nirgends als der eigentliche Messias bezeichnet wird, sondern als ein messianischer oder eschatologischer Führer, verleihen der messianische Unterton der biblischen Anspielungen und die Ereignisse, die er wiedergibt, ihm deutlich etwas von dieser Stellung. Betrachtet man die Beziehung zur Damaskus-Schrift, auf die wir im Kapitel 6 noch näher eingehen werden, kommt man zum selben Ergebnis.

Aber sogar in dem veröffentlichten Korpus ist eine große Menge von Material enthalten, insbesondere in den biblischen Kommentaren (den *pescharim*) über Jesaja, Sacharja, die Psalmen usw. sowie in den Sammlungen messianischer Belegtexte, die verwandt sind mit dem einzigen, mehr nationalistischen Messias nach der Art Davids im Gegensatz zu einem zweiten Messias mit eher hohepriesterlichen Zügen. Diese zweite Gestalt wird natürlich durch den Hebräer-Brief gestützt, in dem stärker die eschatologischen und hohepriesterlichen Züge der Messianität hervorgehoben werden.

Sogar in der Damaskus-Schrift findet sich in der ersten Spalte der Kairoer Rezension ein Hinweis darauf, daß die messianische »Wurzel der Pflanzung aus Israel und aus Aaron« schon erschienen ist. Das »Sicherheben« oder »Aufstehen«, welches in späteren Abschnitten vorausgesagt wird, kann weiterhin als etwas, das die Züge einer messianischen »Wiederkunft« – möglicherweise sogar einer »Auferstehung« – trägt, angesehen werden (vgl. Dan. 12,13 und *Lam. Rabba* II, 3,6, die *'amod* oder »aufstehen« in genau diesem Sinne gebrauchen; vgl. ebenso unsere Diskussion der Mahnungen an die »Söhne der Morgendämmerung« im folgenden). In der Kairoer Damaskus-Schrift ist außerdem nicht völlig eindeutig, ob die Andeutungen von »Aaron und Israel« nicht einen zweifachen anstelle eines einzigen Messias aus zwei genealogischen Zweigen implizieren, wie in der Forschung früher vorgeschlagen wurde und was, wie wir sehen werden, die bessere Lesart zu sein scheint.

Der ungeheuer starke messianische Zug in der Menge des Qumran-Materials ist von vielen Kommentatoren übersehen worden, insbesondere in dem veröffentlichten Korpus, nämlich an drei verschiedenen Stellen, die die »Weltherrscher«- oder »Stern«-Prophezeiung aus Num. 24,17 betreffen – »es geht auf ein Stern aus Jakob, ein Szepter erhebt sich aus Israel« –, und zwar in der Damaskus-Schrift, der Kriegsrolle und einem der Kompendien messianischer Belegtexte, die als Florilegien bekannt sind. Es besteht wenig Zweifel, daß die Entstehung des Christentums sich auf diese Voraussage stützte. Unser eigenes Genesis-Florilegium – um mit diesem Titel zu spielen – endet ebenso mit der Darstellung einer anderen bekannten messianischen Prophezeiung – das »Silo« von Gen. 49,10, das ebenfalls den oben erwähnten »Szepter«-Aspekt beinhaltet.

Josephus, ein jüdischer Historiker des 1. Jahrhunderts n. Chr. und Augenzeuge der Ereignisse, die er beschreibt, identifiziert die »Weltherrscher«-Prophezeiung als die treibende Kraft hinter dem jüdischen Aufstand gegen Rom 66–70 n. Chr. (*Der jüdische Krieg* VI § 317). Römische Schreiber sind von ihm abhängig, wie etwa Sueton (*Zwölf Kaiser* 10,4) und Tacitus (*Historien* 2,78 und 5,13). Rabbinische Quellen bestätigen ihre Verbreitung während der Ereignisse um den Fall des Tempels 70 n. Chr. (*Abot de Rabbi Nathan* 4 und *b. Gittin* 56b). Wie auch immer: Die Letztgenannten schlagen eine entgegengesetzte Richtung ein, indem sie ihren Helden, Rabbi Jochanan ben Zakkai, das Motiv auf den Zerstörer Jerusalems und den zukünftigen römischen Herrscher Vespasian anwenden lassen, wie es in gleicher Weise auch Josephus tat. Der Bar-Kochba-Aufstand 132–136 n. Chr. kann ebenfalls als von dieser Prophezeiung inspiriert betrachtet werden; es scheint, als sei Bar-Kosibas usprünglicher Name absichtlich in einen verwandelt worden, der die Anspielung Bar-Kochba = »Sohn des Sterns« enthält. Die anderen Texte in diesem Teil sind alle visionär und eschatologisch, meistens verwandt mit Hesekiel, dem original-visionären und eschatologischen und in den Qumran-Texten beliebten Propheten. Was darüber hinaus über ihre nationalistischen, militanten, apokalyptischen und unbeugsamen Züge gesagt werden kann, sollte weder bestritten noch übersehen werden.

## 1. Der Messias des Himmels und der Erde (4Q521)   (Tafel 1)

Dieser Text ist einer der schönsten und bedeutendsten im Qumran-Korpus. In ihm kehren viele interessante Themen wieder, die auch in anderen Qumran-Texten erscheinen. Erstens liegt eine durchgehende Betonung auf »den Gerechten« (»Zaddikim«), »den Frommen« (»Hasidim«), »den Sanftmütigen« (»'Anavim«) und »den Treuen« (»Emunim«). Diese Begriffe tauchen im gesamten Korpus wieder auf (vgl. besonders die »Hymnen der Armen«, s. u.) und sollten als mehr oder weniger austauschbare Andeutungen und literarische Selbstbezeichnungen verstanden werden. Die beiden ersten spielen in der jüdischen Mystik eine große Rolle, die beiden letzten im Christentum.

Dazu kommen außerdem neue Themen, wie zum Beispiel »Gottes Geist, der über den Sanftmütigen schwebt« und »die Ankündigung der großen Freude, die den Sanftmütigen gilt«: Themen, die deutliche Parallelen im Neuen Testament besitzen. Dieser Themenkreis umschließt ebenfalls »die Frommen«, die »verherrlicht werden am Thron des Ewigen Reiches«. Auch dieses Bild scheint im Neuen Testament sowie in der *Kabbala* auf, ebenso wie Gottes »Aufsuchen der Frommen« und »das Rufen der Gerechten bei ihrem Namen« in der Damaskus-Schrift belegt sind. In CD I,7 wird von Gott gesagt, daß er die Erde aufgesucht habe, um eine messianische »Wurzel der Pflanzung« wachsen zu lassen, und im Anschluß daran werden in IV, 4 die »Söhne Zadoks« als »beim Namen Gerufene« beschrieben. Dieser Ausdruck »beim Namen gerufen« findet sich auch in Spalte II, 11 der Damaskus-Schrift wieder; unmittelbar darauf folgt die Aussage, daß Gott »sie durch Seinen Messias Seines Heiligen Geistes belehrte« – Worte, die auch im vorliegenden Text nachklingen.

Parallele Anspielungen bestätigen nicht nur die Verwandtschaft der »Söhne Zadoks« mit den *Zaddikim* (»den Gerechten«), sondern »Benennung« und »Vorherbestimmung« sind ebenfalls wichtige Schlüsselbegriffe in den ersten beiden Spalten der Damaskus-Schrift und in Kapitel 2–5 der Apostelgeschichte, wo zum Beispiel die »Vorherbestimmung« Christi und die Sprache des Heiligen Geistes angezeigt werden. Wenn man die zusätzlichen Fragmente dieses Textes – seien sie nun sein integraler Bestandteil oder nicht – berücksichtigt, so gibt es dort mancherlei Anspielung auf die »Gesalbten« oder die »Messiasse« (Plural!), die sich wahrscheinlich auf die im

Tempel diensttuenden Priester bezieht. Die beiden Spalten des Hauptfragments auf dieser Tafel (Nr. 1) freilich lassen sehr deutlich nur an *einen,* nationalistischen Messias denken, und zwar ganz entsprechend der Interpretation der mit diesem Fragment verwandten »Silo«-Prophezeiung im Genesis-Florilegium.

Der Messias ist bis zu einem bestimmten Grad eine übernatürliche Gestalt, wie sie in Dan. 7 beschrieben wird: »der Menschensohn, der auf den Wolken des Himmels kommt«. Diese Metaphorik wird in Spalte XI f. der Kriegsrolle aus Höhle 1 in Qumran wiederaufgegriffen, die die »Stern«-Prophezeiung sowie das Sicherheben der »Sanftmütigen« während eines endzeitlichen Krieges in diesem Sinne interpretiert. Die Kriegsrolle verwendet selbstverständlich auch das Bild vom eschatologischen »Regen«, um diese »Wolken« mit den »Heiligen« (den *»Kedoschim«* oder »Himmlischen Heerscharen«) zu identifizieren. In dem Text vom Messias des Himmels und der Erde werden nicht nur »Himmel und Erde« dem Befehl des Messias unterstellt, sondern auch diejenigen, die in der Kriegsrolle als *»Kedoschim«* oder »Heilige« angesehen werden.

Da sind weiterhin die höchst interessanten Anspielungen auf »Mein Herr« *(»Adonai«),* welche auf Jes. 61,1 verweisen – eine Stelle, auf der ein großer Teil des vorliegenden Textes zu basieren scheint; da aber jene Stelle oft sehr ungenau ist, läßt sich kaum mit Sicherheit sagen, ob sie sich auf Gott oder »Seinen Messias«, den er so feiert, bezieht. Im letzteren Fall würde dies bedeuten, daß seine Vorstellungswelt ähnlichen neutestamentlichen Zitaten noch näherstünde. Der Leser sollte freilich beachten, daß es der schon erwähnte Josephus als ein wesentliches Charakteristikum der Essener und Zeloten ansieht, daß sie »keinen Menschen ›Herr‹ nannten«.

Die bei weitem wichtigsten Zeilen in Fragment 1, Spalte 2 liegen in 6–8 und 11–13 vor, in denen die »Befreiung der Gefangenen«, das »Sehendmachen der Blinden«, das »Aufrichten der Geknechteten« und das »Auferwecken der Toten« angesprochen werden. Die letzte Anspielung kann nicht bezweifelt werden. Die einzige Frage besteht darin, wer »aufrichten« wird etc. – Gott oder »Sein Messias«? In den Zeilen 6–8 scheint Gott gemeint zu sein. In den Zeilen 11–13 aber tritt möglicherweise eine Verschiebung auf, und hier könnte »Sein Messias« im Blick sein. Die Herausgeber waren sich an dieser Stelle über die Rekonstruktion nicht einig.

Wie auch immer: Die Sprache aus Jes. 61,1 (s. o.) läßt sich in den Zeilen 8 und 11 eindeutig identifizieren. Ebenso finden sich wörtliche Bezüge zum »Achtzehn-Bitten-Gebet«, das zu den ältesten Formen jüdischer Liturgie gehört und auch heute noch ein Teil davon ist: »Du wirst die Toten auferwecken, den Gefallenen aufhelfen, die Kranken heilen, die Gefangenen befreien, denen die Treue halten, die schlafen im Erdenstaube...« – hier ist zweifellos Gott der Handelnde. Man sollte aber auch beachten, daß diese Stücke

Hinweise auf die »*Hasidim*« enthalten, die sich auch mehrfach aus dem vorliegenden Text ergeben.

Außerdem ist bemerkenswert, daß in dem Jes. 61,1 vorausgehenden Vers Jes. 60,21 die Vorstellung von der »Wurzel der Pflanzung« enthalten ist, wie sie in der ersten Spalte der Damaskus-Schrift (s. o.) begegnet, aber auch die »Zweig«-Metapher, die im Text vom messianischen Führer (*Nasi*; s. u.) eine herausragende Rolle spielt.

Die Bezugnahme auf die »Erweckung der Toten« löst ein anderes schwieriges Problem für viele Qumran-Kommentatoren, nämlich ob die für diese Dokumente Verantwortlichen an die Auferstehung der Toten glaubten. Obwohl es im Korpus zahlreiche Hinweise auf »Herrlichkeit« und eine wunderbare Metaphorik von »Strahlen« und »Licht« gibt, die die himmlische Wohnstatt durchfluten, haben wir hier den ersten ausdrücklichen Bezug auf die Auferstehung. Dies sollte freilich nicht überraschen, denn der Glaube an die Auferstehung dürfte eine Triebfeder des Makkabäer-Aufstands gewesen sein (vgl. 2. Makk. 12,44–45 und Dan. 12,2) und an Überzeugungskraft gewonnen haben, als er zu den Gruppen des 1. Jahrhunderts kam, die sich von diesen Urereignissen herleiteten.

TRANSLITERATION                    **Fragment 1 Spalte 2**

1. [    ] הש[מ]ים והארץ ישמעו למשיחו
2. [    ] וכל א[ש]ר בם לוא יסוג ממצות קדושים
3. התאמצו מבקשי אדני בעבדתו        *vacat*
4. הלוא בזאת תמצאו את אדני כל המיחלים בלבם
5. כי אדני חסידים יבקר וצדיקים בשם יקרא
6. ועל ענוים רוחו תרחף ואמונים יחליף בכחו
7. יכבד את חסידים על כסא מלכות עד
8. מתיר אסורים פוקח עורים זוקף כ[פופים]
9. ל[עו]לם אדבק [בו      [שלים ובחסדו [אבטח]
10. וט[ובו [    ] הקדש לוא יתאחר [    ]
11. ונכ<בב>דות שלוא היו מעשה אדני כאשר י[    ]
12. אז ירפא חללים ומתים יחיה ענוים יבשר
13. [    ] ..[ש].    קד[ו]שים ינהל ירעה [ב]ם יעשה
14. [    ] וכלו כ. [    ]

**Fragment 1 Spalte 3**

1. ואת חק יתרדף ואתר אותם ב[            [
2. נכבדו באדם אבות על בנים [            [
3. אשר ברכת אדני ברצונו [            [
4. נלה ה[אר]ץ בכל מק[ום            [

27

5. וכל ישראל בנול[ה     [
6. ו.. שב[  ]מכו[    [
7. מ]      [

## Fragment 2

1. [    ]ים ונחליה[ם   [
2. [    ].ה ממנו[    [
3. [    ].[נה    [

## Fragment 3 Spalte 1

1. [           ]ם
2. [          [
3. [          [
4. [  ]. ל<ו>א יעב<ו>ד עם אלה
5. [          ]כוח
6. [        ]ינדלו

## Fragment 3 Spalte 2

1. ו[           [
2. [           [
3. ופ[         [
4. .[          [
5. ו...[        [
6. ואשר ת.[       [
7. קפדו אדיר[ים    [
8. וקדמי שמים[     [
9. [ו]לכל אביכ[ם    [

## Fragment 4

1. [           [
2. [           [
3. [           [
4. [           [
5. [       ]יפיעו
6. [      ]את אדם
7. [       ]יעקוב
8. [     ]וכל כלי קודשו
9. [     ].וכל משיחיה
10. [   ]ש ידבר אדני[  [
11. [  ]את אדני בנכר[תו]
12. [      ]עיני

**Fragment 5**

[          ]  י[ראו ] א[ח כל ]  ]  .1
[          ]. וכל **אשר** בה ..]  ]  .2
[          ] וכל מקורי מים ונחלים ]  ]  .3
[          ] ועושים [א[ת ה... לבני אד[ם  ]  .4
[          ]. באלה מקל[לים] ולמה לה[  ]  .5
[          ]ם ה.דה את מצי עמי  *vacat*  ]  ]  .6
[          ]דה ונו.ד. לכם   ע] ] אדני ...]  ]  .7
[          ]יתה ופתח ]  ]  .8

## ÜBERSETZUNG

**Fragment 1, Spalte 2** (1) [... Die Him]mel und die Erde werden Seinem Messias gehorchen, (2) [... und alles, w]as in ihnen ist. Er wird sich nicht abwenden von den Geboten der Heiligen. (3) Schöpfet Kraft, indem ihr Ihm dienet, (ihr), die den Herrn suchen. (4) Solltet ihr den Herrn nicht finden darin, alle, die ihr so geduldigen Herzens wartet? (5) Denn der Herr wird die Frommen *(Hasidim)* aufsuchen, und die Gerechten *(Zaddikim)* wird Er beim Namen rufen. (6) Über den Sanftmütigen wird Sein Geist schweben, und die Gläubigen wird Er wiederherstellen durch Seine Macht. (7) Die Frommen *(Hasidim)* wird Er am Thron des Ewigen Reiches verherrlichen. (8) Die Gefangenen wird Er befreien, die Blinden sehend machen und die Gek[nechteten] aufrichten. (9) E[wi]g werde ich [Ihm ...] anhängen, und [ich werde vertrauen] Seiner Frömmigkeit *(Hesed,* auch »Gnade«) (10) und Seiner Güte ... der Heiligkeit wird (Er) nicht aufhalten ... (11) Und was die Wunder betrifft, die nicht das Werk des Herrn sind, wenn Er ... (12) dann wird Er die Kranken heilen, die Toten auferwecken und den Sanftmütigen Freude verkünden. (13) ... Er wird die [Heil]igen führen; Er wird sie hüten; Er wird tun (14) ... und alles davon ...

**Fragment 1, Spalte 3** (1) und es wird nach dem Gesetz getrachtet werden. Ich werde sie befreien ... (2) Unter den Menschen werden die Väter vor den Söhnen geehrt ... (3) Ich will singen (?) den Segen des Herrn nach seinem Gefallen ... (4) Das [La]nd zog in das Exil (möglicherweise »freudig«) an jeden Or[t ...] (5) Und ganz Israel im Exi[l] (möglicherweise »jauchzend«) (6) ... (7) ...

**Fragment 2** (1) ... ihr Erb[e ...] von ihm ...

**Fragment 3, Spalte 1** (4) ... er wird nicht mit diesen (zusammen) dienen (5) ... Kraft (6) ... sie werden groß sein

**Fragment 3, Spalte 2** (1) Und ... (3) und ... (5) Und ... (6) Und welche ... (7) Sie versammelten die Edle[n ...] (8) Und die östlichen Teile der Himmel ... (9) [Und] zu allen eur[en] Vätern ...

**Fragment 4** (5) ... sie werden scheinen (6) ... ein Mensch (7) ... Jakob (8) ... und alle Seine heiligen Geräte (9) ... und alle ihre Gesalbten (10) ... der Herr wird reden ... (11) den Herrn in Seiner Mac[ht] (12) ... die Augen der

**Fragment 5** (1) ... sie [wer]den sehen alle ... (2) und alles, was darinnen ist ... (3) und alle Wasserquellen und Wasserläufe ... (4) und die, welche machen ... für die Söhne Ada[ms ...] (5) unter diesen Verfl[uchten.] Und warum ... (6) die Wahrsager meines Volkes ... (7) für euch ... der Herr ... (8) und Er öffnete ...

## 2. Der messianische Führer (*Nasi* – 4Q285)    (Tafel 2)

Wir gaben diesen Text auf dem Höhepunkt der Kontroverse über den Zugang zu den Rollen vom Toten Meer im November 1991 frei. Seitdem ist er heftig diskutiert worden. Wir wollten mit unserer Freigabe zeigen, daß es hochinteressantes Material im Korpus gab, das aus irgendwelchen Gründen nicht veröffentlicht worden war. Gleichzeitig wollten wir die Nähe der Schriften, ihrer Verfasser und der Qumran-Gemeinde zum Urchristentum demonstrieren.

Unabhängig davon, wie man diesen Text rekonstruiert oder übersetzt, er ist möglicherweise »hochexplosiv«. So wie wir ihn hier rekonstruiert haben, stellt er sich als Teil einer Reihe von Fragmenten dar. Es gibt keine zwangsläufige Ordnung für diese Fragmente, auch nicht bei anderen ähnlichen Texten, die wir in diesem Buch rekonstruiert haben. Diese Textgruppen wurden entweder nach ihrem Inhalt oder ihrer Handschrift oder beidem zusammengestellt, wobei das Kriterium angewandt wurde, das am vernünftigsten erschien.

Die Kernfrage ist, ob Fragment 7 vor oder nach Fragment 6 einzuordnen ist. Sollte das letztere der Fall sein, wie wir in unserer Rekonstruktion angenommen haben, so bedeutet dies, daß der messianische *Nasi* oder Führer *nach* den in Fragment 6 beschriebenen Ereignissen am Leben war und derjenige gewesen sein könnte, der getötet wurde. Dies entspricht unserer eingangs geäußerten Beurteilung. Kommt Fragment 7 in der Reihenfolge *vor* Fragment 6, so könnte der messianische Führer derjenige gewesen sein, der das im Text erwähnte Töten vollzieht, obwohl ein derartiger Schluß der oppositionellen Stellung etwa des »Zweigs Davids ...«, hinter dem Ausdruck »*Nasi ha-'Eda*« angeordnet, entgegensteht; dies wäre auch im Hebräischen unbeholfen.

Eine andere Frage, die sich im Hinblick auf diesen Text ergibt, ist, ob die Person, die in Fragment 6 vor den Führer der Gemeinde gebracht wird, identisch ist mit dem, auf den in Fragment 7 mit dem Pronomen »ihn« Bezug genommen wird, das heißt, soweit »ihn« überhaupt in dieser Zeile gelesen werden kann und es sich nicht um den Plural des Verbs »töten« handelt. Die Buchstabenfolge ist im Hebräischen dieselbe. Der Leser muß wissen, daß es sich bei der Frage, ob es eine richtige Reihenfolge in diesen Fragmenten gibt oder ob sie überhaupt zusammenpassen, nur um Mutmaßungen handeln kann; und diese Fragen lassen sich kaum auf der Basis der vorhandenen Angaben beantworten.

Die Interpretation, daß der *Nasi* getötet wurde, ist am sinnvollsten, wenn man Fragment 7 für sich allein betrachtet. Die Tatsache, daß das althebräische Akkusativzeichen »*et*« (vor »*Nasi ha-ʿEda*«) in diesem Text nicht erscheint, widerspricht dieser Auffassung nicht. Denn viele Texte in Qumran und aus der Zeit des 2. Tempels sind im allgemeinen nicht sorgfältig mit dem Einfügen von Objektzeichen in ihr Hebräisch, den »Messias des Himmels und der Erde« und das »Achtzehn-Bitten-Gebet« eingeschlossen. Ein anderes Gegenbeispiel, bei dem das Objektzeichen nicht verwendet wird, finden wir in Spalte II, 12 der Damaskus-Schrift, die sich bezieht auf »Seinen Messias, der den Heiligen Geist bekannt macht« (wie schon erwähnt).

Was die Frage angeht, ob unsere Rekonstruktion von Zeile 4 in Fragment 7, die den »Zweig Davids« auf den Führer der Gemeinde bezieht, richtig ist, so weisen wir darauf hin, daß nicht nur »der Prophet Jesaja« in Zeile 1 erwähnt wird, sondern Zeile 2 sogar Jes. 11,1 zitiert: »Ein Sproß wird hervorgehen aus dem Wurzelstumpf Isai, und ein Schoß aus seinen Wurzeln wird Frucht tragen.« Es scheint auch eine Anspielung auf Jes. 11,2 (»Auf ihm wird ruhen der Geist des Herrn«) in Zeile 6 des »Messias des Himmels und der Erde« vorzuliegen, und wir werden später in Kapitel 7 sehen, wie derselbe Passus am Ende des wunderbaren Textes »Die Wagen der Herrlichkeit« förmlich heraufbeschworen wird. Diese Weissagung war offensichtlich ein beliebter Belegtext in Qumran und mit Sicherheit auch im Urchristentum. Doch ist diese Prophezeiung bereits in dem schon veröffentlichten Jesaja-Kommentar aus Höhle 4 der Auslegung unterzogen worden. Es gibt viele derartige Überlappungen in der Qumran-Exegese, einschließlich der mehrfach angesprochenen »Stern«-Prophezeiung.

In 4QpIs$^a$ geht der Exegese von Jes. 11,1–3 die von Jes. 10,33–34 über den »Libanon, der von einem Mächtigen gefällt wird«, verbunden mit Anspielungen auf »die Krieger der Kittim« und »Heiden«, voraus. Dasselbe scheint in dem Text vom messianischen Führer *(Nasi)* der Fall zu sein, wo es Anspielungen auf die »Kittim« in anderen Fragmenten – einschließlich der »Vernichtung der Kittim« – in Hülle und Fülle gibt. Diese zeigen, daß der Kontext beider Exegesen mehr oder weniger parallel ist. Solche Art von Texten wie über das »Fallen der Zedern Libanons« oder den »Libanon, der von einem Mächtigen gefällt wird«, beziehen sich in der Regel auf den Fall des Tempels oder des Priestertums. In der rabbinischen Literatur wird Jes. 10,33–34 in dieser Weise gedeutet, was besonders – und wir können hinzufügen: zweifellos – ein Reflex auf die Zerstörung des Tempels 70 n. Chr. war (siehe *ARN* 4 und *b. Gittin* 56a).

Gelegentlich bezieht sich die »Libanon«-Metapher, die wie die »Kittim« in der ganzen Qumran-Literatur auftritt, besonders in einem positiven Sinne auf die Führung der Gemeinde. Die Beziehung besteht zu der Farbe »Weiß«, die in der hebräischen Wurzel von »Libanon« steckt. Ausgenutzt wird dies für eine Exegese im Blick auf den Tempel, weil die Priester dort weißes Leinen trugen, oder im Blick auf den Gemeinderat, dessen Mitglieder ebenfalls, wie es scheint, weißes Leinen getragen haben. Lesern, die mit dem Neuen Testament vertraut sind, wird sogleich auffallen, daß »Tempel« und »Gemeinde« hier grundsätzlich parallel laufen, denn so wie Jesus selbst in den Evangelien und bei Paulus als »Tempel« dargestellt wird, zeichnet die Gemeinderegel, die sich einer vergleichbaren spiritualisierten »Tempel«-Metaphorik in VIII, 5–6 und IX, 6 bedient, den Rat der Gemeinde als »Allerheiligstes für Aaron und einen Tempel für Israel«. Diese Metaphorik ist, wie wir sehen werden, in Qumran weit verbreitet, einschließlich der begleitenden Anspielungen auf »Buße«, »angenehmen Wohlgeruch«, auf »Eckstein« und »Fundament/ Gründung«.

Die grundsätzlichen Gemeinsamkeiten dieser Texte ergänzend, hebt 4QpIs[a] wohlwollend »die Sanftmütigen« hervor und bringt den »Sproß« oder »Zweig« aus Jes. 11,1 mit dem »Zweig Davids« bei Jeremia und Sacharja in Verbindung. Mit der Betonung dieser messianischen und eschatologischen Implikationen beschreibt der Text den Davidischen »Zweig« als »stehend am Ende der Tage« (man beachte die Sprache: »stehend«!). Im weiteren Verlauf bezieht er die »Szepter«-Sprache aus der »Stern«-Prophezeiung mit ein, die – wie wir sehen werden – auch in der »Silo«-Prophezeiung im Genesis-Florilegium später wiederkehren wird. Auch die »Stern«-Prophezeiung wurde, wie sich der Leser erinnern wird, in einer Passage der Kriegsrolle mit besonderem Hinweis auf »die Sanftmütigen« zitiert. Die Kriegsrolle enthält außerdem durchgehend Hinweise auf die »Heiden« und »Kittim«.

Den Kreis schließend, endet 4QpIs[a] mit einem Hinweis auf den »Thron der Herrlichkeit«, der wiederum erwähnt ist im Text vom Messias des Himmels und der Erde (s. o) und auf den Jer. 33,18 – hier wieder ein Verweis auf den »Zweig Davids« – und andere Texte (s. u.) anspielen, vergleiche zum Beispiel die »Hymnen der Armen« und das »Geheimnis der Existenz«. Wir bewegen uns hier ohne Zweifel in einem weitverzweigten Universum austauschbarer Metaphern und Anspielungen aus biblischen Schriften.

Der Hinweis auf »Wunden« oder »Befleckungen« in Zeile 5 von Fragment 7 des vorliegenden Textes und die ganze Art und Weise, wie auf messianische Prophetie aus Jesaja, Jeremia, Sacharja usw. Bezug genommen wird, verstärken den Eindruck, daß irgendeine messianische »Handlung« angedeutet werden soll. Dies ist auch der Fall in Jes. 11,4, wo der messianische »Zweig« das »Szepter seines Mundes« benutzt, »um den Bösen zu töten«; dies muß freilich aus diesem Kontext heraus interpretiert werden.

Der Leser sollte verstehen, daß der »Nasi ha-'Eda« nicht notwendigerweise einen Messias per se darstellt, obwohl er hier in unserem Text unter dem Aspekt der messianischen Beweistexte und Anspielungen behandelt wurde.

»*Nasi*« ist ein Begriff, der auch in Spalte V, 1 der Damaskus-Schrift verwendet wird, wenn vom Nachfolger Davids die Rede ist. Der Begriff »*Nasi ha-'Eda*« selbst erscheint dort in der kritischen Interpretation der »Stern«-Prophezeiung in Spalte VII. In ihrer Exegese verbindet ihn die Damaskus-Schrift mit dem »Szepter« (siehe Kapitel 3). Der Terminus »*Nasi ha-'Eda*« wird nicht nur in der talmudischen Literatur verwendet, um die Nachfahren der Familie Davids zu bezeichnen, sondern erscheint auch auf Münzen aus der Bar-Kochba-Zeit, um deren Helden zu kennzeichnen, das heißt als »*Nasi* Israels« (»Führer Israels«). Heute führt der Präsident des jüdischen Staates genau diesen Titel.

Die Erwähnung von »*meholalot*« (»Wunden« oder »Befleckungen«) in Zeile 5 von Fragment 7, gefolgt von einer Anspielung auf »*ha-kohen*« (»der Priester«) – manchmal auch in der Bedeutung »Hoherpriester« –, scheint auf Jes. 53,5 mit der bekannten und für frühe christliche Ausleger so bedeutsamen Beschreibung des »leidenden Knechtes« oder »Gottesknechtes« hinzudeuten: »zerschlagen [verwundet] um unserer Verschuldungen willen«. Da es möglich ist, »*meholalot*« auf verschiedene Arten zu lesen, ist der Gedanke einer Anspielung auf den »Leidenstod« einer messianischen Gestalt in diesem Text nicht zwingend, besonders wenn man Jes. 11,4 einbezieht. Jedem hätten die Stellen über den »leidenden Knecht« bekannt sein können, aber niemand wäre auf die Idee gekommen, daraus eine *Lehre* vom Leidenstod eines Messias' zu entwickeln.

Unser Standpunkt ist der, daß die Verfasser der Qumran-Texte zu militant, aggressiv, nationalistisch und kriegerisch waren, als daß sie sich mit einem Konzept wie diesem in mehr als nur flüchtiger Weise beschäftigt hätten. Außerdem gibt es Argumente dafür, daß dieser messianische *Nasi*-Text der Kriegsrolle zugeschlagen werden sollte. Das allerdings würde dem Gesichtspunkt der gewalttätigen Militanz noch größeres Gewicht verleihen, da es kaum ein kriegerischeres, fremdenfeindlicheres, apokalyptischeres und rachsüchtigeres Dokument im gesamten Qumran-Korpus gibt, trotz der Versuche, alles allegorisch zu verstehen.

Es gibt keinen Anlaß, diesen Zug im vorliegenden Dokument wie auch im parallelen Text 4QpIs^a zu verkennen. Sein nationalistischer Unterton ist nicht zu überhören, sein messianischer Charakter steht außer Zweifel. Sollten diese Fragmente wirklich zur Kriegsrolle gehören, so verleihen sie deren messianischen Passagen zusätzliche Schubkraft. Die meisten Forscher haben die »Kittim« der Kriegsrolle mit den Römern identifiziert. Die Hinweise auf Michael und die »Kittim« in zusätzlichen Fragmenten, die sich um den vorliegenden Text gruppieren, verstärken ebenfalls diese Verbindungen im Sinne eines messianischen Nationalismus der herodianischen Zeit. Wie auch immer es sich verhalten mag: Die Bedeutung all dieser Anspielungen, die in einem kleinen Fragment zusammenkommen, ist nicht zu unterschätzen.

**Fragment 1**

1. [ ]ה לויאים וחצ[יה [
2. [ יו]כל לריע בהם [
3. [ .[ כתיים ו..ם [

**Fragment 2**

1. [ ]ם ועל [
2. [ ]ם למען שמכה [
3. [ את מיכאל נ[
4. [ עם בחירי[ם

**Fragment 3**

1. [ ]מו .[
2. [ מטר [ ] ומלקו[ש
3. [ כהר לרוב והארץ[
4. [ .[ לאין משכלה [
5. [ לוא יראה בתבונ[ה
6. [ מן הארץ ואין דב[ר
7. [ קודשו נקרא .[
8. [ ]לכם ובקרבכם [

**Fragment 4**

1. [ ]למו עד [
2. [ אתכם אל ע[
3. [ ]ר ובשמים [
4. [ בעתו ולת.[
5. [ ל[כב ל[
6. [ .[ ולוא [
7. [ ]ון כול נג.[
8. [ ]ך כיא אל .[
9. [ .[ ..ל. ..[

**Fragment 5**

1. [ מתוך [ ה]עדה [
2. [ ]ב הון [ ו]בצע [
3. [ .[ר ואכלכם א[
4. [ להם קברי[ם
5. [ ..ל חלליה[ם
6. [ ]בי עון ישובו [
7. [ ברחמים ו[
8. [ .[ יש[ר]אל עו[
9. [ ]ש וא[

.1 [    ]  [ת חננף רשעה ]  [
.2 [    ]  נשי]א העדה וכול ישר[אל  [
.3 [    ]  ה כת..]  [
.4 [    ]  [ על הרי ]  [
.5 [    ]  ה]כתיים ]  [
.6 [    ]  נש]יא העדה עד הים ה]נדול  [
.7 [    ]  ו] מפני ישראל בעת ההיאה ]  [
.8 [    ]  י]עמוד עליהם ונעכרו עליהם ]  [
.9 [    ]  [ ישבו אל היבשה בעת הה]יאה  [
.10 [    ]  [ יביאוהו לפני נשיא ]העדה  [

**Fragment 7**

.1 [    ]  [ ישעיהו   הנביא   וניקפ]ו סבכי היער בברזל ]  [
.2 [ולבנון באדיר י]פול ויצא חוטר מטע ישי [תצר משרשיו יפרה ]  [
.3 [    ]  [ צמח דויד ונשפטו את ]  [
.4 [    ]  [ והמיתו נשיא העדה צמ]ח דויד  [
.5 [    ]  ]ם ובמחוללות וצוה כוהן ]  [
.6 [    ]  ח]לל]י] כתיי]ם [ל]  [

## ÜBERSETZUNG

**Fragment 1** (1) ... die Leviten, und die Hä[lfte ...] (2) [das Horn des Wi]dders, auf ihnen zu blasen ... (3) die Kittim, und ...

**Fragment 2** (1) ... und gegen ... (2) um Deines Namens willen ... (3) Michael ... (4) mit den Auserwähl[ten ...]

**Fragment 3** (2) ... Regen ... und Frühlings- Re[gen ...] (3) so groß wie ein Berg. Und die Erde ... (4) zu denen ohne Sinn ... (5) er wird nicht mit Verständ[nis] blicken ... (6) von der Erde. Und nic[hts ...] (7) Seine Heiligkeit. Es wird genannt werden ... (8) ... euer ... und in eurer Mitte

**Fragment 4** (1) ... bis ... (2) euch, zu (oder »Gott«) ... (3) und im Himmel ... (4) in seiner Zeit, und zu ... (5) [He]rz, zu ... (6) und nicht ... (7) alle ... (8) für Gott ...

**Fragment 5** (1) ... aus der Mitte [der] Gemeinde ... (2) Reichtum [und] Beute ... (3) und eure Speise ... (4) für sie, Gräb[er] (5) i[hr] Geschlagene ... (6) der Missetat wird zurückkehren ... (7) in Erbarmen und ... (8) Is[r]ael ...

**Fragment 6** (1) ... Gottlosigkeit wird zerschmettert werden ... (2) [der Führ]er der Gemeinde und ganz Isr[ael(s) ...] (4) über den Bergen von ... (5) [die] Kittim ... (6) [der Füh]rer der Gemeinde so weit wie das [große] Meer ... (7) vor Israel in jener Zeit ... (8) er wird ihnen widerstehen, und sie werden sich gegen sie versammeln ...(9) sie werden zum trockenen Land zurückkehren zu je[ner] Zeit ... (10) sie werden ihn vor den Führer [der Gemeinde] bringen ...

**Fragment 7** (1) ... der Prophet Jesaja, [»die Dickichte des Waldes werden mit einer Axt] gefällt (2) [und der Libanon wird durch einen Mächtigen] fallen. Ein Stab wird hervorgehen aus der Wurzel Isai, [und eine Pflanze aus seinen Wurzeln wird Frucht tragen«] (3) ... der Zweig Davids. Sie werden zu Gericht ziehen mit ... (4) und sie werden den Führer der Gemeinde töten, den Zwei[g Davids] (abhängig vom Kontext könnte auch so gelesen werden: und der Führer der Gemeinde, der Zwei[g Davids], wird ihn töten) ... (5) und mit Wunden, und der (Hohe-)Priester wird gebieten ... (6) [die Ges]chlagen[en] der Kitt[im] ...

## 3. Die Diener der Finsternis (4Q471)

Dieser Text ist von größter Bedeutung und ein zweiter, der mit der Kriegsrolle verwandt ist. Gewalttätigkeit, Fremdenfeindlichkeit, leidenschaftlicher Nationalismus und ein Interesse an Gerechtigkeit und den Urteilen Gottes fallen im gesamten Text auf. Obwohl diese Schlüsselwörter sowohl eine bildliche wie eine wirkliche Bedeutung haben könnten, kann man unmöglich annehmen, daß die Schreiber dieser Texte nicht durchdrungen waren vom Ethos einer kämpfenden Streitmacht Gottes, und wohl kaum von dem einer friedlichen und zurückgezogenen Gemeinde ausgehen. Ihr Geist ist unbeugsam und kompromißlos. Sie kennen und erwarten keine Schonung.

Eine besonders bemerkenswerte Betonung liegt auf dem »Lügen«, einem Thema, das sich über das gesamte Spektrum der Qumran-Literatur erstreckt und besonders dort auftaucht, wo es um die Gegner der für diese Schriften verantwortlichen Gemeinde und Bewegung geht. Zu erwähnen ist außerdem der Gebrauch des Verbs »ma'as« (in der Bedeutung »zurückweisen« oder »ablehnen«) in Fragment 2, 7, der mit der Verwendung in der Gemeinderegel, dem Habakuk-Kommentar usw. parallel läuft.

In Texten wie diesem wird »ma'as« stets gebraucht, um die Umtriebe des ideologischen Gegenspielers des Lehrers der Gerechtigkeit zu beschreiben, des »lügenden Spötters«, der »das Gesetz zurückweist inmitten der gesamten Versammlung«; oder es dient zur Kennzeichnung ähnlicher Tätigkeiten der urbildlichen »Söhne/Diener der Finsternis«. Hier wird das Verb »ma'as« als Gegensatz zu »wählen« gebraucht – in diesem Falle kehren die Gegner der Gruppe die natürliche Ordnung um; sie »wählen das Böse« anstelle »des Guten«, welches sie »zurückweisen«.

Ähnliche Umkehrungen erscheinen durch die gesamte Qumran-Literatur hindurch. Eine, die besonders erwähnt werden sollte, taucht in Spalte I der Damaskus-Schrift auf, wo »Rechtfertigung der Gottlosen und Verdammung der Gerechten« seitens der »Brecher« des »Gesetzes und Bundes« in Spalte IV neben die richtige Ordnung der »Rechtfertigung der Gerechten und Verdammung der Gottlosen« gestellt ist – wir kommen später noch darauf zurück. Die zuletzt genannte Zuordnung ist entscheidend für die »Söhne

Zadoks«, wahrscheinlich bedeutungsgleich mit den »Zaddikim« in Zeile 5 des Textes über den Messias des Himmels und der Erde. Beide Texte benutzen die gleiche Anspielung, »bei ihrem Namen gerufen«, um das jeweilige Begriffsfeld zu beschreiben.

Im vorliegenden Text findet sich die übliche Betonung von »Feuer«, womit wahrscheinlich das Gericht des Höllenfeuers gemeint ist, und es gibt keine Möglichkeit, sich vor der Pflicht zum Krieg zu drücken, der – wenn man Fragment 4 einbezieht – in gewissem Sinne unter levitischer und priesterlicher Führung gefochten wird (vgl. Kriegsrolle II, 1–3). Ferner erscheint die übliche Betonung auf »Werke« (Fragment 2, Spalte 4 rekonstruiert), und besonders beachtenswert ist die Bezugnahme auf die »Diener der Finsternis«, wahrscheinlich als Gegensatz zu »Diener des Lichtes«.

Die Parallelen zum Thema »Werke« im Jakobus-Brief sind ebenso unstrittig wie die paulinische Charakterisierung der hebräischen »Überapostel« in 2. Kor. 11–12 (Jakobus vermutlich eingeschlossen), die sich selbst als »Diener der Gerechtigkeit« (siehe den Gebrauch dieser Anspielung im »Testament des Naphthali« unten) und als »Apostel Christi« verkleiden, obgleich sie in Wirklichkeit »betrügerische Arbeiter und falsche Apostel« sind. Paulus bedient sich ebenfalls der »Licht«-Terminologie an dieser Stelle, nicht zu vergessen eine Anspielung auf den »Satan«, die so wichtig ist in Verbindung mit »Mastemoth/Mastema« und seinen Parallelen (s. u.), wenn es heißt: »denn der Satan selbst verkleidet sich als ein Engel des Lichts«. Indem er die »Wahrheit« (das Gegenteil von »Lügen«) betont und gleichzeitig den Standpunkt des »jeder gemäß seinen Werken« parodiert, insistiert Paulus in 2. Kor. 11,31 aufschlußreich darauf, »daß er nicht lüge«. Denn damit zeigt er an, daß ihm die Geläufigkeit dieser Art von Anschuldigungen damals wohl bewußt war. Daß er eine derartige »Lügen«-Terminologie – wie sie in den Qumran-Schriften so weit verbreitet ist – sogar auf sich selbst bezieht, wenn auch vielleicht ungewollt, ist auf jeden Fall bemerkenswert.

Besonders auffällig ist auch die Häufigkeit von Begriffen wie »Urteil«, »Himmlische Heerscharen« und sogar »Befleckung«. Zur Kenntnis nehmen sollte man ebenfalls die ständige Betonung von »Gerechtigkeit«, »gerechtem Urteil« und von »halten/bewahren«, das heißt »das Gesetz halten/bewahren« – bzw. »den Bund« in diesem Text. Die für diese Schriften verantwortliche Gruppe ist ausgesprochen gesetzesorientiert und ihr Eifer diesbezüglich kompromißlos. Die Verwendung des Wortes »Eifer« (engl. »zeal«) allein verbindet ihre Literatur mit der Gesinnung und der Bewegung der Zeloten (»Eiferer«).

Die Begriffe »bewahren« und »die Bewahrer des Bundes« verweisen ebenfalls auf die zweite Beschreibung der »Söhne Zadoks« in Spalte 4 der Gemeinderegel, ein Ausdruck mit möglicherweise verschlüsselten Parallelen und Variationen in dem Ausdruck »Söhne der Gerechtigkeit«. Schließlich sei noch

auf die Verwendung des Wortes »(an)gerechnet« in Zeile 5 von Fragment 1
hingewiesen, das mit dem Gebrauch dieses Begriffs in den wichtigen Briefen
über die Werkgerechtigkeit in Einklang steht (siehe Kapitel 6).


TRANSLITERATION                                            **Fragment 1**

1. [                          ] לעת צויתם לבלתי
2. [                          ] ותשקרו בבריתו[ם
3. [                  נאלנו כיא מלחמותיו נלחמה אמרו]
4. [              באש כיא ידעו ולוא ישפלו יכם]
5. [              נחשבתם ואתם למלחמה תתגברו ]
6. [     ועבודה חשאלו צדק משפט vacat בקיאי ]
7. [ לזעקה     כמה]ב ויבחר תתנשאו ]
8. [       ומתוק     ] ותשור]ף [

                                                           **Fragment 2**

1. [                          ] א ש.. [
2. [                          ] בריתנו עדוות לשמר ]
3. [                          ] א]פים באורך צבאותם כול ור]
4. [                          ] מ]עשה מכול לבבם ולהניא ]
5. [                          ] משפט כיא חושך ע]בדי
6. [                          ] גורלו באשמת ..]
7. [                          ] ברע ולבחור למאוס בטו]ב
8. [                          ] ל] ויצוב אל שנא ]
9. [                          ] אשר הטוב כול ]

                                                           **Fragment 3**

1. [                          ] ול]אל ]
2. [                          ] וישימנו עולמים ]
3. [                          ] ואומו ול]בצדק עמו שפ]ט
4. [                          ] . חוקי בכול ]ם
5. [                          ] נו בנעוות]לנו
6. [                          ] לוע]

                                                           **Fragment 4**

1. [         ] אש]ר מכול ]ה
2. [                 ] מפני מאחיו איש כול ]
3. [           ] וש]רתו תמיד עמו והיו ]ו
4. [               איש ושב]ט שבט כול ]
5. [      שנים ]לוים ה]ומן [רים ועש]ששה
6. [עשר    על תמיד פניו] לפ]רתו ויש] ]
7. [              ] . מלמדי יהיו ל]מען ]

ÜBERSETZUNG

**Fragment 1** (1) ... die Zeit, in der Du ihnen befohlen hast, nicht zu (2) ... und ihr werdet lügen über Seinen Bund (3) ... sie sagen: »Laßt uns Seinen Krieg führen, denn wir haben gefrevelt« (4) ... eure [Feind]e sollen erniedrigt werden, und sie sollen nicht wissen, daß mit Feuer (5) ... faßt Mut zum Krieg, und es soll euch [an]gerechnet werden (6) ... ihr sollt die fragen, die um gerechtes Urteil wissen, und den Dienst von (7) ... ihr sollt erhöht werden, weil Er [euch] erwählt hat ... für Geschrei ... und ihr sollt brenn[en ...] und süß ...

**Fragment 2** (2) zu bewahren die Zeugnisse unseres Bundes ... (3) all ihre Heerscharen in Nachsicht[gkeit ...] (4) und ihr Herz von allem Tun abzuhalten ... (5) [Die]ner der Finsternis, weil das Urteil ... (6) in der Schuld seines Loses ... (7) [das Gu]te [zurückzuweisen] und das Böse zu wählen ... (8) Gott haßt, und Er wird errichten ... (9) alles Gute, das ...

**Fragment 3** (2) Ewig, und Er wird uns setzen ... (3) [Er urtei]lt Sein Volk mit Gerechtigkeit und [Seine] Na[tion in ...] (4) in allen Gesetzen der ... (5) uns in [unseren] Sünden ...

**Fragment 4** (1) von allen, di[e ...] (2) jeder Mann von seinem Bruder, weil (3) ... und sie sollen immer bei Ihm bleiben und sollen die[nen] (4) ... jeder Stamm und Stam[m] ein Mann (5) ... [sechsundzw]anzig und von [den] Leviten (6) [zwölf ...], und [sie] sollen Ihm [die]nen immer über (7) ... [u]m unterrichtet zu werden über ...

## 4. Die Geburt des Noah (4Q534-536)

Vor uns liegt ein pseudepigraphischer Text mit visionärer und mystischer Bedeutung; die verschiedenen Fragmente dieses Textes geben uns ein sehr plastisches Bild von der Gestalt des Noah, wie ihn die Schöpfer dieser Literatur sahen. Zunächst beschreibt der Text die Geburt Noahs während der Nacht und gibt sein Gewicht an. Noah schläft dann »bis zur Teilung der Tage«, was wahrscheinlich »bis zum Mittag« bedeutet.

Als einer der »Urgerechten«, dessen Leben und Taten soteriologischer Natur sind, ist Noah von besonderem Interesse für Autoren dieser Periode wie Ben Sira und für die Damaskus-Schrift. Als erster »*Zaddik*« (»Gerechter«), der in der Schrift erwähnt wird (Gen. 6,9), war Noah außerdem »vollkommen von Geburt«; darauf bestanden auch die Rabbiner, wie der Abschnitt betont. Aufgrund dieser »Vollkommenheit« ist Noah der rabbinischen Literatur zufolge bereits beschnitten, wenn er geboren wird. Der Gebrauch von »Vollkommenheit« in diesem Sinn ist außerordentlich wichtig in der Literatur Qumrans und im Neuen Testament, etwa in der Bergpredigt: »Ihr nun sollt vollkommen sein, wie euer himmlischer Vater vollkommen ist« (Mt. 5,48). Von »Vollkommenheits«-Metaphorik ist die Qumran-Literatur geradezu durchtränkt, oft in Verbindung mit einem anderen für das Urchristentum wichtigen Begriff, dem »Weg«. In der Apostelgeschichte ist »der Weg« eine andere Bezeichnung für das Christentum in seiner Entstehungszeit in Palästina von 40 bis ca. 60 n. Chr. (Apg. 16,17; 18,24 f. und 24,22). In Qumran ist der Ausdruck weit verbreitet und wird mit »gehen« oder »wandeln« verbunden, dazu auch in dem wichtigen Beweistext »Weg in der Wüste«. Man findet in diesem Text Wendungen wie »die Vollkommenen des Weges«, »Vollkommenheit des Weges«, »wandeln in Vollkommenheit« und die aufschlußreichen Ausdrücke »vollkommene Heiligkeit« oder »die Vollkommenheit/Vervollkommnung der Heiligkeit«, die auch Paulus kennt (2. Kor. 7,1).

Auch in diesem Text sind die kabbalistischen Untertöne nicht zu überhören; Noah ist ein Mann der Weisheit, jemand, der die tiefsten Geheimnisse versteht; darauf liegt am Ende des zweiten Fragments der Schwerpunkt. Noah ist bei himmlischen Aufstiegen oder Reisen dabei, zumindest kennt er die Geheimnisse der »Höchsten Engel«. (Mehr über diese Art von Geheimnissen in Kapitel 5 und 7, insbesondere in »Das Geheimnis der Existenz«.)

Bei Paulus spielen »Geheimnisse« ebenfalls eine wichtige Rolle, wenn er in 2. Kor. 12,1–5 von seinen »Erscheinungen und Offenbarungen« spricht und von jemandem zu berichten weiß, der »in den dritten Himmel« oder »in das Paradies entrückt wurde«. Man darf auch nicht die quasi-gnostischen Implikationen übersehen, die mit einigen Hinweisen auf »kennen« und »(Er-)Kenntnis« hier und anderswo im Korpus gegeben sind. Dieser Art von Anspielungen kommt wiederum große Bedeutung in den Kapiteln 5 und 7 zu.

Noah ist dem Text zufolge – ähnliche Vorstellungen klingen in biblischen und kabbalistischen Texten an – jemand, der »die Geheimnisse aller lebenden Dinge kennt«. Hier ist der »Noah-Bund« von weitreichender Bedeutung – nicht allein für die rabbinische Literatur, sondern auch in den Anweisungen für die »überseeischen« Gemeinden, die mit der von Jakobus geführten Jerusalemer Urkirche (etwa 40 – 60 n. Chr.) verbunden sind. (Jakobus scheint einiges von Noahs ursprünglichem »Vegetarismus« angenommen zu haben.) Diese Enthaltung von »Blut«, von »Götzenopfer« (also Götzendienst), von »Erwürgtem« (wahrscheinlich Aas wie im Koran Sure 16, Vers 115) und von »Unzucht«, wie sie in der Apostelgeschichte an drei verschiedenen Stellen Jakobus zugeschrieben wird, ist auch ein wesentlicher Bestandteil des »Noah-Bundes«, der allen »Gerechten« der Menschheit gilt, wie es in der rabbinischen Literatur beschrieben ist. Interessanterweise haben diese Vorschriften bis heute in den Speisegesetzen des Korans überlebt und machen in diesem Sinne die Araber zum »Heidenvolk« par excellence.

Auch werden die spezifischen körperlichen Merkmale Noahs in diesem Text zum Ausdruck gebracht, und der Hinweis, daß er »der Auserwählte Gottes« sei, ist äußerst wichtig. Der Begriff »Auserwählter«, der in den Köpfen der Vorfahren dieser literarischen Tradition ein Synonym für *»Zaddik«* oder »der

Gerechte« war, wird auch in der Damaskus-Schrift zur Beschreibung der »Söhne Zadoks« verwendet (IV, 3 f.) und zeigt damit die esoterische oder qualitative – auch eschatologische – Natur dieser grundsätzlich austauschbaren Terminologien an. Dieser Begriff erscheint ebenfalls in einem außerordentlich wichtigen Abschnitt des Habakuk-Kommentars, der von dem »Gericht/Urteil, das Gott inmitten vieler Nationen halten wird«, das heißt dem »Letzten Gericht«, handelt, an dem »die Erwählten Gottes« teilhaben sollen (X, 13).

Der Hinweis auf die »Drei Bücher« ist ebenfalls erwähnenswert, und sicherlich müssen diese »Bücher« im Zusammenhang mit dem mystischen Wissen ihrer Zeit, sozusagen den Himmels- und Engelsmysterien, gesehen werden. In bezug darauf zeigt auch die zweite Hälfte des vorliegenden Textes zahlreiche Affinitäten mit den »Wagen der Herrlichkeit« und dem »Geheimnis der Existenz« in Kapitel 7.

TRANSLITERATION                                      **Fragment 1**

[ ] מתילד יהוון מרמש כחדה [. ] 1.
[ ] ש בליליא מתילד ונפק שלם[ ] 2.
[ ] ב]מתקל תקלין תלת מאה וחמ[שין ] 3.
[ ] יא דמך עד מפלג יומיא ע[ ] 4.
[ ] בימ]מא עד משלם שנין ו[ ]ב] ] 5.
[ ] נוחה לה מנה לא ...[ ] שנ[י']ן [ ] 6.

                              **Fragment 2 Spalte 1**

[ ] יא תהוא [ ] ] 1.
ק]דישין ידכרון[ ] 2.
[ ] לה יתגלון נהי]רין[ ] 3.
יא]אלפ>ו<נה כולה זי [ ] ] 4.
ח]כמת אנש וכול חכ]ים[ ] 5.
[ ] במתתא ורב להוא ] 6.
י]תזיע אנשא ועד ] 7.
[ ] ינלא רזין כעליונין ] 8.
[ן ובטעם רזי ] 9.
[א ואף ] 10.
[ ] בעפרא ] 11.
ס]לק רזא ] 12.
[. מצתה ] 13.

                              **Fragment 2 Spalte 2**

[ מן ה[ 7.
[ עבד [ 8.
[ די אנתה יצף מנה לכול אמ[ ] . [ 9.
[ כסותה בסוף מחסניך אתקף טובוהי מ..[ ]ק[ 10.

41

11. ולא ימצח ביומי רשעא וילכה סכלא די פמך ירמנכה

12. חובה למות מן יכתוב מלי אלה בכתב די לא יבלא ומאמרי

13. תעדה עדי וערן רשיעין ידעך לעלמין גבר די לעבדיך ל[

### Fragment 3 Spalte 1

1. די ידא תרתין א[   ] כמה [   ]ו שומה שב[ק] מן [   ]

2. שערה [   ] ו[טלופחין על [   ]

3. ושומן זוערין על ירכתה [ומן בתר תרת]אן שנין דן מן דן ידע ..ליה

4. בעלימותה להות כלהון [   ] כא[נ]וש די לא ידע מדע[ם עד] עדן די

5. [י]נדע תלתת ספריא [   ]   *vacat*   [   ]   *vacat*

6. [בא]דין יערם וידע שו[כלא   ] [שן] חזון למאתה לה על ארכובת[ה]

7. ובאבוהי ובא[ב]התוהי .. [   ] חין וזקינה עמה לה[ו]ן מלכה וערמומ[ה]

8. [ו]ידע רזי אנשא וחוכמתה לכול עממיא תהך וידע רזי כול חייא

9. [וכ]ול חשבוניהון עלוהי יסופו ומסרת כול חייא שניא תהוא

10. [וי]מסון כול ח[שבו]נוהי כדי בחיר אלהא הוא מולדה ורוח נשמוהי

11. [   ] ח[שבו]נוהי להוון לעלמין [   ]

12. [   ]א די ל[   ]   [..] [לין

13. [   ]ת חשב[ון]

14. [   ]ב[

15. [   ]והי

16. [   ].[

17. [   ].[

## ÜBERSETZUNG

**Fragment 1** (1) ... [Wenn] er geboren wird, sollen sie zusammen verdunkelt werden ... (2) er wird in der Nacht geboren und tritt vollkom[men] hervor ... (3) [mit] einem Gewicht von dreihundertfün[fzig] Schekeln (ungefähr 3,25 kg) ... (4) er schlief bis zur Teilung der Tage ... (5) während des Tages bis zur Vollendung von Jahren ... (6) ein Anteil ist für ihn beiseite gelegt, nicht ... Jahre ...

**Fragment 2, Spalte 1** (1) ... wird sein ... (2) [H]eilige werden sich erinne[rn an ...] (3) Lich[ter] werden ihm geoffenbart werden (4) ... und sie [werden] ihn alles lehren, was (5) ... menschliche [Wei]sheit, und jeder weise Man[n ...] (6) in den Ländern (?), und er wird groß sein (7) ... die Menschheit soll erschüttert [werden], und bis (8) ... er wird Geheimnisse offenbaren wie die höchsten Engel (9) ... und mit dem Verstehen der Geheimnisse von (10) ... und auch (11) ... im Staub (12) ... steigt das Geheimnis auf (13) ... Anteile ...

**Fragment 2, Spalte 2** (7) von ... (8) er tat ... (9) vor welchen du dich fürchtest, für alle ... (10) seine Kleidung am Ende in deinen Lagerhäusern. (?) Ich werde seine Güte stärken ... (11) und er wird nicht in den Tagen der Gottlosigkeit sterben, und die Weisheit Deines Mundes wird hingehen. Der, welcher gegen Dich ist, (12) wird den Tod verdienen. Einer wird die Worte Gottes in ein Buch schreiben, das nicht zu Ende geht, aber meine Worte (13) wirst du schmücken. Zur Zeit der Gottlosen wird er dich kennen für immer, ein Mann deiner Knechte ...

**Fragment 3, Spalte 1** (1) ... von der Hand, zwei ... es lie[ß] ein Zeichen zurück von ... (2) ... Gerste [und] Linsen auf ... (3) und winzige Zeichen an seinen Oberschenkeln ... [Nach zw]ei Jahren wird er ein Ding vom anderen unterscheiden können ... (4) In seiner Jugend wird er sein ... alle von ihnen ... [wie ein M]ann, der nich[ts] weiß [bis zu] der Zeit, wenn (5) er die Drei Bücher kennenlernen wird. (6) [Da]nn wird er weise werden und wird ein[sich-tig sein ...] eine Vision wird über ihn kommen, während er auf [seinen] Knien ist (im Gebet). (7) Und mit seinem Vater und seinen Vor[vä]tern ... Leben und hohes Alter; er wird Rat und Weisheit erwerben, (8) [und] er wird die Geheimnisse der Menschheit kennen. Seine Weisheit wird sich ausbreiten über alle Völker, und er wird die Geheimnisse aller lebenden Dinge kennen. (9) [All]e ihre Pläne gegen ihn werden fruchtlos sein, und das Erbe für alle Lebenden wird groß sein. (10) [Und alle] seine [Pl]äne [werden erfolgreich sein], weil er der Auserwählte Gottes ist. Seine Geburt und der Geist seines Atems (11) ... seine [P]läne werden für immer bestehen ... (12) daß ... (13) Pl[an ...]

## 5. Die Worte des Michael (4Q529)

Dieser Text, den man auch »Die Vision des Michael« überschreiben könnte, gehört eindeutig zur Literatur der Himmelfahrts- und Visionser-zählungen, die wir gerade im Zusammenhang mit der »Geburt des Noah« besprochen haben und auf die von keinem Geringeren als Paulus hinge-wiesen wird. Derartige Schilderungen sind auch in der mit Henoch und den Offenbarungen verwandten Literatur geläufig. Sie sind wesentlicher Bestandteil der ekstatischen und visionären Tendenzen im Qumran-Kor-pus, denen spätere Visionäre deutlich verpflichtet sind, einschließlich derer, die in Vergessenheit gerieten und in der kabbalistischen Weisheitslite-ratur des Mittelalters und danach wiederauftauchten. In unserem Kommen-tar zum »Geheimnis der Existenz« in Kapitel 7 stellen wir einige solcher Ver-bindungen zu dem Werk eines Autors wie Salomon ibn Gabirol im 11. Jahr-hundert n. Chr. her.

Eines der frühesten Beispiele dieser Gattung findet sich wohl hier. Der Hinweis auf den Engel Gabriel in Zeile 4 ist von besonderer Wichtigkeit; er folgt einer der ersten derartigen Visionsschilderungen, dem Buch Daniel, das von allergrößter Bedeutung ist für die Visionäre in Qumran und das dort ver-breitete apokalyptische Schema ganz allgemein. Daniel ist außerdem ein Werk, das eng mit dem Makkabäer-Aufstand verflochten ist, wie – zumindest dem Geiste nach – viele Qumran-Schriften. Wie in Dan. 8,16 fungiert

Gabriel hier als Deuter der Vision oder, wenn man so will, als himmlischer oder mystischer »Führer«, obgleich am Ende der Vision – soweit im Fragment noch vorhanden – unklar bleibt, ob es Michael oder Gabriel war, der die Vision hat.

In der islamischen Tradition – einer späteren Abschattung, die viel von der Tradition aufgenommen hat, die sich hier entwickelt – fungiert Gabriel als offenbarender oder diktierender Engel, der das mit umfaßt, was in der christlichen Tradition sonst der »Heilige Geist« genannt werden mag. Hier ist Gabriel der »Führer« im Höchsten Himmel – Traditionen über Mohammed sind auch nicht frei von solchen Himmelfahrten –, durchaus zu vergleichen mit der Rolle, die Dante Virgil und am Ende Beatrice in seiner Wiedergabe eines ähnlichen ekstatischen Aufstiegs und einer Vision zuschreibt.

Hier fährt der Erzengel Michael zum Höchsten Himmel auf. Kenner dieser Art von mystischen Reisen sprechen von drei »Stufen« (vgl. wieder Paulus in 2. Kor. 12,2), einige von sieben und andere von zwölf. Er scheint dann wieder herabzusteigen, um den »gewöhnlichen« Engeln mitzuteilen, was er gesehen hat. Es ist beim vorliegenden Erhaltungsgrad des Textes allerdings schwer auszumachen, worin sich seine Rolle von der Gabriels unterscheidet. Während Michael im Himmel ist, erblickt er die »Herrlichkeit Gottes« – wörtlich »Größe« im Aramäischen. Hesekiel – ebenfalls ein Prophet von eminenter Bedeutung in der Qumran-Tradition, nicht nur für Schriften visionärer Art, sondern auch für das Verständnis der mit den »Söhnen Zadoks« zusammenhängenden Terminologie ganz allgemein – gilt als einer der ersten, der Visionen von der göttlichen »Herrlichkeit« gehabt haben soll. Die Terminologie ist ebenfalls für das Neue Testament höchst relevant und war in Qumran ziemlich weit verbreitet.

Die Vision ist größtenteils unverständlich, aber ein Gedanke, der bei Paulus und in der kabbalistischen Tradition allgemein wiederkehrt, findet sich hier, und zwar der des Neuen oder Himmlischen Jerusalem, das heißt, während Michael im Himmel ist, erfährt er, wie eine Stadt erbaut wird. Diese apokalyptische und visionäre Gattung verdankt der Metaphorik des Daniel-Buches viel, und sie wird in den Pseudo-Daniel-Texten in Kapitel 2 noch einmal aufgegriffen. Die Details der Himmelfahrten und eines Himmlischen Jerusalem lassen sich wiederum bis zu den Visionen Hesekiels zurückverfolgen. Hesekiel wird nicht nur von einem engelhaften »Heiligen Geist« am Schopf gepackt und nach Jerusalem »entführt«, und zwar als Bestandteil seiner ekstatischen Visionserfahrung am Buchanfang (Hes. 8,3), sondern am Ende des Buches wird er noch einmal »abgeholt« und beginnt dann, den neuen Tempel auszumessen (Hes. 40–48). Um dieses Thema kreist das nächste Werk, das entweder Hesekiel direkt zugeschrieben wurde oder als Teil der Pseudo-Hesekiel-Gattung im Umlauf war.

TRANSLITERATION

1. ‫מלי כתבא די אמר מיכאל למלאכי אל ]מן בתר די סלק לשמיא עליא[‬
2. ‫אמר די נדודי נורא חמה השכח[ת‬                                              ‫]‬
3. ‫] והא[ תשעה טורין תרין תרין למדנ[חא ותרין לצפונא ותרין למערבא ותרין[‬
4. ‫]לדר[ומא חמה חזית לגבריאל מלאכ[א                    אמרת לה]‬
5. ‫...א והחזיתה חזוה ואמר לי ]‬                                              ‫[‬
6. ‫בספרי די רבו מרא עלמא כתיב ה. ]‬                                          ‫[‬
7. ‫] [ בני חם לבני שם והא רבו מרא עלמא ]‬                                   ‫[‬
8. ‫כדי כשבין דמעא מן ..דרא ]‬                                               ‫[‬
9. ‫והא מתבניה קריה לשמה די רבו ]מרא עלמא          ולא[‬
10. ‫יתעבד כל די כאיש קודם רבו מר]א עלמא‬                                     ‫[‬
11. ‫וידכר רבו מרא עלמא לבריתה ל[טב         ברכתא ויקרא ותשבחתא[‬
12. ‫]לר[בו מרא עלמא לה רחמין ולה ]‬                                         ‫[‬
13. ‫במדינתא רחיקתא להוא גבר ל]‬                                            ‫[‬
14. ‫הוא ולהוא אמר לה הא דן ה. ]‬                                           ‫[‬
15. ‫לי כספא ודהבא ]        [ והא. ]‬                                       ‫[‬

ÜBERSETZUNG

(1) Die Worte aus dem Buch, die Michael zu den Engeln Gottes sprach, [nachdem er zu den Höchsten Himmeln aufgefahren war.] (2) Er sagte: »Ich fand Scharen von Feuer dort ... (3) [Siehe,] da waren neun Berge, zwei im Ost[en und zwei im Norden und zwei im Westen und zwei) (4) [im Sü]den. Dort erblickte ich [den] Engel Gabriel ... [ich sagte zu ihm:] (5) ›... und du machtest die Vision verständlich.‹ Dann sagte er zu mir ... (6) Es steht in meinem Buch geschrieben, daß der Große, der Ewige Herr ... (7) die Söhne des Ham zu den Söhnen von Sem. Siehe nun, der Große, der Ewige Herr ... (8) als ... Tränen von ... (9) Siehe nun, eine Stadt wird gebaut für den Namen des Großen, [des Ewigen Herrn] ... [und kein] (10) Böses soll begangen werden in der Gegenwart des Großen, [des Ewigen] Herrn ... (11) Dann wird sich der Große, der Ewige Herr, Seiner Schöpfung erinnern [zum (Zwecke des) Guten] ... [Segen und Ehre und Preis] (12) [es sei] dem Großen, dem Ewigen Herrn. Ihm gehört Barmherzigkeit, und Ihm gehört ... (13) In fernen Gebieten wird ein Mann sein ... (14) er ist, und Er wird zu ihm sagen: ›Siehe, dies ... (15) zu Mir Silber und Gold ...‹«

## 6. Das Neue Jerusalem (4Q554)    (Tafel 3)

Das aramäische Werk, bekannt als »Das Neue Jerusalem«, ist in den Höhlen 1, 2, 4, 5 und 11 gefunden worden, die meisten größeren Stücke stammen aus Höhle 4 und 5. Der Verfasser ist offensichtlich von Hesekiels Vision des neuen Tempels oder des Tempels am Ende der Tage (Hes. 40–48, s.o.) inspiriert worden; er arbeitet ihn kunstvoll in das ideale Bild Jerusalems ein. Diese

Vision erinnert nicht nur an Hesekiels Beschreibung, wie er den neuen Tempel ausmißt, sondern ebenso an Teile der Tempelrolle von Qumran und an das neutestamentliche Buch der Offenbarung.

Im Neuen Jerusalem wird der Empfänger der Vision, am ehesten wohl Hesekiel selbst – obwohl ihm in den erhaltenen Fragmenten kein Name gegeben wird –, um die Stadt herumgeführt, die an der Stätte Zions stehen soll. Sein Begleiter, wahrscheinlich ein Engel – möglicherweise sogar Gabriel und Michael aus den vorangegangenen Visionserzählungen –, weist ihn auf die unterschiedlichen Bauten hin, während er sie mit einem sieben Ellen langen Stock ausmißt.

Aufgrund verschiedener Probleme ist ein genaues Verständnis des Textes nicht möglich: die Verwendung von seltenem oder früher unbekanntem Vokabular, die vielen Brüche in den Handschriften und die implizite Schwierigkeit, Vorstellungen, die eigentlich einer architektonischen Zeichnung bedürfen, durch Worte verständlich zu machen. Trotzdem können wir uns anhand dieses Materials aus Höhle 4 ein Bild von der Stadt machen, die der Verfasser vor Augen hatte.

Er nahm eine Stadt von ungeheuren Ausmaßen an, ein Rechteck von rund 20 mal 29 Kilometern. Die Stadt war von einer Mauer mit zwölf Toren umgeben, für jeden Stamm Israels eines. In Einklang mit dem priesterlichen Tenor des Textes, der auch in anderen Texten wie dem »Testament des Levi« oder dem »Testament des Kahath« auffällt und ein makkabäisches oder wenigstens ein promakkabäisches Ethos der Visionen nahelegt, steht das Tor Levis an der ehrenhaftesten Stelle im Zentrum der östlichen Mauer, das heißt auf einer Linie mit dem Opferaltar und dem Eingang des Tempels.

Durch die zusätzlichen Informationen aus Höhle 4 wissen wir, daß nahezu 1500 Türme, ein jeder mehr als 30 Meter hoch, dazu dienten, die Stadt zu beschützen. Das letzte Fragment – wenn es ein Teil der Handschrift der angenommenen Art ist (Spalte 11 oder später) – nähert sich den stärker apokalyptischen und eschatologischen Motiven. Es wird besonders auf die »Kittim« Bezug genommen. Allgemein wird zugestanden, daß – wie im Daniel-Buch – mit den »Kittim« die Römer gemeint sind (Dan. 11,30), obgleich in 1. Makk. 1,1 dieser Begriff für die Truppen Alexanders des Großen steht.

Diese »Kittim« sind – wie schon bemerkt – ein Schlüsselbegriff in der Qumran-Literatur; der Hinweis auf sie ist über das ganze Korpus verteilt, besonders in Texten wie der Kriegsrolle, dem Nahum-Kommentar, dem Habakuk-Kommentar, dem Jesaja-Kommentar[a] usw., nicht zu vergessen den Text vom messianischen Führer (*Nasi*). Die häufigen Hinweise auf die »Kittim« verstärken den Eindruck der Homogenität des Korpus, das heißt: Entscheidende Gedanken, Begriffe und Ausdrücke bewegen sich von Dokument zu Dokument und kehren immer wieder. Sofern der Terminus hier im Sinne der Kriegsrolle, des Nahum-Kommentars (in dem die »Kittim« hinter den griechisch-seleukidischen Königen wie Antiochus und Demetrius kommen) und des Habakuk-Kommentars verwendet wird, könnten sich die Hinweise auf Edom, Moab usw. auf verschiedene kleinere Königtümer (in der Damaskus-Schrift »die Könige der Völker«, wie zum Beispiel die Herodianer und andere, genannt) beziehen.

Am Ende des »Neuen Jerusalem« wird auch das aramäische Äquivalent zu dem Wort »Völker« angegeben. Es handelt sich hierbei um einen Ausdruck, der in der römischen Gesetzessprache verwendet wird, wenn die kleineren Königreiche im östlichen Teil des Imperiums gemeint sind. Sowohl in der Damaskus-Schrift, wo der Ausdruck »Könige der Völker« im eigentlichen Sinn gebraucht wird (VIII, 10), wie auch im Habakuk-Kommentar, wo die Begriffe »*ha-ʿamim*« und »*jeter ha-ʿamim*« (»Völker« und »Rest der Völker«) erläutert werden (IX, 5 ff.), sind ähnliche Bedeutungen auszumachen. Als gattungsmäßig verwandt muß die wichtige Verwendung dieses Ausdrucks bei Paulus in Röm. 11,11–13 angesehen werden, wenn er seine eigene missionarische Tätigkeit als »der Apostel der Völker« beschreibt. Es besteht freilich die Möglichkeit, daß wir hier keine chronologische Abfolge vorliegen haben.

Am Ende von Spalte 11 wird nach unserer Rekonstruktion klar, daß Israel aus allem siegreich hervorgehen wird; und da mag sogar das messianische »Königreich« anklingen, das »in alle Ewigkeit bestehen wird« (vgl. erstmals in Dan. 2,44 und dann später in unserer Sammlung die Bezugnahme darauf in den Pseudo-Daniel-Texten). Die intensive Metaphorik dieser großen eschatologischen Ereignisse, die in gewisser Weise auf Jerusalem konzentriert sind, mag dem modernen Leser fremd erscheinen, aber derartige Vorstellungen stehen in vollständigem Einklang mit dem Programm der Kriegsrolle, auf das schon hingewiesen wurde, nicht zu vergessen die Offenbarung des Johannes, in der dasselbe Wort »Babylon« eindeutig auf Rom bezogen werden will. Daß religiöse und nationalistische Gedanken solcher Intensität zusammengebunden werden konnten mit Maß und mit der Nüchternheit der oft trockenen Beschreibung, ist der entscheidende Punkt: Die Zukunft konnte so sicher sein, daß sie eine solche Patina erlangte. Dies war in der Tat beruhigend.

TRANSLITERATION                                          **Spalte 2**

9. [ ] [.] [ ] שתת עשר [
10. [ ] נה וכלהון מבינין דן[
11. [ ] ומשח מן זוית] מדנחא די  בצפונא[
12. [לדרומא עד תרעא קדמיא ר]אסין תלתין וחמשה ושם
13. [תרעא דן קרין לה תרע] שמעון ומן ת[רעא דן עד ת]רעא מציע[י]א
14. [משח ראסין תלתין וחמשה] ושם תרעא דן די [קר]ין לה תרע
15. [לוי ומן תרעא דן משח לדר]ומא ראסין תלתין וחמשה
16. [ושם תרעא דן קרין לה תרע יהודה ומן] תרעא דן משח עד זוית
17. [מדנחא די בדרומא ומשח] מן    זויתא דא למערבא

47

.18 [ראסין 11111]3 ושם תרעא דן] קרין לה תרע יוסף

.19 [ומשח מן תרעא דן עד תרעא מציעא ראסי]ן 11113 ושם

.20 [תרעא דן קרין לה בנימין ומן תר]עא דן משח עד תרעא

.21 [תליתיא ראסין 11113 וקרין לה] תרע ראובן ו[מן תר]עא דן

.22 [משח עד זויתא מערבא ראסין 11113 ו]מן דא זויתא משח עד

## Spalte 3

.5 ] מש[ח ראסין]

.6 [ 13 ||| ]ושם [תרעא דן קרין לה תרע דן ומשח] מן תרעא [דן עד תרעא]

.7 מציעא רסין [11113 ושם תרעא דן קרי]ן לה תרע נפתלי ומן [דן]

.8 תרעא משח עד תרעא ת[ליתיא ר]סין 3 [|| ||] ושם תרעא דן קרין

.9 לה תרע אשר ומש[ח מן תר]עא דן עד זוית[א] די מדנחא רסין

.10 11113 *vacat*

.11 ואעלני לגוא קריתא ומ[שח כל פר]זיתא אורכא ופתיא קנין

.12 33 ¬ 1 ב 33 ¬ 1 מ[רבעה] *vacat* אמין ||| ¬ 33

.13 ||||||| ולכל רוח ושבק [ס]חר סחר לפרזיתא ברית שוק קנין

.14 תלתה אמין 13 ]כ[דן א]חזיני מש[ח]ת פרזיא כלהן בין פרזא לפרזא

.15 שוק פתה קנין שתה [אמין 1133] ושקיא רברביא די נפקין

.16 מן מדנחא למער[בא קנין] עשרה פותי שוקא אמין

.17 333 ¬ || מנהון ות[לי]תיא די על [שמא]ל מקדשא משה

.18 קנין אמין ¬ ||||||||| פתי אמין [ ¬ ||| ]1113 ¬ ] ופתי

.19 שוקיא די נפקין מן דרו[מא לצפונא תרי מנהון קנ]ין |||||||||

.20 ואמין |||| לשוק חד לאמי]ן שתין ושבע ומציעיא די במצ]יעת

.21 קריתא משח פתיה קני]ן ¬ ||| ואמה חדה ואמין 3333 ¬||

.22 וכל שוקא וקריתא [רציפין באבן חור] *vacat*

## Spalte 4

.1 ] שש ויהלם ואחזיני]

.2 [משחת שפשיא תמנין פותיהון די שפשיא קנין תרין אמין ארבע עשרה]

.3 ] על כל תרע ותרע דשין תרין די אבן פותיה די דשיא]

.4 [קנה חד אמין שבע ואחזיני משחת ...יא תרי עשר פותי [

.5 [תרעיהון קנין תלתה אמין עשרין וחדה על כל תרע ותרע דשין]

.6 [תרין פותי דשיא קנא חד ופל]ג אמין עשר ופלג [

.7 ] וליד כל תרע תרי מגדלין חד מן ימינא]

.8 [וחד מן שמאלא פותיהון ואורכהון משחה חדה קנין חמשה בחמשה אמין]

.9 [תלתין וחמש ודרגא די סלק די תרעא בגוא על ימין מגדליא ברום]

.10 [מגדליא פתיה אמין חמש מגדליא ודרניא קנין חמשה בחמשה אמין]

.11 [חמש לאמין ארבעין בכל רוח תרעא *vacat* [

.12 [ואחזיני משחת תרעי פרויא פתיהון קנין תרין אמין ארבע עשרה]

.13 ופתי .] ]יא משחתה אמין [ומשה] פתיה די כל אספא

.14 קני[ן תרין א[מין ¬ |||| וית טלולא אמה חדה [ומשה על כל] א[ספא ית]

.15 [דשין לה ומשח בגוא אספא ארכה אמ]ין ¬ ||1 )]|| ופתיה אמין עש[רין וחד]

48

16. אעל{נ}י לנוא אספף והא אסוף אחרן ותרעא עוד כתלא נויא די ליד ימינא

17. כמש{ח}ת תרעא בריא פתיה אמין ארבע רומה אמין |||||||| ודשין לה תרין וקו{דם]

18. [תר]עא דן אסף עללה פתיה קנה ח[ד] אמין שבע וארכה עלל קנין תרין תרין א[מין]

19. ך ||||| ורומה קנין תרין א ך ||| ]|[ ותרע לקבל תרעא פתיח לנוא פרזית{א]

20. כמשחת תרעא בריא ועל שמאל מעלה דן אחזוני בית דרג סח{ר]ר וסלק פ{תיה]

21. משחה חדה קנין תרין בתרין אמין ארבע עשרה ות{רען לקבל תרעין]

22. כמש{ח}{ת}ה ועמוד [ב]{נוה די דרנא סחר וסל{ק עלוהי פתיה וארכה]

## Spalte 5

1. [משחה חדה אמין שת בשת מרבע] ודרנא ד{י סלק לידה] פתיה אמין ארבע וסחר

2. [וסלק רום קנין תרין עד                    *vacat*                    ]

3. [וא]עלני לנוא פרזיתא ואחזיני בה בתין מן תרע ל{ת]רע חמשת עשר תמניה בחדה

רוח עד זויתא

4. [וש]בעה מן זויתא עד תרעא אחרנא <פותי>{הון> ארך בתיא קנין חלתה אמין 13 ופתיהון

5. [ק]נין תרין אמין ך – ||||| וכדן כל תוניא] רומהון קנין תרין אמין ך – |||| ותרעהון

במציעתא

| | |
|---|---|
| א]רבע ארך ורום קנה חד אמין שבע | 6. [ |
| א]רכהון ופתיהון אמין ך – ||| בית | 7. [ |
| לידה אמה בריתא | 8. [ |
| רו]ם קדמיתא אמין | 9. [ |
| ]יא ופותיהון אמין | 10. [ |
| קנין תרין אמין ארבע | 11. [ |
| א]מה חדה ופלנ ורומה נו | 12. [עשרה |
| ...]תא ית טלולא די עליהון | 13. [ |

## Spalte 9 (oder später)

| | |
|---|---|
| קני]ן תרין | 14. [ |
| ]ואמין | 15. [אמין ארבע עשרה |
| ]. משחת | 16. [ |
| תח]ומי קריתא | 17. [ |

## Spalte 10 (oder später)

13. [ ] [ם] [ן. ]. [ן ..א יסודה פתיה קנין תרין אמין

14. ארבע ע[ש]ר]א ורומה קנין שבעה אמין ארבעין ותשע וכלה

15. בניה בחש[מל] וספיר וכדכוד ועעיתה דהב ומגדליה אלף

16. [ארבע מא]ה תלתין ותרין ופתיהון וארכהון משחה חדה

17. [ ] ורמהון קנין עשרה

18. [אמין שבעין             קנין תרין אמין] ך – ||||

19. [ אר]כהן

20. [ ] מצעיא אמין

21. [ ] תרין לתרעא

22. [ ] לכל רו]חיא חלת חלת מגדליא נפקין

14. [ ] .. .... ]
15. [ באתרה ומלכות מ[
16. [ כתיא באתרה כלהון בסוף כלהון ]
17. [ אחרין שאיאן ורשין עמהון מ[
18. [ עמהון אדום ומואב ובני עמון ]
19. [ די בכל ארעא כלה לא יש. ]
20. [ ויבאשן לזרעך עד עדן די . ]
21. [ בכל עממ[ין] מלכות[א] כ.ל ]
22. [ ויעב[דון ] בהון עממין ]

## ÜBERSETZUNG

**Spalte 2** (9) ... sechzehn ... (10) und alle von ihnen, von diesem Gebäude ... (11) [und er maß von] der nordöstlichen [Ecke (12) [nach Süden, zum ersten Tor (eine Entfernung von)] 35 *[r]es*. Mit Namen (13) [wird dieses Tor das Tor] Simeons [genannt]. Von [diesem To]r [bis zum] mitt[l]eren [T]or (14) [maß er 35 *res*.] Der Name dieses Tores, den sie ihm [geb]en, ist das Tor (15) [Levis. Von diesem Tor maß er nach Sü]den 35 *res*. (16) [Der Name dieses Tores, den sie ihm geben, ist das Tor Judas. Von] diesem Tor maß er bis zur Ecke (17) [im Südosten; dann maß er] von dieser Ecke nach Westen (18) [25 *res*. Mit Namen wird dieses Tor] das Tor Josephs genannt. (19) [Dann maß er von diesem Tor bis zum mittleren Tor] 25 *[re]s*. (20) [Dieses Tor nennen sie (das Tor) Benjamins. Von] diesem [T]or maß er bis zum [dritten] Tor (21) [25 *res*. Sie nennen dieses] das Tor des Ruben. Und [von] diesem [T]or (22) [maß er bis zur westlichen Ecke 25 *res*]. Von dieser Ecke maß er bis ...

**Spalte 3** (5) ... [er ma]ß (6) [2]5 *res*. [Sie nennen dieses Tor das Tor Dans. Und er maß] von [diesem] Tor [zu] (7) dem mittleren [Tor] [25] *res*. [Und sie geb]en [diesem Tor den Namen] Tor Naphthalis. Von [diesem] (8) Tor maß er zu dem [dritten] Tor 2 [5 *r*]es. Und sie geben diesem Tor den Namen (9) Tor Ashers. Und er ma[ß von] diesem [T]or zu der nördlichen Ecke (10) 25 *res*. (11) Und er brachte mich in die Stadt, und er m[aß jeden Bl]ock nach Länge und Breite: (eine Fläche von) 61 (12) *qanin* mal 51 *qanin,* 357 (13) Ellen in jede Richtung. Und ein freier Raum [um]gab die Blöcke/Plätze an der Außenseite von (jeder) Straße: (seine Maße) in *qanin* (14) drei, in Ellen 21. In [der]selben Weise [ze]igte er mir die Maße aller Blöcke. Jeweils zwischen zwei Blöcken/Plätzen (15) verlief eine Straße, die Breite [gemessen] in *qanin* war sechs, [in Ellen 42]. Was die große Straße betrifft, die nach draußen führte (16) von Osten nach We[sten, (maßen sie) in *qanin*] in der Breite der Straße zehn, in Ellen (17) 70 für zwei von ihnen; eine dr[it]te, die [nördli]ch des Tempels war, maß er (18) als 18 *qanin* in der Breite, [was in Ellen 12]6 ist. Was die Breite (19) der Straßen betrifft, die von Sü[den] nach Norden verliefen, so waren zwei von ihnen] 9 *qa[nin]* (20) und 4 Ellen, [das sind 67] Elle[n]. [Und die Hauptstraße, die in der Mit]te (21) der Stadt [war], maß er; ihre Breite war [13 *qani*]n und eine Elle, in Ellen 92. (22) Und jede Straße und die ganze Stadt waren [mit weißem Stein gepflastert].

**Spalte 4** (1) [... Marmor und Jaspis. Und er zeigte mir (2) die Ausmaße der achtzig Seitentüren. Die Breite der Seitentüren war zwei *qanin*, d. h. vierzehn Ellen. (3) ... jedes Tor hatte zwei Türen aus Stein. Die Breite der Türen (4) war ein *qaneh*, d. h. sieben Ellen. Dann zeigte er mit die Ausmaße der zwölf ... Die Breite (5) ihrer Tore war drei *qanin*, d. h. 21 Ellen. Jedes dieser Tore hatte zwei Türen. (6) Die Breite der Türen war eineinhalb *qanin*, d. h. zehneinhalb Ellen ... (7) An der Seite eines jeden Tores waren zwei Türme, einer rechts (8) und der andere links. Ihre Breite und Länge waren gleich: fünf *qanin* mal fünf *qanin*, in Ellen (9) 35. Die Treppe, die neben dem inneren Tor heraufführte, rechts von den Türmen, war von der gleichen Höhe wie (10) die Türme. Ihre Breite war fünf Ellen. Die Türme und die Treppen waren fünf *qanin* und fünf Ellen, (11) d. h. 40 Ellen nach jeder Richtung vom Tor aus. (12) Dann zeigte er mir die Ausmaße der Tore der Blöcke. Ihre Breite war zwei *qanin*, d. h. 14 Ellen.] (13) Und die Breite der ..., ihre Maße in Ellen. [Dann maß er] die Breite einer jeden Schwelle, (14) [zwei] *qani*[n, d. h.] 14 [El]len, und des Daches, eine Elle. [Und über jeder] Sch[welle] maß er (15) die Türen, die zu ihr gehörten. Er maß das Innere der Schwelle, 1[4 Ell]en in der Länge und 21 Ellen in der Breite. (16) Er brachte [m]ich über die Schwelle, und da war eine andere Schwelle und noch ein anderes Tor. Die rechte innere Wand (17) hatte dieselben Aus[m]aße wie das äußere Tor: Ihre Breite war vier Ellen, ihre Höhe sieben Ellen. Sie hatte zwei Türen. V[or] (18) diesem T[or] war eine Schwelle, die sich nach innen ausdehnte. Ihre Breite war ein *qaneh* – sieben Ellen –, und ihre Länge dehnte sich nach innen aus, um zwei *qanin* oder (19) 14 El[len]. Ihre Höhe zwar zwei *qanin*, d. h. 1[4] Ellen. Tore gegenüber Toren, die sich nach dem Inneren des Blo[cks] hin öffneten, (20) jedes mit den Ausmaßen des äußeren Tores. Links von diesem Eingang zeigte er mir ein Haus, das eine We[ndel]treppe hatte. [Seine] Br[eite] war (21) dieselbe in jeder Richtung: zwei *qanin*, d. h. 14 Ellen. To[r gegenüber Tor], (22) jedes mit Ausm[aß]en entsprechend (denen des Hauses). [In] der Mitte der Treppe stand ein Pfeiler, der [sie] stüt[zte, während sie sich nach oben wand. Ihre (der Pfeiler) Breite und Länge.]

**Spalte 5** (1) [waren ein einziges Maß, eine Fläche von sechs Ellen mal sechs Ellen.] Die Treppe, di[e an ihrer/seiner Seite heraufführte, war vier Ellen breit und wand sich [nach oben zu einer Höhe von zwei *qanin* bis ...] (3) [Dann brachte er mich in die Blöcke und zeigte mir dort Häuser], fünfzehn [von Tor zu T]or: acht in einer Richtung bis zur Ecke (4) [und sieben von der Ecke zum anderen Tor.] Die Länge der Häuser war drei *qanin*, d. h. 21 Ellen, und ihre Breite (5) [war zwei *qanin*, d. h. 14 Ellen. Alle Zimmer waren von entsprechender Größe.] Ihre Höhe war zwei *qanin*, d. h. 14 Ellen, und jedes hatte ein

Tor in seiner Mitte. (6) [... v]ier. Länge und Höhe waren ein *qaneh,* d.h. sieben Ellen. (7) ... ihre [Lä]nge und ihre Breite war zwölf Ellen. Ein Haus (8) ... an seiner Seite eine äußere Gosse (9) [... Die Höh]e des früheren war ... Ellen. (10) Die ..., und ihre Breite war ... Ellen. (11) ... zwei *qanin,* d.h. vier[zehn] Ellen. (12) ... eineinhalb [Ell]en, und seine innere (?) Höhe (13) ... das Dach, das über ihnen war

**Spalte 9 (oder später) (14)** ... zwei *[qani]n,* (15) [d.h. 14 Ellen ...]Ellen (16) ... die Maße von (17) [... die Gren]zen (?) der Stadt

**Spalte 10 (oder später) (13)** ... sein Fundament. Seine Breite war zwei *qanin,* (14) d.h. vier[z]ehn Ellen, und seine Höhe war sieben *qanin,* d.h. 49 Ellen. Und es war völlig (15) aus Elektrum und Saphir und Rubin gebaut, mit Lattenwerk aus Gold. Ihre (der Stadt) Türme zählten eintausend (16) [vierhund]ertzweiunddreißig. Ihre Breite und ihre Länge waren von demselben Ausmaß, (17) ... und ihre Höhe war zehn *qanin,* (18) [d.h. 70 Ellen ... zwei *qanin,* d.h.] 14 [Ellen.] (19) [... ihre Lä]nge (20) ... die mittlere ... Ellen (21) ... zwei zu den Toren (22) [in jede Ric]htung erstrecken sich drei Türme.

**Spalte 11 (oder später) (15)** nach ihm und das Königreich von ... (16) die Kittim nach ihm, alle von ihnen einer nach dem anderen ... (17) andere groß und arm mit ihnen ... (18) mit Edom und Moab und den Ammonitern ... (19) von Babylon. Auf der ganzen Erde nicht ... (21) unter allen Natio[nen, das] Königreich ... (22) und die Nationen sollen ihnen dienen ...

## 7. Der Baum des Bösen (Eine fragmentarische Apokalypse – 4Q458)

Wir beschließen dieses Kapitel mit einem anderen Werk im Stil der »Worte des Michael« und dieser letzten Sätze über das Neue Jerusalem. Diese hebräische Apokalypse rekapituliert, wenn auch fragmentarisch, wiederum Themen, die in der gesamten Qumran-Literatur wiederbegegnen, am erwähnenswertesten sind *»tem'a«* (»befleckt«), *»teval'a«* (»verschlingen«), »wandeln nach den Gesetzen«, *»jizdaku«* (»gerechtfertigt« oder »gerecht gemacht«) usw. Diese Themen sollten nicht unterschätzt werden, da sie in der Damaskus-Schrift, in der Tempelrolle, in den Hymnen und anderen Schriften immer wiederkehren.

»Verschlingen« hat eine besondere Bedeutung hinsichtlich des Schicksals des Lehrers der Gerechtigkeit und seiner Beziehung zum Jerusalemer »Establishment«, das heißt, »sie vernichteten ihn«. »Rechtfertigung« betrifft ebenfalls seine Aktivität und die aller »Söhne Zadoks« (ursprünglich *»Zaddikim«,* »die Gerechten«), die in CD IV (s.o.) »die Gerechten rechtfertigen und die Gottlosen verdammen« – was natürlich eschatologisch zu verstehen ist. Dies berührt, wie ein Blick auf Paulus zeigt, die Lehre von der Gerechtigkeit allgemein. »Befleckung« – insbesondere Tempelbefleckung – ist eines der

»drei Netze des Belial«, worauf auch in Spalte IV der Damaskus-Schrift Bezug genommen wird; wir werden dies später behandeln. Damit verbunden sind in der Regel Anklagen gegen dieses Oberschicht-»Establishment«, die mit der fremden Ernennung der Hohenpriester zusammenhängen, die mit Fremden verkehren und sich auf fremde Geschenke oder Opfer im Tempel einlassen.

So fragmentarisch der »Baum des Bösen« auch ist, er enthält apokalyptische Hinweise auf »Engel«, »brennen«, »Flammen« usw. Bilder wie »brennendes Feuer« erinnern ebenso wie die Erwähnung von Mond und Sternen an den Koran. Da besteht auch eine höchst interessante Beziehung zu dem »Geliebten« – möglicherweise ist Abraham als »Freund Gottes« gemeint –, und zwar von der Art, wie man sie auch in der Damaskus-Schrift und bemerkenswerterweise im Jakobus-Brief findet. Wir werden diesen Hinweisen auf Abraham als den »Geliebten« später wiederbegegnen. Mancher mag sogar eine Anspielung auf den »Lieblingsjünger« im Johannes-Evangelium heraushören. Der Text stellt außerdem den »Baum des Bösen« heraus, höchstwahrscheinlich ein eschatologischer Verweis auf die Geschichte von Adam und Eva. Das Wortfeld »beflecken« und »Befleckung« zieht sich durch die gesamte Qumran-Literatur hindurch; es begegnet speziell in der Damaskus-Schrift, im Habakuk-Kommentar, in der Tempelrolle und in den beiden Briefen über die Werkgerechtigkeit in Kapitel 6. Die Verwendung dieser Begriffe ist im vorliegenden Text besonders wichtig im Hinblick auf »verschlingen« und die »Vorhaut«.

Man trifft dieselbe Verbindung von Themen im Habakuk-Kommentar XI, 13–15 an. Dort wird wohlüberlegt ein tieferer biblischer Bezug auf das »Zittern« in eine Anspielung auf den Frevelpriester umgewandelt, der die »Vorhaut des Herzens nicht beschneidet«. Dieses Bild stützt sich auf die Vision vom wiederaufgebauten Tempel in Hes. 44,7–9, wo wir das Thema »Befleckung des Tempels« wiederfinden. Hier ist es ausdrücklich mit der Forderung nach Ausschluß der Widerspenstigen, der Gesetzesbrecher, der Fremden und derer, die unbeschnittenen Herzens sind, vom Heiligtum verbunden. (Diese Textstelle wird auch benutzt, um die »Söhne Zadoks« in der Damaskus-Schrift zu charakterisieren.) Was hier im Habakuk-Kommentar ausgemalt wird, ist das Bild von der apokalyptischen Vergeltung, die das »Verschlingen« des Frevelpriesters und sein »Verschlingen«, das heißt seine Vernichtung des Lehrers der Gerechtigkeit (XI, 5–7 und XII, 5–7), betrifft. Integriert ist dabei das Bild vom »Kelch des göttlichen Zorns«. Diese apokalyptische »Kelch«-Metaphorik findet sich auch in Jes. 63,6 und Off. 14,10.

Das Bild des »Verschlingens« in Qumran ist auch sprachlich verwandt mit einer Gruppe von Namen wie *Bela'* (ein edomitischer und benjaminitischer Königsname), Bileam und Belial – letzterer steht in Qumran für den Teufel. Zu Parallelen im Neuen Testament siehe Paulus über Christus und Belial

(2. Kor. 6,15); 2. Pet. 2,15; Jud. 1,11 (interessanterweise geht hier eine Anspielung auf den Erzengel Michael im Streit mit dem Teufel voraus) und Off. 2,14. Diese Gruppe läuft parallel mit den mehr an der Gerechtigkeit orientierten Texten, die wir zuvor erläutert haben.

Die Anspielung in diesem Text bezieht sich ebenfalls auf die Tatsache, daß sie »gerechtfertigt« oder »gerecht gemacht« wurden – theologisch von großer Tragweite für die Geschichte des Urchristentums. Die erwähnte »Rechtfertigung« hat natürlich mit dem »Wandeln nach den Gesetzen« zu tun, ein für Jakobus – im Gegensatz zu Paulus – typisches Rechtfertigungsverständnis. Dem begegnet man in allen Qumran-Dokumenten wie etwa am Ende des Zweiten Briefes über die Werkgerechtigkeit in Kapitel 6 (s. u.) und in der Bestimmung der »Söhne Zadoks« (s. o.).

Auch hier tritt wieder der nationalistische und gesetzesorientierte Charakter der Apokalypse zutage, aber die letzte Zeile ist ebenfalls gewichtig. Wir haben das Wort »maschuah« als »gesalbt« gelesen, aber es könnte ebensogut als »Maschiah«, »Messias« (»i« und »o/u« sind in der Qumran-Epigraphie austauschbar), gelesen werden, was das Gewicht des Textes noch verstärken würde. Unstrittig ist jedenfalls, daß sich dieser Text auf die gleiche Vorstellung von »Königreich« oder »Königtum«, möglicherweise das Königtum von Dan. 2,44, zubewegt, »das ewig unzerstörbar bleibt«.

## TRANSLITERATION

### Fragment 1

| | | |
|---|---|---|
| .1 [ | [כ לידיד . ] | ] |
| .2 [ | [ה הידיד . ] | ] |
| .3 [ | [. באהל ] | ] |
| .4 [ | לוא ידעו א[ת ] | ] |
| .5 [ | שריפות אש ] | ] |
| .6 [ | ועמדו עמי מ[ ] | ] |
| .7 [ | א[מר לרישון לאמור ] | ] |
| .8 [ | להבים ושלך המלאך הריש[ון ] | ] |
| .9 [ | [כ מחרבת ויך את עץ הרשע ] | ] |
| .10 [ | [.צרים ל.. ] | ] |

### Fragment 2 Spalte 1

| | |
|---|---|
| .1 [ | [...ם |
| .2 [ | היר[ח והכוכבים |
| .3 [ | [ השנות |
| 4 [ | ו[יברח בקו[ן ]ה |
| .5 [ | [.ת הטבא |
| .6 [ | [. הזות |

.1 אח מ. ]            [

.2 ויאבדהו ואת ח.. ]            [

.3 ותבלע את כל הערלים וחק. ]            [

.4 ויצדקו והלך על החוקים            [

.5 משוח בשמן מלכות ה|            [

## ÜBERSETZUNG

**Fragment 1** (1) ... zu dem Geliebten ... (2) der Geliebte ... (3) im Zelt ... (4) sie wußten nicht ... (5) das Brennen des Feuers ... (6) und es erhoben sich die Völker von ... (7) sprach zu dem ersten und sagte ... (8) Flammen, und Er wird den ersten Engel senden ... (9) austrocknend. Und er schlug den Baum des Bösen ...

**Fragment 2, Spalte 1** (2) [der Mon]d und die Sterne (3) ... die Jahre (4) ... er flüchtete nach (5) ... des Verderbten (6) ... die Huren (?)

**Fragment 2, Spalte 2** (2) Und er vernichtete ihn, und ... (3) und verschlang alle Unbeschnittenen, und es ... (4) Und sie wurden gerechtfertigt, und er wandelte nach den Ges[etzen] ... (5) gesalbt mit Öl des Königtums von ...

## Anmerkungen

(1) Der Messias des Himmels und der Erde (4Q521)

Frühere Besprechungen: R.H. Eisenman, »A Messianic Vision«, *Biblical Archaeology Review*, Nov./Dez. (1991), S. 65. Fotografien: PAM 43.604, ER 1551.

(2) Der messianische Führer (*Nasi* – 4Q285)

Frühere Besprechungen: keine. Eine Besprechung, die von unserer Ankündigung dieses Textes im Nov. 1991 ausging: G. Vermes, »The Oxford Forum for Qumran Research Seminar on the Rule of War from Cave 4 (4Q285)«, wird im *Journal of Jewish Studies* erscheinen. Fotografien: PAM 43.285 und 43.325, ER 1321 und 1352.

(3) Die Diener der Finsternis (4Q471)

Frühere Besprechungen: keine. Fotografien: PAM 42.914 und 43.551, ER 1054 (43.551, nicht verzeichnet). *DSSIP* nennt den Text als 4QM[g].

(4) Die Geburt des Noah (4Q534-536)

Frühere Besprechungen: J. Starcky, »Un texte messianique araméen de la grotte 4 de Qumrân«, *École des langues orientales anciennes de l'Institut Catholique de Paris: Mémorial du cinquantenaire 1914–1964* (Paris: Bloud et Gay, 1964), S. 51–66; J. T. Milik, *Books of Enoch*, S. 56; Fotografien: PAM 43.572 (unten), 43.575, 43.590 und 43.591, ER 1520, 1523, 1537 und 1538. Unser Fragment ist ein ausgewählter Text, der auf den Handschriften C und D von der »Geburt des Noah« basiert. Fragment 2 repräsentiert Teile der Handschrift D. Fragment 3 ist bekannt als 4QMessAram; es ist nicht sicher, nur wahrscheinlich, daß es eine dritte Kopie des Textes der »Geburt des Noah« ist.

(5) Die Worte des Michael (4Q529)

Frühere Besprechungen: J. T. Milik, *Books of Enoch,* S. 91. Fotografien: PAM 43.572 (oben), ER 1520.

(6) Das Neue Jerusalem (4Q554).

Frühere Besprechungen: J. T. Milik, *DJD* 3, S. 184–193; J. Starcky, »Jérusalem et les manuscrits de la mer Morte«, *Le Monde de la Bible* 1 (1977), S. 38–40; K. Beyer, *Texte,* S. 214–222. Fotografien: PAM 41.940, 43.564 und 43.589, ER 521, 1512 und 1536. Die Wiederherstellung von Spalte 4 ist möglich, da sie sich mit erhaltenen Teilen des Textes vom Neuen Jerusalem aus Höhle 5 überschneidet.

(7) Der Baum des Bösen (Eine fragmentarische Apokalypse – 4Q458)

Frühere Besprechungen: keine. Fotografien: PAM 43.544, ER 1493.

# Kapitel 2

# Propheten und Pseudo-Propheten

Juden in der Zeit des 2. Tempels und Christen nach ihnen haben niemals den Glauben an Prophetie aufgegeben. Gott würde niemals aufhören, seine Boten zu senden, um das Volk zum Gehorsam zu ermahnen. Bei Paulus und in der frühen Kirche, die sich in seinem Gefolge bildete, deutet sich offensichtlich ein etwas anderes Verständnis an. In Antiochien scheint Prophetie mit Lehrern verbunden gewesen zu sein, zum Beispiel in Apg. 13,1: »Propheten und Lehrer«. Einzelne Personen wie Boten, die von Jakobus von Jerusalem nach Antiochien geschickt wurden, um die Situation dort zu beurteilen, werden in Apg. 11,21 ebenfalls Propheten genannt, ebenso die Töchter des Philippus in 21,10. Agabus, der nach Apg. 11,28 »vom Geist erfaßt wurde« und eine Hungersnot voraussagte und später nach Paulus' Gürtel griff, um ihn daran zu hindern, nach Jerusalem zu gehen, ist vielleicht das Paradigma für einen »Propheten« dieser Art.

Die meisten Juden dieser Zeit scheinen Prophetie mit Weissagung gleichgesetzt zu haben und assoziierten sie mit Wahrsagerei. Josephus nennt eine Anzahl von Beispielen und beginnt interessanterweise mit Judas dem Essener, der die Wahrheit mit seinen Prophezeiungen nie verfehlte (*Der jüdische Krieg* I §§ 78 ff.). Unter anderem scheint er den Aufstieg des Alexander Jannai, des ersten Hasmonäerfürsten, der eine wichtige Rolle in unseren Texten spielen wird, vorausgesagt zu haben. Für Josephus scheinen diese frühen »Essener« tatsächlich eine Art von Wahrsagern gewesen zu sein, die um den Tempel herumlungerten und Prophezeiungen machten mit dem Zweck, einer gewichtigen Person zu schmeicheln. Später scheinen selbsternannte »Pharisäer« wie Rabbi Jochanan ben Zakkai in der talmudischen Literatur und offenbar auch Josephus selbst eine ähnliche Rolle erfüllt zu haben.

Für die Juden in der Zeit des 2. Tempels war die Prophetie lebendig. Als wahrer Prophet erwies sich, wer die Zukunft genau voraussagte. Ein sicheres Wissen darüber, welche Propheten es genau waren, die die Sukzession fortführten, gab es nicht mehr. Josephus bietet, indem er die relativ geringe Anzahl heiliger jüdischer Bücher mit der Situation unter den Griechen kontrastiert, die folgende Beschreibung an: »Die Propheten, die Mose folgten, schrieben die Geschichte der Ereignisse ihrer eigenen Zeit in dreizehn

Büchern auf ... Von Artaxerxes an (464–424 v. Chr.) bis in unsere Zeit ist eine vollständige Geschichte geschrieben worden, allerdings wird sie nicht als gleichermaßen vertrauenswürdig angesehen verglichen mit früheren Aufzeichnungen wegen ihrer Lücke hinsichtlich der genauen Sukzession der Propheten« (*Gegen Apion* I § 40 f.).

Den falschen Propheten standen die Türen offen, und Josephus nennt alle »Gaukler und Betrüger, die taten, als wären sie von göttlichem Geist erfüllt, um Aufruhr und Rebellion zu erzeugen und die Masse mit ihren Reden zu behexen. Am Ende lockten sie gar das Volk in die Wüste unter dem Vorwand, Gott werde ihnen dort durch Wunderzeichen ihre Freiheit verkünden« (*Der jüdische Krieg* II § 259). Diese Arten von Gauklern und Betrügern waren für Josephus grundsätzlich von größerer Gefahr als die »Banditen«, gegen die er so Sturm läuft, denn sie hielten beides, revolutionäre Veränderungen und religiöse Neuerung, für möglich. Dies war eine gefährliche Verbindung, und sie mag in der Tat einige in diesem Buch zusammengestellte Abschnitte charakterisieren.

Wissenschaftler unterscheiden, wenn sie von Propheten sprechen, gewöhnlich zwei Typen: diejenigen, die Bücher schreiben, und diejenigen, die keine schreiben. So verließ sich Elia, einer der letzteren, auf charismatische Qualitäten, um seine Zuhörerschaft zu gewinnen. Beide Arten von Propheten treten zur Zeit der Schriftrollen in Erscheinung. Obwohl die Qumran-Texte per definitionem nur Aufzeichnungen des ersten Typs enthalten konnten, wäre es voreilig, daraus zu schließen, daß die Leser und Schreiber des Qumran-Materials von den charismatischen, Wunder wirkenden Propheten der zweiten Gruppe unberührt geblieben wären. Wie wir gesehen haben, vermehrten sich diese im Verlauf des 1. Jahrhunderts unter den wachsenden Spannungen mit Rom.

Die letzten, die an dieser Tradition, wie sie durch die in diesem Buch gesammelte Literatur repräsentiert wird, beteiligt waren, gehörten sicherlich zu dieser breiten Bewegung, die sich gegen Fremdes und gegen Rom richtete. Der moderne Name für diese Bewegung leitet sich von dem Verhalten des urbildlichen Sohnes des Aaron, Pinhas, ab. Weil er sich mit »Eifer« dagegen wehrte, daß fremde Frauen in das Lager gebracht wurden, wandte sich Gottes Zorn von der Gemeinde ab, und sein »Bund des Friedens (einschließlich des Priestertums) war für ihn und seine Nachkommen für alle Ewigkeit gewonnen« (Num. 25,10–13).

Es ist wichtig, alle Formen dieses »Eifers« in den Qumran-Texten zu katalogisieren; am häufigsten kommt er dort in Formulierungen wie »Eifer für das Gesetz«, »Eifer für das Urteil der Gerechtigkeit« oder »Eifer für den Tag der Rache« vor. Glücklicherweise sind wir heute in der Lage, die visionären und prophetischen Texte zu studieren, welche diese revolutionären Gedankenströme offenbar motiviert und inspiriert haben. Unter den Qumran-Schriften, die visionäre und prophetische Inspiration beanspruchen, sind zahlreiche

Pseudo-Mose-Texte (einige kürzlich veröffentlicht; wir legen dennoch ein neues Beispiel vor, nämlich »Die Engel des Mastemoth und die Herrschaft des Belial«), Pseudo-Jeremia, Deutero-Hesekiel und der Schriftenzyklus, der mit dem Daniel-Buch verwandt ist.

## 8. Die Engel des Mastemoth und die Herrschaft des Belial (4Q390)

Dieser apokalyptische Text, den wir nach den herrlichen Anspielungen im Text selbst benannt haben, hätte aufgrund seines visionären Charakters in das erste Kapitel aufgenommen werden können oder sogar in Kapitel 7 zusammen mit den Hymnen und Geheimnissen. Da er in der ersten anstelle der dritten Person geschrieben ist und sich als direkte Äußerung des Wortes Gottes versteht, haben wir ihn in den Prophetenteil gestellt. Diese Schrift, die sowohl mit Hesekiel als auch mit Daniel verwandt ist, enthält auch eine Anspielung aus Hosea. Wir haben hier einen Text vorliegen, den man einen Pseudo-Mose-Text nennen könnte oder vielleicht sogar einen Pseudo-Aaron-Text; zusätzlich weist er enge thematische Parallelen zu dem Buch der Jubiläen und zu Henoch auf.

Seine Parallelen mit dem ermahnenden Abschnitt in den ersten Spalten der Damaskus-Schrift sind offensichtlich, einschließlich der Betonung auf »Brechen des Bundes« (CD I,20), »Befleckung des Tempels« (IV,18), »in die Irre gehen« (I,15) und »Wandeln in der Verstocktheit ihrer Herzen« (II,17; III,5. 11–12). Der Ausdruck »Sie werden … Meinen Tempel beflecken« ist eine direkte Parallele zu dem, was in der Damaskus-Schrift unter der Überschrift »die drei Netze des Belial« zu finden ist. Bei diesen handelt es sich um »Unzucht«, »Reichtum« und »Befleckung des Tempels«, die im Sinne Belials »die drei Arten der Gerechtigkeit« sind und durch die er, wie man ihm nachsagt, »Israel in seine Gewalt nahm«. Natürlich ist die Anspielung auf die »Herrschaft des Belial« sowohl bei den »Engeln des Mastemoth« als auch in den Texten der Damaskus-Schrift stark, wie es sich auch in vielen anderen Dokumenten, die oben in unseren Bemerkungen über das »Verschlingen« genannt werden, verhält.

Diese Art der Anspielung ist ebenfalls stark vertreten in dem Habakuk-Kommentar, in dem viele derselben Wörter benutzt werden, insbesondere »brechen«, »Brecher des Bundes« (II,6, VIII,16, im Gegensatz zu »halten« oder »Bewahrer des Bundes« – verwandt mit der Definition der »Söhne Zadoks« in der Gemeinderegel), und mit der generellen Betonung auf »Befleckung« und »Reichtum rauben« (1QpHab VIII,11; XII,10; ein anderes der »drei Netze des Belial«), »Profitmacherei« (IX,5.12), »Gewalttätigkeit« (VIII,11; XII,6–9) und dem »Zorn«, der zusammenhängt mit »Zerstörung« in 1QpHab, XI–XII, wie zuvor in der Einführung zu dem Text »Der Baum des Bösen« angesprochen.

Wiederum werden die Homogenität der Bilder und des Wortschatzes und ihr Erscheinen von Dokument zu Dokument bestätigt, was den Eindruck verstärkt, daß wir es hier mit einer bestimmten Bewegung zu tun haben – in diesem Fall mit einer apokalyptischen, messianischen und eschatologischen. Die Gegenüberstellung von »Halten« und »Brechen« des Gesetzes oder des Bundes, ganz zu schweigen von der Betonung auf dem »Tun« (»das Gesetz tun«), ist in diesem Dokument nicht zu übersehen und bildet auch das Hauptthema des Jakobus-Briefes (1,22–27 und 2,9–11). Dasselbe kann ferner gesagt werden für die Anspielungen auf »Verstocktheit des Herzens« und »Reichtum«.

In Zeile 11 von Fragment 1 wird ein neuer Ausdruck eingeführt: »die Engel des Mastemoth«. Er basiert auf der Metaphorik von Hos. 9,7–8, der interessanterweise eine Anspielung auf jene »Heimsuchung« vorausgeht, die im »Messias des Himmels und der Erde« (s. o.) erwähnt wird und die sich in der Damaskus-Schrift widerspiegelt. Er gründet sich außerdem auf eine Abwandlung des parallelen »Satan«, was »hassen«, »feindlich sein« oder »sich gegen etwas stellen« bedeutet. Gemeint sind offensichtlich dieselben gefallenen Engel oder »Himmlischen Wächter«, die aus dem Henoch-Buch und der Damaskus-Schrift bekannt sind. Der Gebrauch von »*Mastema*« bewegt sich – im Wortfeld »feindlicher Mann«, »Feind« oder »Gegner« (offenbar bezogen auf Paulus, vgl. »Feind Gottes« Jak. 4,4, und 2,23, wo Abraham als »Freund Gottes« bezeichnet wird) – auf die pseudoklementinische Literatur zu. (Dabei handelt es sich um hellenistische Romane, die dem Mitarbeiter und Schüler des Petrus, Klemens, zugeschrieben werden und ihre endgültige Form im 3. bis 4. Jahrhundert n. Chr. erhielten.) Die Anspielung kann hier im Sinne von »Engel der Finsternis« oder »Feindesengel« verstanden werden.

Die Chronologie dieser Apokalypse folgt bis zu einem gewissen Grad dem Buch der Jubiläen und versetzt uns in dieselbe Zeit, die in der Damaskus-Schrift angekündigt wird. Außerdem gibt es einen direkten Bezug auf die »siebzig Jahre« in Dan. 9,2. Die einzige Frage ist, ob die Chronologie, die von diesen literarischen Praktikern befolgt wurde, genauer ist als diejenige, die man bei Josephus oder in talmudischen Traditionen antrifft und die oft überhaupt nicht verläßlich ist. Haben diese Autoren ein klares Verständnis der sieben Jubiläen im absolut chronologischen Sinne?

Die Apokalypse hat außerdem einen antipriesterlichen Zug insofern, als die Priester – wie im Buch Hesekiel – »gewarnt« wurden; aber ihr Gesetzes- und Bundesbruch, der Raub von Reichtum und ihre Gewalttätigkeit gehen sogar bis zur »Befleckung des Tempels«. Inwieweit sich dies auf eine vormakkabäische, die makkabäische oder die herodianische Periode bezieht, ist schwer zu sagen, aber die unbeugsame, nationalistische und gegen Korruption gerichtete Haltung ist durchgängig. Auch ist diese Haltung nicht besonders zurückhaltend oder an menschlichen Belangen uninteressiert.

## Fragment 1

1. [ ]..[ .] [ ]
2. [ו]מפ[רים] שוב [ ] בני אהר[ון] [ ] שבעים שנה [ ]
3. ומשלו בני אהרון בהמה ולא יתהלכו [בדר]כי אשר אנוכי מצו[ו]ך אשר
4. תעיד בהם ויעשו גם הם את הרע בעיני ככל אשר עשו ישראל
5. בימי ממלכתו הרישנות מלבד העולים רישנה מארץ שבים לבנות
6. את המקדש ואדברה בהמה ואשלחה אליהם מצוה ויבינו בכול אשר
7. עזבו הם ואבוחיהם ומתום הדור ההוא ביובל השביעי
8. לחרבן הארץ ישכחו חוק ומועד ושבת וברית ויפרו הכול ויעשו
9. הרע בעיני והסתרתי פני מהמה ונתתים ביד איביהם והסגרת[ים]
10. לחרב והשארתי <מהם> פליטים למע[ן] אשר לא י[כ]ל[ו] בחמתי [ו]בהסתר פ[ני]
11. מהם ומשלו בהמה מלאכי המש[ט]מ[ות ו.] ו[י]שוב[ו]
12. ויעשו [ את] הרע בעיני[ ] ויתהלכו בשר[י]רית לבם
13. [ ]ת[ ] ].[. ] [

## Fragment 2 Spalte 1

1. [ ] ].[ ].[ ] [
2. [את] בית[י] ואת מזבחי ואת מקדש הקד[ש] [
3. עשה כן.. [ ] כ[י ] אלה יביאו עליהם [ ] ך ו[ת]הי
4. ממשלת בליעל בהם להסגירם לחרב שבוע שנ[ים] מתחלת ה[י]ובל ההוא יהיו
5. מפרים את כול חקותי ואת כל מצותי אשר אצוה א[ותם ואשלח להם]
עבדי הנביאים
6. וי[ה]ל[ו] להריב אלה באלה שנים שבעים מיום הפר ה[חוק וה]ברית
אשר יפרו ונתתים
7. [ביד מל]אכי המשטמות ומשלו בהם ולא ידעו ולא יבינו כי קצפתי עליהם במועלם
8. אשר עז[בו]ני ויעשו הרע בעיני ובאשר לא חפצתי בחרו להתגבר להון ולבצע
9. [ ] אשר לר[ע]הו ינזלו ויעשוקו איש את רעהו את מקדשי יטמאו
10. ו[את מו]עדי ..[ ם ובבני[הם] יהלל[ו] את זר[ע]ם כוהניהם יחמסו
11. [ ]יה.[ ] [הם ואת
12. [ ] יהה

## Fragment 2 Spalte 2

1. [ ]
2. [ ]
3. ת[ ]
4. מעליה [ ]
5. ובדבר [ ]
6. אנחנו שת[ ]
7. ידעו ואשלח[ה ]
8. וברחמים לבק[ש ]
9. בקרב הארץ [ו]על א. [ ]

                                                            [ ]    אחוזתם ויזבחו בה .10
                                                            [      יחללו בה ו[א]ת מזב[ח .11

## ÜBERSETZUNG

**Fragment 1** (2) [und] brech[end ...] wieder (?) ... die Söhne Aarons ... siebzig Jahre ... (3) und die Söhne Aarons sollen über sie herrschen, aber sie sollen nicht auf Meinen Weg[en] wandeln, die Ich dir bef[oh]len habe und vor welchen (4) du sie warnen sollst. Auch sie (d. h. die Söhne Aarons) werden tun, was böse ist in Meinen Augen, genau wie Israel es tat (5) in den frühen Tagen seines Königreiches – außer denen, die zuerst aus dem Land herauskommen, in dem sie gefangen waren, um zu bauen (6) den Tempel. Und Ich werde zu ihnen sprechen und ihnen Gebote senden, und sie werden verstehen, wie weit (7) sie vom Weg abgekommen sind, sie und ihre Vorväter. Aber vom Ende dieser Generation an, dem siebten Jubeljahr entsprechend (8) seit der Verwüstung des Landes, werden sie vergessen Gesetz und Fest, Sabbat und Bund. Sie werden alles brechen (d. h. dagegen verstoßen) und tun, (9) was böse ist in Meinen Augen. So werde Ich Mein Gesicht von ihnen wenden und sie in die Hände ihrer Feinde geben und [sie] (10) dem Schwert ausliefern. Dennoch werde Ich einen Rest verschonen, so d[aß] sie durch Meinen Zorn und Me[ine] Abwendung von ihnen nicht ve[r]nic[htet] werden. (11) Und die Engel Mas[t]emoths werden über sie herrschen, und ... sie werden sich abwenden (12) und tun, ... was Ich als böse ansehe, wandelnd in der Versto[cktheit ihrer Herzen].

**Fragment 2, Spalte 1** (2) [Mein] Haus [und Mein Altar und] der Heili[ge] Tempel ... (3) so wird es getan werden ... de[nn] diese Dinge sollen über sie kommen ... und (4) sie werden unter der Herrschaft Belials sein, und sie werden dem Schwert ausgeliefert werden für eine Woche von Jahr[en ... Vom] Beginn dieses Jubeljahres an werden sie (5) alle Meine Gesetze brechen und alle Meine Gebote, die Ich ih[nen] geboten habe, [obgleich Ich ihnen] Meine Knechte, die Propheten, [gesandt habe]. (6) Und [sie] w[er]den anfangen, miteinander zu streiten. Für siebzig Jahre von dem Tag an, als sie das [Gesetz und den] Bund brachen, werde Ich sie (7) [in die Gewalt der En]gel Mastemoths geben, der über sie herrschen wird, und sie (d. h. das Volk) werden weder wissen noch verstehen, daß Ich zornig über sie bin wegen ihres Aufstands, (8) [weil sie] Mich [ver]lassen haben und taten, was böse ist in Meinen Augen, und weil sie gewählt haben, was Mir mißfällt, andere zu überwältigen um des Reichtums und des Gewinns willen. (9) ... Sie werden ihre Nach[ba]rn berauben und einander unterdrücken und Meinen Tempel beflecken (10) ... [und] Meine Feste, ... durch [ihre] Kinder werden sie ihren Sa[m]en verschmutz[en]. Ihre Priester werden Gewalttaten begehen ...

**Fragment 2, Spalte 2** (4) davon ... (5) und mit einem Wort ... (6) wir ... (7) sie werden wissen, und Ich werde senden ... (8) und mit Barmherzigkeit zu frag[en...] (9) in der Mitte des Landes [und] auf ... (10) ihrem Besitz, und sie werden in ihm opfern ... (11) sie werden es beschmutzen und den Alta[r ...]

## 9. Pseudo-Jeremia (4Q385)

Dieser Text, der dem Propheten Jeremia zugeschrieben wird, enthält viele interessante Eigenheiten. Erstens sollte man die scheinbar austauschbaren Verweise auf »Herr« und »Gott« zur Kenntnis nehmen. Die Betonung auf dem »Bewahren des Bundes«, auf die wir zuvor gestoßen sind, findet sich auch hier – in diesem Fall sogar in der Gefangenschaft. Der Stil wechselt im zweiten und dritten Fragment – das heißt, wenn alle Fragmente wirklich ein Teil desselben Dokuments sind – in die erste Person, wo es mehr eine Pseudo-Hesekiel- als eine Pseudo-Jeremia-Komposition zu sein scheint, obwohl man dies auch für die eigenartige historische Angabe, die in Fragment 1 präsentiert wird, annehmen könnte.

Sicher, in diesem Kontext ist der Begriff »pseudo« an sich vielleicht unangemessen, da viele daran zweifeln, daß der biblische Jeremia ganz und gar das Werk einer Einzelperson dieses Namens ist. Nachdem Jeremia gestorben war, fuhren wahrscheinlich viele seiner Jünger fort, seinen Worten zu huldigen und seine Aussagen zu sammeln, und viele glauben, daß diese es in Wirklichkeit waren, die einige Teile, die sich in dem biblischen Buch finden, angeordnet oder zusammengestellt haben. Wir wissen nicht, wieviel Zeit dieser Prozeß in Anspruch nahm, aber ab einem bestimmten Punkt muß es als pseudepigraphisch angesehen werden. Es wäre sicher schwierig herauszufinden, wo der historische Prophet aufhört und wo die Tradition einsetzte, und folglich, wo dieses Fragment hineinpaßt. Das vorliegende Werk mag in der Tat als authentisch angesehen worden sein, und es enthält auch viele interessante historische Einzelheiten.

Im zweiten und dritten Fragment haben wir anscheinend nicht nur die »Menschensohn«-Terminologie aus Hesekiel, sondern wahrscheinlich ebenfalls eine Parallele zu den Anspielungen auf die Auferstehung in Dan. 12,2. Dies stimmt wiederum mit der Gedankenwelt anderer Qumran-Dokumente überein. In diesem Kontext sollte man die positive Haltung gegenüber David zur Kenntnis nehmen, die sowohl in Spalte V der Damaskus-Schrift als auch in den Zeilen 28 ff. des Zweiten Briefes über die Werkgerechtigkeit (Kapitel 6) Parallelen hat, wo David als ein Mann »frommer Werke« bezeichnet wird, dem die Sünden vergeben waren. Ein anderer interessanter Bezug besteht zum »Land Jerusalems« in Zeile 2 des ersten Fragments. Dies verstärkt den Eindruck der Historizität des Ganzen, da Juda oder »Jehud« (die Bezeichnung für diese Gegend auf Münzen der Perserzeit) zu dieser Zeit kaum mehr als Jerusalem und seine unmittelbare Umgebung umfaßte.

TRANSLITERATION                                    **Fragment 1 Spalte 1**

‏ ] ירמיה הנביא מלפני יהוה [ 1.
‏ ] אש[ר נשבו מארץ ירושלים ויבואו 2.
‏ ] נ[ות נבוזרדן רב הטבחים 3.
‏ ] .ים ויק[ח א[ת כלי בית אלוהים ואת הכהנים 4.
‏ ] ו[בני ישראל ויביאם בבל וילך ירמיה הנביא 5.
‏ ] הנהר ויצום את אשר יעשו בארץ שביא[ם] 6.
‏ ] בקול ירמיה לדברים אשר צוהו אלהים 7.
‏ ] ישמרו את ברית אלהי אבותיהם בא[רץ] 8.
‏ [שבים 9. ] אשר עשו הם ומלכיהם וכהניהם
‏ [ ]ו[ אלהים ל[ ]לל[ 10.

**Fragment 2**

‏ [ מאחרי פני ולא רם לבבו ממנ[י 1.
‏ [ וישלמו ימיו וישב שלמה [בנו על כסאו 2.
‏ [ ואתנה נפש איביו בנפש ] 3.
‏ [ ואקחה עידי עול[ה 4.
‏ [ ]ל[ 5.

**Fragment 3**

‏ [ ] ....[ ] 1.
‏ [ ] יהוה ויקומו כל העם ויד[כרו ].ע. ] 2.
‏ [ ]ל את יהוה צבאת ואף אני מ[ ]תי עמה . ] 3.
‏ [ vacat ויאמר יהוה אלי בן [אדם ] אלהים ] 4.
‏ [ ].תם ישכבו עד אש[ר ] 5.
‏ [ ].יכם ומן הארץ ] 6.
‏ [ ] <נאשם> ..מצ[ ] 7.

ÜBERSETZUNG

**Spalte 1, Fragment 1** (1) ... der Prophet Jeremia vor dem Herrn (2) [... di]e gefangengenommen wurden aus dem Land Jerusalems, und sie kamen (3) ... Nabuzaradan, der Hauptmann der Wache (4) [... und er nahm d]ie Geräte aus dem Gotteshaus und die Priester (5) [... und] die Kinder Israels und brachte sie nach Babylon. Und der Prophet Jeremia ging (6) ... dem Fluß, und er befahl ihnen, was sie tun sollten in dem Land ihrer Gefangensch[aft] (7) ... zu der Stimme Jeremias, die Dinge betreffend, die Gott ihm befohlen hatte (8) ... und sie werden halten den Bund des Gottes ihrer Väter im Lan[d] (9) [ihrer Gefangenschaft] ... das taten sie, sie und ihre Könige und ihre Priester (10) ... Gott ...

**Fragment 2** (1) ... davon, Mir zu folgen, wurde das Herz auch nicht zu stolz, Mi[r] (zu dienen) ... (2) und seine Tage waren vollendet, und Salomon [sein Sohn] saß [auf seinem (Davids-)Thron ...] (3) und ich gab die Seele seiner Feinde im Tausch für die Seele ... (4) und ich nahm die Zeugen des Böse[n ...]

64

**Fragment 3** (1) ... (2) ... den Herrn, und alle Menschen erhoben sich und sag[ten: ...] (3) ... »Den Herrn der Heerscharen«, und auch ich ... ihr Volk (?) (4) Und der Herr sagte zu mir: »[Menschen]sohn ... Gott ... sie sollen schlafen bi[s ...] (6) und von dem Land ... (7) er war schuldig gesprochen ...«

## 10. Deutero-Hesekiel (4Q385-389)

Dieser Text nimmt wieder die Themen auf, auf die wir in diesem Kapitel schon gestoßen sind. Er beginnt in Fragment 1 mit der mehr oder weniger bekannten Vision von Hesekiels Streitwagen und bewegt sich in den folgenden Fragmenten stärker auf apokalyptische und eschatologische Themen zu. In den Zeilen 4 ff. von Fragment 3, Spalte 1 wird die wohlbekannte »Gebein«-Passage aus Hesekiel heraufbeschworen, und zwar mit einer scheinbar noch größeren Betonung auf dem Gedanken der Auferstehung, den wir in verschiedenen Texten zuvor angetroffen haben und der herkömmlicherweise mit diesen Stellen aus Hesekiel verbunden wird. Die »Gebein«-Passage in Hesekiel verwendet auch die vielsagenden Worte »aufstehen«, die uns eben begegnet sind, und wurde unter dem Fußboden der Synagoge in Masada – wahrscheinlich nicht ohne Grund – vergraben aufgefunden.

Hier ist die Passage tatsächlich in die Zeilen 1–2 eingebunden, zur Auszeichnung derer, die »auf den Wegen der Frömmigkeit und der Gerechtigkeit gewandelt sind«, das heißt, wir befinden uns im Rahmen des eschatologischen Gerichts/Urteils. Die Lehren der *Hesed* (Frömmigkeit) und der *Zedek* (Gerechtigkeit) sind ganz grundlegend für Qumran, wie sie es später für das Christentum sind und – was nicht überrascht – auch für die Tradition der jüdischen Kabbala. Sie dienen ebenso der Untermauerung der Oppositionsbewegung in dieser Periode, mit den Worten des Josephus: Johannes lehrte »Gerechtigkeit gegenüber den Menschen und Frömmigkeit vor Gott« (*Altertümer* XVIII § 116). Josephus verbindet diese Terminologie ebenfalls mit der Praxis der »Essener« (*Der jüdische Krieg* II §§ 128 ff. und *Altertümer* XV § 375); hier liegt zugleich die Basis für die beiden grundlegenden »Liebesgebote«, die ebenso in den Evangelien als Lehre Jesu erscheinen: »Du sollst deinen Nächsten lieben wie dich selbst« (Liebe zu den Menschen) und »Du sollst den Herrn, deinen Gott lieben« (Liebe zu Gott; Mt. 22,37 ff., Mk. 12,30 f., Lk. 10,27). Frömmigkeit wird auch hier als »Deinen Namen lieben« definiert, was ein erneuter Hinweis darauf ist, daß derartige Vorstellungen über die gesamte Zeitspanne des 2. Tempels reichen. Darunter werden alle irdischen und himmlischen Pflichten zusammengefaßt.

In Qumran sowie im frühen Christentum und in Jak. 2,8 hatte »seinen Nächsten lieben wie sich selbst« eine ökonomische Dimension, die in die Verdammung des »Reichtums« und in die »Armen«-Terminologie mündete.

Wenn man ökonomische Unterschiede zwischen Menschen machte, war es unmöglich, vollkommen gerecht zu sein. Man beachte in diesem Zusammenhang Spalte VI,20–21 der Damaskus-Schrift, wo dem Gebot der Gerechtigkeit unmittelbar ein Verweis auf »die Sanftmütigen und die Armen« folgt.

Der Text fährt nun mit mehr historischen Anspielungen fort, einschließlich einer geheimnisvollen auf »einen Sohn Belials«. Die Sprache in Fragment 3, Spalte 3 ist auch für andere Qumran-Texte typisch. Wiederum ist eine Beziehung zu beobachten zu dem Wortfeld vom »Geknechteten« ( »Dal«) und vom »Kelch«, das, wie wir zuvor gesehen haben, so bezeichnend ist für die göttliche Rache im Habakuk-Kommentar und das im Zusammenhang mit Babylon in Off. 14,8–11 wiederaufgenommen wird. Diese »Kelch«-Metaphorik im Habakuk-Kommentar ist von äußerster Wichtigkeit, da sie von vielen Kommentatoren als Bezeichnung für Trunkenheit mißverstanden wird – für die Trunkenheit des Frevelpriesters. Dies aber ist völlig falsch. Was sie hier wirklich beschreibt, ist die göttliche Rache, die den Frevelpriester für seine Vernichtung des Lehrers der Gerechtigkeit und dessen Mitstreiter trifft.

In Zeile 5 der Fragmente 4–6 haben wir das Sprachfeld von »zurückweisen« (»ma'as«), das man normalerweise in Verbindung mit den Aktivitäten des Lügners im Habakuk-Kommentar und in anderen Qumran-Dokumenten findet. In Zeile 15 liegt außerdem ein Verweis auf die »Priester Jerusalems« vor – siehe Habakuk-Kommentar IX,4–5: »die letzten Priester Jerusalems« – und wiederum ein Bezug zu den »Engeln des Mastemoth«, dem Satan oder Belial, den wir schon im Text von den Engeln des Mastemoth und der Herrschaft des Belial kennengelernt haben. Aufgrund dieser Bezüge und der Wahl der ersten Person in beiden Erzählungen ist anzunehmen, daß beide Texte entweder gattungsmäßig zusammengehören oder Teil desselben Dokuments sind.

Diese Hinweise auf ein Zeitalter des Frevels, in dem »die Engel des Mastemoth« die Herrschaft ausüben, sowie auf einen »frevelhaften König« und einen »Sohn Belials« verstärken den erwähnten Zusammenhang und das inhaltliche Gewicht des Textes. Es ist behauptet worden, daß Anspielungen aus Deutero-Hesekiel im Barnabas-Brief wiederkehren, einer Schrift aus dem 2. Jahrhundert, die gespickt ist mit derselben Art von Anspielungen wie diese Sammlung hier, zum Beispiel: »der Weg des Lichtes«, »der Weg der Finsternis«, »der Weg der Heiligkeit«, »der Weg des Todes«, »Halten des Gesetzes«, »Gerechtigkeit«, »das Jüngste Gericht«, »unbeschnittenes Herz« und »der Herr der Finsternis« (parallel zu »Belial« und »Mastema« zuvor), so daß es schwerfällt, *nicht* auf Parallelen zu stoßen.

TRANSLITERATION

**Fragment 1**

1. ‏והיו עמי ה[‏
2. ‏כלב טוב ובנ[פש חפצה‏

3. וחבא קמעט קט[                    ]

4. ומבקיעים .]                      ]

5. המראה אשר ראה יחזק[אל             ]

6. ננה מרכבה וארבע חיות חית]         ובלכתן לא יסבו]

7. אחור על שתים תלך החיה האחת ושתי רגל]יה

8. רנ]ל[ ]ל[ ]..[ ]ת היה נשמה ופניהם זה בעקר ז]ה ודמות]

9. הפ]נים אחד ארי אח[ד] נשר ואחד עגל ואחד של אדם והי]תה יד]

10. אדם מחברת מגבי החיות ודבקה ב[כנפיהן ] והא]ופנים      [

11. אופן חובר אל אופן בלכתן ומשני עברי הא[ופנים שבלי אש]

12. ו[ה]יה בתוך נחלים חיות כנחלי אש [כמראה לפידים בינות]

13. האופנים וההיות והאופנים ויה[י על ראשם רקיע כעין]

14. הקרח הנור[א וי]הי קול [מעל הרקיע                  ]

## Fragment 2

1. [ תחת דוני ]          [ ולבי]

2. הומה את נפשי ויתבהלו הימים מהר עד אשר יאמרו [כל בני]

3. האדם הלא ממהרים הימים למען יירשו בני ישראל [את ארצם]

4. ויאמר יהוה אלי לא אש[י]ב פניך יחזקאל ה]נ[ה א]מ]דד [העת וקצרתי]

5. את הימים ואת השנ]ים                    [ ל ]

6. מצער כאשר אמרת ל]                    [

7. [כי] פי יהוה דבר אלה ]                    [

## Fragment 3 Spalte 1

1. [ואמרה יהוה ראיתי רבים מישראל אשר אה]בו את שמך

2. [וילכו בדרכי צדק ואלה מתי יהיו ו]הכה ישתחלמו חסדם

3. [ויאמר יהוה אלי אני אראה א]ת בני ישראל וידעו

4. [כי אני יהוה ויאמר בן אדם הנ]בא על העצמות

5. [ואמרת הקרבו עצם אל עצמו ו]פרק ולפרקו ויהי

6. [כן ויאמר שנית הנבא ויעל בשר עליה]ם ויקרמו עור

7. [מלמעלה                    ] ויעלו עליהם גדים

8. [                    ] ויהי כן ויאמר שוב הנבא א]ל ארבע רחות

9. [השמים ויפחו הרחות בם ויעמוד ע]ם רב אנשים

## Fragment 3 Spalte 2

1. וידעו כי אני יהוה          *vacat*          ויאמר אלי התבונן

2. בן אדם באדמת ישראל ואמר ראיתי יהוה והנה חרבה

3. ומתי תקבצם ויאמ[ר] יהוה בן בליעל יחשב לענות את עמי

4. ולא אניח לו ומשלו לא יהיה והמן הטמא זרע לא ישאר

5. ומנצפה לא יהיה תירוש וחזיו לא יעשה דבש [ ] ואת

6. הרשע אהרג במף ואת בני אוציא ממף ועל ש[א]רם אהפך

7. כאשר יאמרו היה השל]ו[ם והשדך ואמרו תש]כון[ הארץ

8. כאשר היתה בימי [ ] [ קדם בכן נשיר] [יהם כמ] [

9. ‏[באר]בע רחות השמים‏ [ את ] [
10. ‏[כא]ש בערת כ]‏ [

## Fragment 3 Spalte 3

1. ‏ודל לא יחן ויביא אל כבל ובכל ככוס ביד יהוה כדמ[ן]‏
2. ‏ישליכנה ]‏ [
3. ‏בכבל והיתה ]‏ [
4. ‏מדור שדיך ]‏ [
5. ‏חרכה [א]רצם ]‏ [

## Fragmente 4–6

2. ‏[   ] והממלכה תשוב לגוי[ם שנים ר]בים ובני ישרא[ל]‏ [
3. ‏[   ] על כבד בארצות שבים ואין   *vacat*   משיע להם‏
4. ‏יען ב.ען חקתי מאסו ותרתי נעלה נפשם על כן הסתרתי‏
5. ‏פני מ[הם עד] אשר ישלמו עונם   *vacat*   וזה להם האות בשלם‏
6. ‏עונם [   ] עזבתי את הארץ ברום לבכם ממני ולא ידע[ו]‏
7. ‏כ[י   ] ש[בו ועשו רעה ..] *vacat* [.[ ]. [.ש.] ]ח‏
8. ‏[והפרו את הברית אשר כרתי] עם אב[רהם ועם י]צחק ועם‏
9. ‏[יעקב ובימים] ההמה יקום מלך לגוים נדפן ועשה רעות‏
10. ‏ב[   ] את ישראל מעם כימו אשבור את מלכות‏
11. ‏מצרים [   ] ואת מצרים ואת ישראל אשבור ונתתי לחרב‏
12. ‏[   ] ב[מ]חי א[ר]ץ   ]רץ ורדחקתי את האדם ועזבתי את הארץ‏
13. ‏ביד מלאכי המשטמות הסתרתי [את פני מיש]רא]ל וזה להם‏
14. ‏האות ביום עזבו את הארץ כד]‏ [
15. ‏כהני ירושלים לעבוד אלהים אחרים ]‏ [
16. ‏מלכים] שלשה אשר ימלכ[ו‏ ] [

## ÜBERSETZUNG

**Fragment 1** (1) und mein Volk soll sein ... (2) mit zufriedenem Herzen und mit [bereiter] S[eele ...] (3) und verberge dich für eine kleine Weile ... (4) und spaltend ... (5) die Vision, die Hesek[iel] sah ... (6) ein Strahl eines Wagens und vier lebende Wesen, eine lebende Gestalt [... und sie drehten sich nicht] um, [während sie gingen]; (7) jede der lebenden Kreaturen ging auf zwei (Beinen); [seine] zwei Be[ine ...] (8) ... war geistig, und ihre Gesichter waren mitei[nander] verbunden. [Was die Form] (9) der Ge[sichter angeht: eins war (das eines) Löwen und ein]s (das eines) Adlers und eins das eines Kalbs und eins das eines Menschen. Ein jedes ha[tte die Hand] (10) eines Menschen, verbunden vom Rücken der lebenden Kreaturen und festgemacht an [ihren Flügeln]. Und die Rä[der ...] (11) Rad mit Rad verbunden, während sie gingen, und von den beiden Seiten der R[äder kamen Ströme von Feuer], (12) und in der Mitte der Kohlen w[a]ren lebende Wesen, wie Kohlen im Feuer, [Lampen sozusagen, in der Mitte] (13) der R[ä]der und der lebenden Gestalten. [Über ihren Köpfen] war [ein Firmament, welches wie] (14) das schreck[liche] Eis aussah. [Und von über dem Firmament k]am ein Laut ...

**Fragment 2** (1) ... statt meiner Trauer ... [Und mein Herz] (2) ist in Verwirrung, zusammen mit meiner Seele. Aber die Tage werden schnell dahineilen, bis [die ganze] Mensch[heit] sagen wird: (3) »Eilen die Tage nicht dahin, damit die Kinder Israels [ihr Land] ererben mögen?« (4) Und der Herr sagte zu mir: »Ich werde dich nicht zur[ück]weisen, Hesekiel. Si[e]he, Ich werde [die Zeit] m[es]sen [und verkürzen] (5) die Tage und die Jahr[e ...] (6) ein wenig. Wie du gesagt hast zu ...« (7) [Denn] der Mund des Herrn hat dies gesprochen.

**Fragment 3, Spalte 1** (1) [Und ich sagte: »Herr, ich habe viele Männer aus Israel gesehen, die] deinen Namen [gel]iebt haben (2) [und die den Weg der Gerechtigkeit gegangen sind. Und diese Dinge, wann werden sie geschehen, und] wie wird ihre Frömmigkeit belohnt werden?« (3) [Der Herr sagte zu mir: »Ich werde de]n Kindern Israels zeigen, so daß sie erkennen, (4) [daß Ich der Herr bin.« Dann sagte er: »Menschensohn, weis]sage über die Gebeine (5) [und sage: Verbindet euch miteinander, Gebein zu seinem Gebein und] Gelenk zu seinem Gelenk.« Und es geschah (6) [so. Dann sagte er ein zweites Mal: »Weissage, und laß Fleisch sie überdeck]en, und laß sie mit Haut überzogen sein (7) [von oben ...] und laß Sehnen über sie kommen.« (8) [Und so geschah es. Dann sagte er wieder: »Weissage z]u den vier Winden (9) [des Himmels, und laß die Winde auf sie blasen, und si]e werden aufstehen – ein großes Volk, Menschen ...

**Fragment 3, Spalte 2** (1) und sie werden erkennen, daß Ich der Herr bin.« Und er sagte zu mir: »Betrachte sorgfältig, (2) Menschensohn, das Land Israel.« Und ich sagte: »Ich sehe, Herr, es ist verwüstet. (3) Wann wirst du sie zusammenbringen?« Und der Herr sag[te]: »Ein Sohn Belials wird planen, mein Volk zu unterdrücken, (4) aber Ich werde ihm nicht erlauben, es zu tun. Seine Herrschaft wird sich nicht durchsetzen, aber er wird eine Menge verunreinigen, (und) kein Same wird dort übriggelassen werden. (5) Der Maulbeerbaum wird keinen Wein tragen noch die Biene Honig ... (6) Ich werde die Gottlosen in Memphis schlagen, und wenn Ich Meine Söhne aus Memphis führe, werde Ich mich gegen den Re[s]t wenden. (7) Gleich wie sie sagen werden: ›Fri[e]de und Ruhe sind (unser)‹, so werden sie sagen: ›Das Land ru[ht st]ill.‹ (8) Genau wie es war in den Tagen von ... alten ..., so ... (9) [in den vi]er Ecken des Himmels ... (10) [wie ein] verzehrendes [Fe]uer ...

**Fragment 3, Spalte 3** (1) ... und nicht soll er Gnade haben für die Geknechteten, und er wird (sie) nach Babylon bringen. Nun ist Babylon wie ein Kelch in des Herrn Hand; wie Abfa[ll] (2) wird er es wegwerfen ... (3) in Babylon, und es (Babel) wird sein ... (4) das Verbleiben eurer Felder ... (5) ihr [La]nd wird verwüstet liegen...

**Fragmente 4–6** (2) ... und die Oberherrschaft wird auf die Hei[den für viele Jah]re übergehen, während die Kinder Israels (3) ... ein schweres Joch in den Ländern ihrer Gefangenschaft, und sie werden keinen Retter haben, (4) weil ... sie Meine Gesetze verworfen haben und ihre Seele Meine Lehre verachtet hat. Darum habe Ich (5) Mein Gesicht vo[r ihnen] verborgen, [bis] sie das Maß ihrer Sünden füllen. Das wird das Zeichen für sie sein, wenn sie das Maß (6) ihrer Sünden gefüllt haben ... Ich habe das Land verlassen, weil sie ihre Herzen gegen Mich verhärtet haben, und sie wiss[en] nicht, (7) da[ß] ... sie Böses getan haben [wieder und w]ieder ... (8) [Sie haben Meinen Bund gebrochen, den Ich geschlossen hatte] mit Ab[raham, I]saak und (9) [Jakob. In] jenen [Tagen] wird sich ein frevelhafter König unter den Heiden erheben und böse Dinge tun (10) ... Israel davon, ein Volk (zu sein). In seinen Tagen will Ich das Königreich (11) Ägyptens zerbrechen ... beide, Ägypten und Israel, will Ich zerbrechen und sie dem Schwert übergeben (12) ... [H]öhen des La[ndes ...] Ich habe (seine) Bewohner beseitigt und das Land (13) in die Hände der Engel Mastemoths (Satan/Belial) preisgegeben. Ich habe [Mein Gesicht vor Is]rael verborgen. Dies wird ihr (14) Zeichen sein: an dem Tag, an dem sie das Land verlassen ... (15) die Priester Jerusalems, um anderen Göttern zu dienen ... (16) ... drei [Könige], die herrschen we[rden ...]«

## 11. Pseudo-Daniel (4Q243 -245)

Die folgenden Pseudo-Daniel-Stücke beschreiben einen oder mehrere Anlässe, bei denen Daniel vor dem König Belsazar stand (vgl. Dan. 5). Wie Pseudo-Jeremia, Deutero-Hesekiel und die Damaskus-Schrift liefern sie eine geheimnisvoll-rätselhafte und oft apokalyptische Sicht der Geschichte. Dieser Text bezieht sich auf: 1. die Sintflut und den Turm zu Babel; 2. den Auszug aus Ägypten; 3. das Exil in Babylonien; 4. die ersten vier Königreiche (siehe auch »Das Gesicht von den vier Königreichen« später); 5. anscheinend die hellenistische Zeit und 6. wahrscheinlich die römische Ära der »letzten Tage« oder der »Endzeit«. Die griechische Übersetzung des Alten Testaments, als Septuaginta bekannt, die von den Juden in Alexandrien und in Ägypten und später von den Christen im Osten benutzt wurde, schließt mehrere zusätzliche Daniel-Geschichten, die in das biblische Buch gewoben sind, mit ein. Einige dieser Texte mögen sogar vor Daniel zu datieren sein, während andere das Buch einfach interpretieren. Josephus für seinen Teil vermittelt uns einen kleinen Einblick, wie Daniel von einem Historiker des 1. Jahrhunderts gesehen wurde: »Einer der größten Propheten ..., weil die Bücher, die er schrieb (man beachte hier den Plural) und hinterließ, von uns noch heute gelesen werden ... Er sagte nicht nur die Zukunft voraus, wie die anderen Propheten, sondern kündigte genau an, wann die Ereignisse geschehen würden« (*Altertümer* X §§ 266 –268).

. Diese Beschreibung hätte nicht nur einige Bedeutung für diesen Text, sondern auch für die Sicht der Propheten als Wahrsager mit ihrem speziellen Wissen über die Zukunft während des 1. Jahrhunderts (wie in der Einführung zu diesem Kapitel schon angesprochen). Der Glaube, daß Daniel nicht nur voraussagte, was geschehen würde, sondern auch wann, war sicherlich ein bedeutender Faktor bei der Wahl des Zeitpunkts für den Aufstand gegen Rom 66 n. Chr. Zum Beispiel könnten die »siebzig Jahre« des Zorns in Dan. 9,2 – ein bekanntes Interesse in der Kriegsrolle von Qumran – als die Zeit zwischen dem ersten Ausbruch von revolutionären Aktivitäten zur Zeit um Herodes' Tod 4 v. Chr. (nicht zufällig die Zeit, der die Geburt Jesu zugeschrieben wird) und dem endgültigen Aufstand (66 n. Chr.) gesehen werden; oder »die Zeit, zwei Zeiten und eine halbe«, die nach Dan. 12,7 auf die »Endzeit« hinführen, könnten die $3^1/_2$ Jahre zwischen der Steinigung von Jakobus dem Gerechten 62 n. Chr. und dem Ausbruch des Aufstands gewesen sein.

Dies führt uns zu den wichtigen apokalyptischen Verweisen auf die »Könige der Völker« und das »Königreich der Völker« im vorliegenden Text, die mit der Erwähnung eines »frevelhaften Königs« oder eines »Sohns Belials« in dem vorangegangenen Text parallelisiert werden können. Diese Anspielungen sind verführerisch. Sollten sie das 1. Jahrhundert betreffen, dann besteht natürlich auch die Möglichkeit, abhängig von der Interpretation und Rekonstruktion der Namen, daß sich die Zeilen 30 – 31 auf Herodes – und vielleicht auch auf seinen Vater Antipater – beziehen.

Der Hinweis auf »fünfunddreißig Jahre« in Zeile 31 paßt natürlich gut zu der Anzahl der Regierungsjahre des Herodes zwischen 39 v. Chr. und 4 v. Chr.; dies ist aber nur ein Vorschlag, der umsichtig gehandhabt werden sollte. Ob eine solche Rekonstruktion möglich ist oder nicht, hängt wahrscheinlich von der Interpretation dieser Anspielungen auf die »Könige der Völker« und das »Königreich der Völker« in den Zeilen 24, 35 und 36 ab. Bei den »Königen der Völker« handelt es sich, wie wir schon sagten, um eine Anspielung, die an einer entscheidenden Stelle der Damaskus-Schrift (VIII, 10) über »Befleckung des Tempels«, »Verrat«, »Unzucht« (möglicherweise sogar Blutschande), »das Gift der Vipern« – Könige wurden besonders mit Vipern identifiziert – usw. zu finden ist. Auch im Habakuk-Kommentar erscheinen Parallelen zu »Völker« und »Rest der Völker«, wie ebenfalls erwähnt.

Der auf diese Weise gebrauchte Begriff »Völker« ist im römischen Rechtswesen bekannt, wo er insbesondere auf kleine Provinzen, hauptsächlich im östlichen Teil des Reiches, und ihre Könige angewendet wird. Sogar Paulus gebraucht diese Terminologie in Röm. 11,13, wenn er die »Völker« anspricht oder von sich selbst als von dem »Apostel der Völker« redet. Auf unbedeutende Könige wie die aus dem Herodes-Geschlecht wurde im römischen Rechtswesen mit Sicherheit in dieser Weise Bezug genommen, und dies sollte im Zusammenhang mit den »Königen der Völker« bedacht werden.

Andererseits könnte »Königreich der Völker« ein früheres Stadium der Verwendung widerspiegeln. Dann allerdings wäre der Begriff schwerer verständlich. Er ist während dieser Zeit in der römischen Verwaltungspraxis geläufig, zum Beispiel bei Cicero (*De Domo* 90) oder bei Sueton (*Caligula*

35,3). Was Paulus betrifft, so ist es durchaus möglich, daß er auf seine eigene herodianische Abstammung und Verwandtschaft mit diesen »Völkern« in Röm. 16,11 hinweist. Eine solche Erklärung ist, sofern sie sich erhärten läßt, in der Tat hilfreich, um sein römisches Bürgerrecht und seinen unkomplizierten Umgang mit hohen römischen Beamten oder ihren Schützlingen während seiner gesamten Laufbahn zu beleuchten.

Es ist möglich, daß wir in Zeile 12 ein 400 Jahre altes historisches Schema antreffen, das mit dem Auszug aus Ägypten beginnt, wie es die Damaskus-Schrift beschreibt (I,5 – 6; 390 Jahre). Wie zuvor bereits bemerkt, sollte man vorsichtig sein mit der chronologischen Genauigkeit von solchen visionären Aussagen und sie als symbolisch oder als Annäherungswerte betrachten. Was zum Beispiel die 390 Jahre in der Damaskus-Schrift betrifft, besteht wenig Zweifel, daß sie sich auf Hes. 4,9 beziehen – einem wichtigen Propheten in Qumran – und mit dem Fehlen der Prophetie in Israel zu tun haben. Der Verweis auf »siebzig Jahre« in Zeile 22, wie bei ähnlichen chronologischen Berechnungen in dem Text von den Engeln des Mastemoth und der Herrschaft des Belial zuvor, bindet diesen Text in den Zyklus der Daniel-Literatur ein.

## TRANSLITERATION

| | | |
|---|---|---|
| [ | דניאל קוד]ם [ | ] .1 |
| [ | כלשצר ] [ | ] .2 |
| [ | ].ן.[ | ] .3 |
| [ | מן בתר מבולא ] [ | ] .4 |
| [ | נ]וח מן לובר [טורא | ] .5 |
| [ | ]. קריה ] [ | ] .6 |
| [ | ]א מגדלא רו]מה | ] .7 |
| [ | ]...[ | ] .8 |
| [ | ע]ל מגדלא ושל[ | ] .9 |
| [ | לבקרה בכני ] [ | ] .10 |
| [ | ].ס.[ | ] .11 |
| [ | שנין אר]בע מאה .. ] [ | ] .12 |

| | |
|---|---|
| יח. [.הו]ן וי.] | [ כולהון ויתון מן גוא |
| מצרין ביד .] | ולהוא] מעברהון ירדנא יובל]א] |
| [ | [ ] . ובניהון ] ] .15 |
| [ | ]ית. ] .16 |
| [ | בחרו בני ישראל אנפיהון מן [אנפי אלוהין] ] .17 |

18. [והוו דבח]ין לבניהון לשידי טעותהון ורנזי עליהון אלוהין וא]מר] למנתן
19. אנון ביד נב]וכדנזר מלך ב]בל ולאחרבא ארע<ה>ון מנהון מידי ש] [
| [ | ]. בני נלותא . ] ] .20 |
| [ | [ ] . ובדר אנון ] ] .21 |

72

[                      אין שב[ע]ין שנין . ] .22

[          מלכותא] דה רבתא ויושע אנו[ן ] .23

[            חסנין מלכות עממ[יא ] .24

[           היא מלכותא קד[מיתא ] .25

[                 י]מלך שנין . ] .26

[                  ].. בלכרוס ] .27

[                     [ תה] ] .28

[                     ש[נ]ין .. ] .29

[                   [רהוס בר ] .30

[     וימלך ]וס שנין תלתין וחמש ] .31

[                   י מללה ] .32

[                רש[ע]א] אטוע . ] .33

[    בעדנא] דנה יתכנשון קריאי . ] .34

[      מלכי] עממיא ולהוה מן יום ] .35

[        קדי]שין ומלכי עממיא ] .36

[        ע]בדין עד יומא [דנה ] .37

              א.] ] .38

             ] . ומה די ] .39

           דניאל [ ] .40

            כתב די יהב] ] .41

             קהת ] ] .42

         .[וסי עוזי[ה] ] .43

           ]ן א[ב]יתר ] .44

            ].[ קיה ] .45

          יחוניה [ ] .46

          [ן שמעון ] .47

         דויד שלומה] ] .48

        אחזי]ה     [ ] .49

       [       ].[ ] .50

         למסף רשעא] ] .51

        אלן בעור יטעו] ] .52

      א[ל]ן אדין יקומון ] .53

      ק[דיש]י[א יתובון ] .54

     *vacat*    רשעא [ ] .55

## ÜBERSETZUNG

(1) ... Daniel vo[r ...] (2) ... Belsazar ... (4) ... nach der Flut ... (5) ... [N]oah von [dem Berg] Lubar ... (6) ... eine Stadt ... (7) ... der Turm; [seine] Höh[e ...] (9) ... [üb]er dem Turm und ... (10) ... zu besuchen die Söhne von ... (12) ... [vi]erhundert [Jahre ...] (13) ... alle von ihnen, und sie werden aus ... (14) Ägypten herausgehen durch die Hand von ... und ihre Überquerung [wird] am Flu[ß] Jordan sein ... (15) ... und ihre Söhne ... (17) die Kinder Isra-

els bevorzugten ihre Gegenwart (d. h. die der falschen Götter) vor [der Gegenwart Gottes.] (18) [Sie opfert]en ihre Söhne den Dämonen der Lüge, und Gott wurde zornig über sie und bes[chloß], sie in (19) die Gewalt Nebu[kadnezars, des Königs von Ba]bylon, zu geben und ihr Land vor ihren Augen zu verwüsten durch die Hände von ... (20) ... Mitglieder der Exilgemeinde ... (21) ... und Er zerstreute sie ... (22) ... eine Unterdrückung von si[eb]zig Jahren ... (23) ... dieses große [Königreich], und Er wird s[ie] retten ... (24) ... mächtig, ein Königreich der Völk[er ...] (25) ... dies ist das er[ste] Balakros ... (29) ... [Ja]hre ... (30) ...rhos, der Sohn von ... (31) ... [und ...rh]os wird fünfunddreißig Jahre [regieren] ... (32) ... zu sagen ... (33) ... [Bö]se[s] hat vom rechten Weg abgebracht ... (34) ... [in] dieser [Zeit] werden die Berufenen ... versammelt werden ... (35) ... [die Könige der] Völker ... und von (jenem) Tag an wird sein ... (36) ... [Hei]lige und die Könige der Völker ... (37) ... sie werden t[un] bis zu [diesem] Tag ... (39) ... und was ... (40) ... Daniel (41) ... ein Buch, das er gab (42) ... Kahath (43) ... Ussi[a] ... (44) ... A[b]jathar ... (46) Jehonia (47) ... Simeon (48) ... David, Salomon (49) ... Ahasj[a] (51) ... das Böse zu Ende zu bringen (52) ... diese werden vom Weg abgehen in Blindheit (53) ... [die]ses (Volk). Dann werden aufstehen (54) ... [H]eili[ge] werden zurückkehren (55) ... Böses.

## 12. Der Sohn Gottes (4Q246)   (Tafel 4)

Hier haben wir wiederum ein messianisches Pseudo-Daniel-Fragment vor uns, das verwandt ist mit der Literatur, die sich um diese Figur zentriert. Es ist voll von der Sprache und der ausgeprägten Metaphorik dieser apokalyptisch-visionären Schilderungen. Tatsächlich richtet es sich nach einem Hinweis im biblischen Daniel-Buch auf das »Königreich«, das »der Gott des Himmels ... aufrichten wird, das ewig unzerstörbar bleibt« und »in alle Ewigkeit bestehen« wird (Dan. 2,44). Ebenso gibt es Parallelen im Stil mit der »kleinen Apokalypse« im Neuen Testament; Jesus sagt hier das zukünftige Wehklagen über die Zerstörung Jerusalems voraus (Lk. 21,20 ff.).

Ein Schlüsselbegriff in diesem Text ist natürlich die Bezeichnung der kommenden königlichen oder messianischen Gestalt, deren »Herrschaft eine ewige Herrschaft sein wird«, als »Sohn Gottes« oder »Sohn des Allerhöchsten«, während frühere Königreiche aufgrund ihrer Vergänglichkeit nur mit »Sternschnuppen« verglichen werden. Andere Bilder im biblischen Daniel-Buch halfen außerdem, unsere Vorstellungen über Jesus als messianische Figur zu klären, ein Bild, das sich bezieht auf den »Menschensohn, der auf den Wolken des Himmels kommt« (Dan. 7,13). Diese Metaphorik herrscht in der Kriegsrolle vor, wo sie benutzt wird, um die »Stern«-Prophezeiung zu interpretieren (Spalten XI ff.). (Dies wird noch kraftvoller in Spalte XIX f. wiederholt, wo die »Himmlischen Heerscharen« als aus dem Himmel kommend dargestellt werden und »Urteile« wie »Regen« über die ganze Menschheit »gießen«.)

Man kann außerdem die Verwandtschaft zu Anspielungen dieser Art in der lukanischen Ankündigung Jesu nicht verleugnen: »Dieser wird groß sein und Sohn des Höchsten genannt werden, und Gott der Herr wird ihm den Thron seines Vaters David geben, ... und daher wird auch das Heilige, das gezeugt wird, Sohn Gottes genannt werden« (Lk. 1,32–35). Vorstellungen dieser Art sind im Überfluß in den Schriften des Alten Testaments vorhanden, besonders wenn große Könige geehrt werden; zum Beispiel Ps. 2,7: »Mein Sohn bist du; ich habe dich heute gezeugt« (in der christlichen Tradition ein Teil der Ankündigung der Taufe Jesu; zu einer mehr jüdischen Sicht siehe Heb. 1,5 und 5,5). Man beachte außerdem 2. Sam. 7,14: »Ich will ihm (David) Vater sein, und er soll mir Sohn sein« oder Ps. 89,27: »Er wird mich anrufen: Mein Vater bist du, mein Gott und der Fels meines Heils.«

Schriftgelehrte Ankündigungen wie diese waren auch in der Weisheitsliteratur und in Qumran stark vertreten, wo alle »Gerechten« als »die Söhne Gottes« angesehen wurden. Dies gilt besonders für die Hymnen in Qumran, in denen die »Sohnschaft«-Metaphorik, bezogen auf den »Gerechten« und ihren vermutlichen Urheber, den Lehrer der Gerechtigkeit, durchgehend stark zum Ausdruck kommt. In dem Text vom Sohn Gottes sollte man auch die Betonung von »Wahrheit« oder »Gerechtigkeit« – zwei zentrale Begriffe in Qumran – beachten. Es gibt auch kein Mißverständnis über seinen eschatologischen Charakter und über seine Betonung des »Urteilens« oder des »Jüngsten Gerichts« – weitere Schlüsselbegriffe in Qumran und wahrscheinlich von Daniels Ankündigung der »Endzeit« stammend (8,20; 11,25 usw.).

Daß die mit Wörtern dieser Art verbundenen Vorstellungen direkt in das christliche Konzept vom Messias und seinen Aktivitäten eingegangen sind, kann kaum bezweifelt werden, vergleiche Zeile 4 in Spalte 2 mit Mt. 10,34: »Ich bin nicht gekommen, um Frieden zu bringen, sondern das Schwert.« Eine derartige Anspielung auf »Schwert« ist auch in der Kriegsrolle in Spalte XIX,12 zu finden: »das Schwert Gottes«, gebraucht im Krieg gegen die »Kittim«. Man beachte außerdem die »Völker« in Zeile 8.

Ein Punkt jedoch sollte hervorgehoben werden: Die messianische Gestalt, die wir in Texten wie dem vom Sohn Gottes und der Kriegsrolle vor uns haben, ist – gleichgültig, ob bildlich oder anders gesehen – äußerst kriegerisch. Dies liegt ganz auf einer Linie mit dem generell zu keinem Kompromiß bereiten, militanten und nationalistischen Gedankengut des Qumran-Korpus; die messianische Gestalt hatte eine triumphale, quasi-nationalistische Königsgestalt zu sein. Man sollte außerdem beachten, daß der Friede, der in diesem Text ins Auge gefaßt wird, nur *nach* dem verheerenden messianischen Krieg kommen kann. Wie in der Kriegsrolle wird Gott dabei mit seinen »Himmlischen Heerscharen« helfen. In der Kriegsrolle ist dies der Ansatzpunkt für extreme Reinheitsgebote und ein Lagerleben in der Wüste, wie in VII,5–6 zum Ausdruck kommt: »weil die Engel der Heiligkeit mit ihren Heerscharen sind«, das heißt den »Kriegsfreiwilligen, den Vollkommenen in Geist und Körper, bereit für den Tag der Rache«. Wir werden mehr über die extremen Reinheitsgebote, die in den Lagern erforderlich waren, in der letzten Spalte der Damaskus-Schrift in Kapitel 6 erfahren.

## TRANSLITERATION

### Spalte 1

1. [מלכא וכדי רוחה ע]לוהי שרת נפל קדם כרסיא
2. [אדין קם דניאל ואמר מ]לכא עלמא אתה רגז ושניך
3. [מחרק מה להוה אל ר]בא חזיך וכלא אתה עד עלמא
4. [חמס להוה ובאשין רב]רבין עקה תהא על ארעא
5. [עממין יעבדון קרב] ונחשירין רבו [מ]דינתא
6. [עד יקום מלך עם אל ולהוה] מלך אתור [ומ]צרין
7. [כל עממיא לה יסגדון ו]רב להוה על ארעא
8. [          ]        כלא שלם יע[בדון וכלא ישמשון
9. [לה בר אל ר]בא יתקרא ובשמה יתכנה

### Spalte 2

1. ברה די אל יתאמר ובר עליון יקרונה כזיקיא
2. די חזיתא כן מלכותהן חהוא שני[ן] ימלכון על
3. ארעא וכלא ידשון עם לעם ומדינה למדינה
4. *vacat* עד יקום עם אל וכלא יניח מן חרב
5. מלכותה מלכות עלם וכול ארחתה בקשוט יד[ון]
6. ארעא בקשט וכלא יעבד שלם חרב מן ארעא יסף
7. וכל מדינתא לה יסגדון אל רבא באילה
8. הוא יעבד לה קרב עממין ינתן בידה כלהן
9. ירמה קדמוהי שלטניה שלטן עלם וכל תהומי

## ÜBERSETZUNG

**Spalte 1** (1) [der König. Und als der Geist ü]ber ihn kam, fiel er vor dem Thron nieder. (2) [Dann stand Daniel auf und sagte: »O K]önig, warum bist zu zornig; warum [knirschst] du mit den Zähnen? (3) Der [Gr]oße Gott hat dir offenbart [das, was kommen wird]. Es wird in der Tat geschehen bis in Ewigkeit. (4) [Da wird Gewalttätigkeit sein und v]iel [Böses]. Unterdrückung wird über der Erde sein. (5) [Völker werden Krieg führen], und Schlachten werden zunehmen [unter] den Nationen, (6) [bis der König des Volkes Gottes aufstehen wird. Er wird] der König von Syrien und Ägypten werden. (7) [Alle Völker werden ihm dienen,] und er wird [gr]oß sein auf der Erde. (8) [... Alle w]erden [Frieden] schließen, und alle werden [ihm] dienen. (9) Er wird [Sohn des Großen Gottes] genannt werden; mit Seinem Namen soll er bezeichnet werden.

**Spalte 2** (1) Er wird der Sohn Gottes genannt werden; sie werden ihn Sohn des Allerhöchsten nennen. Wie die Sternschnuppen, (2) die ihr gesehen habt, so wird ihr Königreich sein. Sie werden für (einige) Jahr[e] über (3) die Erde herrschen und alle vernichten. Menschen werden Menschen vernichten, und Nationen (werden) Nationen (vernichten), (4) bis das Volk Gottes aufsteht und alle veranlaßt, vom Schwert zu ruhen. (5) Sein Reich wird ein Ewiges Reich sein, und er wird gerecht sein in allen seinen Wegen. Er wird (6) die Erde mit Gerechtigkeit rich[ten], und alle werden Frieden schließen. Das Schwert wird von der Erde verschwinden, (7) und jede Nation wird sich vor ihm beugen. Was den Großen Gott betrifft, mit Seiner Hilfe (8) wird er Krieg führen, und Er wird alle Völker in seine Gewalt geben; alle von ihnen (9) wird Er vor ihm niederwerfen. Seine Herrschaft wird eine Ewige Herrschaft sein, und alle Grenzen . . . «

## 13. Das Gesicht von den vier Königreichen (4Q547)

Dies ist eine weitere eigenartig-seltsame Apokalypse in aramäischer Sprache, die mit dem literarischen Daniel-Zyklus, aber auch zu einem gewissen Grade mit dem Henoch-Buch verwandt ist. In ihr hat der König (Belsazar oder Nebukadnezar?) eine Vision von vier Bäumen, die jeweils von einem Engel verkörpert werden. Da jeder der Bäume ein Königreich darstellt, liegt eine Verwandtschaft mit den vier Königreichen in Dan. 7–8 auf der Hand.

Indem der Text den Bäumen Engel zuordnet und in diesem Sinne auch den Königreichen, entwickelt er eine alte, schon in Daniel bekannte Idee. In Dan. 10,13 begegnet der Seher einem Engel, wahrscheinlich dem himmlischen Ausleger von Visionen, Gabriel. Dieser Engel ist auch von grundlegender Bedeutung im Islam. Er erzählt Daniel, daß er früher gekommen wäre, aber daß »der Fürst des Königreiches von Persien« sich einundzwanzig Tage »gegen« ihn »gestellt« habe. Wie es scheint, war der Engel Israels in einen himmlischen Kampf mit dem Engel des Königreiches von Persien verwickelt. Nur mit Hilfe eines anderen Engels, Michael, der bereits in vielen dieser Texte eine bekannte Gestalt ist, konnte er die Oberhand gewinnen. Ein ähnliches Verständnis davon, wie die Welt des Sichtbaren und die Welt des Unsichtbaren zusammenspielen, scheint diese Vision angeregt zu haben.

Es wäre interessant, die Identität aller Bäume in dem Text von den vier Königreichen zu kennen, um so besser verstehen zu können, wie eng dieses Werk mit den parallelen Gesichten des biblischen Daniel- oder des Henoch-Buches verwandt ist. Nur die Identität des ersten, also Babylon, ist in Zeile 5 erhalten. Endet das Werk mit Alexander von Makedonien, oder reicht es bis in die römische Zeit hinein? Enthält es Material desselben Alters und gleicher Autorität wie der biblische Daniel oder das Henoch-Buch? Oder handelt es sich eher um eine später verfaßte Erklärung zu Daniel?

Die Verwendung von Bäumen als Repräsentanten von Königreichen stützt sich auf eine große Zahl von Vorbildern in dem alten Motiv vom kosmischen Baum (siehe Hes. 17 und 31 und Sach. 11,2) und kann außerdem mit anderen Symbolen wie Tieren und Hörnern in Daniel und Henoch parallelisiert werden. In Dan. 4 hat Nebukadnezar einen Traum, in dem ein riesiger Baum in den Himmel wächst. Daniel berichtet dem König später, daß dieser Baum den König selbst und sein Reich darstelle, allerdings entwickelt das Daniel-Buch diese Entsprechung dann nicht weiter.

TRANSLITERATION                    **Fragment 1 Spalte 1**

1. [ ]                    [. מן
2. [ ]                    [.חם
3. [ ]                    [.. א
4. [ ]                    [
5. [ ]          נ]הור מלאכיא די הוו
6. [ ]  כולה *vacat* אמר להון להוא [
7. [ ]  דן *vacat* ..חא רימין הוא [
8. [ ]  כדן *vacat* ואמר לי מלכא בדיל [
9. [ ]  נ]ך איך כלא עביד הוו קאמין
10. [ ]  אמר להוון ומפקא להון כפרוש [
11. [ ]  מראיהון ו.. חד מנהון [
12. [ ]  אדין מלאכא די עלו]הי

**Fragment 1 Spalte 2**

1. נונהא קאם וארבעה אילני]א מן בתר לה]
2. קאם אילנא ורקחו מנה ואמ]ר לי    מן]
3. צורתא ואמרת אן אחזא ואתב]י]ן ב]ה וחזית]
4. אילנא די *vacat* באשים ב]          [
5. ושאלתה מן שמך ואמר לי בבל [ואמרת לה]
6. [אנ]תה הוא די שלים בפרס ו]חזית אי]לנא
7. [אחרנא די ת]חות לנא וימא ל]      [ ואמר
8. למשנה [ ] ושאלתה מן שמ]ך ואמר לי    ל]
9. ואמרת לה אנתה הוא ד]י שלים ב    ועל]
10. תקפי ימא ועל מחוזא [       וחזית]
11. אילנא חליתי]א ו]אמרת ל]ה מן שמך ואמר לי]
12. חזוך [          [

**Fragment 2**

1. [ ]        [מחי ואמרת לה היא דא מן ש]ליט
2. [ ]  ]ת לעלי]  ]ת וחזו]ך    [
3. [ ]        ]ל ב]       [
4. [ ]        ]חיל]  -     [
5. [ ]        ]ל. ]       [

78

**Fragment 3**

9. ] [ מרא ] [
10. ] ].ן אל עליון לא[ [
11. ] ]שא די עליהון ויב. [ [
12. ] מר]א די כול מותבה דינין [ [

**Fragment 4**

8. ] ]ה
9. ] ] יחדון
10. ] ] חזוה
11. ] ]ים מללתא
12. ] מלכ]א די יפלט

ÜBERSETZUNG

**Fragment 1, Spalte 1** (5) ... das [L]icht der Engel, die waren (6) ... er sagte zu ihnen: »Es wird alles geschehen ...« (7) ... hoch. Es ist er, der (8) ... und er sagte zu mir: »O König, weil ...« (9) sowie alles getan war, würden sie aufstehen (10) ... er sagte: »Sie werden sein.« Und er erklärte ihnen genau (11) ... ihre Herren. Einer von ihnen (12) [... Dann der Engel, über wel]chem
**Fragment 1, Spalte 2** (1) (ruhte) das strahlende Licht ging auf, und die vier Bäum[e nach ihm.] (2) Ein Baum erhob sich, und (die anderen) zogen weg von ihm. Er (der Engel) sag[te zu mir: ... »Was für ein] (3) Baum ist es?« Ich antwortete: »Wenn ich es nur sehen und verst[eh]en könnte.« [Dann sah ich] (4) eine Balsamtanne ... (5) Ich fragte sie: »Wie ist dein Name?« Sie antwortete: »Babylon.« [Dann sagte ich zu ihr:] (6) »[D]u bist der, welcher über Persien herrschen wird.« Dann [sah ich] einen [anderen Ba]um, (7) [der unt]erhalb davon war, wo wir standen, und er schwur ... und beanspruchte, (8) anders zu sein (besser als der vorhergehende Baum?) ... So fragte ich ihn: »Wie ist [dein] Name?« [Er antwortete ...] (9) Ich sagte zu ihm: »Du bist der, d[er herrschen soll ...«] [Bei] (10) meiner Kraft schwur er und bei dem Gebiet ... [Und ich sah] (11) [den] dritten Baum, [und] ich sagte zu [ihm: »Wie ist dein Name?« Er antwortete:] (12) »Deine Vision ...«
**Fragment 2** (1) ... und ich sagte zu ihm: »Das ist es. Wer ist der Herrscher von ...«
**Fragment 3** (9) ... Der Herr der ... (10) ... der Höchste Gott ... (11) ... der über ihnen ist ... (12) [... der He]rr aller, der Richter bestellt ...
**Fragment 4** (9) ... sie werden ergreifen (10) ... die Vision (11) ... du hast gesprochen (12) [... der Köni]g, der entfliehen wird ...

# Anmerkungen

(8) Die Engel des Mastemoth und die Herrschaft des Belial (4Q390)

Frühere Besprechungen: J. T. Milik, *Books of Enoch,* S. 254 f.; D. Dimant, »New Light from Qumran on the Jewish Pseudepigrapha – 4Q390«, in: J. Trebolle Barrera und L. Vegas Montaner (Hrsg.), *Proceedings of the International Congress on the Dead Sea Scrolls,* Madrid 18.–21. März 1991, Madrid und Leiden 1992. Fotografie: PAM 43.506. Dieser Text kann auch als Pseudo-Mose bezeichnet werden. Aus sprachlichen Gründen freilich könnte ein Pseudo-Jeremia-Text vorliegen und der Adressat ein anderer Seher sein.

(9) Pseudo-Jeremia (4Q385)

Frühere Besprechungen: keine. Fotografien: PAM 42.505 und 43.496. Der Text kann auch als ein Pseudo-Hesekiel-Text angesehen werden.

(10) Deutero-Hesekiel (4Q385-389)

Frühere Besprechungen: J. Strugnell und D. Dimant, »4Q Second Ezekiel«, *Revue de Qumran* 13 (1988), S. 54–58; D. Dimant und J. Strugnell, »The Merkabah Vision in Second Ezekiel (4Q385 4)«, *Revue de Qumran* 14 (1990), S. 331–348. Fotografien: PAM 43.493, 43.495, 43.501, 43.503 und 43.504. Die Reihenfolge der Fragmente präsentieren wir, wie es ihre Verwandtschaft zum Hesekiel-Buch nahelegen würde. Die Fragmente 4–6 binden den Text an »Die Engel des Mastemoth«.

(11) Pseudo-Daniel (4Q243-245)

Frühere Besprechungen: J. T. Milik, »›Prière de Nabonide‹ et autres écrits d'un cycle de Daniel. Fragments araméens de Qumrân 4«, *Revue Biblique* 63 (1956), S. 411–415. Fotografien: PAM 43.247, 43.249, 43.252 und 43.259. Der hier vorgestellte fragmentarische Text ist eine vorläufige Komposition aus drei Handschriften. Unsicher ist zudem, ob Handschrift C demselben literarischen Werk wie die Handschriften A und B entstammt. Handschrift C enthält sicher das Ende des Textes (hier Zeilen 51–55).

(12) Der Sohn Gottes (4Q246)

Frühere Besprechungen: J. Fitzmyer, »The Contribution of Qumran Aramaic to the Study of the New Testament«, *New Testament Studies* 20 (1974), S. 391–394; J. T. Milik, *Books of Enoch,* S. 60, 213, 261; F. García-Martínez, »4Q246: Tipo de Anticristo o Libertador escatológico?«, *El Misterio de la Palabra. Homenaje a L. Alonso Schökel* (Madrid 1983), S. 229–244. Fotografien: PAM 42.601 und 43.236.

(13) Das Gesicht von den vier Königreichen (4Q547)

Frühere Besprechungen: J. T. Milik, »›Prière de Nabonide‹ et autres écrits d'un cycle de Daniel. Fragments araméens de Qumrân 4«, *Revue Biblique* 66 (1956), S. 411, Anm. 2. Fotografien: PAM 43.576 (Handschrift A), 43.579 (Handschrift B). Wir präsentieren Handschrift A mit Rekonstruktionen, die weitgehend Handschrift B folgen.

# Kapitel 3
# Biblische Interpretationen

Die Juden zu der Zeit, in der die Rollen verfaßt wurden, können in der Tat ein »Volk des Buches« genannt werden. Welche Schriften aber wurden als heilig anerkannt? Die Situation war, wie sich aus der vor uns liegenden Literatur ergibt, noch im Fluß. Die Bibel, die von Juden und Protestanten gleichermaßen anerkannt wird, wurde um etwa 100 n. Chr. – nach dem Fall des Tempels 70 n. Chr. – im Zuge der Entwicklung des rabbinischen Judentums in ihre endgültige Form gebracht. Die Entscheidungen, die dabei von den Nachfolgern des Pharisäers Rabbi Jochanan ben Zakkai – der nach den talmudischen Quellen die »Stern«-Prophezeiung auf Vespasian anwandte (der Zerstörer Jerusalems und spätere Herrscher Roms) – getroffen wurden, dürften dabei kaum auf die Zustimmung derer gestoßen sein, die hinter der Tradition der Schriftrollen standen.

Es ist dennoch möglich, durch eine Untersuchung der Rollen selbst einiges darüber zu sagen, welche Bücher schon damals als heilig oder autoritativ galten. Es ist sicher, daß sowohl das Gesetz, wie wir es kennen (das Mose zugeschrieben wurde), als auch die Propheten bereits eine Aura von Heiligkeit erreicht hatten, so daß die Verfasser der Rollen dementsprechend auf sie Bezug nahmen, obgleich es scheint, als seien weitere Bücher wie die Tempelrolle und Zusätze wie etwa zu Hesekiel (s. o.) noch im Prozeß ihrer Entstehung gewesen. Auch die Psalmen scheinen, mit einigen Zusätzen, anerkannt gewesen zu sein.

Die meisten der überkommenen Schriftstücke von Qumran und späteres Material über diese Zeit wie die rabbinische *Mischna* und *Tosefta* befassen sich mit dem Verstehen und der Anwendung von Büchern, die bereits heilig sind. Was die Bücher betrifft, die Mose, den Propheten und David (die Psalmen) zugeschrieben wurden, scheint allgemeine Übereinstimmung geherrscht zu haben. In der vor uns liegenden Literatur war es keine Frage, wo wir wirklich nach Gott suchen sollten: Schriften wie das Gesetz, die Propheten und die Psalmen stellten die direkte Kommunikation Gottes mit seinem Volk dar. Das Problem war, wie dies zu verstehen sei.

Verschiedene Methoden sind entwickelt worden, um zu einer Lösung zu kommen. Eine Methode bestand darin, die fundamentalen Lebensgrundsätze aus der bereits als heilig anerkannten Literatur zu beziehen und dann die unterhaltenden Geschichten als Illustrationen in sie einzuflechten. Bücher wie Judit und das Dritte Makkabäerbuch, die man bisher in Qumran nicht entdeckt hat, sind Beispiele für diesen Ansatz, ebenso die Geschichten von Tobit und dem persischen Hof in diesem Kapitel. Eine verwandte Technik war, die biblischen Geschichten »neu zu schreiben« (»rewrite«), indem man sie ausdehnte oder sie mit neuen Details überarbeitete, die im Einklang standen mit dem eigenen Verständnis dessen, was Gott forderte oder wie bestimmte Aspekte dieses Erbes interpretiert oder verstanden werden sollten.

Das Genesis-Apokryphon aus Höhle 1, das schon früher veröffentlicht wurde, ist ein Beispiel für ein solches »rewriting«, ebenso Teile des Dokuments, mit denen wir in diesem Kapitel beginnen werden, nämlich das Genesis-Florilegium. Beide befassen sich mit dem »Neu-Schreiben« bestimmter Aspekte der Genesis, die ihre Schreiber aus irgendwelchen Gründen für wichtig hielten. So fügen sie zum Beispiel in den biblischen Bericht von der Sintflut weitläufige Interpretationen ein, während sie gleichzeitig alles, was sie als überflüssig ansehen, herausnehmen. Auf diese Weise entsteht dann eine neue, stärker konzentrierte – sogar tendenziöse – Geschichte, in der Überschneidungen, die das Gemisch früherer Textüberlieferungen widerspiegeln, entweder absichtlich oder auf andere Weise verschwinden.

Die verschiedenen Geschichten, die sich um den mysteriösen Henoch spinnen, von dem, da er »mit Gott wandelte« (Gen. 5,24), angenommen wurde, er sei nie gestorben, stellen eine andere Variante dieses Genres dar. Eine lebendige pseudepigraphische Tradition entwickelte sich unter dem Namen Henochs mit der Absicht, aus seinem apokalyptischen, visionären und mystischen Verständnis, das von seinem Besuch im Himmel herrührte, Kapital zu schlagen. Der Jubiläen-Zyklus ist ein anderes Beispiel für die »Neu-Schreibung« und die Weiterentwicklung bestimmter Aspekte der Genesis-Überlieferung mit der Intention, bestimmte Teile, die von dem Autor als wichtig angesehen wurden, hervorzuheben. Die Pseudo-Jubiläen in diesem Kapitel sind eine Spielart dieser Tradition, obwohl auch Elemente der Henoch-Literatur durch das fragmentarische Dokument, das die Zeiten überdauert hat, hindurchscheinen.

Die vielleicht wichtigste Methode in Qumran, bereits anerkannte biblische Texte zu erweitern, war die direkte Interpretation, genannt *pescher.* Dieser Name kommt von den Anspielungen im Text auf das hebräische Wort *»pischro«* (»seine Interpretation [ist]«). Dieser Ansatz war in Qumran normalerweise von einem hohen Grad Esoterik begleitet; es handelt sich um eine Exegese, die eine Stelle oder einen bestimmten Wortschatz älterer Texte wie Jesaja, Nahum, Hosea, Habakuk oder die Psalmen ausnützte und in der intensivsten und vorstellungsreichsten Manier, die man sich denken kann, im Hinblick auf das gegenwärtige Leben der Gemeinde, ihre Helden und Feinde und das Volk Israel entwickelte.

*Pescharim* (Plural von *pescher*) wie diese waren in Dokumente wie etwa die Kriegsrolle eingefügt, wo die »Stern«-Prophezeiung auf solche Art und Weise behandelt wurde, oder auch die Damaskus-Schrift, wo – wie wir gesehen haben – die Nennung der »Söhne Zadoks« in Hes. 44,15 und ähnliche Prophetien in einer höchst anschaulichen und lebendigen Form im Horizont zeitgenössischer Ereignisse und Interessen der Gemeinde interpretiert werden. Das Dokument, das wir (in Anschluß an John Allegro) das Genesis-Florilegium genannt haben, enthält auch Beispiele dieser Art von *Pescher*, besonders im Blick auf die Interpretation der messianischen »Silo«-Prophezeiung (Gen. 49,10).

Derartige Interpretationen hatten oftmals nicht das geringste mit den zugrundeliegenden biblischen Texten zu tun; sie benutzen oft nur ein paar Worte oder eine einzelne Anspielung aus ihnen, um den gewünschten Kommentar zu erhalten. Manchmal wurden im zugrundeliegenden Text Worte absichtlich abgeändert, um die erwünschte Exegese, die mit zeitgenössischen Ereignissen und fast nichts oder nur zufällig etwas mit der ursprünglichen Prophezeiung zu tun hatte, herauszubekommen. Dies ist der Fall in Abschnitten des *Pescher* Habakuk und bei Hes. 44,15 in der genannten Damaskus-Schrift. Man kann davon ausgehen, daß Vorgänge dieser Art auch bei der Redaktion der Evangelien stattgefunden haben.

Manchmal möchte ein Verfasser ein übergreifendes Problem in Angriff nehmen, das ihm besonders am Herzen liegt, etwa die biblische Chronologie und Genealogie. Dieses Interesse wird wiederum an der Darstellung der Flutchronologie im Genesis-Florilegium anschaulich, ebenso in der »Biblischen Chronologie« und in den Hur- und Mirjam-Texten, die daran anschließen. Diese konnten leicht übergehen in das, was man später in rabbinischen Kreisen *Midrasch* (homiletische Geschichte) nannte.

## 14. Ein Genesis-Florilegium (4Q252) (Tafel 5)

Dieser Text ist einer der faszinierendsten im Korpus. Er enthält nach unserer Rekonstruktion sechs Spalten und überfliegt die Genesis, indem er nur bestimmte Punkte und Themen beleuchtet, die er aus irgendwelchen Gründen klären oder erneut darstellen möchte. Dies schließt die Sintflut, die Bestrafung von Hams Sohn Kanaan, die frühen Tage Abrams/Abrahams, Sodom und Gomorra und Rubens Vergehen gegen seinen Vater ein. Der Text endet – vielleicht der wichtigste Punkt – mit dem Segen Jakobs für seine Kinder. Schließlich – vielleicht mehr eine Interpretation *(pescher)* als ein »rewriting« – enthält er einige der vielsagendsten messianischen Aussagen unter allen Qumran-Texten in diesem oder irgendeinem anderen Buch.

Im Textverlauf greift sein Verfasser einige der Hauptprobleme der modernen Wissenschaft hinsichtlich der Textanalyse der Genesis auf und versucht in seinem Sinn eine eindeutige Lösung. Zum Beispiel schlägt er eine genaue Chronologie der Sintflutgeschichte vor, indem er einen 364-Tage-Kalender vom Typ der Jubiläen erstellt. Widersprüchliche Elemente werden im Interesse der Schlüssigkeit eines zusammenhängenden Kalenders und für die Erklärung seiner Gültigkeit im Rahmen des Sintflutberichts entweder harmonisiert, übergangen oder getilgt. Bei diesem Prozeß werden also nicht übereinstimmende Elemente in den Abschnitten, die Wissenschaftler heute als die *jahwistischen* oder *elohistischen* Teile des Berichts bezeichnen, aussortiert.

Da das Hauptanliegen der ersten beiden Spalten über Noah und die Sintflut ein kalendarisches ist, wird der traditionelle Bericht diesem Interesse untergeordnet. Der Kalender ist eine äußerst wichtige Sache, und man sagt, wer die Kontrolle über den Kalender, seine Festtage und seine Rituale hat, hat auch die Kontrolle über die Gesellschaft. Die rabbinische Literatur, die auf die vorausgehende pharisäische Tradition aufbaute, war ursprünglich von einem Mondkalender abhängig, der erst später, der römischen Entwicklung folgend, mit einem Solarjahr harmonisiert wurde. Man sollte jedoch beachten, daß eine vorrabbinische Form des lunisolaren Kalenders in unserer Periode bereits existierte, wie es viele der Texte über die priesterlichen Dienstabteilungen in Kapitel 4 später demonstrieren.

In der Theorie war dieser Kalender von Beobachtungen der Neumonde usw. abhängig. In Qumran lehnte man dies ab und versuchte statt dessen eine solare Harmonisierung von anspruchsvoller Art, indem man offensichtlich von frühester Zeit an ein schlüssiges und völlig mathematisches Schema entwickelte, das menschliche Fehler ausschloß. Dabei wurden Festtage auf den Anfang der Woche gelegt, und alles wurde in Übereinstimmung mit einem vollen 364-Tage-Kalender geregelt.

So wird zum Beispiel das volle Jahr im 364-Tage-Zyklus am Ende von Spalte 1 und am Beginn von Spalte 2 vollendet mit der Bemerkung, daß die Erde völlig trocken war am siebzehnten Tag des zweiten Monats, nicht am siebenundzwanzigsten, wie in der biblischen Tradition. Die Überlieferung, daß die Flut nur ein Jahr dauerte, ist im Buch der Jubiläen bekannt (5,31); sein Verfasser scheint allerdings versucht zu haben, beide Wege zu gehen, und nimmt eine Zwischenstellung zwischen dem vor uns liegenden Text und der biblischen Tradition, die von mehr als einem Jahr spricht, ein. Obgleich das Land am siebzehnten Tag des zweiten Monats trocken war, geschah es für ihn nicht vor dem siebenundzwanzigsten Tag (dem Ende der Flut in den uns vertrauten biblischen Texten), daß Noah die Tiere aus der Arche ließ. Noah selbst verließ die Arche nicht bis zum ersten Tag des dritten Monats, also zwei Wochen später (6,1).

Unser Text stimmt damit nicht überein, denn er merkt in den Zeilen 2–3 von Spalte 2 an, daß Noah »am Sonntag, an genau diesem Tag, die Arche verließ«; und als ob er diese Aussage noch verstärken wollte, fügt er hinzu: »damit sich so ein volles Jahr von 364 Tagen vollendete«. Der Text kehrt in den nächsten Zeilen (4–5) zu dieser für ihn scheinbar so wichtigen Aussage zurück und wiederholt: »Noah (ging heraus) aus der Arche … zur bestimmten Zeit (nach) einem vollen Jahr.« Da diese Polemik so entschieden klingt, scheint es, als sei der Verfasser mit dem traditionellen Text vertraut, der wahrscheinlich der pharisäische war. Das ist der Punkt, den er dem Leser einzuhämmern versucht: Die Flut endete an demselben Sonntag, dem 17., *ein volles Jahr* nachdem sie begonnen hatte. Der Rest des Berichts ist dieser Aussage untergeordnet. Farbenfrohe Details, wie die Größe der Arche, die Art der Tiere und der Rabe, werden übergangen.

Aufgrund der mathematischen Schematisierung des Kalenders führen die Tage der Woche nicht über den Monat hinaus, welches Jahr auch immer es ist, und so gibt der Autor den exakten kalendarischen Tag der Woche für alle wichtigen Ereignisse in seiner Geschichte an. Ja, er fügt sogar zusätzliche Tage ein, von denen einige offensichtlich mit bedeutenden Festen zusammenfallen, wie eben in Spalte 1, Zeile 8 oder Zeile 22. (Zu einer genauen Analyse des kalendarischen Schemas in diesem Text siehe die Anmerkungen am Ende des Kapitels. Weitere Einzelheiten über den Kalender, inwieweit er mit den priesterlichen Dienstklassen im Tempel in Verbindung steht oder andere Angelegenheiten des Tempeldienstes betrifft, werden in Kapitel 4 weiter erörtert.)

In der nächsten Geschichte des Noah-Zyklus zeigt der Verfasser erneut, daß es seine Absicht ist, einen immanenten Widerspruch in der Erzählung, wie wir sie vor uns haben, zu erklären, nämlich, warum Gott Kanaan, den Sohn Hams, verfluchte, wo es doch eigentlich Ham war, der »die Nacktheit seines Vaters entblößt hatte« (Gen. 9,26). Jedem vernünftigen Leser würde dieses Problem auffallen, nur der normativen Tradition offensichtlich nicht. Indem nun der Autor zeigt, daß er sowohl den traditionellen Text kennt als auch bestrebt ist, an bestimmten Stellen offensichtliche Probleme zu rationalisieren, erklärt er in Spalte 2,7 geradezu triumphierend, daß Gott, da er bereits Noahs Söhne gesegnet hatte, seinen Segen wohl kaum zurückziehen konnte. Trotz ihrer Oberflächlichkeit ist dies eine Erklärung, und sie zeigt, daß Leute dieser Denkschule in der Qumran-Periode (im Gegensatz zu einigen anderen) bereits einfache Textkritik betrieben, eine Tatsache, die auch beim folgenden Sintflutbericht hervorsticht.

Dies wird noch einmal klar bei der Behandlung der nächsten Episode über Abraham; in dem traditionellen Genesis-Text haben wir es reihenweise mit interessanten Problemen zu tun. Aus Spalte 2, Zeile 8 ist ersichtlich, daß der Autor weiß, daß Abraham in Gen. 17,5 eine Namensänderung erfahren wird. In Zeile 9 ff. aber kehrt er wieder zu dem früheren Namen Abram zurück, als er bei einer Geschichte angelangt ist, die ihn wirklich interessiert, nämlich der von Sodom und Gomorra. Dabei stößt er auf ein anderes Problem, das verschiedene Kommentatoren verwirrt zu haben scheint, zum Beispiel Philo in *De Migratione Abrahami* (177) oder den Verfasser der Apostelgeschichte in 7,4. Es geht um die Andeutung in Gen. 12,4, daß Abraham Haran *nach* dem Tod seines Vaters verlassen habe.

Gen. 11,32 hatte Tharahs Alter zur Zeit seines Todes bereits auf 205 Jahre angesetzt. Gen. 11,26 nennt ein Alter von 70 Jahren bei der Geburt Abrahams. Einige Überlieferungen – vor allem belegt im Pentateuch der Samaritaner und in einer offensichtlich verwandten Septuaginta-Handschrift – addieren die Zahl 75 nach diesen beiden Passagen, um Tharahs Alter *zur Zeit seines Todes* anzugeben, wodurch das Rätsel nur noch rätselhafter wird.

Unser Text versucht dieses Problem zu klären. Dabei weist er die obengenannten Positionen Philos und der Apostelgeschichte zurück; diese vertraten den Standpunkt, daß – da Gen. 12,4 nach Gen. 11,32 steht – das darin geschilderte Ereignis auch *chronologisch* später passiert sein müsse. Unser Text dagegen fügt eigene, genauere Zahlenangaben ein, wie er es auch in dem vorangegangenen Sintflutbericht tat, und löst so endgültig das Problem im traditionellen Text. Spalte 2, Zeile 8 fügt den entscheidenden Satz mit den Zahlenangaben hinzu, die nicht in der Bibel zu finden sind, nämlich, *daß Tharah 140 Jahre alt war, als er nach Haran zog,* das heißt, er hatte 70 weitere Jahre in Ur gelebt, bevor er nach Haran auswanderte.

In einer anderen mathematischen »Begradigung«, die nicht in der Bibel vorkommt, folgert der Text, daß Abrahams Alter zur Zeit des Auszuges Tharahs auch 70 Jahre gewesen sein müsse (Zeile 9), und füllt so eine weitere wichtige Lücke in der biographischen Chronologie Abrahams. Er fügt dann weitere 5 Jahre zu Abrahams Alter hinzu (und indirekt auch zu Tharahs), um insgesamt auf 75 Jahre, sein Alter in Gen. 12,5, als er nach Kanaan fortging, zu kommen. Schließlich macht er, indem er Tharah indirekt das traditionelle Alter von 70 Jahren bei Abrahams Geburt zugesteht, einige abschließende Zahlenangaben: Danach lebte Tharah nach dem Weggang Abrahams 65 Jahre in Haran, was ein Gesamtalter von 205 Jahren, mit dem der Autor begonnen hatte (Spalte 2, Zeile 10), ergibt. Es könnte nicht offensichtlicher sein, daß sein Anliegen ein mathematisches ist.

Ein anderer wichtiger Punkt, den der Text anspricht, bevor er zu weit bedeutenderen Anliegen und zu dem zweiten der beiden Genesis-Texte über die »Rettung des Gerechten« übergeht, besteht in der Titulatur Abrahams als »Freund Gottes« (vgl. 2,8 »von Gott geliebt«). Dies ist genau dieselbe Sprache, mit der auch die Damaskus-Schrift Abraham charakterisiert. Interessanterweise tut CD II,18 ff. dies, indem der Text einer Anspielung auf die »Himmlischen Wächter« und – genau wie hier – die Noah-Geschichte folgt. Für CD fielen die Früheren »weil *sie in der Verstocktheit ihrer Herzen wandelten*« und *»nicht die Gebote Gottes hielten«* (Hervorhebung von uns).

Ebenso interessant ist, daß hier dieselbe Sprache vorliegt, in der Jakobus in

3,23 und 4,4 erläutert, wie sich seine Gegner selbst zu »Feinden Gottes« machen (4,4). Wir haben auf diese Sprache schon hingewiesen, als wir die Bedeutung von »*Mastema*« – »Feind« oder »Gegner« – ansprachen. Die Damaskus-Schrift bezeichnet Abraham als »Geliebten Gottes« – in einer Sprache, die dem Islam geläufig ist –, da »*er die Gebote hielt*« (eine auch für den Jakobus-Brief geläufige Formulierung); desgleichen nennt sie Isaak und Jakob »Freunde Gottes«, genau wie später Mohammed sie zusammen mit Abraham als diejenigen rühmt, »die sich Gott ergeben haben« (= Muslime; Koran Sure 2, Vers 133 ff.).

Die erste dieser Geschichten von »Rettung und Heil« in der Genesis ist natürlich die Noah-Erzählung. Gen. 6,9 beschreibt Noah als »frommen Mann, unsträflich unter seinen Zeitgenossen« – eine wichtige Terminologie in der Qumran-Literatur. Die zweite Erzählung ist die von Lot; sie wird in Spalte 3 aufgegriffen, die in dem Dokument, das vor uns liegt, folgt. In einem Abriß so kurz wie das Florilegium, welches die Genesis einfach nur auf wichtige Schlüsselpunkte hin überfliegt, ist dieses Interesse an den beiden Geschichten über »Rettung und Heil«, die von »*Zaddikim*« in der Bibel handeln, sicherlich kein Zufall. Es reflektiert die herausragende Rolle, die »die Gerechten« in der Ideologie Qumrans generell spielen, ebenso wie im späteren Judenchristentum und danach in der *Kabbala*.

Dasselbe Interesse kommt auch im Thomas-Evangelium (12) zum Ausdruck; hier konzentriert es sich auf *Jakobus*: »Da, wo ihr hingehen sollt, geht auf Jakobus den Gerechten zu, um dessen willen Himmel und Erde gemacht worden sind.« Kurioserweise ist die beste Stelle, die eine Erklärung für die Anspielungen hier ermöglicht, in *dem* mittelalterlichen jüdischen Werk der Mystik enthalten, dem *Zohar*. Die Episode von Noah in 59b erläuternd, beschreibt das Buch »den Gerechten« *(»Zaddik«)* in Anlehnung an die Worte von Spr. 10,25 als »das Fundament der Welt und ... den Pfeiler, der sie hält«. Aus der Sicht des *Zohar* und großer Teile der jüdischen Mystik im Gefolge hängt die Existenz des Universums selbst an der Existenz der/des Gerechten.

Im Genesis-Florilegium besteht zusätzlich ein Interesse an sexuellen Themen, wenn über die Verdammung von »Unzucht« gehandelt wird, die man auch in anderen Qumran-Dokumenten, wie zum Beispiel in dem Abschnitt über die »drei Netze des Belial« innerhalb der Damaskus-Schrift, finden kann. Darin liegt auch das Hauptanliegen, das Jakobus in seiner Unterweisung der außerpalästinischen Gemeinden in der Apostelgeschichte vertritt wie auch in dem Brief, der ihm zugeschrieben wird. Ein solches Interesse ist leitend nicht nur für die Episoden von Ham/Kanaan und Sodom/Gomorra, sondern auch für die folgenden Erzählungen über das Auslöschen von Amaleks Namen »unter dem Himmel« und Rubens Enterbung wegen seiner sexuellen Beziehung zu Bilha, der Konkubine seines Vaters. Letztere war anscheinend für frühere Ohren ebenso erschütternd, wie sie es für heutige ist. Rubens

Enterbung, auf die in den Segnungen Jakobs am Ende von Gen. 49,3–4 Bezug genommen wird, bereitet die folgenden Segnungen Judas vor, die, wie wir sehen werden, von größtem Interesse sind und den Höhepunkt des vorliegenden Textes bilden.

Rubens Übertretung scheint auch den Autor von Jub. 33,10 ff. gestört zu haben. Er beschäftigt sich mit der Frage, warum Ruben nicht nach dem Gesetz behandelt und gemäß Lev. 18 und 20 gesteinigt wurde. Er erklärt – wieder etwas windig –, daß die Gesetze über Blutschande noch nicht geoffenbart worden waren. Die Damaskus-Schrift nimmt dieselbe Haltung ein, was die »Zunahme von Frauen« Davids betrifft (ein Verhalten, das in einer vorangehenden Spalte als »Unzucht« beschrieben wird); der Autor erklärt, daß dieses Tabu nicht gültig war bis zum »Kommen des Zadok« – wann immer dies war; man nahm wohl an, daß dies nach Davids Zeit sein würde (5,1–5). Eine solche Auffassung ist von großer Bedeutung für die Geschichte der westlichen Zivilisation, da Paulus diesen Punkt aufgreift und ihn in Gal. 3 und Röm. 4 zum Kernstück seiner Argumentation bezüglich Abrahams und des Gesetzes macht, in der Weise nämlich, daß Abraham *vor* dem Gesetz kam und deshalb durch dieses nicht »gerechtfertigt« (»gerecht gemacht«) werden konnte. Mohammed benutzte eine ähnliche Denkfigur, um seine Annäherung an Abraham zu beschreiben, nämlich daß er (Abraham) dem Judentum und Christentum »vorausgegangen« sei.

Das Genesis-Florilegium fügt hier etwas lakonisch die Worte »er tadelte ihn« (Zeile 5) hinzu, was soviel heißt wie: Dies war alles, was Jakob tat. Wir werden dieselben Worte auch in einem Text finden, der sich mit körperlichen Ausscheidungen im Zusammenhang mit der Gemeindedisziplin (am Ende dieses Buches) befaßt. Wie auch immer – indem es anmerkt, daß Ruben nur theoretisch der erste war, und impliziert, daß Juda in Wirklichkeit der erste sein würde, offenbart es wiederum unbeabsichtigt sein Hauptanliegen – Jakobs Segen *über Juda* im folgenden.

Das Thema der Amalekiter rührt etwas anderes an, ist aber ebenso interessant. Spalte 4,1 macht sie eindeutig zum Gegenstand einer anderen fragwürdigen Beziehung mit einer Konkubine, also wieder »Unzucht«. Das fast wörtliche Aufgreifen einer Mose-Rede aus Ex. 17,14 in Spalte 4,2–3 zeigt die Vorgehensweise des Verfassers: Erstens kennt er den gesamten Bibeltext (zumindest jene obengenannten Bücher), und zweitens schreibt er einen Bibelkommentar oder eine Bibelauslegung.

Die Hinzufügung des eschatologischen Ausdrucks »die letzten Tage« in derselben Zeile, den unser Text der Rede, die Mose in Ex. 17,14 zugeschrieben wird, wohlüberlegt zusetzt, ist ebenfalls aufschlußreich. Von ihm abgesehen sind beide Reden identisch. Dadurch werden natürlich die eschatologischen Themen, mit denen der Text endet, in den Vordergrund gerückt, da er das Schicksal, das Amalek in »den letzten Tagen« zu erwarten hat, beschreibt.

Dies führt zu einem weiteren Punkt. Mose sagt die völlige Ausrottung der Amalekiter voraus, das heißt, ihr Name wird »ausgelöscht« sein »unter dem Himmel«. Obgleich der Text in 4,1 Bezug darauf nimmt, daß Saul die Amalekiter schlug (was wiederum beweist, daß der Verfasser auch die biblische Erzählung kennt), und obgleich man annehmen kann, daß sich damit für ihn die biblische Prophezeiung erfüllte, bleibt die Tatsache zu berücksichtigen, daß Saul die Ausrottung gerade nicht vollzog. Samuel hatte die Amalekiter unter einen Bannfluch gestellt, Saul aber vollstreckte ihn nicht, und obwohl er dies der Bibel zufolge später bereute, wurde er »verworfen«. (Man beachte wieder das hier benutzte vielsagende Wort »ma'as«, das im biblischen Bericht wiederholt auftritt.)

Sauls Scheitern in dieser Angelegenheit führt unmittelbar zur Salbung Davids in 1. Sam. 16. Der Verfasser ist sich dieses verzwickten Punktes sehr wohl bewußt. Aber gerade das ist es, was ihn interessiert – die Salbung Davids und die Erhöhung Judas in eschatologischer Manier innerhalb der folgenden Interpretation der »Silo«-Prophezeiung auszulegen. Mit geschickter Hand und umsichtigen Glättungen führt unser Autor eine höchst raffinierte Bibelkritik durch.

Ebenfalls illustrativ ist die völlig unbeugsame und militante Haltung, die sich hier zeigt. Diese ist sehr charakteristisch für die Haltung in Qumran und zieht sich durch das gesamte Korpus hindurch. Die Leute in Qumran waren keine friedlichen Essener. Der Zusatz »die letzten Tage« oder »das Ende der Tage« zu der Rede Moses wird damit also absichtsvoll und deutlich eschatologisch. Da Saul scheiterte, wird die Erinnerung an Amalek wirklich erst »in den letzten Tagen unter dem Himmel ausgelöscht werden«. Und wer wird dies vollstrecken? Sicherlich der Messias, mit dem der Text schließt.

Spalte 5 führt weiter zu Juda. Ihre Exegese muß als der Höhepunkt des Werkes angesehen werden und – was unser Bemühen anbelangt – für die Exegese in Qumran generell. Auch bewegen wir uns nicht länger im Bereich biblischer »Neu-Schreibung« oder Kurzfassung, sondern es handelt sich schlicht und einfach um Exegese. Diese nimmt ihren Ausgangspunkt bei Jakobs Segen über Juda in Gen. 49,10: »Nie weicht das Szepter von Juda, noch der Führerstab von seinen Füßen, bis daß der Herrscher kommt, dem die Völker gehorchen.«

In einer Exegese von weitreichendster eschatologischer Bedeutung interpretiert Spalte 5,1 das »Szepter« als weltliche Herrschaft; das »Szepter« wird außerdem auch in der »Stern«-Prophezeiung in Num. 24 – der »Stern« und das »Szepter« sind bedeutungsgleich – erwähnt. Der Leser wird sich erinnern, daß diese letztere Prophezeiung, wie zuvor dargelegt, auch in der Damaskus-Schrift interpretiert wird. Obgleich der erste Teil der »Silo«-Prophezeiung im vorliegenden Dokument fehlt, ist das Bemühen nicht zu verkennen, einen

Davidischen Nachfolger einzubringen, das heißt jemanden vom »Samen« Davids, siehe Zeile 5,4 ' – für die christlich-messianische Erwartung von eminenter Bedeutung. In 5,2 wird der »Stab« oder der »Gesetzgeber« (der »Mehokkek«) in der »Silo«-Prophezeiung im Sinne des »Bundes des Königreiches« interpretiert. In den Zeilen 3–4 werden die »Füße« als militärische Anführer Israels ausgelegt, und schließlich – am bedeutungsvollsten – wird »Silo« ausdrücklich mit dem »Messias der Gerechtigkeit« identifiziert. Daß dieser *von David abstammen* muß, wird – wie wir eben erwähnt haben – in Zeile 5,4 ausdrücklich deutlich.

Dieser *»Mehokkek«* oder »Stab« wird auch in einer anderen Prophezeiung in Num. 21,18 angesprochen. Er wird ebenfalls, wie die ihr folgende »Stern«-Prophezeiung aus Num. 24, in der Damaskus-Schrift interpretiert (VI,3–11). In Spalte VII,20 der Damaskus-Schrift wird das in der »Stern«-Prophezeiung erwähnte »Szepter« im Sinne des *»Nasi ha-'Eda«*, des Fürsten der Gemeinde, ausgelegt – Gegenstand des nach ihm benannten Textes in Kapitel 1.

In der Interpretation der vorausgehenden *»Mehokkek«*-Prophezeiung wird »Damaskus« genannt, wonach die Damaskus-Schrift ihren Namen hat. Ebenso werden die »Reumütigen« oder »Bußfertigen Israels« erwähnt, von denen auch die Hesekiel-Exegese der Prophezeiung der »Söhne Zadoks« spricht, die wir zwei Spalten vor diesem Text in Spalte 4 finden. Diese »Reumütigen« – auch »Priester« genannt in der Exegese in Spalte 4 – »ziehen aus dem Land Juda aus«, so beide Auslegungen, »um im Land von Damaskus zu leben«. Der »Stab« wird als »der, der nach der *Thora* sucht«, dargestellt; und das »Gut«, nach dem er in Num. 21 gräbt, ist wiederum »die *Thora*«. Die »Stäbe« in Num. 21, das heißt, die Gesetze, stellen das dar, wonach sie (die Anhänger des *»Mehokkek«*) wandeln sollen »während der ganzen Zeit der Gottlosigkeit«, bis »der, der Gerechtigkeit ausschütten wird (*Joreh ha-Zedek*), am Ende der Tage aufstehen wird«.

Der »Messias der Gerechtigkeit«, das heißt der *»Maschiah ha-Zedek«*, der in *»Joreh ha-Zedek«* und anderen Verwendungen wiederklingt, wird hier definitiv mit dem »Zweig Davids« identifiziert. Derselbe Ausdruck wird allerdings auch im Text vom messianischen Führer *(Nasi)* in Kapitel 1 verwendet. Alle diese Verwendungsweisen zusammen, einschließlich der des *»Nasi ha-'Eda«* (»Führer/Fürst der Gemeinde«), der in CD VII der »Stern« genannt wird, schließen den Kreis. Der Begriff »Völker« in der »Silo«-Prophezeiung begegnet uns, wie wir zuvor auch gesehen haben, in Qumran bis zu einem gewissen Grade in einem bedeutenden eschatologischen Sinne. In Zeile 5,4 des vorliegenden Textes wird der Begriff ersetzt durch »Sein Volk«: »der Bund des Königreiches *Seines Volkes* war ihm für immer gegeben« (das heißt dem messianischen »Zweig« oder »Stern«).

Um es mit anderen Worten zu sagen: Man hat hier den unumstößlichen Beweis, daß der messianische »Führer«, der im Text bei diesem Namen genannt wird, mit diesem »Messias der Gerechtigkeit« identifiziert werden muß, da die Anspielung auf den »Zweig Davids« in beiden Fällen als erläuternder Beiname benutzt wird. Dies gibt der Frage, ob der messianische Führer die Tötung vollzieht oder selbst getötet wird, größere Wichtigkeit als je zuvor. An späterer Stelle werden wir zusätzliche Belege für die letzte Interpretation finden, und zwar, wenn wir den Ausdruck »hemitu Zaddikim« am Ende des Textes »Die Dämonen des Todes« (Seligpreisungen) in Kapitel 5 als »sie töteten die Gerechten« (Plural) rekonstruieren.

Die Verbindung des Wortfeldes »Gerechtigkeit« mit dem »Messias« in ähnlicher Art und Weise, in der der »Lehrer« und der »Ausschüttende« oben (»Moreh« und »Joreh«) in der Beschreibung von Silo (Gen. 49,10) zusammengesehen werden, ist von höchster Bedeutung. Dies steht in Einklang mit dem totalen Ethos in Qumran und findet außerdem einen starken Widerhall in den Darstellungen der Melchisedek-Vorstellung (»der König der Gerechtigkeit«) in Verbindung mit dem eschatologischen Priestertum von Heb. 5,7–10 (interessanterweise einschließlich eines Verweises auf die »Lehre der Gerechtigkeit« in Vers 5,13).

Die Erklärung in der letzten entzifferbaren Zeile in dieser Exegese, »weil er (der Messias der Gerechtigkeit) ... die Thora ... hielt« zusammen mit den anderen »der Gemeinde«, ist ebenfalls nicht nur für die messianischen Züge Qumrans, sondern auch für die Qumran-Ideologie insgesamt und ihre Untertöne im frühen Christentum vom Schlage des Jakobus von Bedeutung. Wir haben bereits erwähnt, daß die Gemeinderegel die »Söhne Zadoks« im Sinne von »Bewahrer des Bundes« definiert. Dies ist eine inhaltliche und keine genealogische Exegese. Gestützt wird diese Einschätzung durch die ebenfalls inhaltlich-qualitative Exegese von Hes. 44,15 in der Damaskus-Schrift, wobei ein eschatologisches Element hinzugefügt wird: »die letzten Tage«.

»Die letzten Tage« enthalten auch übernatürliche Assoziationen, zum Beispiel in CD IV, 3 und 7: »Sie stehen in den letzten Tagen« (ebenso wie der »Joreh ha-Zedek«) und »rechtfertigen die Gerechten und verdammen die Bösen«. Soweit diese Bemerkungen miteinander vereinbar sind, implizieren die Worte »die Thora ... halten« auch, daß der Messias oder Silo unter die »Söhne Zadoks« gerechnet wurde. Es sollte außerdem klar sein, daß »Zedek«, und »Zadok« als Varianten derselben Wortwurzel betrachtet werden müssen – das heißt, die »Söhne Zadoks« und die »Söhne Zedeks« sind bedeutungsgleich – und daß Anspielungen auf Melchisedek einfach einer weiteren Ableitung gleichkommen.

Die Anspielung in 5,5 auf die »Männer der Gemeinde« mit dem »Messias der Gerechtigkeit« als den »Bewahrern des Bundes«, zeigt hier außerdem an, daß der Messias entweder schon gekommen ist, eschatologisch gesehen wiederkommen wird oder im gegenwärtigen Augenblick in Verbindung steht mit dem »Jahad« (»Gemeinde«). Daß die Gemeinde einen Davidischen, einzelnen Messias verehrte, der in irgendeiner Weise mit dem Konzept von Gerechtigkeit verbunden war – ein Punkt, der in der Qumran-Forschung bisher sehr umstritten war –, kann nicht länger bestritten werden. All dies sind außerordentlich wichtige Schlußfolgerungen, die weitreichende Konsequenzen für die Qumran-Forschung haben. Deshalb ist es erforderlich, daß diese Texte vollständig veröffentlicht werden und nicht nur stückweise und fragmentarisch.

Der Text endet in Spalte 6 etwas enttäuschend mit Bruchstücken von Gen. 49, 20–21 über die Segnung von Asser und Naphthali, die ziemlich zusammenhanglos erscheinen.

## TRANSLITERATION
### Spalte 1

1. [ובש]נת ארבע מאות ושמונים לחיי נוח בא קצם לנוח ואלוהים
2. [א]מר לא ידור רוחי באדם לעולם ויחתכו ימיהם מאה ועשרים
3. [שנ]ה עד קץ מי מבול ומי מבול היו על הארץ בעת שש מאות שנה
4. לחיי נוח בחודש השני באחד בשבת בשבעה עשר בו ביום ההוא
5. נבקעו כול מעינות תהום רבה וארבות השמים נפתחו וידי הנשם על
6. הארץ ארבעים יום וארבעים לילה עד יום עשרים וששה בחודש
7. השלישי יום חמשה בשבת וינברו המ[י]ם על ה[א]רץ חמשים ומאת יום
8. עד יום ארבעה עשר בחודש השביעי [יום] שולשה בשבת ובסוף חמשים
9. ומאת יום חסרו המים שני ימים יום הרביעי ויום החמישי ויום
10. הששי נחה התבה על הרי הורדט ה[וא יום] שבעה עשר בחודש השביעי
11. והמים היו ה[ו]לוך וחסור עד החודש [העש]ירי באחד בו יום רביעי
12. לשבת נרא[ו] ראשי ההרים ויהי מקץ ארבעים יום להראות ראשי
13. הה[ר]ים ויפ[תח נוח את חלון התבה יום אחד בשבת הוא יום עשרה
14. בע[שתי עשר] החודש וישלח [נוח] את היונה לראות הקלו המים ולוא
15. מצאה מנוח ותבוא אליו [אל ה]תבה ויחל עוד שבעת ימים א[חרים]
16. ויוסף לשלחה ותבוא אליו ועלי זית טרף בפיה [הוא יום עשרים]
17. וארבעה לעשתי עשר החודש באחד בשב[ת וידע נוח כי קלו המים]
18. מעל הארץ ומקץ שבעת ימים אחר[י]ם וישלח נוח את היונה ולוא
19. יספה לשוב עוד הוא יום א[חד לשנים עשר] החודש [יום אחד]
20. בשבת ומקץ שלוש[י]ם [ואחד יום משלח]ה אשר לא י[ספה]
21. שוב עוד חרבו ה[מים מעל הארץ] ויסר נוח את מכסה התבה
22. וירא והנה [חרבו המים מעל פני האדמה] באחד בחודש הראישו[ן]

### Spalte 2

1. באחד ושש מאו[ת] שנה לחיי נוח ובשבעה עשר יום לחודש השני
2. יבשה הארץ באחד בשבת ביום ההוא יצא נוח מן התבה לקץ שנה
3. תמימה לימים שלוש מאות ששים וארבעה באחד בשבת בשבעה
4. אחת ושש vacat  vacat  נוח מן התבה למוער שנה
5. תמימה vacat  ויקץ נוח מיינו וידע את אשר עשה
6. לו בנו הקטן ויאמר ארור כנען עבד עבדים יהייה לאחיו לא

92

7. קלל את חם כי אם בנו כי ברך אל את בני נוח ובאהלי שם ישכון
8. ארץ נתן לאברהם אהבו vacat בן מאה ואר[ב]עים שנה תרח בצאתו
9. מאור כשדיים ויבוא חרן ואב[רם בן ש]בעים שנה וחמש שנה ישב
10. אברם בחרן ואחר יצא [אברם אל] ארץ כנען ששי[ם וחמש שנה]
11. העגלה והאיל והע[ז              [אברם לאל [              [
12. האש בעברו [          [.ה ל..ל. ]                     [
13. לצאת אב[רם אל ארץ] כנען ל[              [

## Spalte 3

1. כאשר כתוב ]                              [ שנים
2. עשר אנש[ים              עמו]רה ונם
3. העיר הזאת ]                              [ צדיקים
4. אנוכ[י] לא [אשחית                    ].ים לכדם יחרמו
5. ואם לוא ימצא שם [עשרה צדקים אשחית העיר וכל] הנמצא בה ושלליה
6. וטפיה ושאר . ]                      [ עולם וישלח
7. אברהם את ידו ]                              [מים
8. ויומר אליו עת[ה                              [
9. ....... ]                              [
10. ....... ]                              [
11. ] .                              [
12. [ו]אל שדי יב[רך אותכה ויפרכה וירבכה והייתה לקהל עמים ויתן לכה]
13. א]ת ברכת אביכה [אברהם                              [
14. [              ]לם תהי[ה                              [

## Spalte 4

1. [ו]תמגע היתה לאליפז בן עשיו ותלד לו את עמלק הוא אשר הכ[ה]
2. שאולvacat כאשר דבר vacat למושה באחרית הימים תמחה את זכר עמלק
3. מתחת השמים vacat ברכת יעקוב ראובן בכורי אתה
4. וריאשית אוני יתר שאת ויתר עוז פחזתה כמים אל תותר עליתה
5. משכבי אביכה אז חללתה עלה vacat פשרו אשר הוכיחו אשר
6. שכב עם בלהה פלגשו ואמר בכורי אתה ]              [ ראובן הוא
7. ראשית ערכו .. ]                              [

## Spalte 5

1. [לוא] יסור שליט משבט יהודה בהיות לישראל ממשל
2. [לוא י]כרת יושב בוא לדויד כי המחקק הוא ברית המלכות
3. [אל]פי ישראל המה הרגלים עד בוא משיח הצדק צמח
4. דויד כי לו ולזרעו נתנה ברית מלכות עמו עד דורות עולם אשר
5. שמר ה[              ] התורה עם אנשי היחד כי
6. [              ] הוא כנסת אנשי
7. [              ] נתן

93

1. יתן מעדני ה[מלך נפתלי אילה שלחה הנותן אמרי]

2. שפר ע. [ ‏[

3. את ה[ ‏[

4. ]. [

## ÜBERSETZUNG

**Spalte 1** (1) im vierhundertundachtzigsten [Jah]r von Noahs Leben kam ihr (der gottlosen Menschheit) Ende für Noah. Und Gott (2) [sa]gte: »Mein Geist wird nicht für immer unter den Menschen wohnen«, und so wurden ihre Tage festgelegt (auf) einhundertundzwanzig (3) [Jah]re, bis zu der Zeit der Wasser der Flut. Nun waren die Wasser der Flut auf der Erde, beginnend mit dem sechshundertsten Jahr (4) von Noahs Leben. Im zweiten Monat, am Sonntag dem 17., genau an diesem Tag, (5) brachen alle Quellen der großen Tiefen auf, und die Fenster des Himmels wurden geöffnet. So regnete es auf (6) der Erde für vierzig Tage und vierzig Nächte bis zum 26. des dritten (7) Monats, [ein] Donnerstag. Die W[as]ser stiegen über die [E]rde für einhundertundfünfzig Tage, (8) bis zum 14. des siebten Monats, [ein] Diens[tag]. Und am Ende der einhundert- (9) undfünfzig Tage gingen die Wasser zurück, zwei Tage lang, Mittwoch und Donnerstag, und am Frei- (10) tag ließ sich die Arche am Berg Ararat nieder – am 17. [Tag] des siebten Monats. (11) Nun nahmen die Wasser [weit]er bis zum [zehn]ten Monat ab. Am ersten dieses Monats, [einem] Mittwoch, (12) wur[den] die Spitzen der Berge sichtbar. Vierzig Tage nach der Zeit, als die Spitzen der Be[rge] sichtbar wurden, (13) [öffn]ete Noah das Fenster der Arche. Am Sonntag, das ist der 10. (14) des el[ften] Monats, sandte [Noah] die Taube aus, um zu sehen, ob die Wasser zurückgegangen waren, aber sie fand keinen (15) Platz, um sich niederzulassen, und so kehrte sie zu ihm [in die A]rche zurück. Dann wartete er sieben we[itere] Tage (16) und sandte sie noch einmal aus, und sie kehrte zu ihm zurück mit einem frischen Ölzweig in ihrem Schnabel. [Dies war am] vier[undzwanzigsten] (17) des elften Monats, am Sonnta[g. Darum wußte Noah, daß die Wasser zurückgegangen waren] (18) auf der Erde. Am Ende von sieben weit[eren] Tagen [sandte Noah die Taube aus, aber (19) nicht] kehrte sie wieder zurück. Dies war der e[rste] Tag [des zwölf]ten Monats, [ein Sonntag]. (20) Am Ende von einund[dreißig Tagen von dem Tag an, an dem er sie ausgesa]ndt hatte, als sie nicht w[ieder]- (21) kam, waren die Wa[sser auf der Erde] vertrocknet. Dann entfernte Noah die Luke der Arche (22) und sah sich um, und in der Tat, [die Wasser waren vom Erdboden verschwunden], am ersten Tag des ers[ten] Monats,

**Spalte 2** (1) im sechshundertundersten Jahr von Noahs Leben. Und am 17. des zweiten Monats (2) war die Erde völlig trocken. Am Sonntag, an dem Tag, an dem Noah aus der Arche herausging, vollendete sich so ein volles (3) Jahr von dreihundertundvierundsechzig Tagen. Am Sonntag, in dem siebten (4) – eins und sechs –, ging Noah aus der Arche heraus zur bestimmten Zeit, einem vollen (5) Jahr. – Dann erwachte Noah von seinem Wein und wußte, was sein jüngster Sohn (6) ihm angetan hatte, und er sagte: »Verflucht sei Kanaan; er soll der geringste Sklave seiner Brüder sein.« Nicht (7) verfluchte er Ham, sondern im Gegenteil dessen Sohn, weil Gott schon Noahs Söhne gesegnet hatte: »Und sie werden in den Zelten von Schem wohnen.« (8) Er gab das Land Abraham, seinem Freund. – Tharah war einhundertundv[ie]rzig Jahre alt, als er (9) [das] Ur der Kaldäer verließ und nach Haran kam. Und Ab[ram war si]ebzig, und Abram (10) lebte in Haran für fünf Jahre, und nachdem [Abram] sich aufmachte [nach dem] Land Kanaan, (lebte Tharah) [fünf-undse]chzig [Jahre …] (11) die Färse und der Widder und die G[eiß …] Abraham zu Gott … (12) das Feuer, als er überquerte … (13) Ab[ram] hinauszu-ziehen [in das Land] Kanaan …

**Spalte 3** (1) wie es geschrieben steht, … zwölf (2) Männ[er … Gomor]ra und auch (3) diese Stadt … Gerechte (4) werde ich nicht [vernichten …] nur sie sollen vernichten. (5) Und wenn dort nicht drei [-zehn gerechte Männer] gefunden werden, [werde ich die Stadt und alle], die in ihr gefunden werden, [vernichten] zusammen mit ihrer Beute (6) und ihren kleinen Kindern. Und der Rest … für immer. Und es streckte aus Abraham (7) seine Hand … (8) Und er sagte zu ihm: »Nu[n …]« (12) »Und El Schaddai wird [dich] se[gnen] und dich fruchtbar machen und dich mehren. Du sollst eine Ansammlung von Völkern werden. Und er wird dir geben] (13) den Segen, der einst [Abraham], deinem Vater, gegeben wurde …«

**Spalte 4** (1) »[… und] Timna war die Konkubine des Eliphas, des Sohns Esaus, und sie gebar ihm Amalek.« Er war es, den Saul vernich[tete], (2) wie Er zu Mose sagte: »In den letzten Tagen werde ich die Erinnerung an Amalek (3) unter dem Himmel auslöschen.« – Die Segenssprüche Jakobs: »Ruben, du bist mein Erstgeborener, (4) der erste Teil meiner Kraft, herausragend in Gestalt und herausragend in Macht, unbeständig wie Wasser – (aber) du wirst nicht herausragend sein. Du bestiegst (5) das Hochzeitsbett deines Vaters und verunreinigtest es damit, weil er darin lag.« – Interpretiert heißt dies, er tadelte ihn, weil (6) er (Ruben) mit Bilha, seiner (des Vaters) Konkubine, geschlafen hatte. Wenn es heißt »Du bist mein Erstgeborener«, heißt … Ruben war (7) seiner Reihenfolge nach der erste …

**Spalte 5** (1) »Herrschaft soll [nicht] vom Stamm Juda weichen.« Während Israels Herrschaft (2) soll ein Davidischer Nachkomme auf dem Thron [nicht en]den. Denn »der Stab« ist der Bund des Königreiches. (3) [Die Fü]hrer Isra-els, sie sind »die Füße« (bezieht sich auf Gen. 49,11), bis der Messias der Gerechtigkeit, der Zweig (4) Davids, kommt, weil ihm und seinem Samen der Bund des Königreichs Seines Volkes auf ewig gegeben war, weil (5) er … die *Thora* mit den Männern der Gemeinde hielt, weil (6) … das ist die Versamm-lung der Männer von (7) … Er gab

Spalte 6 (1) »er wird [königliche] Ehren [erhalten. Naphthali ist eine losge-
lassene Dammgeiß, die] schöne (2) [Worte] gibt.« ...


## 15. Das Josua-Apokryphon (4Q522)

Dieser Text enthält eine Reihe von Örtlichkeiten und Ortsnamen, die
in die Zeit Josuas zurückgehen könnten oder Verhältnisse widerspiegeln,
die mit der Davidischen Zeit in Zusammenhang stehen. Wegen seiner
Bezugnahme auf Eleasar, den Hohenpriester, der oft zusammen mit Josua
auftritt, haben wir ihn Josua-Apokryphon genannt; der Text in Spalte 2
betont allerdings deutlich die Gestalt Davids, sein Wirken, seine Erobe-
rungen, sein Königtum und insbesondere seinen Tempelbau. Wenn nicht so
große Teile des Ganzen in prophetischem Stil aus der frühen Land-
nahmezeit gehalten wären, könnte man ihn sogar ein Samuel-Apokryphon
nennen.

Wie auch immer – wie in dem gerade betrachteten Genesis-Florilegium ist
auch hier jeder Gedanke an irgendwelche Ressentiments gegenüber dem Tempel – wie er in der Qumran-Forschung der frühen Tage aufgrund der mangel-
haften Quellenlage weit verbreitet war – schlicht und einfach fehl am Platze
und mit dem Ethos Qumrans, wie es sich selbst in den Texten zeigt, nicht in
Einklang zu bringen. Es gibt außerdem auch nicht den leisesten Hauch eines
Desinteresses am Davidischen Königtum – ganz im Gegenteil; die messianischen Implikationen in diesem Text sind nur etwas weniger offensichtlich als
die Auslegung der »Silo«-Prophezeiung im vorigen. Man achte zum Beispiel
auf die Stimmung, die in den Zeilen 7–8 der Spalte 2 zum Ausdruck kommt:
»Und der Herr wird David sicher einsetzen ... Der Himmel wird für immer
mit ihm sein.«

Gerade die Rekonstruktion von »Himmel« – soweit sie stimmt – ist interessant, wenn man das ähnliche Bedeutungsfeld in Formulierungen wie
»Königreich des Himmels« im Matthäus-Evangelium vergleichend heran-
zieht. Es ist auch interessant, daß in Zeile 3 das Wort »Fels« ( »selaʿ«) – ein
Wort nicht ohne interessante christliche Implikationen – benutzt wird, um
den Berg Zion zu beschreiben.

Davids Eroberung Jerusalems, sein Tempelbau und dessen reiche Ausstattung werden überschwenglich gepriesen. Für diejenigen, die solche Literatur
für streng gruppenspezifisch halten, sind die nationalistischen Implikationen
von Texten wie diesem wichtig; gleiches gilt für die provokative Anspielung
auf die »Söhne des Satan« in Zeile 5. Hier liegt eine Parallele vor zu ähnlichen
Bezugnahmen auf die »Söhne des Belial« in anderen Teilen des Korpus und
zu ihrer Variation in den Hinweisen auf »Mastemoth« und die »Söhne der
Finsternis«, auf die wir zuvor gestoßen sind.

| | |
|---|---|
| ]ם ואת עין קבר בית .... | ] .1 |
| בקע[ה] ואת בית צפור את | ] .2 |
| ]מו את כול בקעת מצוא את | ] .3 |
| את היכל יצד את יעפור ואת | ] .4 |
| בא ואת מנו את עין כובר] | ] .5 |
| ]ר נרים את חדיתא ואת עושל | ] .6 |
| ]רון אשר    ].[    ]חי[    ]. | ] .7 |
| ].ר[   ].בא וא[ת א]שקלון [    ] | ] .8 |
| ג[ליל ושנים ש]    א[ת השרון | ] .9 |
| י[הודה את באר שבע [ואא]ת בעלות | ] .10 |
| את קעילה את עדולם [ | ] .11 |
| נזר ואת תמני ואת נמזון ואת ] | ] .12 |
| חקר וקטר[ון] ואפרנים ואת שכות ] | ] .13 |
| בית חורון התחת[ו]ן והעל[י]ון וא[את ] | ] .14 |
| א[ת גילת עליונה [וא]ת התח[תונ]ה | ] .15 |

| | |
|---|---|
| [    ]ן להשכין שם את אה.. ב] | ] .1 |
| [    העתים כי הנה בן נולד לישי בן פרץ בן יה[ו]דה | .2 |
| [    את סלע ציון ויורש משם את <כל> האמורי ב] | .3 |
| [    לבנות <את> הבית ליהוה אלוהי ישראל זהב וכסף ] | .4 |
| [    ארזים וברושים יב[יא מ[לבנון לבנותם ובני הסטן ] | .5 |
| [   ]כה ]   ].ואות[   ].[   ]..מ[   יכהן שם ואיש | .6 |
| [   ] ודוד יהו[ה]ן ] ישכין לבטח ]   ].ון מן השמ.[   ] | .7 |
| [    ש]מים עמו ישכון [ל]עד ועתה האמורי שם והכנעני | .8 |
| [   שפ] ].[   יושב אשר החטים אשר לוא דרשתי .[ | .9 |
| [   ]א[    נתחיו עבד ע]   מאתכה והשלוני וה] | .10 |
| [    עד רחוק מן ]   ועתה נ[ש]כינה את א[ | .11 |
| [    עד מביח ]   ]ע את [   אלעזר ] | .12 |
| [    צבא מ.[   ישוב ] | .13 |

ÜBERSETZUNG

**Fragment 1, Spalte 1** (1) ... und En Qeber und ... (2) ... Eben[e] und Bet Zippor, mit (3) ... der ganzen Ebene von Mozza (4) ... und Hekhal-Jezed (?) und Japur und (5) ... Mini und En Kober (6) ... Garim und Hedita und Osell (7) ... die (8) ... und Askalon ... (9) [G]alil, und die zwei ... und der Scharon (10) ... Juda, und Beer-Scheba und Baalot (11) ... und Qeila und Adullam und (12) ... Geser und Thamni und Gamzon und (13) ... Hiqqar und Qittar und Ephronim und Sakkoth (14) ... Bet Horon, das niedere und höhere, und (15) ... und höhere und niedere Gilat

**Fragment 1, Spalte 2** (1) ... um dort zu errichten ... (2) Die Zeiten, denn

siehe, ein Sohn wird geboren dem Jesse, Sohn des Perez, Sohn Ju[das ...]
(3) ... (Er wird) den Berg (wörtlich: Fels) Zion (einnehmen), und er wird alle
Amoriter von dort vertreiben ... (4) um das Haus (= den Tempel) für den
Herrn zu bauen, den Gott Israels. Gold und Silber ... (5) Zedern und Zypres-
sen wird er vom Libanon bringen, um es zu bauen, und die Söhne des Satan
... (6) er wird priesterlichen Dienst dort tun und ein Mann ... dein ... (7) von
... Und der Herr wird David sicher einsetzen ... (8) [Der Hi]mmel wird [für]
immer mit ihm sein. Aber nun sind die Amoriter dort, und die Kanaani[ter]
... (9) wohnen, wo die Hittiter [wohnen], von welchen Ich keine gesucht habe
... (10) von euch. Und der Siloniter und der ... Ich habe ihn als Diener gegeben ... (11) und nun laßt uns ... errichten ... weit von ... (12) Eleasar ... für
immer, von dem Haus (13) ... Heer ...

## 16. Eine biblische Chronologie (4Q559)

Dieses Werk sollte dazu dienen, die Chronologie des Volkes und in einigen
Fällen auch der Ereignisse der Bibel näher zu bestimmen. Dieses Unterfan-
gen diente nicht nur einem immanenten Interesse, sondern es war auch für
diejenigen von Bedeutung, die die Gegenwart im Fluß der Zeit auf ein messianisches Zeitalter hin lokalisieren wollten. Sie konnten dann vorhersagen,
wann der Messias kommen und wann sich andere prophetische Weissagungen
erfüllen würden. Das Interesse an einer derartigen »Messias-Chronologie« war
in der Zeit der Schriftrollen groß.

Die Komplexität der biblischen Chronologie war entmutigend, da die
Bibel an vielen Schnittpunkten eben keine Angaben über die Zahl der Jahre
machte, die dazwischen lagen. Diese »Lücken« konnten nur durch Berechnungen gefüllt werden – ein Prozeß, der dem Irrtum Tür und Tor öffnete und
natürlich zu unterschiedlichen Ergebnissen führte. Zur Zeit der Rollen exi-
stierten mindestens drei Systeme biblischer Chronologie: das des masoretischen Textes (des hebräischen Textes, der der Übersetzung moderner Bibeln
normalerweise zugrunde liegt); das der Septuaginta (der Bibel, die in Ägypten benutzt wurde) und das der Samaritaner. Man sollte auch den Bezug des
vorliegenden Textes auf Tharah im Genesis-Florilegium beachten.

TRANSLITERATION                    **Spalte 1 (Fragmente 1 und 3)**

| | |
|---:|---:|
| .1 | ] ותרח בר[ |
| .2 | [שנין 333ר אולד ית אברהם ואברהם] |
| .3 | [בר ש]נין 3 [333ר‎ III III III אולד ית ישחק] |
| .4 | [ויש]חק ב]ר שנין 333 אולד ית יעקב ויעקב] |
| .5 | [בר שני]ן 11333 III אולד ית לוי |
| .6 | ]ח.ל[ |

7. [ולוי בר שני]ן [3 ¬ |||| ||א]ולד ית קהת וקהת בר

8. [שנין 13 ||[3 ||| ||| ||| אולד ית עמ]ר[ם עמ]רם בר שנין]

9. [¬ ¬ אולד] ית אהרון ואהר]ון[ נפק ממצ]רין[

10. [כול שניא] אלן ¬ ולף ¬ ||||| ¬3 ¬ ||| ||| [

**Spalte 2**

1. [ ] [
2. [ ] מן אר]ע מרצין [
3. [ ] ]ח שנ]ין [
4. [ ] י]רדנא ] [
5. [ ]3 ¬ ||||| בנ<לל>לא ש]נין [
6. [ בחמנת סר]ח שנין 3 ומן די מית ]יהושוע [
7. [ ] [ ] כוש רשעתים מלך ]ארם נהרין [
8. [שני]ן [ || ||| ||| עתניאל ב]ר קנז [
9. [שנין [3333] עגלון מלך מואב שנ]ין ¬||| ||| || ]
10. [אח]וד בר גרא שנין 3333 שמ]גר בר ענת[

ÜBERSETZUNG

**Spalte 1 (Fragmente 1 und 3)** (1) [... und Tharah war (2) 70 Jahre alt, als er Abraham zeugte; und Abraham (3) war] 9[9 Ja]hre alt, [als er Isaak zeugte; (4) und Is]aak war [60 Jahre alt, als er Jakob zeugte; und Jakob (5) war] 6[5 Jahr]e alt, [als er Levi zeugte; (7) und Levi war 3]5 [Jahre alt, als er Kahath zeugte; und Kahath war (8) 2]9 [Jahr]e alt, [als er Am[r]am zeugte; und Am[ram war (9) 110 Jahre alt, als er] Aaron [zeugte], und Aa[ron] zog aus von Ägyp[ten]. (10) [Die Summe aller] dieser [Jahre]: (11) 536 ...

**Spalte 2** (2) ... aus dem La[nd Ägypten ...] (3) ... Ja[hre (?) ...] (4) ... Der [Jor]dan ... (5) ... [in ...] 35 (oder mehr) [Jahren]; in Gilgal ... Ja[hre ... (6) in Timnath-Ser]ah 20 Jahre; und von der Zeit an, als [Josua] starb ... (7) ... Kush-Rishathaim, der König von [Aram-Naharain], (8) 8 J[ahre]; Othniel, der So[hn des Kenas ... (9) 80 Jahre]; Eglon, der König von Moab, 18 Ja[hre]; (10) Eh]ud, der Sohn des Gera, 80 Jahre; Sam[gar, der Sohn des Anath,]

## 17. Hur und Mirjam (4Q544)

Da dieser Text nur sehr bruchstückhaft vorliegt, ist es schwierig, ihn zu charakterisieren; er scheint sich aber mit Genealogien nach der Art des Exodus-Buches zu beschäftigen, besonders mit Hur. Nimmt man Zeile 8 mit Zeile 9 zusammen, so scheint der Text eine Verbindung zwischen dem jüdischen Helden Hur und Mirjam, der Schwester Moses, herzustellen, obwohl derartiges in der Bibel nicht ausdrücklich erwähnt wird. Nach Flavius Josephus war Hur Mirjams Ehemann (*Altertümer* III § 54), und die hier vorliegende Überlieferung scheint dies zu bestätigen.

Die rabbinische Literatur, die Ephrat mit Mirjam identifiziert, betrachtet ihn ausgerechnet als ihren Sohn (*Targum* zu 1. Chr. 2,19 und 4,4). Dennoch: Daß es eine Überlieferung von einer Verwandtschaft Hurs mit Mirjam gibt, kann nicht bestritten werden.

Im Exodus-Buch ist Hur eine nur beiläufig erwähnte Figur. Entweder wegen seiner Verbindung zum Stamm Juda oder des Baus der Stiftshütte scheint der vorliegende Text seine Person mehr zu betonen als das Exodus-Buch. In Ex. 17,10 erscheint Hur erstmals in der Schlacht mit Amalek in Rephidim, die zuvor im Zusammenhang mit der Mose-Prophezeiung zu dem Thema im Genesis-Florilegium erwähnt worden ist. In Exodus wird Hur als jemand beschrieben, der mit Aaron zusammen die Arme Moses stützt (Symbol für das Priestertum und seinen Schwager?) und damit den Ausgang der Schlacht bestimmt, die von Josua, Moses Heerführer, in der Ebene ausgefochten wird. Als Mose mit Josua auf den Berg Sinai hinaufsteigt, läßt er Hur und Aaron als Verantwortliche für das Volk zurück (24,14).

Ex. 35,30 drückt die Verbindung Hurs mit Bezaleel, dem Architekten der Stiftshütte, aus. Desgleichen verfährt 1. Chr. 2,20, wo er als der Sohn Kalebs, des Sohnes Hezrons, und dessen zweiter Frau Ephrat (Ephrata in 2,24) und als der Vater von Uri (wahrscheinlich in Zeile 10 erwähnt) dargestellt wird. Diese drei werden als Gründer von drei wohlbekannten judäischen Städten gewürdigt: Kirjath-Jearim, Bethlehem und Beth-Gader. Hurs Verbindung mit der zweiten Stadt macht den Text, der ihn in den Mittelpunkt stellt und mit Mirjam verbindet (ebenso auf irgendeine Art verwandt mit »Ephrata«), zusätzlich interessant.

TRANSLITERATION                                                      **Fragment 1**

| | |
|---|---|
| ודמך] | 1. [ד]י יאכל הוא ובנוה]י |
| [ | 2. [ב]עלהא שנת עלמה ] |
| [ | 3. עלוהי ואשכחוה]י |
| [ | 4. בנוהי ובני אחו]הי |
| [ | 5. יתבו בר שעתהון ] |
| [ | 6. פטר לבית עלמה ] |
| [ | 7. *vacat* ומ]ן |
| [ | 8. עשרא ואולד מן מריאם עב. ] |
| [ | 9. ולסתרי *vacat* ונסב חור ] |
| [ | 10. ואולד מנה לאור ואהר]ון |
| [ | 11. מנה ארבען בנין ] |

ÜBERSETZUNG

**Fragment 1** (1) [da]s er aß, er und seine Söhn[e ... (2) und] ihr Ehemann [schlief] den ewigen Schlaf ... (3) über ihm, und sie fanden ih[n] ... (4) seine

100

Söhne und die Söhne sei[nes] Bruders ... (5) und sie wohnten vorübergehend (?) ... (6) er ging weg zu seinem Ewigen Heim ... (8) zehn. Und mit
Mirjam wurde er der Vater von Ab (? Name unvollständig und unsicher) ...
(9) und Sitri. Dann nahm Hur zur Frau ... (10) Und mit ihr wurde er der Vater
von Ur und Aa[ron ...] (11) mit ihr vier (vierzig?) Söhne ...

## 18. Das Henoch-Buch über die Riesen (4Q532)

Henoch war eine Gestalt, der man zur Zeit der Rollen große Aufmerksamkeit
widmete. Dies war wohl zum Teil veranlaßt durch die geheimnisvolle Art und
Weise, in der die Bibel in Gen. 5,24 über ihn berichtet: »Henoch wandelte
mit Gott, und auf einmal war er nicht mehr da; denn Gott hatte ihn hinweg-
genommen.« Demnach scheint Henoch nicht gestorben zu sein, sondern
wurde lebendig in den Himmel aufgenommen. Eine Menge Literatur rankt
sich um diese Figur, und ein Teil davon wurde in dem Buch, das als Erstes
(oder Äthiopisches) Henoch-Buch bekannt ist, zusammengestellt. Das Buch
der Riesen war ein weiteres literarisches Werk, das sich mit Henoch befaßte
und – nach Übersetzungen in andere Sprachen – im Römischen Reich viel
gelesen wurde. Unter den Qumran-Texten befinden sich mindestens sechs,
vielleicht sogar elf Fassungen von dem Buch der Riesen. Der folgende Passus
scheint zu jenem Werk zu gehören. Man glaubte, daß die »Riesen« Kinder der
gefallenen Engel (der »Nephilim«, auch »Wächter« genannt) und irdischer
Frauen waren. Die Erzählung von den Riesen leitet sich aus Gen. 6 ab.

TRANSLITERATION                          Spalte 2 (Fragmente 1–6)

| | | | | |
|---|---|---|---|---|
| | | [מ[ | ] | ר[ .1 |
| [ | | ] בכש[ר | ] | ר[ .2 |
| [ | [קרל[ | ] להוון ] | ]נפיל[ין | כו[ל .3 |
| [ | ] בדיל כדי מל. [ | ] חסיד מנדע [ | ] הוו קאמ[ין | ע[ .4 |
| [ | ] רברבין [ | [ת<ש>רא בר] | ] ארעא תר[ | למק[ .5 |
| [ | ]א ואנא [ | [ך על ש] | ה[וו עשיתין ל | בה[ .6 |
| [ | [א.] | | ]. מן עירין על[מין | ולה[וון .7 |
| [ | | | בס[וף יאבד ומית ו. ] | [ו. .8 |
| [ | | | [בל רב חנבלו בא] | ה[ .9 |
| [ | | | שפק לה למא[חא | די[ן .10 |
| [ | ] בין [ | ] מר מרי [ | מן] ארעא ועד ש[מיא | ] להוון .11 |
| [ .] ו. [ | ] בשמיא ו. [ | [בן ב] ] ו.[ | בארעא בכל ב[שר | [ .12 |
| [ | ] מנדע מ[ ור[ב] | | [בא וכען לא ש[ | [ .13 |
| [ | ] ל. [ | | [ו ואסיר חקי]פא | [ .14 |

101

ÜBERSETZUNG

**Spalte 2 (Fragment 1–6)** (2) ... mit Fleis[ch] ... (3) alle ... die Nephili[m] ... werden sein ... (4) ... sie stand[en] auf ... Frommes Wissen ... so daß, wenn ... (5) ... die Erde ... Mächtige[n] ... (6) ... waren fest beschlossen ... Und ich ... (7) [Und sie w]erden sein ... von den Ew[igen] Wächtern ... (8) ... [am En]de wird er vergehen und sterben. Und (9) ... (10) der ... erlaubte ihm zu ko[mmen] ... (11) Sie werden ... [von] der Erde bis zum Hi[mmel] sein ... Herr der Herren ... zwischen ... (12) ... auf der Erde unter allem Fl[eisch] ... im Himmel. Und ... (13) ... dann wird dort nicht ... und großes Wissen ... und die Sta[rken] werden gebunden werden ...

## 19. Pseudo-Jubiläen (4Q227)

Die erhaltenen Stücke dieser beiden Fragmente scheinen Informationen über Henoch zu enthalten, die denen des Jubiläen-Buches 4,17–24 ähneln. Ein Großteil des Interesses, das sich auf Henoch konzentriert, rührte, wie zuvor erwähnt, von seiner lebendigen Aufnahme in den Himmel und den geheimnisvollen Anspielungen in der Genesis über sein »Wandeln mit Gott« her. Man sprach ihm daher ein »Sonderwissen« zu, das heißt: Er besaß erstens himmlisches Wissen, insbesondere esoterisches Wissen, und zweitens naturwissenschaftliche Kenntnisse, wie sie der vorliegende Text antippt – Kenntnisse über die himmlischen Sphären und ihre Wege. Da er dort gewesen war, konnte er sie sogar messen.

Henoch wird also zum Vorläufer der geheimnisvollen Himmelsreisen oder himmlischen Aufstiege. Was diesen Text so interessant macht, ist die zweifache Bezugnahme auf »die Gerechten« – die »Zaddikim« – genau in den noch vorhandenen Fragmenten (1,1 und 2,6). Diese Himmelsreisen gehen dann in die frühchristliche Tradition ein, wie auch in die Kabbala und den Islam. Nicht nur ist Henoch »der Gerechte« ein wohlbekannter Beiname – wie Noah der Gerechte und Jakobus der Gerechte –, sondern »der Gerechte« an sich scheint ein Name für die Mitglieder der Gemeinde, die durch die Qumran-Literatur repräsentiert wird, gewesen zu sein; der Begriff ist ein Synonym und eine sprachliche Variante der »Bnai-Zadok« (der »Söhne Zadoks«), wie wir zuvor bemerkt haben.

Der Gebrauch dieser Terminologie hinsichtlich der Kenntnis sowohl der Himmelskörper und ihrer Wege als auch des Kalenders scheint hier in Zeile 2,6 hervorheben zu wollen, daß die Führung der Gemeinde sich nicht geirrt hat und sich auch in derartigen Dingen nicht irren wird. Der Gebrauch von »darkei-zev'am« (»die Wege ihrer Heerscharen«) in 2,5 – gemeint sind die festen Flugbahnen der himmlischen Körper – ist ebenfalls interessant, stellt er doch eine »himmlische« Parallele zu einigen gängigeren, »irdischen« Ableitungen dieser Terminologie dar, wie zum Beispiel »Darkei-Zedek«,

*»Darkei-Emet«*, *»Darkei-'Or«* (»die Wege der Gerechtigkeit«, »der Wahrheit«, »des Lichtes« usw.) im Gegensatz zu den »Wegen der Finsternis«, »des Bösen«, »der Lüge«, »der Unreinheit«, »Verabscheuung«, »Unzucht« u.ä. Indirekt sind auch diese, wenigstens in ihrer positiven Bedeutung, durch das Gesetz geregelt.

## TRANSLITERATION

### Fragment 1

.1 [ ] [ כול הצדיקים ] [
.2 [ ] [ .לפני מושה ] [
.3 [ ] [ את כול ימי ] [
.4 [ ] [ *vacat* ] [
.5 [ ] [ *vacat* ] [
.6 [ ] [ יא[רכו שני ] [

### Fragment 2

.1 [ ] ח[נוך אחר אשר למדנוהו
.2 [ ].[ ] ששה יובלי שנים [
.3 [ ] א[רץ אל תוך בני האדם ויעד על כולם
.4 [ ] ונם על העירים ויכתוב את כול [
.5 [ ] ה[שמים ואת דרכי צבאם את [החוד[שים
.6 [ ] א[שר לוא ישגו הצ[דיקים[

## ÜBERSETZUNG

**Fragment 1** (1) ... alle die Gerechten ... (2) ... vor Mose ... (3) ... alle die Tage von ... (6) ... die Jahre von ... [werden ver]längert werden ...

**Fragment 2** (1) [He]noch, nachdem wir ihn unterrichtet hatten (2) ... sechs Jubiläen von Jahren (3) ... [Er]de unter der ganzen Menschheit, und er zeugte gegen sie alle (4) ... und auch gegen die Wächter. Und er schrieb auf alle (5) ... [die] Himmel und alle Wege ihrer Heerscharen (das heißt Himmelskörper), alle [die Mon]ate (6) ... [in de]nen die Ge[rechten] sich nicht geirrt haben ...

## 20. Das aramäische Tobit-Buch (4Q196)

Für Juden und protestantische Christen steht das Buch Tobit außerhalb des biblischen Kanons und wird zu den Apokryphen gezählt. Katholiken dagegen betrachten zusammen mit griechisch- und russisch-orthodoxen Glaubensgemeinschaften das Buch als deuterokanonisch. Obwohl der semitische Urtext lange verschollen war, nahmen die meisten Wissenschaftler an, daß das Buch Tobit ursprünglich in hebräischer oder aramäischer Sprache verfaßt war. Die ersten Zeugnisse waren zwei ziemlich unterschiedliche griechische Vorlagen (eine kurze und eine lange). Und darin liegt die Bedeutung der Qumran-

Verstecke: Sie brachten Teile von vier aramäischen Handschriften des Buches und eine hebräische Handschrift zum Vorschein.

Alle Handschriften bestätigen die lange Version der griechischen Fassung. Inzwischen ist klar, daß die kurze griechische Fassung keine semitische Vorlage hatte und nichts anderes als eine Kurzfassung des längeren griechischen Textes darstellt. Bis vor kurzem jedoch haben sich die Bibelübersetzungen in moderne Sprachen auf diese Kurzfassung gestützt. Im Gefolge der Qumran-Entdeckungen haben Übersetzer sich verstärkt der langen Fassung gewidmet – jedoch leider immer noch mehr der griechischen Vorlage; nicht mehr als ein paar wenige zusammenhanglose Ausdrücke des semitischen Textes aus Qumran sind bisher ans Licht der Öffentlichkeit gelangt.

Die semitischen Texte des Tobit-Buches werden mit Sicherheit Anpassungen auch bei Übersetzungen, die auf der längeren griechischen Vorlage basierten, erfordern. Zum Beispiel ist in dem hier vorgelegten Abschnitt (Tobit 1,19–2,2) die letzte Hälfte des aramäischen Textes von 1,22 dem griechischen vorzuziehen. Die New Revised Standard Version übersetzt die umstrittene Stelle so: »Nun war Achikar Obermundschenk, Siegelbewahrer und Bevollmächtigter für die Verwaltung des Rechnungswesens unter König Sennacherib von Assyrien; deshalb ernannte ihn Asarhaddon *wieder*.« Das Aramäische verdeutlicht aber, daß Asarhaddon Achikar nicht einfach nur *wieder* ernannte, sondern ihn an die zweithöchste Stelle beförderte, über der nur noch der König selbst stand (siehe die Übersetzung von Zeile 8 unten). Wir dürfen noch mehr solcher Verbesserungen zum Verständnis dieses lebendig-bildhaften Buches erwarten, da uns die semitischen Texte soviel näher an das Original herangebracht haben.

TRANSLITERATION                                        **Fragment 1**

1. ‏[חד מ]ן ב<ני> נינוה והחוי למלכ]א די] אנה קב]ר להון ו]אחוית וכדי ידעת [די] ידע בי‏

2. ‏[ואתבעית למקט]ל ודחלת וערקת [ואתנזל כ]ל [די] הוה לי ולא שביקו לי כל מנד]עם]‏

3. ‏[די לא נטלו] ל]אוצר מלכא] ל]הן חנ]ה אנתתי וט]וב]יה ברי ולא הוה יומין א]רבעין]‏

4. ‏[וחמשה עד די קטלו לה תרין בנו]הי ואנון ערקו לטורי אררט ומלך {ומ]לך} אסרחדין]‏

5. ‏[בנה חלפוהי   *vacat*   והוא א]שלט לאחיקר בר ענאל אחי על כל ש]יזפות]‏

6. ‏[מלכותה ואף אשלט לאחיקר להמרכ]ל והוא על [כ]ל המרכלות מלכא ובעה אחיקר‏

7. ‏[עלי ותבת לנינוה   *vacat*   אחי]קר אחי הוה רב שקה ורב עזקן והמרכל‏

8. ‏[ו]שיזפן קדם אסרחריב מלך אתור ואשלטה אסרחדן תנין לה ארי [הוא]‏

9. ‏[בר] אחי הוה ומן בית אבי ומן משפחתי וביומי אסרחדן [מל]כא כדי תבת‏

10. ‏[ל]ביתי ואתבת לי חנה אנתתי ו]טוביה ברי וביום חג שבע]עיא הות לי]‏

11. שרו טבה ורבעת ל[מאכ]ל ואקרבו פת[ו]רא לקודמי וחזית נפתניא די קרבו

12. עלוהי שגיאין ואמ[ר]ת לטו[ב]יה ברי ברי אזל דבר לכל מן [די ת]השכח באח[ינא

13. ] ברי אזל דבר ואתה ויתה ויכל [כחדא עמי וארי] [

## ÜBERSETZUNG

**Fragment 1** (1) [einer vo]n den Nin[ivi]ten (ging) und informierte den Köni[g,
daß] ich [sie] begr[ub, so] versteckte ich mich selbst. Als ich entdeckte, [daß]
er von mir wußte (2) [und daß man suchte, mich zu tö]ten, fürchtete ich mich
und floh. Dann wurde all[es, was] ich besaß, [beschlagnahmt], nichts wurde
mir gelassen. (Da war nicht) ein einziges Di[ng], (3) [das sie nicht] zu der
Schatzkammer des Königs [brachten], au[ßer Hann]a, meiner Frau, und
T[ob]ias, meinem Sohn. Es waren weniger als [fünfund]vierzig Tage, (4) [bis
zwei seiner Sö]hne [ihn töteten (d. h. den König)]. Sie flüchteten in das
Gebirge von Ararat, und [Asarhaddon, sein Sohn], herrschte (5) [an seiner
Statt. Er er]mächtigte Achikar, den Sohn Anaels, meines Bruders, über die
ganze Bu[chhaltung] (6) [seines Reiches. Er setzte außerdem Achikar als Ober-
haupt über den (heiligen) Sch]atz. Er war verantwortlich für die [gesa]mten
Gelder des Königs. Achikar setzte sich (7) [für mich ein, so daß ich nach
Ninive zurückkehrte. Achi]kar, mein »Bruder«, war der Obermundschenk
und offiziell verantwortlich für die Siegelringe und der Schatzmeister
(8) [und] Buchhalter für Sennacherib, den König von Assyrien, während Asarhaddon ihn als zweiten nach ihm selbst (allein) ernannte. Denn [er] (9) war
mein Ne[ffe], aus dem Haus meines Vaters und meiner Familie. In den Tagen
des [Kön]igs Asarhaddon, als ich zurückkehrte (10) [zu] meinem Haus und
Hanna, meine Ehefrau, mir zurückgegeben wurde, [zusammen mit] Tobias,
meinem Sohn, an dem Tag des Festes der Woc[hen, gab ich] (11) ein vornehm-
mes Bankett. Ich legte mich, um [zu ess]en, nieder, und sie deckten den
T[is]ch vor mir. Ich sah viele Delikatessen, die sie brachten, (12) und ich sag[te
zu Tob]ias, meinem Sohn: »Mein Sohn, gehe und bringe jeden, [den du] finden kannst unter deinen Brü[dern] (13) ... mein Sohn, gehe und hole (jenen),
daß er komme und esse [zusammen mit mir ...].«

## 21. Geschichten vom persischen Hof (4Q550)

Die vorliegenden Geschichten befassen sich offensichtlich mit den Abenteu-
ern von Juden am Hofe des persischen Königs. Der Gebrauch des Wortes
»Jude« *(»Jehudi«)* in 6,3 ist darum wahrscheinlich eine der ältesten Verwendungen dieses Begriffs – er taucht gewöhnlich nicht in anderen Gattungen
der Qumran-Literatur auf, die die Tendenz haben, entweder »klassische«
Begriffe zu verwenden oder eine bewußt altertümliche Sprache zu sprechen
(vgl. etwa den Hinweis auf *»Beit-Jehuda«* = »Haus Juda« im Habakuk-Kommentar VIII). Wir werden den Begriff »Jude« später noch in weiteren inter-

essanten Texten finden; sogar in Palästina scheint sein Gebrauch alltäglich gewesen zu sein. Auf den Begriff stößt man bereits auf den Münzen der Makkabäer; wir werden darauf zurückkommen.

Die Erzählgattung des »Juden am fremden Hof« war sehr beliebt in der Zeit der Schriftrollen. Derartige Geschichten gaben den Juden in den Jahren, in denen sie unter fremder Herrschaft lebten, Auftrieb, da sie von großen Erfolgen ihres Volkes zu erzählen wußten. Darüber hinaus ermutigten sie die Juden, ihrem Gott angesichts des verführerischen neuen kulturellen Umfelds treu zu bleiben; diese Geschichten gipfelten in der Regel darin, daß der fremde Herrscher gezwungen wurde, die Macht des jüdischen Gottes anzuerkennen. So dienten diese Abenteuer einerseits der Unterhaltung und lieferten andererseits Argumente gegen den Götzendienst. Soweit man feststellen kann, folgte der Aufbau der Erzählungen etwa dem folgenden Schema: Ein junger Mann, der am Hofe des Perserkönigs aufgewachsen ist, hat das Alter erreicht, um eine Karriere am Hof zu beginnen. Er wird über die Abenteuer seiner Vorgänger unterrichtet, einschließlich seines Vaters Fatervana, eines früher lebenden Mannes namens Bagasri und einer Zwischenfigur, bekannt als Bagose. Bagasri diente zur Zeit des Darius – vielleicht jenes Darius von Dan. 6, der normalerweise mit Darius I. identifiziert wird (522–486 v. Chr.), oder vielleicht eines der späteren Herrscher mit Namen Darius: Darius II. (423–405 v. Chr.) oder Darius III. (335–330 v. Chr.).

Bagasri war am Hof in Ungnade gefallen und in Gefahr, sein Leben zu verlieren (Spalte 6). Doch dank der Größe seines Gottes trug er den Sieg davon, und Darius wurde gezwungen, sowohl seine Sünden (Spalte 4) als auch die Macht des Gottes Israels anzuerkennen (Spalte 8). Der König beschrieb außerdem eine Rolle, um wie Nebukadnezar in Dan. 4 die ganze Geschichte zu erzählen. Bagose diente am Hof nach Bagasri und büßte auf irgendeine Weise seinen gesamten Besitz ein. Durch eine Reihe von Ereignissen, deren Aufzeichnung verlorengegangen ist, wurde er gerechtfertigt und erhielt wie Hiob seinen Besitz doppelt zurück. Fatervanas Geschichte ist in gewisser Weise mit den Dienern der königlichen Garderobe verknüpft; vielleicht hat er eine Verschwörung gegen den König unter solchen hohen Beamten aufgedeckt.

Die deutlichsten Verbindungen bestehen zwischen diesen Geschichten und den sogenannten »Hoferzählungen Daniels« (Dan. 1–6). Das Buch Tobit und das Buch Esther sind zwei weitere Lehrerzählungen, die den Qumran-Texten ähneln. Hierbei sei angemerkt, daß das Buch Esther, das bisher nicht im Qumran-Korpus gefunden wurde, ebenfalls als Teil des Genres »Juden am fremden Hof« verstanden werden muß. Der vorliegende Text ist dem Esther-Buch nicht unähnlich und könnte im Blick auf die Aufnahme in den Kanon durchaus als Rivale zu ihm betrachtet worden sein. Wie in Esther gibt es auch hier einen König, der anhand seiner eigenen Erinnerungen die guten Dienste jüdischer Höflinge und einen üblen Widersacher ins Gedächtnis ruft, den er am Ende bestraft, womit er gleichzeitig den guten Namen der Juden wiederherstellt.

Warum das Esther-Buch bisher in Qumran nicht gefunden wurde, hat Fragen aufgeworfen. Da das Genre als solches nun im Qumran-Korpus enthalten ist, scheint es prinzipielle ideologische Widerstände gegeben zu haben. Diese Vermutung lag bisher keineswegs nahe. In der Tat kann der Widerstand gegen das Esther-Buch mit der militanten Fremdenfeindlichkeit und dem apokalyptischen Nationalismus der Qumran-Gemeinde erklärt werden, zumal ja auch deren Verdammung genau der Art von »Unzucht« gilt, der sich Esther hingibt. Daß Esther heiratete und in den Harem eines fremden Machthabers einzog – und sei es auch nur, um ihr Volk zu retten –, wäre für diese Gemeinde oder Bewegung ein Greuel gewesen.

Andererseits: Wenn Esther als eine fast mythische Gestalt betrachtet worden ist und wenn die antiherodianische Gesinnung der für viele dieser Schriften verantwortlichen Gruppe erhärtet werden sollte, dann würde man doch ohne Zweifel ein Buch wie Esther als eine Art Vorwand für herodianische Anmaßungen angesehen haben. Herodianische Prinzessinnen wie die berüchtigten Berenice und Drusilla (nicht zu vergessen deren Tante Herodias eine Generation zuvor) trafen genau die gleichen ehelichen und außerehelichen Arrangements mit Leuten, die nicht weniger verachtet waren als Neros freigelassener Sklave Felix und der Zerstörer Jerusalems und spätere Imperator Titus. Wahrscheinlich benutzten sie die gleiche Entschuldigung, nämlich »ihr Volk retten zu wollen«.

Aus diesem Grund hätte man Esther als besonders abstoßend empfunden – im Gegensatz zu den vorliegenden Erzählungen, die keinen Hinweis auf irgendeine verbotene Handlung oder sexuelle Ungehörigkeit enthalten. Die Makkabäer-Bücher für ihren Teil geben an, daß dem »Mordechai-Tag« ein Festtag, den man »Nikanor-Tag« nennt, vorausgegangen sei. An diesem Tag, den man wie das Tempelfest (Chanukka) auf eine öffentliche Volksabstimmung zurückführt, ließ man den Kopf eines besonders verachteten fremden Feindes an der Zitadelle Jerusalems aufhängen (2. Makk. 15,35: »ein sichtbarer und klarer Beweis für die Hilfe des Herrn«).

## TRANSLITERATION

### Spalte 2 (oder später)

.1  אנש להן יד[ע] מלכא הן איתי [

.2  ולא יבד שהד טבא הימנו [

.3  מלכא איתי לפתרונא בר יש[

.4  נפלת עלוהי אימת בית ספ[רא

.5  אושי מלכא די תמ[ר] ותתיהב [

.6  ביתי [ונ]כסי לכול מה די ית.[

.7  התכול ותקבל עבידת אבוך [

## Spalte 3 (oder später)

1. [ ] אושי מלכה די תמר לשר.א [ ] .ה .. ]
2. [ ] פתרונא א[בוך] מן יומא די קם על עבידת[ה] קדם מלכא .]
3. [ ] .. לה עבד מן קשוט ופ.ה] ק[דמוהי ]
4. [ ] .. ואמר אושי ]
5. [ ] נה ה א.]
6. [ ] ל.ל. שלם]
7. [ ]

## Spalte 4 (oder später)

1. [הוו] שמען לפתרונא אבוך ]   [
2. לעבדי לבוש מלכותא ב[כו]ל ]   ל]מעבד
3. עבידת מלכא בכול די קב]ל   ין בה בשתה].
4. ארכת רוחה די מלכא אל]   .י אב[ו]הי .]   ק.הי קדמוהי בין
5. ספריא אשתכח מגלה <ח[דה> חתי]מה חתמי]ן] שבעה בעזקתה די דריוש אבוהי ענינה
6. ש] דר]יוש מלכא לעבדי שלטנא <די כ]ל א]רעא> שלם פתיחת קרית השתכח כתיב בה דריוש מלכא
7. [כתב לכול] מלכין בתרי לעבדי שלטנא ש[ל]ם ידיע להוא לכון די כול אנוס ושקר

## Spalte 6 (oder später)

1. ארי ידע אנתה ]   [לי]   [ בחובי אבהתי
2. די חטו קדמין ו]   [שפא ל.]   [ וננדת .]   [וך נבר
3. יהודי מן רברבני מ[לכא ] לה קאם לקבלה וב] א[ן]   נכ]רא טב[א]
4. נברא טבא עבד ]   [תא מה אעבד לכה ואנתה ידע [די כול] אפש[ר]
5. לנבר כוח[ך] להתבה[לה נבר] ביתך קאם באתר די אנתה קאם בה אן] [
6. ק[א]ם מה [ד]י אנתה צ[ב]א פקדני וכדי [אמ]רת אקברינך ב] [
7. עמר בכול אפשר ויתעל ית עבידתי ק[דם   וכ]ול די ] [

## Spalte 8 (oder später)

1. עליא די אנתון דחלין ופלחין הו שליט ב[אר]עא כול די יצבא קריב בידה ל[מע]ב[ד]
2. [ו]כול אנש די ימר מלה [באי]שא על בנסרי כ] ית]קטל בדיל די לא אית[י] .] [
3. ]   [ה> טובה ל[ע]לם .]   [ די ח]ז<ה ]   [ תרתין ואמר מלכא   יכח]וב [
4. [ ] חזא ]   [.]   [ למ]לכא ]   אנון בדרת בית מלכ[ות]א רבתא .]   [
5. ] ומן בתר בנסרי קרין בכתבא דנ[ה]
6. ב]אישא באישתה תאבה על .]   [ה כו]ל   [
7. [ *vacat*   ]

| | | |
|---|---|---|
| ] | ].[ ]שא נזרת מ]לכא  ]א אזלו [ | [ .1 |
| ] | ל]מכח]ב ]ל] ].א אזל [  ] בלבוש [ | [ .2 |
| ] | ] כליל דה]ב די מתקלה מא]ה וחמ]ש]ה אזל [ | [ .3 |
| ] | ] בלחודוהי ].  ]תיתיא אזל ואמ]ר | [ .4 |
| ] | כ]סף ו]ד]הב ]ונכס]ין די ]אי]תי לבנושי בכפל [ | [ .5 |
| ] | ] על בשם בנסרי לדרת מלכא ש. | [ .6 |
| ] | ].[  ק]טיל אדין על ]ב]נסרי לד]ר]ת מלכא ש. [ | [ .7 |
| ] | ]. רבשקה ענה ואמר בנסרי בנסרי מן [ | [ .8 |

ÜBERSETZUNG

**Spalte 2 (oder später)** (1) »ein Mann, es sei denn, der König wei[ß]; in der Tat gibt es da ... (2) und der Zeuge wird nicht umkommen. Sie haben geglaubt, was recht ist ... (3) O König, Fatervana, der Sohn von ... hat ... (4) da überkam ihn Angst vor dem [Inhalt] der Arch[ive ...] (5) die Fundamente des Königs, die du spre[chen] wirst und die dir gegeben werden ... (6) mein Haus [und] mein [Be]sitz für alles, was ... (7) wirst du deines Vaters Beruf übernehmen können? ...

**Spalte 3 (oder später)** (1) ... die Fundamente des Königs, die du dem Prinzen (?) sagen wirst ... (2) ... Fatervana, [dein Vat]er von dem Tag an, als er [seinen] Dienst beim König aufnahm ... (3) ... für ihn tat er ehrlich und ... [vo]r ihm ... (4) ... und er sprach die Fundamente des ... (7) ... Frie[den] ...

**Spalte 4 (oder später)** (1) [sie waren gewöhnt], Fatervana, deinem Vater zu gehorchen ... (2) zu den Dienern der königlichen Garderobe in a[lle]m ... (3) den Dienst des Königs zu tun in allem, was er emp[fängt ....«] in genau diesem Jahr (4) ... die Geduld des Königs ... sein Va[t]er ... vor ihm; unter den (5) Büchern wurde eine bes[timmte] Rolle gefunden, [versie]gelt mit sieben Sieg[eln], (geprägt mit) dem Siegelring von Darius, seinem Vater. Die Angelegenheit (6) ... »[Dar]ius, der König der Diener des ganz[en Er]dreiches: Friede.« Es wurde geöffnet und gelesen. (Das Folgende) wurde in ihm geschrieben gefunden: »Darius, der König, (7) [schrieb an alle] Könige nach mir, an die Diener des Königreiches: Fr[ie]de. Es soll allen bekanntgemacht werden, daß alle Unterdrückung und Falschheit ...

**Spalte 6 (oder später)** (1) ... weil du weißt ... wegen der Sünden meiner Väter, (2) die sie einst begangen haben und ... und ich folgte nach ... (3) ein Jude unter den Beamten [des Kön]igs stand vor ihm und ... [der] gut[e Ma]nn. (4) Der gute Mann tat ... Was soll ich mit dir tun? Du weißt, [daß] es (5) für einen Mann wie dich mögli[ch] ist, [alles] zu beschleu[nigen? Ein Mann] deines Hauses stand (einmal), wo [du] (jetzt) stehst ... (6) Befiehl mir zu tun, [was] immer du wi[ll]st, und wenn du [gespr]ochen hast, werde ich dich begraben in ... (7) er wohnt in allem. Es ist möglich, daß er in meinen Dienst bringen wird v[or ... und al]les, was ...

Spalte 8 (oder später) (1) der höchste (Gott), den ihr fürchtet und dem ihr dient, er ist der Herrscher über die [Erd]e. Es ist leicht für ihn, alles zu [tu]n, was immer er wünscht, (2) [und] wer auch immer ein [bö]ses Wort gegen Bagasri spricht ... soll getötet werden, denn es gibt kein ....« (3) ... Gut für immer ... das er sah ... zwei. Und er sagte: »Laß den König schr[eiben] ...« (4) ... er sah ... zu dem Kö[nig ...] sie am großen kö[nig]lichen Hof ... (5) ... und nach (der Geschichte) Bagasris lasen sie in dies[em] Buch ... (6) ... Böses, sein Böses wird zurückkehren über sein ...

Spalte 9 (oder später) (1) ... Die Anordnung [des Kö]nigs ... sie gingen ... (2) [um zu] schreib[en ...] er ging ... in den Kleidern ... (3) ... eine gold[ene] Krone, [die einhund]ertundfün[f]zig [wog]. Er ging ... (4) ... außer ihm ... er ging und sag[te ...] (5) ... (er gab das) [Si]lber und das [G]old und [den Besitz zurück], der Bagose gehörte, in doppeltem Maß ... (6) ... er betrat den Hof des Königs im Namen Bagasris ... (7) ... [tö]tete. Dann betrat [B]agasri den H[o]f des Königs ... (8) ... der Oberdiener antwortete und sprach: »Bagasri, Bagasri, von ...«

## Anmerkungen

(14) Ein Genesis-Florilegium (4Q252)

Frühere Besprechungen: J. M. Allegro, »Further Messianic References in Qumran Literature«, *Journal of Biblical Literature* 75 (1956), S. 174–176; H. Stegemann, »Weitere Stücke von 4QpPsalm 37, von 4Q Patriarchal Blessings und Hinweis auf eine unedierte Handschrift aus Höhle 4Q mit Exzerpten aus dem Deuteronomium«, *Revue de Qumran* 6 (1967–69), S. 211–217; J. T. Milik, *MS*, S. 138. Fotografien: PAM 43.253 und 43.381, ER 1289 und 1375.

Die folgenden Hinweise sollen dem Leser helfen, die Argumentation des Autors zu verstehen (die Verweise betreffen urzeitliche Daten, Spalten und Zeilen):

1,1–3 Der Verfasser verstand Gen. 6,3 in dem Sinne, daß den Menschen nur 120 Jahre vor dem Gericht/Urteil der Flut blieben. Ob die Ersetzung des masoretischen »er wird urteilen« durch »er wird leben« eine Interpretation oder eine Textvariante ist, bleibt unklar, aber die Ersetzung von »ihre Tage« durch »seine Tage« in Zeile 2 hat erhebliche Auswirkungen auf das Textverständnis.

1,10 ff. Die Chronologie des Autors von der Flut (nach Noahs Lebensjahren) lautet wie folgt:

1. 17. 2. 600: Die Flut beginnt (Zeile 4; Gen. 7,11).

2. 26. 3. 600: Der Regen hört auf, 40 Tage nachdem er begonnen hat (Zeile 6–7; Gen. 7,17). Der Autor zählte den 17. 2. 600 als den ersten Tag in seinen Berechnungen.

3. 14.7.600: Die Wasser beginnen zurückzugehen, 150 Tage nachdem die Flut eingesetzt hat (Zeile 8; Gen. 7,24; 8,3). Der Autor zählte also die 40 Tage aus Gen. 7,17 als einen Teil der 150 Tage. Man beachte, daß die Daten im biblischen Text auf einem Kalender von 30 Tagen pro Monat basieren; sie lassen außerdem einen Spielraum von zwei Tagen zwischen dem 17.2. und 14.7. – genau wie der Kalender des Jubiläen-Buches und vieler Qumran-Texte.

4. 17.7.600: Die Arche landet auf den Bergen von Ararat am dritten Tag des Wasserrückgangs (Zeile 10; Gen. 8,4). Der Verfasser berücksichtigte die beiden Tage, die in Zeile 9 erwähnt sind, durch Vergleich von Gen. 7,24; 8,3 und 8,4.

5. 1.10.600: Die Spitzen der Berge werden sichtbar (Zeile 11; Gen. 8,5).

6. 10.11.600: Noah öffnet ein Fenster der Arche und sendet den Raben aus (Zeilen 13–14; Gen. 8,6–7).

7. 17.11.600: Noah sendet die Taube zum erstenmal aus (Zeile 14–15). Der Autor verstand also die Worte »und er sendete« aus Gen. 8,8 als Unterschlagung einer ungenannten Lücke von sieben Tagen. Dies ist eine logische Folgerung, da es keinen Grund gäbe, die Taube und den Raben zur selben Zeit auszusenden. Eine weitere Lücke von sieben Tagen wird im folgenden vorgeschlagen.

8. 24.11.600: Die Taube fliegt zum zweitenmal aus und kehrt mit einem Ölzweig zurück (Zeile 15–18a; Gen. 8,10-11).

9. 1.12.600: Noah sendet die Taube zum drittenmal aus, und sie kehrt nicht zurück (Zeile 18b–20a; Gen. 8,12).

10. 1.1.601: Noah öffnet das Dach der Arche (Zeile 20b–2,1; Gen. 8,13). Die Wasser sind völlig zurückgegangen.

11. 17.2.601: Das Land ist trocken, und Noah verläßt die Arche am Ende von genau einem vollen Jahr (Zeile 2,1–3; Gen. 8,14). Das Datum des masoretischen Textes – das der Autor des Textes ziemlich sicher in seiner Genesis-Rolle hatte – wurde als ein lunisolares Datum gelesen. Um Gen. 8,14 auf diese Art zu lesen, mußte man voraussetzen, daß die Flut im ersten Jahr eines Dreijahreszyklus – wenn sowohl der solare als auch der lunisolare Kalender dasselbe Datum als 17.2. ansetzen – begann. Nach einem Jahr stimmen die Daten nicht mehr überein: Solarer Kalender 17.2. = lunisolarer Kalender 27.2. Nach einem weiteren Jahr wird der Unterschied um 10 Tage größer: Solarer Kalender 17.2 = lunisolarer Kalender 7.3. Zwischen dem dritten und vierten Jahr führt ein Schaltmonat zur deckungsgleichen Ausgangssituation des ersten Jahres zurück. Demnach ist es nur möglich, Gen. 8,14 so zu verstehen, wie der Autor es tat, wenn vorausgesetzt wird, daß die Flut im zweiten Jahr des Zyklus endete.

(15) Das Josua-Apokryphon (4Q522)

Frühere Besprechungen: E. Puech, »Fragments du Psaume 122 dans un manuscrit hébreu de la grotte IV«, *Revue de Qumran* 9 (1977–78),

S. 547–554; J. T. Milik, *DJD* 3, S. 179. Fotografien: PAM 43.606, ER 1553.

(16) Eine biblische Chronologie (4Q559)

Frühere Besprechungen: keine. Fotografien: PAM 43.603, ER 1550.

(17) Hur und Mirjam (4Q544)

Frühere Besprechungen: keine. Fotografien: PAM 43.574 (oben), ER 1522.

(18) Das Henoch-Buch über die Riesen (4Q532)

Frühere Besprechungen: J. T. Milik, *Books of Enoch*, S. 309. Fotografien: PAM 43.573 (oben), ER 1521. Es ist unsicher, wie die Fragmente aneinander anschließen.

(19) Pseudo-Jubiläen (4Q227)

Frühere Besprechungen: J. T. Milik, *Books of Enoch*, S. 12. Fotografien: PAM 43.238, ER 1274.

(20) Das aramäische Tobit-Buch (4Q196)

Frühere Besprechungen: J. T. Milik, »La patrie de Tobie«, *Revue Biblique* 73 (1966), S. 522; ders., *Books of Enoch*, S. 163 und 186. Fotografien: PAM 43.175, ER 1230.

(21) Geschichten vom persischen Hof (4Q550)

Frühere Besprechungen: keine. Fotografien: PAM 43.584 und 43.585, ER 1530, 1531.

# Kapitel 4
# Kalendarische Texte und priesterliche Dienstklassen

Die kalendarischen Texte aus Höhle 4 sind zahlreich und bedeutend. Sie umfassen 18 Texte (4Q319 – 4Q330 und 4Q337), nicht gerechnet die vielen anderen Texte, die zwar nicht direkt kalendarisch sind, aber dennoch ein kalendarisches System voraussetzen oder darstellen. Letztere Kategorie schließt das Genesis-Florilegium (Kapitel 3), den Ersten Brief über die Werkgerechtigkeit (Kapitel 6) und das Brontologion (Kapitel 8) ein.

Besonders bemerkenswert ist, daß in den Qumran-Verstecken keine Texte gefunden wurden, die ein anderes kalendarisches System vertreten. Dies verdient um so mehr Beachtung, als der Kalender des Qumran-Materials nur einer von vielen war, die damals geläufig waren, und eine Minderheitsposition repräsentiert zu haben scheint. Die kalendarischen Texte sind daher ein entscheidender Anhaltspunkt, um die Bedeutung der Rollen vom Toten Meer zu verstehen. Um der ziemlich »technischen« Darstellungsweise dieser Texte besser folgen zu können, sollte man einige Fakten über den Kalender, das kalendarische System, das sie vertreten, und auch über die priesterlichen Dienstklassen *(mischmarot)*, die am Tempel in Jerusalem Dienst taten, wissen.

Der Kalender ist ein reiner Sonnenkalender und basiert auf einem bestimmten Verständnis der Schöpfungsgeschichte in der Genesis. Damit steht er in deutlichem Gegensatz zum Kalender des späteren rabbinischen Judentums, das dem lunisolaren Kalender mit seinen 354 Tagen, die hauptsächlich an das Mondjahr gebunden waren, folgte. Die pharisäischen Vorläufer des rabbinischen Judentums dagegen hingen mehr einem lunar ausgerichteten Kalender an, obwohl den Qumran-Texten zufolge der lunisolare Kalender zumindest teilweise während der Zeit der Rollen bereits in Umlauf war.

In das System, das unter griechisch-römischem Einfluß, das heißt des Julianischen Kalenders, im rabbinischen Judentum am Ende des 4. Jahrhunderts n. Chr. zum Vorschein kam, waren alle 19 Jahre siebenmal besondere Lunarmonate eingefügt, um den Kalender in Einklang mit den Jahreszeiten des Solarzyklus zu bringen. Die Muslime, die wohl eine frühere Phase dieses geschichtlichen Prozesses widerspiegeln, führten die komplizierten mathematischen und kalendarischen Einschaltungen, die für einen Übergang vom lunaren zum lunisolaren Kalender notwendig waren, nie durch.

Im Gegensatz dazu umfaßte das Jahr nach dem Sonnenkalender in Qumran genau 364 Tage. Die Frage ist, ob dieser Kalender auf makkabäische Zeiten zurückgeht, wie es der dritte Text über die priesterlichen Dienstklassen nahelegt (oder sogar auf noch frühere), und ob die Makkabäer selbst ihm folgten, bevor die Pharisäer mit dem Aufstieg Herodes' I. (37–4 v. Chr.) ein für alle Mal die Oberhand gewannen. Der antipharisäische und konsequenterweise antiherodianische Charakter des Kalenders kann jedenfalls nicht bestritten werden.

Jedes Jahr enthält zwölf Monate mit je 30 Tagen plus vier zusätzliche Tage, von denen je einer am Ende von drei Monaten angefügt wird. Also haben der erste und zweite Monat 30 Tage und der dritte Monat, da ein Tag angefügt wird, 31 Tage; dieses Schema wiederholt sich im Laufe eines Jahres dreimal (siehe Tabelle 1). Der Neujahrstag und der erste Tag eines jeden dritten Monats fallen immer auf einen Mittwoch. Der Mittwoch gilt im Rahmen der Schöpfung als der erste Tag in dem Sinne, daß die himmlischen Lichter, Sonne, Mond und Sterne – die Berechnungsgrundlage eines jeden Kalenders –, am vierten Tag geschaffen wurden (Gen. 1,14–19). Der große Vorteil des Qumran-Kalenders gegenüber seinem lunisolaren »Rivalen« ist, daß er auf feste Termine für die Hauptfesttage hinausläuft. Festtage können so nicht auf den Sabbat fallen, und unangenehme Schwierigkeiten, die die Opfer betreffen, werden vermieden. Tatsächlich garantiert dieser Kalender, daß ein bestimmter Tag eines Monats in jedem Jahr immer auf denselben Wochentag fällt.

Tabelle 1: Der 364-Tage-Kalender

| Monate | 1, 4, 7, 10 | 2, 5, 8, 11 | 3, 6, 9, 12 |
|---|---|---|---|
| Mittwoch | 1, 8, 15, 22, 29 | 6, 13, 20, 27 | 4, 11, 18, 25 |
| Donnerstag | 2, 9, 16, 23, 30 | 7, 14, 21, 28 | 5, 12, 19, 26 |
| Freitag | 3, 10, 17, 24 | 1, 8, 15, 22, 29 | 6, 13, 20, 27 |
| Samstag | 4, 11, 18, 25 | 2, 9, 16, 23, 30 | 7, 14, 21, 28 |
| Sonntag | 5, 12, 19, 26 | 3, 10, 17, 24 | 1, 8, 15, 22, 29 |
| Montag | 6, 13, 20, 27 | 4, 11, 18, 25 | 2, 9, 16, 23, 30 |
| Dienstag | 7, 14, 21, 28 | 5, 12, 19, 26 | 3, 10, 17, 24, 31 |

Obgleich die Verfasser der kalendarischen Texte Qumrans den lunisolaren Kalender verschmähten, synchronisieren einige Schriften beide Versionen (siehe »Die priesterlichen Dienstklassen I« und »II« unten). Die Gründe für diese Synchronisation sind nicht eindeutig auszumachen, aber zwei Erklärungsversuche könnten der Wahrheit ziemlich nahe kommen. Erstens: Die

Verfasser betrachteten die Zeit an sich als heilig und die Art ihrer Messung als von Gott gegeben. Daher hielt man es für nötig, ihren Ablauf ordnungsgemäß festzuhalten. Da man sich aber nicht darauf verlassen konnte, daß die Gegner, die einem »unerlaubten« System folgten, dies auch tun würden, übernahmen die Verfasser in Qumran die Verantwortung, das heißt: Man mußte mögliche Fehler der anderen finden können und gleichzeitig die richtigen Antworten parat haben. Deshalb maßen sie die Zeit sowohl nach ihrem eigenen System als auch nach dem ihrer Gegner. Zweitens: Die Verfasser der vor uns liegenden Texte spekulierten darauf, daß sie irgendwann einmal in Jerusalem das Sagen haben würden. Dann würden sie selbstverständlich den Sonnenkalender durchsetzen. Doch um zu wissen, wo sie gerade im Jahreskreis stünden, mußten sie beide Daten, die des Lunisolarkalenders und die des Solarkalenders, kennen. Es gibt Anzeichen dafür, daß der Solarkalender während der Zeit des 2. Tempels wirklich gültig war, zumindest vorübergehend.

Für alle ihre Berechnungen nahmen die Verfasser nicht nur die Monate, sondern auch den Turnus der priesterlichen Dienstklassen *(mischmarot)* zu Hilfe. Die Dienstklassen kamen für je eine Woche zum Tempeldienst nach Jerusalem und wurden dann von der jeweils nächsten Dienstklasse abgelöst. Die Qumran-Texte berufen sich auf diesen »ewigen Kreislauf« – nicht nur für ihre Kalendereinheiten, sondern ebenso für ihre Chronographie und Historiographie (siehe »Die priesterlichen Dienstklassen III«). Jeder Sabbat, jeder Monat, jedes Jahr und jedes Fest trug den Namen einer priesterlichen Familie (siehe »Die priesterlichen Dienstklassen IV«).

Es dauerte sechs Jahre innerhalb dieses priesterlichen Dienstplanes, bis dieselbe Klasse erneut in der gleichen Woche des Jahres ihren Dienst tat. Dieser sechsjährige Zyklus spiegelt die Notwendigkeit einer Synchronisation des Solarkalenders mit der lunisolaren Berechnung wider. Da der Solarkalender 364 Tage pro Jahr umfaßte, der Lunisolarkalender aber in der Anzahl seiner Tage pro Monat zwischen 29 und 30 abwechselte, blieb letzterer 10 Tage pro Jahr hinter dem Sonnenkalender zurück. Nach drei Jahren jedoch wurde der Lunisolarkalender um zusätzliche 29 oder 30 Tage verlängert, was die beiden Modelle wieder in Übereinstimmung brachte ( $364 \times 3 = 354 \times 3 + 30$ ). Zwei solcher Dreijahreszyklen standen genau im Einklang mit den sechs Jahren, die für einen vollständigen priesterlichen Turnus benötigt wurden.

Die Ordnung der priesterlichen Dienstklassen wurde ursprünglich durch Los bestimmt und wird in 1. Chr. 24,7–18 wie folgt beschrieben: (1) Jehojarib (»Jojarib« in dem Qumran-Texten), (2) Jedaja, (3) Harim, (4) Seorim, (5) Malchia (manchmal »Malachija« in den Qumran-Texten), (6) Mijamin, (7) Hakkoz, (8) Abia, (9) Jesua, (10) Sechanja, (11) Eljasib, (12) Jakim, (13) Huppa, (14) Jesebeab, (15) Bilga, (16) Immer, (17) Hesir, (18) Happizzez, (19) Petachja, (20) Ezechiel, (21) Jachin, (22) Gamul, (23) Delaja und

(24) Maasja (oft »Moasja« in den Qumran-Texten). Die Qumran-Kalender beziehen sich auf dieselben Namen, variieren aber in der Reihenfolge, indem sie mit »Gamul« anstelle von »Jojarib« beginnen. Der Grund für diesen Wechsel besteht offenbar darin, daß die Liste in 1. Chronik im Herbst beginnt, während der Qumran-Zyklus im Nisan (März–April), dem Frühjahr (dem neuen Jahr nach der Tagundnachtgleiche), einsetzt. Diese Abweichung beruht vermutlich auf dem unterschiedlichen Verständnis der Schöpfungsgeschichte. Die Schöpfung geschah im Frühling; demnach muß eine ewige, auf die Schöpfung gegründete Ordnung zu dieser Zeit beginnen. Das neue Jahr im Frühling beginnen zu lassen bedeutete, daß der priesterliche Zyklus mit Gamul einsetzen mußte.

## 22. Die priesterlichen Dienstklassen I (4Q321)   (Tafel 6)

Der erste Teil der Mischmarot B stellt die Äquivalenz zwischen dem Solar- und dem Lunisolarkalender her. Er bewahrt auch Informationen über die »astronomische Beobachtung« des Mondes, die anscheinend zur Überprüfung des aufgezeichneten Lunarmonats diente. Durch Beobachtung wurde ermittelt, ob der Vollmond den Phasen entsprechend »richtig« abnahm und so die Berechnung des Tages bestätigte, an dem der Monat enden oder der folgende beginnen würde. In Fragment 1 sind die Äquivalente überliefert, die mit dem siebten Monat des ersten Jahres beginnen und mit dem zweiten Monat des vierten Jahres enden. Fragment 2 beginnt mit dem fünften Monat des sechsten Jahres und schließt den Kreislauf. Beide Fragmente zusammen zeigen uns, wie die Einschaltung in den Lunisolarkalender am Ende des dritten Jahres (nach der Berechnung des Solarkalenders; gemäß dem Lunisolarkalender nach dem ersten Monat des vierten Jahres) und am Ende des sechsten Jahres ausgeführt wurde. Die übrigen Teile von Fragment 2 beschreiben den Sechsjahreskreislauf der ersten Tage (der Monate) und die Feste entsprechend den priesterlichen Dienstklassen, die jeweils an der Reihe waren.

TRANSLITERATION                                    **Fragment 1 Spalte 1**

1. [באחד בידעיה בשני]ם עשר בוא בשנים באב]יה בחמשה] ועש]רים בשמיני ודוקה בשלושה]

2. [במימין בשבעה עשר] בוא בשלושה ביקים בא]ר]בעה ועשרים בתשיעי ודוקה בארבעה]

3. [בשכניה בעשתי ע]שר בוא בחמשה באמר בשלושה ועשרים בעש]ירי ודוקה בששה בי]שבאב

4. [בעשרה בו]א ב]ש]שה ביחזקאל בשנים ועשרים בעשתי עשר החודש ו]דוקה שבת ב]פתח<י>ה

116

5. [בתשעה בוא] באחד ביוריב בשנים ועשרים בשנים עשר החודש
ו]דוקה בשני]ם בדליה

6. [בתשעה בוא    vacat    ה]שני]ח] הראשון בש]נ]ים במלאכיה בעשר]ים
בוא ו]דוקה

7. [בשלושה בחרים בשבעה] בוא בארבעה בישוע בעשרים בשני ו]דוקה
בחמשה ב]קוץ בשבעה

8. [בוא בחמשה בחופא בתשעה ע]שר בשלישי ודוקה בששה [בא]ל]ישיב]
ב]ש]שה [בוא שב]ת בפצץ

Fragment 1 Spalte 2

## Fragment 1 Spalte 2

1. [בשמונה עשר ברביעי ודוקה באחד באמר בחמשה] בוא באחד
ב]נמול בשבעהעשר בחמישי

2. [ודוקה בשנים בי]חזק]אל בארבעה בוא בשלושה ביד]עיה ב]שבעה עשר
בששי ודוקה בארבעה]

3. במעזיה בארבעה בוא בארב]עה במימין בחמשה עשר] בשביעי ודוקה
בח]משה בשעורים בשלושה]

4. בוא בששה בשכניה בחמשה [עשר בשמיני ודו]קה שבת באביה בשנים בוא
[שבת בבלנה]

5. בארבעה עשר בתשיעי ודוקה [באחד בחופא באחד] בתשיעי ו]דוק]ה שנית
בשלושה ב]חזיר בשלושים]

6. ואחד ב]וא ב]שנים בפתחיה בש]לושה עשר בעשירי] ודוקה בארבע]ה בי]כין
בתשעה ועש]רים בוא]

7. [בשלושה בדלי]ה בשנים עשר בעשת]י עשר החודש ודו]קה בששה יויר]יב
בת]שעה ועשרים ב]וא בחמשה בחרים]

8. בשנ]י]ם עשר בשנים עשר החודש ודוק]ה] שבת [ב]מימין בשמונה ועשרים
בוא השלישית ב]ששה בקוץ בעשרה]

## Fragment 1 Spalte 3

3. [בשבעה בחמשי ודוקה] באחד בח]רים בארבעה ועשרי]ם בוא שבת
במלא]כיה בשבעה בששי ודוקה בשנים בקוץ בשלושה ועשרים בוא]

4. [באחד בישוע בחמשה] בשביעי ודוקה בארבעה באלישיב בשנים
ועש]רים בוא בשלושה בחופא בחמשה בשמיני ודוקה בחמשה]

5. [בכלנה באחד ועשרים בוא ב]ארבעה בחזיר בארבעה בתשיעי ודוקה שבת
יח]זקאל באחד ועשרים בוא בששה ביכין בשלושה בעשירי]

6. [ודוקה באחד במעזיה בשש]ה עשר בוא שבת בידעיה בשנים בעשתי עשר
החודש ודוקה [בשלושה בשעורים בתשעה עשר בוא בשנים]

7. [במימין בשנים עשר החודש ודו]קה בארבעה באביה בשמונה עשר בוא
הרביעית בארבעה בשכנ]יה באחד בראשון ודוקה בששה]

8. [ביקים בשבעה עשר ב]ראשון שבת פתחיה בשלושים בשני
ודוקה באחד בחזיר בשבעה עשר בוא באחד בדליה בתשעה]

## Fragment 2 Spalte 1

1. [ ]‏ ור[ו]קה באחד [בכלנ]א באר[בעה ועשרי]ם בוא שבת בחזיר
בשבע[ה בששי]

2. [ודוקה בשנים בפתחיה] בשלושה ועשרים בוא באחד ביכין בחמשה
בשביעי ודוקה בארבעה

3. [בדליה בשנים ועשרים] בוא בשלושה בייריב בחמשה בשמיני ודוקה
בחמשה בחרים

4. [בששה עשר בוא באר]בעה במלאכיה בארבעה בתשיעי ודוקה שבת
באביה באחד

5. [ועשרים בוא בששה כי]שוע בי[ב]שלושה בעשירי ודוקה באחד ביקים
בתשע העשר ב[וא]

6. [שבת בישבאב בשנים בעשתי] עשר החודש ודוקה בשל[ושה באמר
בת]שע העשר בוא

7. [בשנים בפצץ בשנים בשנים] עשר החודש ודוקה בארבעה ביחזקאל
בשמונה עשר

8. [בוא *vacat* השנה הרא[שונה החו]דש הראשון בדל[י]ה
במו[עזיה] בו[א]

9. [הפסח בידעיה בוא הנף העומר השני ב]ידעיה [בשעורים בוא הפסח
השני השלישי בקון]

## Fragment 2 Spalte 2

1. בי[ש]וע בוא חג השב[ועים הרביעי באלי]שיב החמיש[י ב]כלנה הששי
ביחזקאל] השביע [ י ]

2. במועזיה הואה יום הזכרון ביו ריב בוא יום הכפורים בידעיה בוא
[חג ה]סוכות השמיני [בשעורים]

3. התשיעי בישוע העשירי בחופה עשתי עשר החודש בחזיר שנים עשר
החודש בגמול *vacat*

4. השנית הראשון בידעיה בשעורים בוא הפסח בו[מ]ימין בוא הנף העומר
ה<ש>ני במ[י]מין באביה]

5. בוא הפסח ה[שני השלישי באלישיב] ובחו[פא] בוא חג השבועים [הרביעי
בכל]נא החמישי בפתחיה

6. [הששי במועזיה השביעי בשעורים הואה יו[ם הזכרון במלאכיה
בוא יום הכפ]ורים במימין

7. [בוא חג הסוכות השמיני באביה התשיעי ב]חופה העשירי בחזיר ע[שתי
עשר] החודש ביכין

8. [שני[ם] עשר ה[חו]דש [בידעיה *vacat* ה]שלישית הראשון
ב[מימי]ן באביה בוא

9. הפסח בשכנ[י]ה בוא הנף העומר הש[ני] בשכניה ביקים בוא הפסח
[הש]ני השלישי בבלנא ב[ח]זיר

118

## Fragment 2 Spalte 3

1. ‏[בוא חג] השבועו[ים הרביע]י ב[פתחיה החמישי בדליה הששי בש[עורים
‏[השביעי באביה] <[הואה י]ום [הזכרון בישוע]> בוא י]ום הכפורים]

2. ‏[בשכני]ה בוא חג ה[ס]וכות [ה]שמ[י]ני ביקים התשיעי בחזיר העשירי
‏ב[י]כין עש[ת]י עשר החודש ב[י]יריב [שנים]

3. ‏עש[ר] החודש ב[מי]מין [הרביעית הראשון בשכניה ביקים בוא הפסח
‏בישבאב בוא הנף העומר השני]

4. ‏בישבאב ב[אמר בוא הפסה השני ה[שליש]י בפתחי]ה [ביכין בוא חג
‏השבועים הרביע בדליה

5. ‏[החמישי] בחרים [הששי באביה השביעי] ביקי[ם הואה יו]ם [הזכרון]
‏בח]ופה בוא יום הכפורים בישבאב בוא חג]

6. ‏[הסוכות השמיני באמר [התשיעי ביכין העשירי ביוירי]ב עש<ת>י [עש]ר>
‏[החודש] במ]לאכיה שנים עשר החודש]

7. ‏[בשכניה] החמשית הר[אשון בבלגא באמר] בוא הפסח בפ[צץ בוא] הנף
‏העומר הש]ני בפצ]ץ ביחזקאל בוא

8. ‏הפסח [הש]נ[י השלישי ב]דליה ביויריב בוא חג הש]בועים הר[ביעי]
‏בחרים החמישי בק]וץ הש]שי ביקים השביעי

9. ‏באמר הואה יום יום הזכר]ון בחזיר בוא יום הכפורים ב]פצץ בוא חג
‏הסכות השמיני ב[י]חזקאל התשיעי ביויר[י]ב העשירי

## Fragment 2 Spalte 4

4. ‏[הששי באמר השביעי ביחזקאל הואה יום הזכרון ביכין בוא יום
‏הכפורים בגמול ב]וא חג

5. ‏[הסוכות השמיני במועזיה התשיעי במלאכיה העשירי בישוע] עשתי
‏עש[ר ה]חודש בחופה

6. ‏[שנים עשר החודש בפצץ]                    *vacat*
7.                                           *vacat*
8.                                           *vacat*
9.                                           *vacat*

## ÜBERSETZUNG

**Fragment 1, Spalte 1** (1) [am Ersten des Jedaja, an seinem Zw]ölften. (Der nächste Lunarmonat endet) am Zweiten des Abi[a, am] Fünfu[ndzwanzigsten des achten (Solar-)Monats. Mondbeobachtung findet am Dritten] (2) [von Mijamin statt, an seinem (d. h. des achtzehnten Solarmonats) Siebzehnten.] (Der nächste Lunarmonat endet) am Dritten des Jakim, am Vier[undzwanzigsten des neunten (Solar-)Monats. Mondbeobachtung findet am Vierten] (3) [des Sechanja, an seinem Elf]ten statt. (Der nächste Lunarmonat endet) am fünften Tag Immers, am Dreiundzwanzigsten des zehn[ten (Solar-)Monats. Mondbeobachtung findet am Sechsten des J]esebeab, (4) [an sei]nem [Zehnten statt]. (Der nächste Lunarmonat endet) am [Sec]hsten des Ezechiel, am Zweiundzwanzigsten des elften (Solar-)Monats. [Mondbeobachtung findet am Sabbat des] Petachja, (5) [an seinem Neunten statt]. (Der nächste Lunarmonat endet) am Ersten des Jojarib, am Zweiundzwanzigsten des zwölften (Solar-) Monats. [Mondbeobachtung findet am Zwei]ten des Delaja, (6) [an seinem Neunten statt. Das] zwei[te] (Jahr): Der erste (Lunarmonat endet) am Zw[ei]ten des Malchia, am Zwanzigs[ten des ersten (Solar-)Monats.] Mondbeobachtung findet am (7) [Dritten des Harim, an] seinem [Siebten statt]. (Der nächste Lunarmonat endet) am Vierten des Jesua, am Zwanzigsten des zweiten (Solar-)Monats. [Mondbeobachtung findet am Fünften des Hakkoz,] an seinem Siebten statt. (8) [(Der nächste Lunarmonat endet) am Fünften des Huppa, am Neunzeh]nten des dritten (Solar-)Monats. Mondbeobachtung findet am Sechsten des [E]l[jasib], an seinem Sec[hsten statt. (Der nächste Lunarmonat endet) am Sabba]t des Happizzez,

**Fragment 1, Spalte 2** (1) [am Achtzehnten des vierten (Solar-)Monats. Mondbeobachtung findet am Ersten des Immer, an] seinem [Fünften] statt. (Der nächste Lunarmonat endet) am Ersten des [Gamul, am Siebzehnten des fünften (Solar-)Monats. (2) Mondbeobachtung findet am Zweiten des Ez]echi[el, an seinem Vierten statt. (Der nächste Lunarmonat endet) am Dritten des Jeda]ja, am [Siebzehnten des sechsten (Solar-)Monats. Mondbeobachtung findet am Vierten] (3) des Maasja, an seinem Vierten statt. (Der nächste Lunarmonat endet) am Vier[ten des Mijamin, am Fünfzehnten] des siebten (Solar-) Monats. Mondbeobachtung findet am Fünf[ten des Seorim, an seinem Dritten] (4) statt. (Der nächste Lunarmonat endet) am Sechsten des Sechanja, am Fü[nfzehnten des achten (Solar-)Monats. Mo]ndbeobachtung findet am Sabbat des Abia, an seinem Zweiten statt. [(Der nächste Lunarmonat endet) am Sabbat des Bilga,] (5) am Vierzehnten des neunten (Solar-)Monats. Mondbeobachtung findet am [Ersten des Huppa, am Ersten] des neunten (Solar-) Monats statt. Eine zweite Mon[dbeobachtung] findet am Dritten [des Hezir, an] seinem Ein[unddreißigsten] (6) statt. [(Der nächste Lunarmonat endet) am] Zweiten des Petachja, am Drei[zehnten des zehnten (Solar-) Monats]. Mondbeobachtung findet am Vier[ten des Ja]chin, an seinem Neunz[ehnten statt]. (7) [(Der nächste Lunarmonat endet) am Dritten des Delaj]a, am Zwölften des elft[en (Solar-)Monats. Mondbeob]achtung findet am Sechsten des Jojar[ib], an sein[em Neunundzwan]zigsten statt. [(Der nächste Lunarmonat endet) am Fünften des Harim,] (8) am Zwö[lf]ten des zwölften (Solar-)Monats. Mondbeob[achtung] findet am Sabbat [des] Mijamin, an seinem Achtundzwanzigsten statt. Das dritte (Jahr): (Der nächste Lunarmonat endet) am [Sechsten des Hakkoz, am Zehnten ... ]

**Fragment 1, Spalte 3** (3) [am Siebten des fünften (Solar-)Monats. Mondbeobach]tung findet am Ersten des Ha[rim, an seinem Vierundzwan]zigsten statt. (Der nächste Lunarmonat endet) am Sabbat des Mal[chia, am Siebten des sechsten (Solar-)Monats. Mondbeobachtung findet am Zweiten des Hakkoz, an seinem Dreiundzwanzigsten statt.] (4) [(Der nächste Lunarmonat endet) am Ersten des Jesua, am Fünften] des siebten (Solar-)Monats. Mondbeobachtung findet am Vierten des Eljasib, an seinem Zweiundzwan[zigsten statt. (Der nächste Lunarmonat endet) am Dritten des Huppa, am Fünften des achten (Solar-)Monats. Mondbeobachtung findet am Fünften] (5) [des Bilga, an seinem Einundzwanzigsten statt. (Der nächste Lunarmonat endet) am] Vierten des Hesir, am Vierten des neunten (Solar-)Monats. Mondbeobachtung findet am Sabbat des Ez[echiel, an seinem Einundzwanzigsten statt. (Der nächste Lunarmonat endet) am Sechsten des Jachin, am Dritten des zehnten (Solar-)Monats.] (6) [Mondbeobachtung findet am Ersten des Maasja, an seinem Sech]zehnten statt. (Der nächste Lunarmonat endet) am Sabbat des Jedaja, am Zweiten des elften (Solar-)Monats. Mondbeobachtung findet [am Dritten des Seorim, an seinem Neunzehnten statt. (Der nächste Lunarmonat endet) am Zweiten des Mijamin (7), am Zweiten des zwölften (Solar-)Monats. Mondbeob]achtung findet am Vierten des Abia, an seinem Achtzehnten statt. Das vierte (Jahr): (Der nächste Lunarmonat endet) am Vierten des Sechan[ja, am Ersten des ersten (Solar-)Monats. Mondbeobachtung findet am Sechsten (8) des Jakim, am Siebzehnten des] ersten (Solar-)Monats statt. (Der nächste Lunarmonat endet) am Sabbat des Petachja, am Dreißigsten des zweiten (Solar-) Monats. Mondbeobachtung findet am Ersten des Hes[ir, an seinem Siebzehnten statt. (Der nächste Lunarmonat endet) am Ersten des Delaja, am Neunten ...]

**Fragment 2, Spalte 1** (1) [... Mondbeob]achtung findet am Ersten [des Bilg]a, an seinem Vi[erundzwanzig]sten statt. (Der nächste Lunarmonat endet) am Sabbat des Hesir, am Sieb[ten des sechsten (Solar-)Monats.] (2) [Mondbeobachtung findet am Zweiten des Petachja,] an seinem Dreiundzwanzigsten statt. (Der nächste Lunarmonat endet) am Ersten des Jachin, am Fünften des siebten (Solar-)Monats. Mondbeobachtung findet am Vierten (3) [des Delaja, an] seinem [Zweiundzwanzigsten] statt. (Der nächste Lunarmonat endet) am Dritten des Jojarib, am Fünften des achten (Solar-)Monats. Mondbeobachtung findet am Fünften des Harim, (4) [an seinem Sechzehnten statt. (Der nächste Lunarmonat endet) am Vier]ten des Malchia, am Vierten des neunten (Solar-)Monats. Mondbeobachtung findet am Sabbat des Abia, an seinem Einund- (5) [zwanzigsten statt. (Der nächste Lunarmonat endet) am Sechsten des Je]sua, [am] Dritten des zehnten (Solar-)Monats. Mondbeobachtung findet am Ersten des Jakim, an [seinem] Neunzehnten statt. (6) [(Der nächste Lunarmonat endet) am Sabbat des Jesebeab, am Zweiten des elf]ten (Solar-)Monats. Mondbeobachtung findet am Dri[tten des Immer, an seinem Neun]zehnten statt. (7) [(Der nächste Lunarmonat endet) am Zweiten des Happizzez, am Zweiten des zwöl]ften (Solar-)Monats. Mondbeobachtung findet am Vierten des Ezechiel, an [seinem] Achtzehnten (8) [statt. Das er]ste [Jahr: Der erste Mo[nat] (beginnt) [im Del]aja. Im Ma[asja (9) [findet das Passah statt. Im Jedaja findet das Schwingen des *Omer* statt. Der zweite Monat beginnt im] Jedaja. [Im Seorim findet das Zweite Passah statt. Der dritte Monat (beginnt) im Hakkoz.]

**Fragment 2, Spalte 2** (1) Im Je[s]ua findet das Woch[en]fest statt. [Der vierte Monat (beginnt) im Elja]sib. Der fünf[te Monat (beginnt) im Bilga. Der sechste Monat (beginnt) im Ezechiel.] Der sieb[te Monat (beginnt) (2) im Maasja]. Dieser Tag ist der Gedenktag. Im Jojarib findet der Versöhnungstag statt. Im Jedaja findet das Laubhütt[enfest] statt. Der achte Monat (beginnt) [im Seorim]. (3) Der neunte Monat (beginnt) im Jesua. Der zehnte Monat beginnt im Huppa. Der elfte Monat (beginnt) im Hesir. Der zwölfte Monat (beginnt) im Gamul. (4) Das zweite (Jahr): Der erste Monat (beginnt) im Jedaja. Im Seorim findet das Passah statt. Im [Mi]jamin findet das Schwingen des *Omer* statt. Der zweite Monat (beginnt) im Mi[jamin. Im Abia] (5) findet das [Zweite] Passah statt. [Der dritte Monat (beginnt) im Eljasib,] und im Hu[ppa] findet das Wochenfest statt. [Der vierte Monat (beginnt) im Bilga. Der fünfte Monat (beginnt) im Petachja.] (6) [Der sechste Monat (beginnt) im Maasja. Der siebte Monat (beginnt) im Seorim. Dieser Tag ist der Ged]enktag. Im Malchia [findet der Ver]söhnungstag statt. Im Mijamin findet (7) [das Laubhüttenfest statt. Der achte Monat (beginnt) im Abia. Der neunte Monat (beginnt) im] Huppa. Der zehnte Monat (beginnt) im Hesir. Der el[fte] Monat (beginnt) im Jachin. (8) Der [zwöl]fte [Mon]at (beginnt) [im Jedaja. Das] dritte (Jahr): Der erste Monat (beginnt) im [Mijam]in. Im Abia findet (9) das Passah statt. Im Sechan[ja] findet das Schwingen des *Omer* statt. Der zwe[ite] Monat (beginnt) im Sechanja. Im Jakim findet das [Zwe]ite Passah statt. Der dritte Monat (beginnt) im Bilga. Im [Hes]ir findet

**Fragment 2, Spalte 3** (1) [das] Woche[nfest statt]. Der [vier]te Monat (beginnt) im [Petachja. Der fünfte Monat (beginnt) im Delaja. Der sechste Monat (beginnt) im Se]orim. [Der siebte Monat (beginnt) im Abia. Dieser Tag ist der Ge]denktag. Im Jesua ist der Ver[söhnungstag.] (2) [Im Sechanj]a findet das [L]aubhüttenfest statt. [Der] ach[te Monat (beginnt) im Jakim. Der neunte Monat (beginnt) im Hesir. Der zehnte Monat (beginnt) im] Jachin. Der el[fte Monat (beginnt) im] Jojarib. [Der zwölfte] (3) Monat (beginnt) im [Mij]amin. [Das vierte (Jahr): Der erste Monat (beginnt) im Sechanja. Im Jakim findet das Passah statt. Im Jesebeab findet das Schwingen des *Omer* statt. Der zweite] (4) [Monat] (beginnt) im Jesebeab. Im [Immer findet das Zweite Passah statt. Der] dritte Monat (beginnt) [im Petach]ja. [Im Jachin findet das Wochenfest statt. Der vierte Monat (beginnt) im Delaja.] (5) [Der fünfte Monat (beginnt)] im Harim. [Der sechste Monat (beginnt) im Abia. Der siebte Monat] (beginnt) im Jaki[m. Dieser ist der Gedenk]tag. Im H[uppa findet der Versöhnungstag statt. Im Jesebeab findet das Laub – (6) hüttenfest statt.] Der achte Monat (beginnt) im Immer. [Der neunte Monat (beginnt) im Jachin. Der zehnte Monat (beginnt) im Jojari]b. Der el[ft]e [Monat (beginnt)] im Ma[lchia. Der zwölfte Monat (beginnt) (7) im Sechanja.] Das fünfte (Jahr): Der er[ste Monat

122

(beginnt) im Bilga. Im Immer] findet das Passah statt. Im Happ[izzez findet]
das Schwingen des *Omer* statt. Der zw[eite Monat (beginnt) im Happizz]ez. Im
Ezechiel findet (8) [das Zwe]ite Passah statt. Der dritte Monat (beginnt) im
[Delaja. Im Jojarib findet das Wochenfest] statt. Der vie[rte Monat (beginnt)]
im Harim. Der fünfte Monat (beginnt) im Hakk[oz. Der sechs]te Monat
(beginnt) im Jakim. Der siebte Monat (beginnt) (9) im Immer. Dieser Tag ist
der Geden[ktag. Im Hesir findet der Versöhnungstag statt. Im] Happizzez findet das Laubhüttenfest statt. Der achte Monat (beginnt) im [Ez]echiel. Der
neunte Monat (beginnt) im Jojar[i]b. Der zehnte …

**Fragment 2, Spalte 4** (4) [Der sechste Monat (beginnt) im Immer. Der siebte
Monat (beginnt) im Ezechiel. Dieser Tag ist der Gedenktag. Im Jachin findet
der Versöhnungstag statt. Im Gamul find]et das [Laubhütten-] (5) fest [statt.
Der achte Monat (beginnt) im Maasja. Der neunte Monat (beginnt) im Mal-
chia. Der zehnte Monat (beginnt) im Jesua.] Der elft[e Mon]at (beginnt) im
Huppa. (6) [Der zwölfte Monat (beginnt) im Happizzez.]


## 23. Die priesterlichen Dienstklassen II (4Q320)   (Tafel 7)

Größtenteils auf Ziffern basierend, bewahrt Fragment 1 dieser Handschrift
drei Spalten. Diese Stücke enthalten die ersten drei Jahre der Entsprechungen
zwischen dem Lunisolarkalender und dem Solarkalender. Man sieht, daß der
Lunisolarkalender zehn Tage pro Jahr gegenüber dem Solarkalender verliert,
so daß er in der Zeit, den unsere Dokumente abdecken, volle 30 Tage zurückbleibt. Wie bereits zuvor dargelegt, kann er jedoch nie um mehr als 30 Tage
zurückfallen. Alle drei Jahre wurde ein Monat eingeschaltet, um die beiden
Kalender wieder in Übereinstimmung zu bringen.

TRANSLITERATION                    **Fragment 1 Spalte 1**

.1   [            ] להראותה מן המזרח
.2   [     ] [ ל..רה [ב]מחצית השמים ביסוד
.3   [     ] .[ מערב עד בוקר בוIIII בשבת
.4        [בני נ]מול לחודש הרישון בשנה
.5        [הרישו]נה *vacat*
.6   [ בוIIIII בידעי]ה ל3IIIIIIIIII בו 3‾ בו
.7        [שבת ב]קוץ ל3‾ בו3‾ בשני
.8   [ בו III באלי]שיב ל3IIIIIIIII בוIIIIIIII בשלשי
.9   [ בוIII בכלנ]ה ל3‾  בוIIIIIIIII ברביעי
.10  [ בוIIIII בפת]חיה ל3IIIIIIIIII בוIIIIIIII בחמשי
.11  [ בוIIIIIII בדליה] ל3‾ בוIIIIII בששי
.12  [שבת בשעורי]ם ל3IIIIIIIIII בוIIIIII בשביעי
.13  [ בוII באביה ל3‾ ] בוIIIII בשמיני
.14  [ בוIII ביקים ל3IIIIIIIII ]3I בוIIIII בתשיעי

## Fragment 1 Spalte 2

1. בו||||| <ב><ל><אמר<3ר> בו|||3 בעשירי
2. בו||||| ביחזקאל לו|||||||||3 בו|3 בעשת[י] עשר
3. בו ביוריב ל3ר בו|3 בשנים עשר החדש
4. *vacat* השנה השנית
5. בו| במלכיה לו|||||||||3 בג ברישון
6. בו||||| בישוע ל3ר בג בשני
7. בו||||| בחופא לו|||||||||3 בר|||||||||| [בשלשי]
8. שבת בפצץ ל3ר בר||||||| בר[ביעי]
9. בו בנמול ל|||||||||3 בר||||||| בחמישי
10. בו||| בידעיה ל3ר [בר||||||| בששי]
11. בו||| במימן לו||||| |||3 בר||||| בשביעי]
12. בו||||||| בשכניה ל3[ר בר||||| בשמיני]
13. שבת בבל[ג]נה לו|||||||||3 בר|||| בתשיעי]
14. [ בו|| בפתחיה ל3ר בר||| בעשירי]

## Fragment 1 Spalte 3

1. [ בו||| בדליה לו|||||||||3 בר|| בעשתי עשר החדש]
2. [ בו||||| בחרים ל3ר בר|| בשנים עשר החדש]
3. [השנה השלשית *vacat* ]
4. [ בו||||| בקוץ לו|||||||||3 בר ברישון]
5. [ בו ביקים ל3ר בר בשני]
6. [ בו|| באמר לו|||||||||3 בו||||| בשלשי]
7. [ בו||| ביחזקאל ל3ר בו|||||||| ברביעי]
8. [ בו||||| במעזיה לו|||||||||3 בו||||| בחמשי]
9. [שבת במלכיה ל3ר בו||||||| בששי]
10. בו בי[שוע לו|||||||||3 בו||||| בשביעי]
11. בו||| בחפא ל3ר בו||||| בשמיני
12. בו||| בחזיר לו|||||||||3 בו||||| בתשיעי
13. בו||||||| ביכין ל3ר בו|| בעשירי
14. שבת בידעיה לו|||||||||3 בו|| בעשתי עשר החדש
15. [ בו|| ב[מ]ימין ל3ר ביום ||[]| בשנים עשר החדש

ÜBERSETZUNG

**Fragment 1, Spalte 1** (1) ... um es zu zeigen von Osten (2) ... mitten im Himmel, im Fundament (3) ... vom Abend bis zum Morgen. Am 4., am Sabbat, (4) (werden) [die Söhne G]amuls (dienen), im ersten Monat, im [erst]en (5) Jahr. (6) [Der 5. (Tag) von Jedaj]a = 29. (Tag des Lunarmonats) = 30. (Tag des Solarmonats) darin (d. h. im ersten Monat des Solarjahres). (7) [Der Sabbat von H]akkoz (d. h. wenn die Gruppe einsetzt; sie beginnt erst am folgenden Sabbat mit ihrem Dienst) = 30. (Lunarmonat) = 30. (Solarmonat) im zweiten (Monat). (8) [Der 2. (Tag) von Elja]sib = 29. = 29. im dritten (Monat). (9) [Der

3. von Bilg]a = 30. = 29. im vierten (Monat). (Anmerkung: Dies ist ein Schreibfehler; die korrekte Entsprechung wäre 28.) (10) [Der 4. von Petach]ja = 29. = 27. im fünften (Monat). (11) [Der 6. von Delaja] = 30. = 27. im sechsten Monat. (12) [Der Sabbat von Seori]m = 29. = 25. im siebten (Monat). (13) [Der 2. von Abia = 30.] = 25. im achten Monat. (14) [Der 3. von Jakim = 2] 9. = 24. im neunten (Monat).

**Fragment 1, Spalte 2** (1) Der 5. von Immer = 30. = 23. im zehnten (Monat). (2) Der 6. von Ezechiel = 29. = 22. im elf[t]en (Monat). (3) Der 1. von Jorib (sic!) = 30. = 22. im zwölften (Monat). (4) Das zweite Jahr: (5) Der 2. von Malkia (sic!) = 29. = 20. im ersten (Monat). (6) Der 4. von Jesua = 30. = 20. im zweiten (Monat). (7) Der 5. von Huppa = 29. = 19. [im sechsten (Monat).] (8) Der Sabbat von Happizzez = 30. = 18. im vier[ten (Monat).] (9) Der 1. von Gamul = 2[9. = 17. im fünften (Monat).] (10) Der 3. von Jedaja = 30. = [17. im sechsten (Monat).] (11) Der 4. von Mijamin = 2[9. = 15. im siebten (Monat).] (12) Der 6. von Sechanja = 3[0. = 15. im achten (Monat).] (13) Der Sabbat von Bil[ga = 29. = 14. im neunten (Monat).] (14) [Der 2. von Petachja = 30. = 13. im zehnten (Monat).]

**Fragment 1, Spalte 3** (1) [Der 3. von Delaja = 29. = 12. im elften (Monat).] (2) [Der 5. von Harim = 30. = 12. im zwölften (Monat).] (3) [Das dritte Jahr:] (4) [Der 5. von Hakkoz = 29. = 20. im ersten (Monat).] (5) [Der 1. von Jakim = 30. = 10. im zweiten (Monat).] (6) [Der 2. von Immer = 29. = 9. im dritten (Monat).] (7) [Der 4. von Ezechiel = 30. = 8. im vierten (Monat).] (8) [Der 5. von Maasja = 29. = 7. im fünften (Monat).] (9) [Der Sabbat von Malakia = 30. = 7. im sechsten (Monat).] (10) Der 1. von Je[sua = 29. = 5. im siebten (Monat).] (11) Der 3. von Huppa = 30. = 5. im achten (Monat). (12) Der 4. von Hesir = 29. = 4. im neunten (Monat). (13) Der 6. von Jachin = 30. = 3. im zehnten (Monat). (14) Der Sabbat von Jedaja = 29. = 2. im elften (Monat). (15) [Der 2.] von Mijamin = 30. = [2.] im zwölften (Monat).

## 24. Die priesterlichen Dienstklassen III – Aemilius tötet (4Q323-324 A-B)    (Tafel 8)

Wenn auch nur äußerst fragmentarisch, so enthält diese Serie von Handschriften erneut Aufzeichnungen über die richtige Reihenfolge der priesterlichen Dienstklassen innerhalb eines Sechsjahreskreislaufs. Sie ist ziemlich geradlinig und ähnelt den beiden vorausgegangenen Serien, obgleich hier kein Versuch unternommen wird, eine Harmonisierung zugunsten des Lunisolarsystems vorzunehmen. Es ist außerdem bemerkenswert, daß das Hebräisch dieser Texte der frühen rabbinischen Literatur nähersteht als vielen anderen Qumran-Texten. Einmalig an diesen Fragmenten aber ist, daß sie zu jener besonderen Gruppe von Qumran-Dokumenten gehören, die identifizierbare historische Gestalten nennen, wie es der Nahum-Kommentar mit Antiochus

Epiphanes und Demetrius tut und offenbar auch die »Lobrede auf König Jonathan« (s. u.) mit Alexander Jannai (ca. 104–76 v. Chr.).

In dem vorliegenden Text finden sich unter mehr als einem Dutzend Hinweisen auf historische Ereignisse, die in dem Bericht über den Turnus der Priesterklassen bewahrt werden, folgende Figuren: »Aemilius« (Aemilius Scaurus, Feldherr des Pompeius in Syrien und Palästina), »Schelamsion« (Salome Alexandra, gest. 67 v. Chr. – propharisäische Witwe des Alexander Jannai), ihr ältester Sohn Hyrkan II. (auf Befehl Herodes' I. 30 v. Chr. hingerichtet – auch ein Pharisäer) und möglicherweise Schelamsions jüngerer Sohn Aristobul (gest. 49 v. Chr.; von Anhängern des Pompeius vergiftet, als er aus Rom zurückkehrte, um sein Königtum wiederzuerlangen – ein Sadduzäer). Außerdem spielt Handschrift E möglicherweise auf Johannes Hyrkan I. (134–104 v. Chr.), den Vater des Alexander Jannai, an, obwohl Hyrkan II. ebenfalls unter dem Namen Johannes bekannt war. Der Text nimmt außerdem eine ziemlich ablehnende Haltung gegenüber den »Heiden« und »Arabern« ein, was die Möglichkeit seiner Authentizität erhöht.

Wie andere war auch dieser Text seit den fünfziger Jahren bekannt, wurde aber aus irgendeinem Grund nie veröffentlicht. Warum er zurückgehalten wurde, ist wirklich unerklärlich, denn er vermittelt uns einen Einblick – wie tendenziös auch immer – in eine der entscheidendsten Perioden in der Geschichte des 2. Tempels. Bei der Eroberung Jerusalems 63 v. Chr. war Scaurus die rechte Hand des Pompeius. Nachdem die Stadt gefallen war und Pompeius sie an Syrien angeschlossen hatte, wurde Scaurus als Statthalter zurückgelassen.

Scaurus hatte enge Verbindungen zu Herodes' Vater Antipater, der einer der ersten römischen Prokuratoren in Jerusalem wurde. Einmal führte Scaurus sogar einen Feldzug für ihn gegen den arabischen Nabatäer-König in Petra – ein Ort, auf den sich Paulus auch bezieht, wenn er von seinem Aufenthalt in »Arabien« spricht (Gal. 1,17). Der Aufstieg des Antipater, der als Mittelsmann zwischen Hyrkan II. und den Römern fungierte, begann wohl schon einige Zeit vorher unter Schelamsion und deren pharisäischen Anhängern (Josephus, *Der jüdische Krieg* §§ I 110–114).

Von griechisch-idumäischer Herkunft und mit einer Araberin, einer Verwandten desselben arabischen Königs, verheiratet, duldete Antipater stillschweigend Hyrkans Fortbestand, spielte eine Schlüsselrolle bei der Verlegenheit Aristobuls und konnte schließlich dank seiner guten Beziehungen zu Pompeius und Scaurus (später auch zu Marcus Antonius) seinen Sohn Herodes in eine Position bringen, die ihm beides ermöglichte: die Makkabäer zu vernichten und sie schließlich zu beerben.

Aristobul war noch unbeherrschter und populärer als sein berechnender Bruder Hyrkan und damals offenbar der Liebling der nationalistisch gesinnten Massen in Jerusalem. Es war der Riß zwischen den beiden Brüdern – und dessen geschickte Ausnutzung durch Antipater –, der den Boden für den römischen Einzug in Palästina bereitete und die Vernichtung des makkabäischen Priesterfürstentums einläutete. So endete die Unabhängigkeit, die ein Jahrhundert zuvor durch die legendären Taten des Judas Makkabäus errungen worden war.

Aristobul wurde von Pompeius in Ketten nach Rom gebracht, wahrscheinlich um ihn bei seinem Triumphzug vorzuführen. Die Bewegung, die hinter ihm stand, mag man sowohl als »nationalistisch« als auch als »sadduzäisch« ansehen, während Hyrkan II. und seine Mutter Schelamsion (Zeilen 4–6 von Fragment 2) Befürworter einer kompromißbereiteren, weniger nationalistischen pharisäischen Bewegung waren, bereit, mit fremden Eingriffen in innere Angelegenheiten zu leben – besonders, was die Ernennung der Hohenpriester betraf.

Anscheinend aus der Perspektive derer, die Aristobul II. favorisierten, geschrieben, zeigt der vorliegende Text eine feindselige Haltung gegenüber den »Arabern« (mit denen Antipater und Hyrkan *viel* zu tun hatten), ebenso gegenüber Schelamsion, unter der die Annäherung begann, dann gegenüber Hyrkan II. und natürlich auch gegenüber Scaurus und jenen »Heiden«, die mit ihm bei den Tötungen, deren man ihn offen beschuldigte, gemeinsame Sache machten (Handschrift D, Fragment 2, Zeilen 4 und 8 und Handschrift A, Fragment 3, Zeile 2). Der Standpunkt der Texte kann mit ziemlicher Gewißheit als »eifernd«, wenn nicht »zelotisch« angesehen werden.

Wie im Nahum-Kommentar scheinen die hier aufgezeichneten Ereignisse bereits vergangene Geschichte gewesen zu sein, so sehr, daß sie wohl auch nur wenig später kaum die Chance gehabt hätten, die Gedenktraditionen einer eifernden, niedrigeren Priesterschaft zu durchdringen, die diese Erinnerungen für lieb und teuer hielt. Die Schandtaten, die Aemilius und dem »Führer der Heiden« zugeschrieben wurden, waren tief in ihr Bewußtsein eingebrannt. Nachdem Marcus Antonius auch die revolutionären Aktivitäten der beiden Söhne des Aristobul, Alexanders und Antigonus', die wie Johannes der Täufer später *enthauptet* wurden, niedergeschlagen hatte, verdankten alle diensttuenden Priester im Tempel ihre Stellung der römischen und herodianischen Macht. Sie dürfte wohl kaum an einer derartigen Literatur interessiert gewesen sein.

Wo also könnten dann Schriften, die römische Statthalter des Mordes anklagten, aufbewahrt worden sein? Nur an einem revolutionären Vorposten wie Qumran. Zu welcher Zeit könnte dies gewesen sein, und wann konnte dieser mehr »puristische« Zweig der Sadduzäer – die sich anscheinend schließlich in »messianische Sadduzäer« verwandelten, die dann auch (je nach besonderer Auffassung in der Wissenschaft) »Essener«, »Zeloten« oder »Judenchristen« genannt wurden – derartige Texte schreiben und aufbewahren? Wir befinden uns mit Sicherheit weder in der Anfangsphase der Makkabäer-Zeit noch in irgendeiner späteren Phase, die mit Namen wie Jonathan oder Simon Makkabäus oder gar Alexander Jannai verbunden ist, die Befürworter der »Essener-Theorie« bisher und tendenziell als die *dramatis personae* – vor allem den Frevelpriester – der Qumran-Anspielungen identifiziert haben.

Unsere Lesart ist gut mit unserer Interpretation anderer Qumran-Texte zu vereinbaren, insbesondere des »Testaments des Kahath« (vgl. Kapitel 5), worin fremde Einmischung und Kollaboration mit fremden Eindringlingen in Angelegenheiten des Priestertums verurteilt werden. Sie stimmt weiterhin überein mit unserem Verständnis der komplexen Entwicklung des Sadduzäertums und einer Spaltung dieser Bewegung in einen nationalistischen und einen kollaborierenden Flügel, die mit einigen hier skizzierten Ereignissen zusammenfällt. Ein Pro-Aristobul-Flügel, der leicht auch als »zelotisch« angesehen werden könnte, bewegt sich im 1. Jahrhundert n. Chr. auf eine »oppositionelle« und vielleicht auch »messianische« Phase zu; ein anderer, mehr kompromißbereiter Flügel verdankt seine Existenz und die kollaborierende Grundeinstellung dem Aufstieg des Herodes, der mit Marcus Antonius zusammen für die Enthauptung des gleichermaßen nationalistischen und sadduzäischen Sohnes des Aristobul, Antigonus', fünfundzwanzig Jahre später verantwortlich war. Diese »Kollaborateure«, die, wie Josephus bestätigt, in allem »von den Pharisäern beherrscht wurden« (*Altertümer* XVIII § 17), sind die bekannten Sadduzäer, die von Josephus selbst, den Evangelien und in gewissem Maße von den talmudischen Quellen dargestellt werden. Man nennt sie wohl am besten »herodianische Sadduzäer«. Der Talmud nennt sie »Boethusäer« (das heißt boethusäische Sadduzäer, nach dem Namen eines Priesters aus Ägypten, der von Herodes ernannt wurde, während er zugleich dessen Tochter heiratete – nur ein Beispiel für die Vielweiberei des Herrschers, die so heftig in Qumran verdammt wurde, etwa in der Tempelrolle und in der Damaskus-Schrift).

Was sonst noch zu diesen eindeutigen Hinweisen auf das »Töten« des Aemilius gesagt werden kann (wahrscheinlich während er Statthalter war oder möglicherweise während des vorausgegangenen Krieges) und auf den »Aufstand des Hyrkan« (Handschrift A, Fragment 2, Zeile 6: ziemlich sicher gegen seinen Bruder Aristobul) – sie offenbaren eine Feindseligkeit des Textes gegenüber Hyrkan, gegenüber der Partei der Kollaborateure und schließlich gegenüber der herodianischen Machtübernahme (die man sowohl als »heidnisch« wie auch als von »Heiden« begünstigt begriff). Diese Einschätzung stimmt überein mit der fremdenfeindlichen, »zelotischen«, aber doch tempelorientierten – sogar dem Jakobus ähnlichen – Ausrichtung der beiden Briefe über die Werkgerechtigkeit und der »Lobrede auf König Jonathan« (s. u.).

Insgesamt muß man daraus schlußfolgern, daß Qumran das Archiv eines promakkabäischen, nationalistischen Priestertums darstellt, das mit den Zielen Judas', Johannes Hyrkans I., Alexander Jannais, Aristobuls II., Antigonus' usw. sympathisiert, aber sicher nicht mit Salome Alexandra, ihrem Sohn Hyrkan II. und ihren pharisäischen Tendenzen. Der »Sitz im Leben« für alle diese Schriften, die »oppositionellen« (sogar »messianischen«) und »etablierten« Sadduzäer sowie die beiden Briefe über die Werkgerechtigkeit und die »Lobrede auf König Jonathan« eingeschlossen, ist bereits ohne die Hilfe der vorliegenden Texte 1983 dargelegt worden in R. H. Eisenmans *Maccabees, Zadokites, Christians and Qumran: A new Hypothesis of Qumran Origins* (Leiden: E. J. Brill). Mehr zu diesem Thema bringt unsere Kommentierung der beiden Briefe über die Werkgerechtigkeit in Kapitel 6 und des Brontologions sowie der »Lobrede auf König Jonathan« in Kapitel 8.

Die Erwähnung »ein Jude« *(»'isch Jehudi«)* oder »ein jüdischer Mann« in Handschrift D, Fragment 4 hat eine Parallele im Material über die Geschichten vom persischen Hof in Kapitel 3 und in der »jüdischen Frau« im folgenden. Hier zeigt sich wiederum, daß sich schon damals die Vorstellung von den *Juden* als einem besonderen Volk durchzusetzen begann, und zwar nicht als *Israeliten* oder in ähnlicher archaischer Stammesbezeichnung.

TRANSLITERATION                    **Handschrift A Fragment 1**

| | | |
|---|---|---|
| .1 | [ | א[ בעשר ]בחודש השש[י | ] |
| .2 | בעשרים ואחד[ | ב[ארבעה עשר בו ביא[ת ידעיה בששה עש[ר בו | ] |
| .3 | [ | בו באית חרים בעשרים ו[שבעה בחודש ]השש[י | ] |
| .4 | [ | הושיב נ. ] [ | ] |
| .5 | [ | נו[אים וגם . ] [ | ] |
| .6 | [ | מ[רורי הנפש ] . [ | ] |
| .7 | [ | אסורי[ם ] [ | ] |

**Fragment 2**

| | | |
|---|---|---|
| .1 | [ | ל[תת לו יקר בערב[ים ] |
| .2 | [ | ביום אר[בעה לשבט זה ] |
| .3 | [ | ]ה שהוא עשרים בחודש ] |
| .4 | [ | [.יסוד באה שלמציון ] . [ |
| .5 | [ | להקביל את ]פני [ |
| .6 | [ | ב[ הרקנוס מרד ]על אריסטבולוס |
| .7 | [ | להקביל ] [ |

**Fragment 3**

| | | |
|---|---|---|
| .1 | [ | ]...[ ] |
| .2 | [ | ראש הג[ואים הרג ש[ |
| .3 | [ | ביום ח[מישי בידעיה ז. ] |

129

## Fragment 4

1. ]   [.ם כרצו]ן   [

## Handschrift B Fragment 1

1. ]   [ ]ה בתשע]ה בחודש השמיני ביאת שכניה
2. ]   [ ביום ] [ בשכניה א]   בששה עשר בה ביאת אלישיב[
3. ]   [בעשרים ושלו]שה בה ביאת יקים <בשנים ביקים ]. [> ויום ר]ביעי ביקים
4. ]   [בס..] יו]ם שני בחודש הת]שיעי   [

## Fragment 2

1. ]   [יום רב]יעי בחז]י]ר [זה א]חד בע]שירי[
2. [בארבעה בה ביאת הפ]צץ באחד [ע]שר בה [ביאת פתחיה[
3. [בשמונה עשר בה ביא]ת יחזקאל בעשר]ים וחמשה בה ביאת[
4. ]יכין   יכין הע]ב]ודה . ]   [
5. ]   בשנים בה] ביאת [גמול

## Fragment 3

1. ]   [ שהוא ]   [
2. ]   [ ].[   [
3. ]   [ ]ש]   [
4. ]   [ ]...ות[   [
5. ]   [ ..] אשנ]ים   [
6. ]   [ ]. תגד אר]יסטבולוס   [
7. ]   [ א]מרו בע]   [
8. ]   [ שבעים ] .   [
9. ]   [ שהוא ]   [

## Handschrift C Fragment 1

1. [בעשרים ושלושה בה] ביאת [אלישיב בשלושים בה ביאת יקים[
2. [אחר שבת ביקים זה אח]ד בש]שי בשבעה בה ביאת חופה[
3. [בארבעה] עשר בה [ביאת ישבאב] ..פות בע]שרים ואחד[
4. [בה ביאת בלנ]ה בעשרים [ושמונה ב]ה ביאת אמ]ר יום[
5. [רביעי באמר זה א]חד בשביעי באר]כ]עה בה ביאת ח]זיר[
6. [יום ששי ב]חזיר שהוא עשרה בשביעי שיום [הכפורים בה[
7. ]   [ לברית באחד עשר בשביעי ביאת [הפצץ   [

## Handschrift D Fragment 1 Spalte 2

5. יום ] [. ].[ ].[ ]בל.[   בעשרים ואחד[
6. [בו]א ביאת ש]עור]ים בעשרים ושמונה בוא ביאת מלכ]יה[
7. יום רביעי ב]מלכיה זה אחד בחודש העשירי   *vacat*
8. בא]רבע]ה בע]ש]ירי ביאת מי]מ]ין באחד עשר בוא ביא]ת הקוץ[

130

## Fragment 2

| | |
|---|---|
| ב[עשרים | .1 |
| [ואחד בוא ביאת פתחיה בעשרים ושמו[נה | .2 |
| [בוא ביאת יחזקאל ביום 3/2/1 בי]חזקאל שהוא | .3 |
| 31/30/29 בחודש הששי יום] הרג אמליוס | .4 |
| [יום רביעי ביחזקאל זה אחד בחוד]ש השביעי | .5 |
| [בארבעה בוא ביאת יכין באחד עשר בוא ב]י[את] נמול | .6 |
| [ יום רביעי בנמול ש]הוא | .7 |
| [חמשה עשר בחודש השביעי חג הסכות בוא] הרג אמליוס | .8 |

## Fragment 3

| | |
|---|---|
| [ ] [ש] [. אצל . ] [ש] | .1 |
| [בעשרים ושמונה בוא ביאת י]שוע יום רביע[י בישוע זה אחד בחודש] | .2 |
| [ העשירי שה]וא עש[רה ] | .3 |

## Fragment 4

| | |
|---|---|
| [ איש יהודי א] [ | .1 |

## Handschrift E Fragment 1 Spalte 1

| | |
|---|---|
| [ כוהן נ]ד]ול כ.רי | .1 |
| [ יוחנן להבי את | .2 |

## Fragment 1 Spalte 2

| | |
|---|---|
| [ .. | .1 |
| [ מן ] | .2 |
| [ ] | .3 |
| [ ] | .4 |
| [ אנוש ] | .5 |
| [ ת הזוי. ] | .6 |
| [ שלמצ<י>ון ] | .7 |

ÜBERSETZUNG

**Handschrift A, Fragment 1** (1) ... am Zehnten [im sechsten Monat (d. h. im zweiten Jahr des Dienstplanes) ...] (2) [an seinem Vierzehnten, die Ankun]ft (der priesterlichen Gruppe) von Jedaja; an [seinem Sec]hzehnten [... an seinem Einundzwanzigsten], (3) [die Ankunft (der priesterlichen Gruppe) von Harim; am Siebenund]zwanzigsten im [sechsten] Monat ... (4) ... brachte er zurück ... (5) ... [Hei]den und auch ... (6) ... [b]itteren Geistes ... (7) ... Gefangene ...
**Fragment 2** (1) ... ihn [zu] ehren unter den Arabe[rn] (2) ...[am vier]ten [Tag] des Dienstes dieser Gruppe ... (3) ... welcher der Zwanzigste ist des ... Monats ... (4) ... Fundament, kam Schelamsion ... (5) ... zu begrüßen ... (6) ... Hyrkan stand [gegen Aristobul?] auf ... (7) ... zu begrüßen ...

**Fragment 3** (2) [ ... der Führer der Hei]den ermordete ... (3) [am fünf]ten [Tag] (des Dienstes der priesterlichen Gruppe) von Jedaja ...

Fragment 4 (1) ... nach dem Wil[len von ...]

**Handschrift B, Fragment 1** (1) ... am Neun[ten des achten Monats (d. h. des zweiten Jahres des Dienstplanes), die Ankunft (der priesterlichen Gruppe) von Sechanja ...] (2) ... am ... Tag (des Dienstes der priesterlichen Gruppe) von Sechanja ... [an seinem (d. h. des achten Monats) Sechzehnten, die Ankunft (der priesterlichen Gruppe) von Eljasib]; (3) [an] seinem [Dreiundzwanzig]-sten, die Ankunft (der priesterlichen Gruppe) von Jakim; am zweiten (Tag des Dienstes der priesterlichen Gruppe) von Jakim, ...; und am vi[erten] Tag (des Dienstes der priesterlichen Gruppe) von [Jakim, ...] (4) [am] zweiten [Ta]g des neun[ten] Monats ...

**Fragment 2** (1) [ ... am vier]ten [Tag] (des Dienstes der priesterlichen Gruppe) von Hes[i]r, [dieser Tag ist der er]ste (Tag) des zeh[nten Monats (d. h. des zweiten Jahres des priesterlichen Dienstplanes);] (2) [an seinem (d. h. des zehnten Monats) vierten Tag, die Ankunft (der priesterlichen Gruppe) von Happi]zzez; an seinem Elf[ten], [die Ankunft (der priesterlichen Gruppe) von Petachja;] (3) [an seinem Achtzehnten, die Anku]nft (der priesterlichen Gruppe) von Ezechiel; an [seinem Fünf]undzwanzigsten, [die Ankunft] (4) [(der priesterlichen Gruppe) von Jachin ... Jach]in, der Di[e]nst ... (5) ... an seinem (d. h. des elften Monats) Zweiten], die Ankunft [(der priesterlichen Gruppe) von Gamul ...]

**Fragment 3** (1) ... welcher ist ... (5) ... Mensc[hen ...] (6) ... und gegen Ari[stobul ...] (7) ... sie [s]agen ... (8) ... siebzig ... (9) ... welcher ist ...

**Handschrift C, Fragment 1** (1) [an seinem (d. h. des fünften Monats des fünf-ten Jahres des priesterlichen Dienstplanes) Dreiundzwanzigsten], die Ankunft (der priesterlichen Gruppe) [von Eljasib; an seinem Dreißigsten, die Ankunft (der priesterlichen Gruppe) von Jakim;] (2) [nach dem Sabbat, während Jakim dient, das ist der Ers]te des sechs[ten Monats; an seinem Siebten, die Ankunft (der priesterlichen Gruppe) von Huppa;] (3) [an seinem Vier]zehnten, die Ankunft (der priesterlichen Gruppe) von Jesebeab;] ... an seinem [Ein-undzw]anzigsten, (4) [die Ankunft (der priesterlichen Gruppe) von Bilg]a; an seinem [Achtund]zwanzigsten, die Ankunft (der priesterlichen Gruppe) von Imm[er; der vierte] (5) [Tag (des Dienstes der priesterlichen Gruppe) von Immer ist der er]ste Tag des siebten Monats; an seinem Vie[r]ten, die Ankunft (der priesterlichen Gruppe) von He[sir;] (6) [der sechste Tag (des Dienstes der priesterlichen Gruppe) von] Hesir, welcher ist der zehnte Tag des siebten Monats; das ist [der Versöhnungstag;] (7) ... für den Bund; am elften Tag des siebten Monats, die Ankunft (der priesterlichen Gruppe) von [Happizzez ...]

**Handschrift D, Fragment 1, Spalte 2** (5) Tag ... [an sein]em (d. h. des neun-ten Monats des fünften Jahres des priesterlichen Dienstplanes) [Einundzwan-zigsten], (6) die Ankunft (der priesterlichen Gruppe) von S[eor]im; an seinem

Achtundzwanzigsten, die Ankunft (der priesterlichen Gruppe) von Malch[ia;] (7) der vierte Tag (des Dienstes der priesterlichen Gruppe) [von] Malchia ist der erste Tag des zehnten Monats. (8) Am v[iert]en Tag des zeh[n]ten Monats, die Ankunft (der priesterlichen Gruppe) von Mija[m]in; an seinem Elften, die Anku[nft (der priesterlichen Gruppe) von Hakkoz;]

**Fragment 2** (1) [... an seinem (d. h. des sechsten Monats des sechsten Jahres des priesterlichen Dienstplanes)] Einund- (2) [zwanzigsten, die Ankunft (der priesterlichen Gruppe) von Petachja; an seinem Achtundzwanzi]gsten, (3) [die Ankunft (der priesterlichen Gruppe) von Ezechiel; am ersten (oder zweiten oder dritten) Tag (des Dienstes der priesterlichen Gruppe) von Ez]echiel, wel- cher ist (4) [der neunundzwanzigste (oder dreißigste oder einunddreißigste) Tag des sechsten Monats, der Tag,] an dem Aemilius tötete; (5) [der vierte Tag (des Dienstes der priesterlichen Gruppe) von Ezechiel ist der erste Tag des] siebten [Mon]ats; (6) [an sei]nem (d. h. des siebten Monats) Vierten, die An[ku]nft (der priesterlichen Gruppe) von Jachin; an seinem Elften, die An[ku]nft (der priesterlichen Gruppe) von Gamul; (7) [ ... der vierte Tag (des Dienstes der priesterlichen Gruppe) von Gamul, welc]her ist (8) [der fünf- zehnte Tag des siebten Monats, ist das Laubhüttenfest; an jenem Tag] tötete Aemilius ...

**Fragment 3** (2) [an seinem (d. h. des neunten Monats des sechsten Jahres des priesterlichen Dienstplanes) Achtundzwanzigsten, die Ankunft (der priester- lichen Gruppe) von Je]sua; der vier[te] Tag [des (Dienstes der priesterlichen Gruppe) von Jesua ist der erste Tag des] (3) [zehnten Monats ... wel]cher ist der zeh[nte ...]

**Fragment 4** (1) ... ein Jude ...

**Handschrift E, Fragment 1, Spalte 1** (1) ... der Ho[h]epriester ... (2) ... Johanan zu bringen den/die/das ...

**Fragment 1, Spalte 2** (2) von ... (5) ein Mensch ... (7) Schelamsion ...


## 25. Die priesterlichen Dienstklassen IV (4Q325)

Diese Handschrift besteht aus drei Fragmenten, von denen die beiden länge- ren im folgenden wiedergegeben werden. Diese Fragmente gehören in den Turnus des ersten Jahres innerhalb des sechsjährigen priesterlichen Dienst- zyklus. Der Text hält fest, welche priesterliche Dienstklasse für jeden Sabbat und jedes Fest innerhalb dieses Zeitraums zuständig ist. Fragment 1 betrifft die Spanne vom Passahfest (14. 1.) bis zum ersten Sabbat des dritten Monats. Fragment 2 beginnt offenbar mit dem 3. 5. und dem Wein-Erstlingsfest (bis- her bekannt aus der Tempelrolle, aber nicht aufgeführt in der Bibel oder den meisten anderen kalendarischen Texten). Das letzte Datum, das in Fragment 2 angegeben wird, ist der 23. 6., an dem das Fest der Holzopfer begann.

TRANSLITERATION

.1 ‏[ביום שלי]שי בשמונה עשר בו שבת על[ יויריב ‏[

.2 ‏[ביום שלישי] בערב בעשרים וחמשה בו שבת על ידעיה ועלו

.3 ‏[מועד] השעורים בעשרים וששה בו אחר שבת רוש החודש הש[ני]

.4 ‏[ביום ש]שי על ידעיה בשנים בו שבת חרים בתשעה בו שבת

.5 ‏[שעורים] בששה עשר בו שבת מלכיה בעשרים ושלושה ב[ו]

.6 ‏[שבת מ]ימין בשלושים בו שבת הקוץ vacat רוש החודש

.7 ‏השלישי אחר שבת [ ] vacat ‏[

Fragment 2

.1 ‏[החמישי על בלנה בשנים בו שבת א[מר בש]ל[ו]שה ב[ו]

.2 ‏[אחר שבת מועד התירוש ב[ת]שעה בו שבת חזיר

.3 ‏[בששה עשר בו שבת הפצץ בעשרי[ם ושלושה בו שבת

.4 ‏[פתחיה בשלושים בו שבת יחזקאל רו[ש החודש הששי

.5 ‏[אחר שבת vacat בשבעה בו שבת יכין באר[ב]עה עשר

.6 ‏[בו שבת גמול בעשרים ואחד בו שבת דליה בעשרים ו]שנים

.7 ‏[בו מועד השמן בעשרים ושלושה בו מועד קרבן הע[צים

ÜBERSETZUNG

**Fragment 1** (1) [am Diens]tag; am Achtzehnten fällt der Sabbat auf Jojarib …
(2) [am Dienstag] am Abend. Am Fünfundzwanzigsten fällt der Sabbat auf
Jedaja, auch (3) das Gersten[fest] am Sechsundzwanzigsten. Nach dem Sabbat
fällt der Anfang des zwei[ten] Monats auf (4) Jedaja, [am Frei]tag. Am Zweiten ist der Sabbat Harims. Am Neunten ist der Sabbat (5) [Seorims]. Am Sechzehnten ist der Sabbat Malchias. Am Dreiundzwanzigsten i[st] (6) [der Sabbat
Mi]jamins. Am Dreißigsten ist der Sabbat Hakkoz'. Der Anfang des (7) dritten Monats, nach dem Sabbat …

**Fragment 2** (1) [der fünfte (Monat) fällt auf Bilga. Am Zweiten ist der Sabbat I]mmers. Am Drit[te]n, (2) [nach dem Sabbat, ist das Wein-Erstlingsfest.
Am] Neunten ist der Sabbat Hesirs. (3) [Am Sechzehnten ist der Sabbat Happizzez'. Am Dreiundzw]anzigsten ist der Sabbat (4) [Petachjas. Am Dreißigsten ist der Sabbat Ezechiels. Der Ers]te des sechsten Monats ist (5) [nach dem
Sabbat. Am Siebten ist der Sabbat Jachins. Am Vier]zehnten (6) [ist der
Sabbat Gamuls. Am Einundzwanzigsten ist der Sabbat Delajas. Am Zwei-
undzw]anzigsten (7) [ist das Öl-Erstlingsfest. Am Dreiundzwanzigsten ist
das] Hol[zopferfest] …

## 26. Himmlische Konkordanzen ('Otot – 4Q319A)

Wie wir gesehen haben, basieren die kalendarischen Qumran-Texte auf einem
bestimmten Verständnis der Schöpfungserzählung der Genesis. Keine Stelle
ist bedeutungsvoller für diese Texte als Gen. 1,14: »Es sollen Lichter werden

an der Feste des Himmels, Tag und Nacht zu scheiden, und sie sollen als Zeichen ('otot) dienen und zur Bestimmung von Zeiten, Tagen und Jahren.« Was verstanden die Verfasser der vorliegenden Texte – wenn man ihren Glauben zugrunde legt, dieser Vers habe speziell mit der richtigen Einhaltung der heiligen Feste Gottes und mit dem Einhalten der Zeit überhaupt zu tun – unter dem Begriff »'otot«? Das übliche Verständnis des Textes seitens moderner Wissenschaftler – daß sich der Begriff auf die Vorzeichen außergewöhnlicher Ereignisse und göttlicher Gerichte/Urteile oder auf Phänomene, die einen Wetterwechsel vorhersagen, beziehe – ergibt freilich wenig Sinn, wenn der natürliche Rhythmus als Basis eines Kalenders definiert wird. So sucht man also besser nach dem Gewöhnlichen als nach dem Außergewöhnlichen.

Der Verfasser des vorliegenden Textes bezog »Zeichen« auf ein Jahr, in dem die Sonne und der Mond am Jahresbeginn wieder genau in einer Linie standen: das heißt ein Jahr, in dem die Frühjahrs-Tagundnachtgleiche mit dem Neumond zusammenfällt. Dem allgemeineren Schema der kalendarischen Qumran-Texte zufolge konnte dies nur im ersten und vierten Jahr des priesterlichen Sechsjahreszyklus geschehen. Da das dritte und sechste Jahr am Ende ergänzt wurden, begannen das erste und das vierte Jahr wiederum in zeitlicher Übereinstimmung mit dem Himmelsjahr. Die Jahre wurden, wie im allgemeinen Sprachgebrauch Qumrans üblich, nach den priesterlichen Dienstklassen benannt; da die in Frage kommenden Jahre immer die Jahre eins und vier im Kreislauf waren, gab es nur zwei priesterliche Dienstklassen, die ihre Namen den 'otot-Jahren verliehen: Sechanja und Gamul. Dabei beginnt der Zyklus mit Sechanja. Diese Eigenart rührt daher, daß es vor der Schöpfung kein Schaltjahr gab. Folglich wird auf die Gruppe hingewiesen, die Dienst tat, wenn ein erstes Schaltjahr notwendig wurde, nämlich im dritten Jahr.

Der Zweck des vorliegenden Textes besteht zum einen darin, alle diese übereinstimmenden Jahre festzuhalten, bis der Kreislauf sich zu wiederholen beginnt, und zum zweiten darin, jenen Kreislauf mit dem siebenjährigen Zyklus der Sabbatjahre und den »Jubiläen«, die eine längere Zeitspanne umfassen, auf eine Linie zu bringen. Auf diese Weise entsteht ein 'otot-Zyklus von 294 Jahren (6 mal 49). Der Text zählt außerdem alle 'otot-Jahre und hebt besonders hervor, wenn ein derartiges Jahr mit einem Sabbatjahr zusammenfällt. Er nennt jedes besondere Jahr beim Namen der entsprechenden priesterlichen Dienstklasse und benennt ebenfalls jedes Jubiläum (auf eine komplizierte Art und Weise, die wir im folgenden erklären werden). Indem er aber den priesterlichen Sechsjahreszyklus mit den Jubiläen in Einklang zu bringen versucht, stößt der Text auf eine grundsätzliche Schwierigkeit: 49 ist nicht durch 6 teilbar. Die 'otot-Jahre werden darum nicht immer auf den Anfang oder das Ende der Jubiläen-Perioden fallen. Als Konsequenz benutzt unser

Text »Jubiläum« auf zwei geringfügig voneinander abweichende Weisen. Der Begriff bezieht sich erstens auf jene Zeitspanne (nur in etwa 49 Jahren entsprechend), die mit dem Zyklus der 'otot zusammenfällt. Wir können dies »Jubliäum der 'otot« nennen. Ein anderes Mal bezeichnet der Ausdruck die eigentliche Spanne von 49 Jahren. Am Ende von 294 Jahren gleichen sich die Unterschiede, wie Tabelle 2 illustriert, wieder aus.

Tabelle 2: Dauer der »Jubiläen der 'otot«

| Jubiläum | Länge (Jahre) | Endet im Jahre | Ende des 49jährigen Jubiläums |
|---|---|---|---|
| Zweites | 49 | 49 | 49 |
| Drittes | 51 | 100 | 98 |
| Viertes | 51 | 151 | 147 |
| Fünftes | 48 | 199 | 196 |
| Sechstes | 48 | 247 | 245 |
| Siebtes | 47 | 294 | 294 |

Der vorliegende Text verbindet das »Jubiläum der 'otot« mit dem eigentlichen Jubiläum von 49 Jahren in zweifacher Weise. Einmal geschieht dies durch den Hinweis auf »Zeichen der Vollendung des Jubiläums«. Nur an einer Stelle, in 2,18–19, gibt der Autor diesem besonderen Zeichen einen Namen. Da heißt es: »Das Zeichen der Vollendung des fünften Jubiläums, das fällt mitten in (die Dienstperiode des) Jesebeab.« Dies bedeutet, daß Jesebeab die Klasse ist, die am Ende des fünften eigentlichen Jubliäums im Tempel Dienst tut – das heißt, wenn das Jahr 196 (4 mal 49) ausläuft. Wenn der Verfasser gewollt hätte, so hätte er die Namen aller »Zeichen der Vollendung des Jubiläums« angeben können (sie lauten Jedaja, Mijamin, Sechanja, Jesebeab, Happizzez und Gamul). Die zweite Art der Verbindung des »Jubiläums der 'otot« mit dem eigentlichen 49jährigen Jubiläum bezieht die Namen ein, die der Verfasser den Jubiläen gibt. Diese Namen sind immer entweder Gamul oder Sechanja. Der Schreiber bestimmt die Namen nach dem Zeichen, welches das eigentliche Jubiläum »kontrollierte«.

Schließlich wird dem Leser auffallen, daß der Text nie von einem »ersten Jubiläum« spricht, obgleich er mit seiner Rezitation bei der Schöpfung beginnt. Statt dessen zählt er nur die Jubiläen 2–7. Wahrscheinlich liegt der Grund für diese Eigentümlichkeit in dem Siebenerkonzept, das den Sabbatjahren und den 49jährigen Jubiläen innewohnt. Der Verfasser wollte die Zahl Sieben betonen. Da die priesterliche Dienstfolge sich aber schon nach sechs Jahren wiederholte, war die einzige Möglichkeit, um mit sieben enden zu können, daß man mit zwei zu zählen begann.

## Spalte 1

10. ] אורה בארבעה שב[ח   [
11. ה[ב]ריאה בארבעה בנ[ג]מול אות שכניה כרביעית אות נגמול בשמטה או[ת
12. [שכניה בשלי]שית אות [נ]גמול בששית אות [שכניה בשנית אות נ]גמול
13. [בחמישית או]ת שכניה אחר השמטה אות נמו[ל כרביעית אות שכ]נ[לי]ה
14. [בשמטה או]ת נמול בשלישית את שכניה [בששית אות נמ]ול
15. [בשנית או]ת ש[כניה] בחמישית אות נ[מול אחר השמט]ה אחר השמ[ט]ה אות
16. [שכניה כר]ביעית אות נמול בשמטה אות ס[ו]ף היובל השני אתות הי[ו]בל
17. [השני] אתות ו–||||||| מזה בשמטה אתות [|||   ]. הבריאה
18. ] או[ת שכ]נ[ני]ה בשנה השלישית אות נמו[ל בששית או]ת שכניה
19. [בשנית אות נ]גמול בחמ<י>שית אות שכניה אחר הש[מ]טה אות נ[גמול

## Spalte 2

1. [ברביעית אות שכניה בשמטה אות נגמול בשלישית אות שכניה]
2. [בששית אות נגמול ב[שנ[י]ת א[ו]ת שכניה בחמישית אות נגמול]
3. [אחר השמט]ה אות שכניה כר[ביעית אות נגמול בשמטה אות]
4. [שכניה בשלישית אות נגמול בש[שית אות] שכני[ה בשנית אות סוף]
5. היובל הש[י]ל[י]שי אתות היובל [השלישי אתות ו–||||||| ]| מזה בשמטה
6. אתות || שכניה [בשנה השנית או]ת [נמו]ל בחמישית אות שכניה
7. אחר השמטה או[ת נמול כרביעית או]ת שכניה בשמטה אות
8. נמול בשלישית אות [שכניה בששית אות נ]גמול בשנית אות
9. שכניה בחמ<י>שית אות [נמול אחר] השמטה אות שכניה
10. כרביעית אות נמול [בשמטה אות] שכניה בשלישית אות נגמול
11. בששית אות שכ[ניה בשנית אות] נמול בחמישית אות שכניה
12. אחר השמטה א[ו]ת סוף היובל הרביעי אתות היוב[ל <הרביעי> אתות ו–|||||||
13. מ[ז]ה <אותות> || בשמטה ש[כניה] בשנה הרביעית אות שכניה
14. [בש[מ]טה אות נגמול ב[שלישית אות שכניה בששית אות נגמול]
15. בשנ[י]ת אות שכניה בחמ[י]שית אות נגמול אחר השמטה אות שכניה]
16. כרביעית אות [נ]גמול ב[שמטה אות שכניה בשלישית אות נגמול]
17. בשש[י]ת א[ו]ת ש[כ]ניה בשנית אות נמול בחמישית אות שכניה]
18. [אחר ה[שמטה אות נ[גמול כרביעית אות שכניה בשמטה אות סוף]
19. [היובל החמיש[י כישבאב [אתות היובל החמישי ו–||||||| מזה בשמטה]

## Spalte 3

1. [אתות ||| נמול בשנה השלישית אות שכניה בששית אות]
2. [נגמול ב[שנית אות שכניה ב[חמישית אות נגמול אחר השמ]טה
3. [או]ת שכניה כרביעית אות נמ[ו]ל בשמטה אות שכניה] בשלישית
4. אות נגמול בששית אות שכניה [בשנית אות] נגמול
5. בח[מי]שית אות שכניה אחר [השמטה] אות
6. נמול כ[ר]ביעית אות שכניה בשמ[ט]ה אות נגמול ב[שלישית
7. אות [שכניה בש[שית <אות> סוף [ה]יו[בל השש אתות]
8. היובל [הששי אתות ו–||||| ]| מזה ב[שמטה] אתות ||   [   [

137

9. ה. [
10. וליוב]ל נמול בשנה השנית אות שכניה בחמישית אות נמול אחר[
11. השמט]ה אות שכניה ברביעי]ת אות נמו]ל ב]שמט]ה[
12. [אות שכניה בשלישית אות] נמול בששית או]ת שכניה[
13. [ב]שנית או]ת נמול] בחמישית אות שכניה [אחר]
14. השמט]ה אות ג]מול ברביעית אות שכניה בש]מטה אות[
15. נמול [בשלי]שית אות שכניה בששית אות [נמול]
16. בש]נית אות שכניה] בחמישית אות סוף היוב]ל ה]שביעי
17. [אתות היובל ה]שביעי אתות ר– ||||||| מזה בש]מ]טה
18. [אתות || ] אות הי]ו]בלים [ש]נת יובלים לימ]י [
19. ] במימן השלישי י] [

## ÜBERSETZUNG

**Spalte 1** (10) ... sein Licht am vierten (Tag); am Sabba[t ...] (11) [der] Schöpfung, am vierten (Tag der priesterlichen Dienstgruppe) von Ga[mul das Zeichen Sechanjas; im vierten (Jahr) das Zeichen Gamuls; im Sabbatjahr das Zeich]en (12) [Sechanjas; im drit]ten (Jahr) das Zeichen [Gam]uls; im sechsten (Jahr) das Zeichen [Sechanjas; im zweiten das Zeichen Gam]uls; (13) [im fünften das Zeich]en Sechanjas; nach dem Sabbatjahr das Zeichen Gam[uls; im vierten das Zeichen Sech]anjas; (14) [im Sabbatjahr das Zeich]en Gamuls; im dritten das Zeichen Sechanjas; [im sechsten das Zeichen Gam]uls; (15) [im zweiten das Zei]chen Se[chanjas]; im fünften das Zeichen Gamu[ls; nach dem Sabbatjah]r das Zeichen (16) [Sechanjas; im vier]ten das Zeichen Gamuls; im Sabbatjahr das Zeichen der Voll[endung des zweiten Jubiläums. Die Zeichen des zweiten J]ubiläums: (17) siebzehn Zeichen, deren [drei] Zeichen in ein Sabbatjahr fallen ... die Schöpfung (18) [... das Zeich]en Secha[nja]s; im dritten Jahr das Zeichen Gamu[ls; im sechsten das Zeich]en Sechanjas; (19) [im zweiten das Zeichen Gam]uls; im fünften das Zeichen Sechanjas; nach dem Sabb[atjahr das Zeichen Ga]muls;

**Spalte 2** (1) [im vierten das Zeichen Sechanjas; im Sabbatjahr das Zeichen Gamuls; im dritten das Zeichen Sechanjas;] (2) [im sechsten das Zeichen Gamuls; im] zwei[te]n das Zeich[en Sechanjas; im fünften das Zeichen Gamuls;] (3) [nach dem Sabbatjah]r das Zeichen Sechanjas; im vie[rten das Zeichen Gamuls; im Sabbatjahr das Zeichen] (4) [Sechanjas; im drit]ten das Zeichen Gamuls; im sech[sten das Zeichen] Sechanj[as; im zweiten das Zeichen der Vollendung] (5) des drit[t]en Jubiläums. Die Zeichen [des dritten] Jubiläums: sech[zehn Zeichen,] deren (6) zwei Zeichen fallen in ein Sabbatjahr. (Ein Jubiläum des) Sechanja: [im zweiten Jahr das Zeiche]n [Gam]uls; im fünften das Zeichen Sechanjas; (7) nach dem Sabbatjahr das Zeich[en Gamuls; im vierten das Zeich]en Sechanjas; im Sabbatjahr das Zeichen (8) Gamuls; im dritten das Zeichen [Sechanjas; im sechsten das Zeichen Ga]muls; im zweiten das Zeichen (9) Sechanjas; im fünften das Zeichen [Gamuls; nach] dem Sab-

batjahr das Zeichen Sechanjas; (10) im vierten das Zeichen Gamuls; [im Sabbatjahr das Zeichen] Sechanjas; im dritten das Zeichen Gamuls; (11) im sechsten das Zeichen Sechan[jas; im zweiten das Zeichen] Gamuls; im fünften das
Zeichen Sechanjas; (12) nach dem Sabbatjahr das Zei[chen der Vollendung des
vierten Jubiläums. Die Zeichen] des vierten [Jubil]äums: siebzehn Zeichen,
(13) der[en] zwei Zeichen fallen in ein Sabbatjahr. (Ein Jubiläum des)
S[echanja]: im vierten Jahr das Zeichen Sechanjas; (14) [im Sabbat]jahr das
Zeichen Gamuls; im [dritten das Zeichen Sechanjas; im sechsten das Zeichen
Gamuls;] (15) im zwei[t]en das Zeichen Sechanjas; im fün[ften das Zeichen
Gamuls; nach dem Sabbatjahr das Zeichen Sechanjas;] (16) im vierten das Zei-
chen [Ga]muls; im Sabbat[jahr das Zeichen Sechanjas; im dritten das Zeichen
Gamuls;] (17) im sechs[ten das Zei]chen Se[chanjas; im zweiten das Zeichen
Gamuls; im fünften das Zeichen Sechanjas;] (18) [nach dem] Sabbatjahr das
Zeichen Ga[muls; im vierten das Zeichen Sechanjas; im Sabbatjahr das Zei-
chen der Vollendung] (19) [des fün]ften [Jubiläums, das fällt] mitten in (die
Dienstperiode des) Jesebeab. [Die Zeichen des fünften Jubiläums: sechzehn
Zeichen, deren]

**Spalte 3** (1) [drei Zeichen fallen in ein Sabbatjahr. (Ein Jubiläum des)
Gamul: im dritten Jahre das Zeichen Sechanjas; im sechsten das Zeichen]
(2) [Gamuls; im] zweiten das Zeichen Sechanjas; im [fünften das Zeichen
Gamuls; nach dem Sabbat]jahr (3) [das Zeic]hen Sechanjas; im vierten das
Zeichen Gam[uls; im Sabbatjahr das Zeichen Sechanjas;] im dritten (4) das
Zeichen Gamuls; im sechsten das Zeichen Sechanjas; [im zweiten das Zei-
chen G]amuls; (5) im fü[nf]ten das Zeichen Sechanjas; nach [dem Sabbat-
jahr] das Zeichen (6) Gamuls; im [vi]erten das Zeichen Sechanjas; im Sabbat[jahr das Zeichen Gamuls; im] dritten (7) das Zeichen [Sechanjas; im
sechst]en das Zeichen der Vollendung des [sechsten] Jubil[äums. Die Zeichen (8) des sechsten] Jubiläums: se[chzehn Zeichen,] deren zwei Zeichen
fallen in ein [Sabbatjahr ...] (9) ... (10) Und betreffs des Jubilä[ums des
Gamul; im zweiten Jahr das Zeichen Sechanjas; im fünften das Zeichen
Gamuls; nach] (11) dem Sabbat[jahr das Zeichen Sechanjas; im viert]en das
Zeichen Gamu[ls; im] Sabbat[jahr] (12) [das Zeichen Sechanjas; im dritten
das Zeichen] Gamuls; im sechsten das Zeich[en Sechanjas;] (13) [im] zweiten
das Zei[chen Gamuls;] im fünften das Zeichen Sechanjas; [nach] (14) dem
Sabbatja[hr] das Zeichen Gamuls; im vierten das Zeichen Sechanjas; im
Sabbat[jahr das Zeichen] (15) Gamuls; im drit[te]n das Zeichen Sechanjas;
im sechsten das Zeichen [Gamuls;] (16) im zw[eiten das Zeichen Sechanjas];
im fünften das Zeichen der Vollendung [des] siebten Jubilä[ums.] (17) [Die
Zeichen des] siebten [Jubiläums]: sechzehn Zeichen, deren (18) [zwei
Zeichen] fallen in ein Sabbatjahr ... Zeichen der J[u]biläen, das [J]ahr der
Jubiläen nach den Tag[en des ...] (19) in (der Dienstgruppe des) Mijamin,
das dritte ...

# Anmerkungen

(22) Die priesterlichen Dienstklassen I (4Q321)

Frühere Besprechungen: keine. Fotografien: PAM 43.328 und 43.329, ER 1355 und 1356. Man sieht, daß alle in diesem Kapitel vorgestellten Texte durch das Verständnis der zugrundeliegenden Systeme fast sicher wiederhergestellt werden können.

(23) Die priesterlichen Dienstklassen II (4Q320)

Frühere Besprechungen: J. T. Milik, »Le travail d'édition des manuscrits du désert de Juda«, *Volume du Congrés Strasbourg 1956* (SVT 4), (Leiden: Brill, 1957), S. 25. Fotografien: PAM 43.330, ER 1357.

(24) Die priesterlichen Dienstklassen III – Aemilius tötet (4Q323-324A-B)

Frühere Besprechungen: J. T. Milik, »Le travail d'édition des manuscrits du désert de Juda«, *Volume du Congrés Strasbourg 1956* (SVT 4), (Leiden: Brill, 1957), S. 25–26; ders., *Ten Years of Discovery in the Judaean Desert of Jordan* (London: SCM, 1957), S. 73; B. Z. Wacholder und M. Abegg, *A Preliminary Edition of the Unpublished Dead Sea Scrolls, Fascicle One* (Washington: Biblical Archaeology Society, 1991). Fotografien: PAM 43.335, 43. 336 und 43.338, ER 1362, 1363 und 1365.

(25) Die priesterlichen Dienstklassen IV (4Q325)

Frühere Besprechungen: keine. Fotografien: PAM 42.332 und 43.333 (oben), ER 1359 und 1360.

(26) Himmlische Konkordanzen ('Otot – 4Q319)

Frühere Besprechungen: J. T. Milik, *Books of Enoch,* S. 63–64. Fotografien: PAM 43.283 und 43.284, ER 1319 und 1320.

# Kapitel 5
# Testamente und Ermahnungen

Das Leben ist kompliziert und auch immer schon gewesen. In der Welt des Altertums, Jahrhunderte vor der Zeit der Rollen, versuchte die sich entwickelnde Weisheitsliteratur Antworten zu geben. Sie stellte Lebensgrundsätze auf und teilte scharfsichtige Beobachtungen mit, oft verdichtet in bestimmten Sprichwörtern. Die Weisheitsliteratur der Bibel umfaßt das Buch der Sprüche, Hiob und Kohelet.

Während der Zeit des 2. Tempels gab es diese Literatur reichlich, und neue Formen der Weisheitsdichtung wurden entwickelt. Eine davon war das »Testament«. Testamente haben ihren Ursprung in den Abschiedsreden der Bibel, wie zum Beispiel die letzten Worte Jakobs (Gen. 49) und die letzten Worte Samuels (1. Sam. 12). Demnach sind Testamente Reden, die im Angesicht des Todes gehalten wurden und darauf abzielten, die Lehren eines Menschenlebens vom Vater an die Söhne weiterzugeben. Das bekannteste apokryphe Beispiel für diese Art von Literatur ist das »Testament der Zwölf Patriarchen«. In dieser Sammlung (die in griechischer Sprache aus dem Altertum bis in christliche Zirkel gelangte, obwohl sie vom Ursprung her jüdisch oder semitisch war) spricht abwechselnd jeder der zwölf Söhne Jakobs. Ihre Worte umfassen Ermahnungen zur Sittlichkeit und Voraussagen für die Zukunft.

Die Literatur der Testamente ist in dem neuen Material der Rollen gut bezeugt. Testamente, die mit den Namen Levi, Naphthali, Kahath und Amram verbunden sind, kamen zum Vorschein. Auch andere Formen der Weisheitsliteratur sind unter den Rollen häufig vertreten. Dieses Kapitel präsentiert einige Beispiele. Beim Lesen der Qumran-Testamente möge sich der Leser folgende Genealogie vergegenwärtigen:

Jakob
Levi – Naphthali (Söhne Jakobs)
Kahath (Sohn Levis)
Amram (Sohn Kahaths)
Mose – Aaron (Söhne Amrams)
Priester (von Aaron abstammend)

## 27. Das aramäische Testament des Levi (4Q213-214)

Obgleich Skepsis angebracht ist, inwieweit dieses Material mit seinen unterschiedlichen Schwerpunkten überhaupt zu einem schlüssigen, kohärenten Ganzen zusammengefügt werden kann, sollte man wichtigen Themenkreisen und Vorstellungen besonders in bekannten Texten wie den vorliegenden, die sich durch das gesamte Spektrum der Qumran-Literatur ziehen und in völligem Einklang mit der Qumran-Perspektive stehen, sein Augenmerk widmen. Dabei fällt die starke Betonung von »Gerechtigkeit«, »Wahrheit«, »Urteil«, »Kenntnis« und »Weisheit« auf, im Gegensatz zu »Böses«, »Unzucht« u. a. Um »Gerechtigkeit« und »Unzucht« geht es, wie wir gesehen haben, in Qumran allenthalben. Obgleich diese Themen Allgemeingut der Literatur aus der Zeit des 2. Tempels sind, erweist sich ihre Akzentuierung in Dokumenten wie diesem als besonders aufschlußreich. So werden etwa die Nachkommen Levis oder der Priester in 1,2.10 als »gerechter Samen« bezeichnet. Damit sind – den schon angesprochenen Begriffsbestimmungen zufolge – »zadokidische« Implikationen verknüpft, insbesondere wenn »Zadok« als verschlüsselter Terminus für »Gerechtigkeit« verwendet wird. Die Erwähnung von »Abel-Maim« in 1,2.16 ist ebenfalls bemerkenswert, und zwar speziell im Hinblick auf die folgenden Zeilen 18–21. In 2. Chr. 16,4 ist Abel-Maim der Name für eine Stadt in Naphthali, auf dem Weg nach Syrien im nördlichen Teil des Landes gelegen. Im vorliegenden Text wird Abel-Maim wohl als der Ort von Jakobs bekannter Vision von der Leiter verstanden, auf welcher die Engel zum Himmel hinauf- und herabstiegen (Gen. 28,10–19). Die Zeilen 18–21 stellen Levi als einen weiteren jener Himmelsreisenden dar, wie sie in der Literatur über Himmelfahrten so häufig begegnen. Wir finden hier viele Gemeinsamkeiten mit der Literatur der Visionsschilderungen (siehe Kapitel 1) und der Hymnen und Geheimnisse (siehe Kapitel 7).

Die Zeilen 5–6 in der ersten Spalte von Fragment 4 beginnen mit der typischen Betonung der »Werkgerechtigkeit« und der »Wahrheit«. Ab Zeile 8 – nach einem Verweis auf die »Thora« und ihre traditionelle »Auslegung« – verlagert sich jedoch der Schwerpunkt auf die »Weisheit«, und das Fragment unterscheidet sich kaum noch von Texten wie den »Ermahnungen an die Söhne der Morgendämmerung«, den »Söhnen der Gerechtigkeit« und den »Dämonen des Todes« (s. u.). Die Bezeichnung Levis als »Freund Gottes« in Zeile 4 hat Parallelen zu derselben Titulierung Abrahams, Isaaks und Jakobs, worauf wir bereits in Kapitel 3 hingewiesen haben. Von Zeile 16 in Spalte 2 an wechselt das Fragment erneut das Thema und rückt die Visionen des messianischen Reiches, die an Dan. 2,44 und die Pseudo-Daniel-Sammlungen erinnern, in den Mittelpunkt.

Fragment 5 ist eine klassische, am Thema der »Gerechtigkeit« orientierte Apokalypse, die das aus Qumran inzwischen wohlbekannte Wortfeld von »wandeln« (entweder im Licht oder in der Finsternis) und »Wegen« verwendet. Es nennt ebenfalls zwei frühe »Urgerechte«, Henoch und Noah, die in der Tradition eine große Rolle spielen. Handschrift B, Fragment 1 ist eine schlichte und ziemlich typische Schilderung der für das Tempelopfer erforderlichen Gaben und Handlungen.

TRANSLITERATION

## Handschrift A Fragment 1 Spalte 1

| | |
|---|---|
| .8 [ | דן [ |
| .9 [ | אנה [ |
| .10 [ | אתרחע[ת וכל |
| .11 [ | אדין עיני ואנפי] נטלת לשמיא |
| .12 [ | ואצבעת כפי וידי [ |
| .13 [ | וצלית ו]אמרת מרי אנחה |
| .14 ידע[ | א[נתה בלחודיך ידע |
| .15 [ | כל] ארחת קשט ארחק |
| .16 מ]י [ | ב]אישא וזנותא דחא |
| .17 [ | ח]כמה ומנדע ונבורה |
| .18 הב לי] | לא]שכחה רחמיך קדמיך |
| .19 [ | דשפיר ודטב קדמיך [ |
| .20 [ | א]ל תשלט בי כל שטן |
| .21 [ | ע]לי מרי וקרבני למהוא לכה |

## Fragment 1 Spalte 2

| | |
|---|---|
| .8 | לע[י]ניך [ |
| .9 | מרי ב]רכת [ |
| .10 | זרע דק[שטא שמע נא] |
| .11 | צלות עב[דך לוי למעבד] |
| .12 | דין קשט לכ]ל עלמין אל תעדי] |
| .13 | לבר עבדך מן ק]דמיך [ |
| .14 | באדין נדת ב] [ |
| .15 | על אבי יעקוב וכד]י [ |
| .16 | מן אבל מין אדין [ |
| .17 | שכבת ויתבת אנה ע]ל [ |
| .18 | אדין חזוין אחזית ] [ |
| .19 | בחזית חזויא וחזית שמ]יא פתיחין וחזית טורא [ |
| .20 | תחותי רם עד דבק לשמי]א והוית בה ואתפתחו] |
| .21 | לי תרעי שמיא ומלאך חד ]אמר לי לוי על [ |

## Fragment 3

| | |
|---|---|
| .1 [ | כהנותך מן כל בשר [ ] |
| .2 [ | ו]אנה אתעירת מן שנתי אדין |
| .3 | ]אמרת חזוא הוא דן וכדן אנה מתמה די להוה לי כל חזוה וטמר]ת |
| | אף דן בלבבי ולכל אנש לא |

143

4. [נליחה ועלנא על אבי יצחק ואף הוא כדן ברכני אדין כ]די הוה יעקוב אבי מעשר

5. [כל מה די הוה לה כנדרה לאל אנה הוית קדמי בראש כהני]ה ולי מן בנוהי יהב

## Fragment 4 Spalte 1

1. [ובשנת מאה ותמנה עשרה לחיי היא שנתא ד]מית בה

2. [יוסף אחי קרית לבני ולבניהן ושרית לפקדה] אנון

3. [כל די הוה עם לבבי ענית ואמרת לבני שמעו] למאמר

4. [לוי אבוכן והציתו לפקודי ידיד אל] אנה לכן

5. [מפקד בני ואנה קשטא לכן מחוה חביבי ראש] כל עבדכן

6. [להוה קשטא ועד עלמא תהוה] ק]ימה] צדקתא וקשטה

7. [            vacat     ] ותעלן עללה בריכה ש]בה דזרע ט]ב ט]ב מעל

8. [ודי זרע באש עלוהי תאב זרע]ה vacat וכען ספר ומוסר וחכמה

9. [אלפו לבניכן ותהוה חכמתא עמכן] ליקר עלם די אלף חכמה יקר

10. [היא בה ודי שאט חכמתא לב]סרון ולשיטו מתיהב חזו לכן בני

11. [ליוסף אחי די מאלף הוא ספר ומ]ס]ר חכמה ליקר ולרב ולמלכין

12. [                        ] אל תמזחלו חכמתא למאלף

13. [..ל. נבר די אלף חכמה כל

14. [יומוהי אריכין ושגא לה שומע]א לכל מת ומדינה די יהך לה

15. [אחא           הוה בה ולא מתנכר הוא] בה ולא דמא בה לנכרי ולא

16. [דמא בה לכל זר מן די כלהן יה]בין לה בה יקר כדי כלא צבין

17. [למאלף מן חכמתה רחמו]הי שגיאין ושאלו שלמה רברבין

18. [ועל כרסיה די יקר מותבין לה בדיל] למשמע מלי חכמתה

19. [עותר רב די יקר היא חכמתא ל]ידעיה ושימה בה

20. [לכל קניה הן יאתון מלכין] תקיפי]ן ועם [רב] חיל

## Fragment 4 Spalte 2

1. מטמריה ולא יעלון תרעיה ולא ]                    [

2. ישכחון למכבש שוריה vacat ולא ]                    [

3. יחזון שיחתה שימתה ד]לא] ת. ]                    [

4. ולא איתי [כ]ל מחיר נגדה כ]            כל אנש ]

5. בעא חכמת]א חכ]מתא י]מטא[נה ]            ולא]

6. מטמרה מנה ]                              א לא ] [

7. ולא חס]י]ר]ה                          .. כל בעי]ון [

8. בקשט ]                              ספר ומוסר ]

9. ח]כ]מה <די> אלפ]ו                  תרתין אנון ]

10. ].                                    רבה תתנון ]

11. י]קר        vacat

12. א. ]                              אף בספריא ]

13. פ.]        ותחו]ון ראשין ושפטין

14. וד.].        ]ב ועבדין

15. ]            ]אף כהנין ומלכין ]

16. ]16            ]ן מלכותהן ]

144

Wadi Murabbaʿat auf dem Weg zur Bar-Kochba-Höhle in der Wüste Judäas.

Das Innere von Höhle 4 in Qumran.

Terrasse aus Mergel in Qumran mit Blick auf Höhle 4 und das Tote Meer im Hintergrund.

Höhle 3 in Qumran, in der die Kupferrolle gefunden wurde.

Blick auf Höhle 4 vom Wadi Qumran.

Die Höhlen 4, 5 und 6 mit dem Wadi Qumran und dem Felsengebirge im Hintergrund.

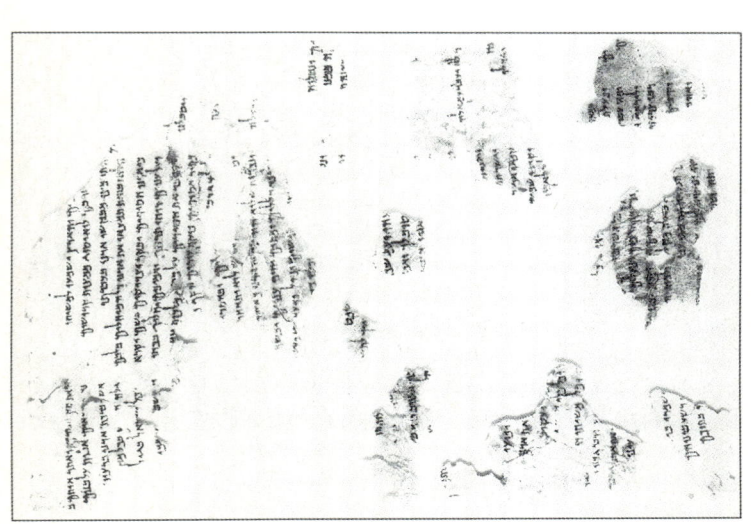

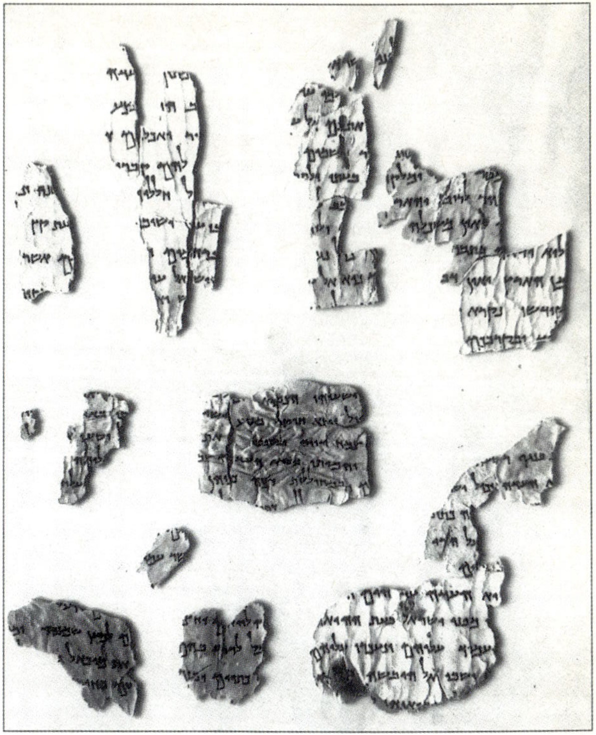

Text 2, Der messianische Führer (*Nasi*).

Text 1, Der Messias des Himmels und der Erde.

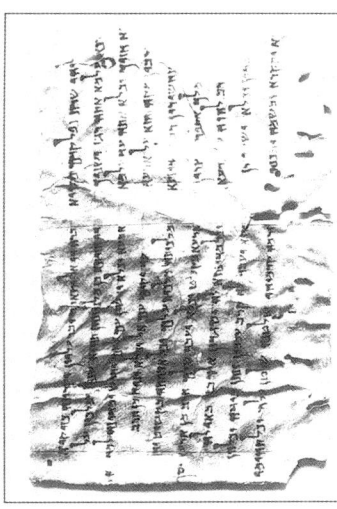

Text 12, Der Sohn Gottes.

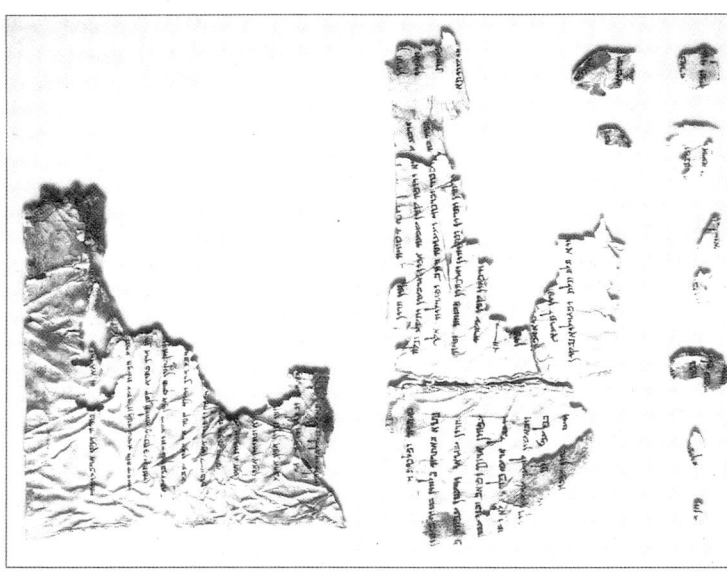

Text 6, Das Neue Jerusalem.

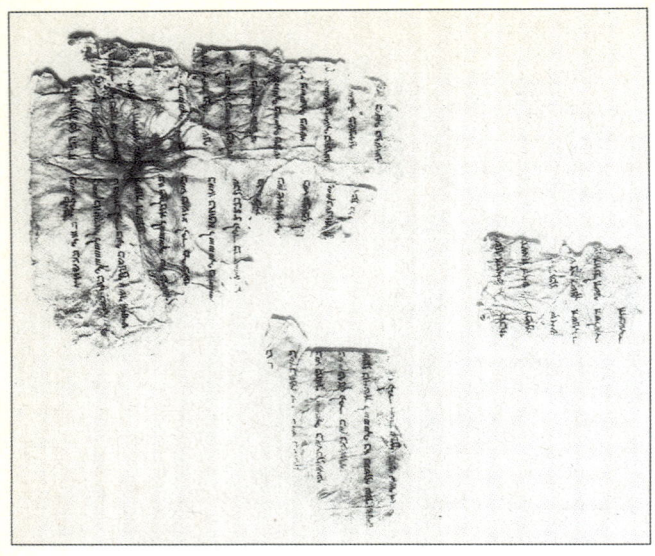

Text 23, Die priesterlichen Dienstklassen II.

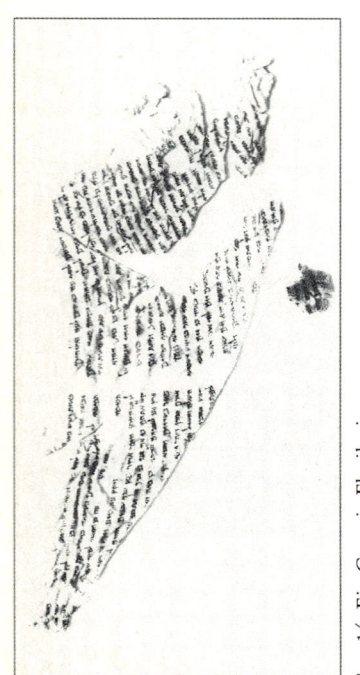

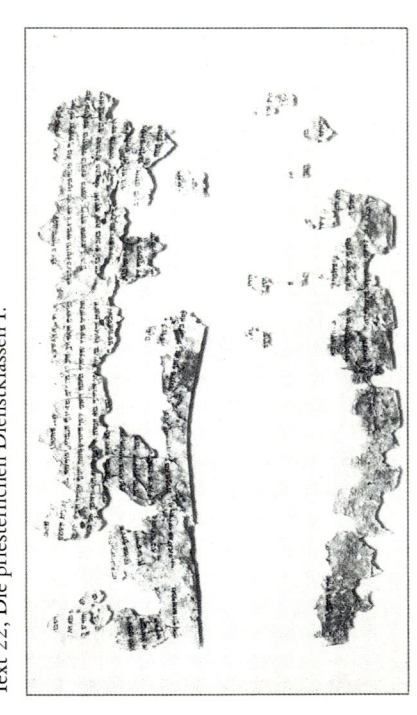

Text 14, Ein Genesis-Florilegium.

Text 22, Die priesterlichen Dienstklassen I.

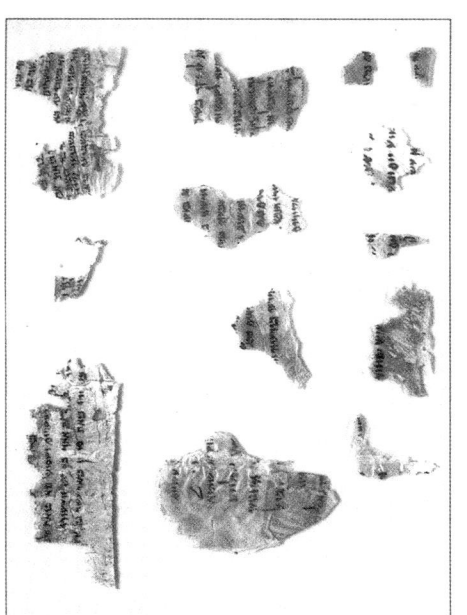

Text 24, Die priesterlichen Dienstklassen III – Aemilius tötet.

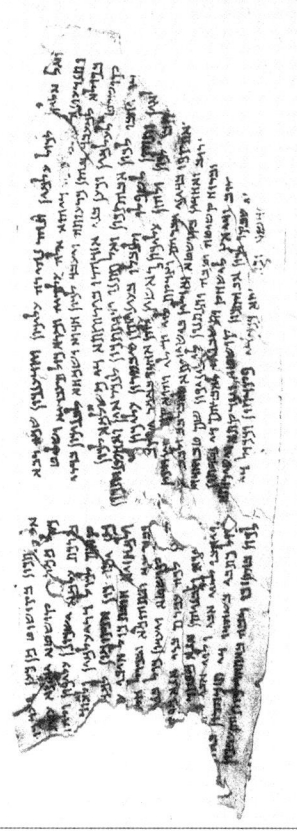

Text 29, Das Testament des Kabath.

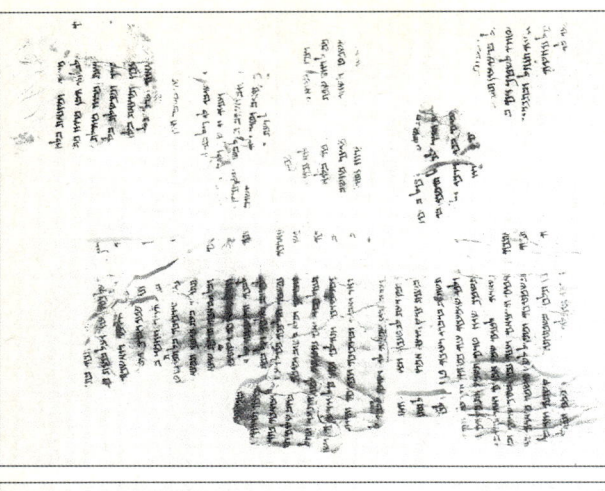

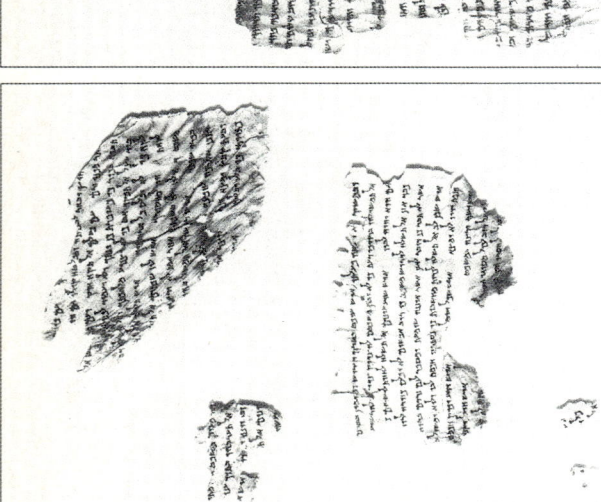

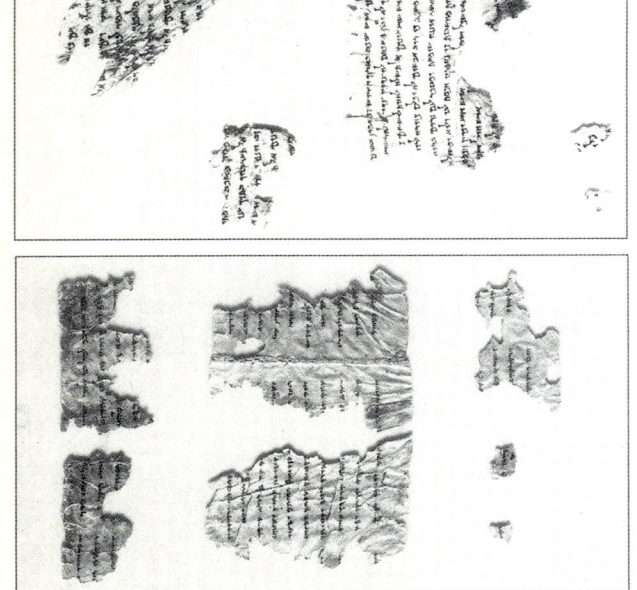

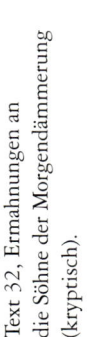

Text 34, Die Dämonen des Todes
(Seligpreisungen).

Text 33, Die Söhne der Gerechtigkeit
(Sprüche).

Text 32, Ermahnungen an
die Söhne der Morgendämmerung
(kryptisch).

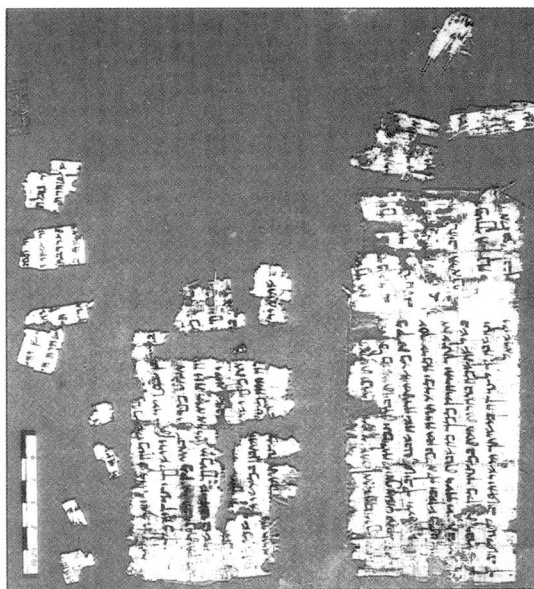

Text 36, Zweiter Brief über als Gerechtigkeit angerechnete Werke.

Text 35, Erster Brief über als Gerechtigkeit angerechnete Werke.

Text 35, Erster Brief über als Gerechtigkeit angerechnete Werke.

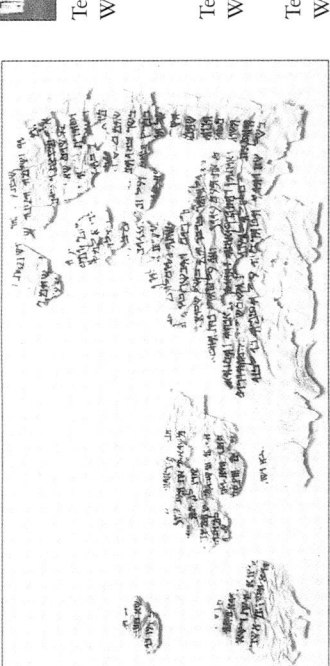

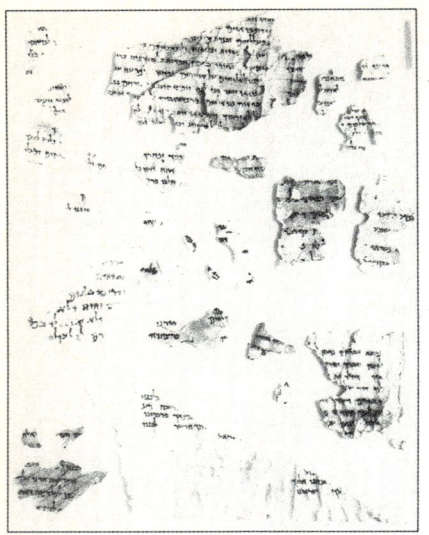

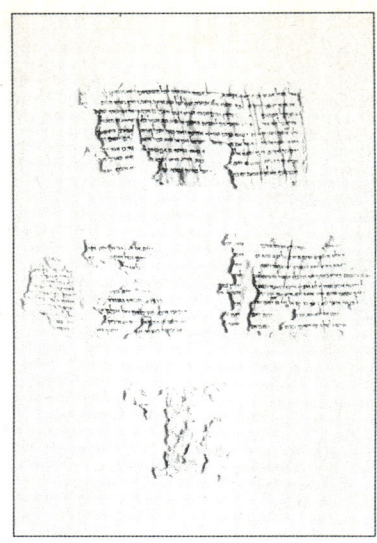

Text 36, Zweiter Brief über als
Gerechtigkeit angerechnete Werke.

Text 38, Trauer, Samenausflüsse
usw. (Reinheitsgesetze Typ A).

Text 37, Ein angenehmer Geruch (*Halacha* A).

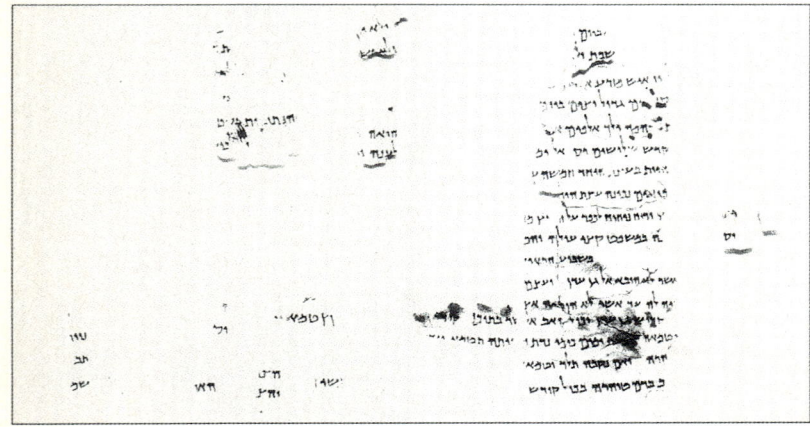

Text 40, Die letzte Spalte der Damaskus-Schrift.

Text 40, Die letzte Spalte der Damaskus-Schrift.

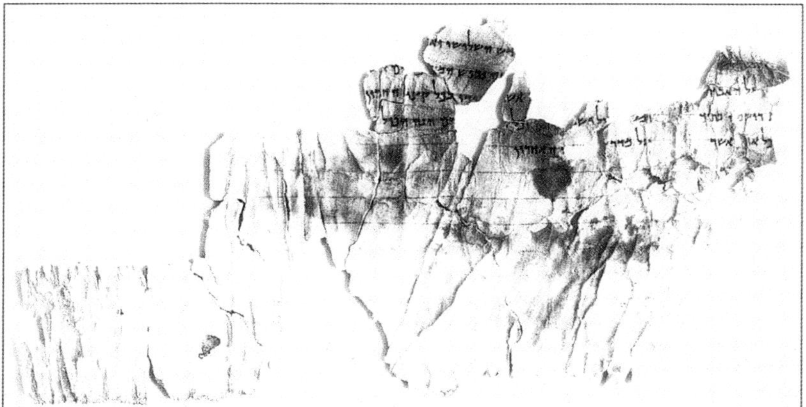

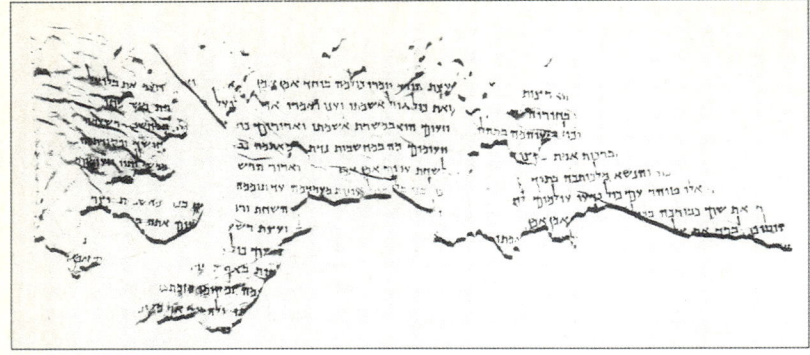

Text 41, Die Wagen der Herrlichkeit.

Text 44, Die Kinder des Heils (*Jeschaʿ*) und das Geheimnis der Existenz.

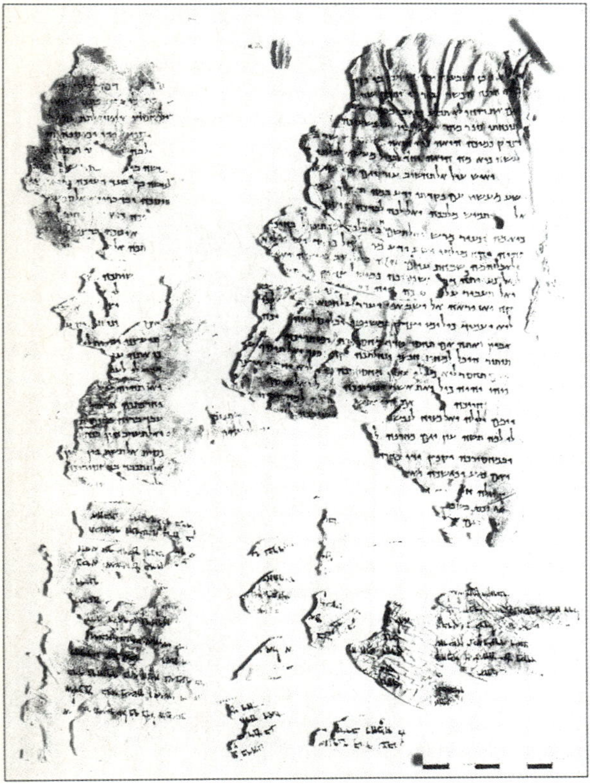

Text 45, Brontologion.

Text 49, Er liebte seine körperlichen Absonderungen (Eine Aufzeichnung der Sektendisziplin).

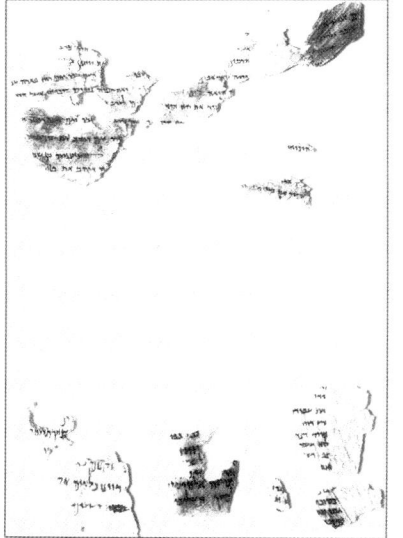

Text 50, Lobrede auf König Jonathan (Alexander Jannai).

Stufenpalast Herodes' des Großen in Masada, mit dem Toten Meer im Hintergrund.

17. תה|ו‬ה לעלמין          [. לא איתי סוף
18. .‬ת.]          מלכותה לא] תעבר מנכן עד כל
19. ל.]          ‬. ביקר רב

## Fragment 5

1. [          ] אנ|תן תחשכון [          ]
2. [          ] א הלא קבל [ח|נוך ]          [
3. [          ] נח ועל מן תהוא חובתא ]          [
4. [          ] הלא עלי ועליכן בני ארו ידעתה
5. [          ] א|רחת קש<ט>א תשבק|ו|ן [ו|כל שבילי
6. [          ] תמחלון ותהכון בחשו|כה [
7. [          ] עקה רבה תתא עליכן [ו|תחי|ה|כון
8. [          ] ]ש.[     ]עז ומ|     ]ל תהוון לשכלין

## Handschrift B Fragment 1

1. [לאסקה למדבחא הוי עוד תאב ורחע ידיך ורגליך ומקריב עעי|ן מצלחין
2. [ובקר אנון לקד]מין מן כו|ל תולעא וב]א‬ד|י|ן [אסק] אנו|ן ארי|
   כדן חזית לאברהם
3. [אבי מזדהר מן] כול לבוך vacat [תרי ע|שר עעין א|מ|ר לי [די חזין
   ל]אסקא מנהון למדבחא
4. [די ריח חננהון] בסים סלק ואלן שמה|תהו|ן א|רזא ודפ|רנא וסונדא
5. [ואטולא ושיטא וארנא ברוחא ותאנתא ועע משחא ע|רא אדסא ועעי
6. [ע|ר|ק|תא אלן א|נון אמר די| אלן אנון די ח|זין לאסקא מנהון] לתחות עלתא
7. על מדבחא     vacat ו|כדי תשרה לאסק|א מן [עעי|א אלן על מדבח|א|
   ו|נור|א |שרה|
8. ל|א|דל|ק|א בהון והא באדין למזרק דמא| על כותלי מדבחא ותוב [רחע]
9. |ידיך ורגליך מן דמא ושרי לאסקא| אבר|ין| מ|לי|חין רא|שה הוי|

## ÜBERSETZUNG

**Handschrift A, Fragment 1, Spalte 1** (8) … dies (9) … ich (10) … ich [wusch mich] und alles (11) [ … dann] erhob ich [meine Augen und mein Antlitz] zum Himmel (12) … meine Zehen und meine Finger (13) [ … und ich betete und] sprach: »Mein Herr, Du (14) [kennst … D]u allein kennst (15) [… alle] Wege der Wahrheit. Nimm hinweg (16) [von mir … B]öses und Unzucht. Wende ab (17) [ … We]isheit und Kenntnis und Stärke (18) [gib mir … daß ich] finde Deine Gnade vor Dir (19) … das, was angenehm und gut vor Dir ist (20) … laß [kei]nen Satan (hier möglicherweise »Feind«) Gewalt über mich haben (21) [… au]f mich, Herr, und laß mich hinzutreten, um mich zu machen zu Deinem …

**Fragment 1, Spalte 2** (8) Zu [Deinen] A[ugen …] (9) Herr, [Du] s[egnetest …] (10) ein gere[chter] Same. [ … Erhöre doch] (11) das Gebet [Deines] Die[ners Levi … zu tun] (12) ein Wahres Urteil für al[le Zeit … verstoße

nicht] (13) den Sohn Deines Dieners aus [Deiner] Ge[genwart ...«] (14) Dann
fuhr ich fort ... (15) zu meinem Vater Jakob und al[s ...] (16) von Abel-Maim
... Dann ... (17) legte ich mich nieder und blieb a[n den Wassern von Dan ...]
(18) Dann wurden mir Visionen gezeigt ... (19) in der Vision der Visionen,
und ich sah den Hi[mmel offen, und ich sah den Berg] (20) unter mir, so hoch,
daß er bis zum Himm[el] reichte, [und ich war auf ihm. Dann wurden] mir
[geöffnet] (21) die Tore des Himmels, und ein Engel [sprach zu mir: »Levi tritt
ein ...«]

**Fragment 3** (1) ... dein Priestertum über allem Fleisch ... (2) [... und] ich
erwachte aus meinem Schlaf. Dann (3) [sagte ich: »Dies ist eine Vision, und
ich bin doch erstaunt, daß ich überhaupt eine Vision habe.«] Ich [verbarg]
diese dann in meinem Herzen; keinem Menschen (4) [offenbarte ich sie. Und
wir gingen zu meinem (Groß-)Vater Isaak, und auch er segnete mich so.
Dann, a]ls Jakob, mein Vater, einen Zehnten abgab (5) [von allem, was er
besaß nach dem Eid, den er vor Gott geschworen hatte, war ich zum erstenmal der Oberpriest]er, und er gab mir von (allen) seinen Söhnen ...

**Fragment 4, Spalte** 1 (1) [Und im einhundertundachtzehnten Jahr meines
Lebens, dem Jahr], in dem starb (2) [mein Bruder Joseph, rief ich meine Kinder und deren Kinder und begann,] sie [zu unterweisen (3) [betreffs allem,
was in meinem Herzen war. Ich sagte zu meinen Kindern: »Hört] das Wort
(4) [Levis, eures Vaters, und schenkt den Unterweisungen des Freundes Gottes
Beachtung.] Ich [unterweise euch, (5) meine Söhne, und offenbare euch die
Wahrheit, meine Geliebten. Das Wesen] jedes eurer Werke (6) [muß Wahrheit
sein. Die Gerechtigkeit möge immer mit euch] s[ein], und Wahrheit.
(7) [Dann sollt ihr eine gesegnete und g]ute [Ernte haben.] Der, welcher Gutes
sät, erntet Gutes, (8) [während der, der Böses sät,] seine [Saat wendet sich
gegen ihn.] Und nun, meine Söhne, [lehrt] die *Thora* (eigentlich »Buch«), ihre
Auslegung und Weisheit (9) [euren Söhnen, und die Weisheit wird mit euch
sein] als eine ewige Ehre. Der, der Weisheit lehrt, wird Ehre (10) [darin finden. Dem, der Weisheit verachtet,] wird [Gering]schätzung und Verachtung
gegeben werden. Richtet euch, meine Söhne, (11) [nach Joseph, meinem Bruder, der die *Thora* (eigentlich »Buch«) lehrte und Ausle]gung und Weisheit.
(Er empfing) Ehre und wurde ein großer Mann, auch für Könige. (12) ... Verwechselt Weisheit nicht mit einem Lehrer (13) ... ein Fremder. Er, der Weisheit lehrt, alle (14) [Tage seines Lebens werden lang sein,und sein R]uf wird
[groß werden.] In jedem Gebiet und in jedem Land, wohin er geht, (15) [hat
er einen Bruder und ist nicht wie ein Fremder] darin noch wie ein Ausländer
darin, noch (16) [ist er eine unbekannte Person dort. Denn alle erwe]isen ihm
Ehre dort, da jeder will (17) [von seiner Weisheit lernen]. Seine [Freunde] sind
zahlreich, und viele suchen seine Fürsorge. (18) [Sie geben ihm einen Ehrenplatz, um] seine Worte der Weisheit zu hören. (19) [Weisheit ist ein großer
Reichtum der Ehre für] die, die sie kennen, und sie ist ein Schatz (20) [für

jeden, der sie besitzt. Wenn] mäch[ti]ge [Könige kommen] mit einer [großen] (und) machtvollen Streitmacht ...

**Fragment 4, Spalte 2** (1) (sie werden nicht) ihre verborgenen Plätze (finden), und sie sollen nicht durch ihre Tore eintreten, noch ... (2) werden sie ihre Mauern erobern können. Und nicht ... (3) sie werden sehen ihr Futter, ihren Schatz, der [nicht] ... (4) für welchen es [kei]nen Preis gibt ... [Ein jeder Mann,] (5) ... der Weisheit sucht, Weisheit [wird] ihn [finden] ... [sie wird nicht] (6) vor ihm verborgen sein ... (7) und nicht fe[hl]end ... alle, die such[en] (8) in Wahrheit ... *Thora* (eigentlich »Buch«) und Auslegung, (9) We[is]heit, die [sie] lehren ... sie sind zwei (10) ... groß. Ihr werdet erweisen (11) [... E]hre. (12) ... Auch in Büchern (13) [ ... Ihr werd]et Führer sein und Richter (14) ... und Diener (15) ... auch Priester und Könige (16) ... euer Königreich (17) wird f[ür immer bestehen ...] da wird kein Ende sein (18) [ ... das Königreich wird nicht] von euch weggehen bis ... (19) ... in großer Ehre.

**Fragment 5** (1) [ ... I]hr werdet verdunkelt werden ... (2) klagte nicht [H]enoch ... (3) ... Noah, und auf wen fällt die Schuld? ... (4) ... nicht auf mich und auf euch, meine Söhne? Nun wißt ihr (5) ... die [W]ege der Gerechtigkeit werdet ihr ver[la]ssen, [und] alle Wege (6) ... Ihr werdet verzichten, und ihr werdet in Finste[rnis] wandeln (7) ... große Unterdrückung wird über euch kommen, [und] euch wird ge[ge]ben werden (8) ... ihr werdet Narren werden ...

**Handschrift B, Fragment** 1 (1) [auf dem Altar zum Opfer zu bringen (was passend ist), wasch deine Hände und Füße noch einmal. Und bringe] gespaltenes [Hol]z dar. (2) [Untersuch es er]st nach irgend[welchen Würmern, und d]an[n bring] es dar, [denn so sah ich Abraham, (3) [meinen Vater, sich um alles kümmern,] was (ihn) davon zurückgehalten hätte, (das Holz darzubringen). Irgendeine der [zwö]lf [passenden] Holzarten sa[gte] er mir am Altar zum Opfer dar[zu]bringen, (4) [dessen Rauch] aufsteigt mit einem angenehmen Geruch. Dies sind ihre Namen: Zeder, Wacholder, Mandel, (5) [Föhre, Pinie, Esche, Zypresse, Oleander, Lor]beer, Myrte und (6) As[ph]althos(?). Dies sind dieje[nigen, sagte er], die pas[send sind], unter dem Brandopfer [dargebracht zu werden] (7) auf dem Altar. Und [wenn du beginnst], (8) [sie] zu [ve]rbrenn[en, mußt du Blut] an die Seiten des Altars [sprengen]. Wiederum [wasche] (9) [deine Hände und Füße von dem Blut, dann beginne], ges[alz]ene Stüc[ke darzubringen]. Was [seinen] Ko[pf] betrifft ...«

## 28. Ein festes Fundament (Aaron – 4Q541)

Die Verwandtschaft dieses Textes mit dem vorigen aramäischen »Testament des Levi« ist offensichtlich. Man kann ihn als eine andere Fassung oder einen Teil desselben betrachten. Der Arbeitstitel, 4QAaron, ist nicht mehr als eine Konvention; dennoch spiegelt er den priesterlichen Charakter von Teilen des

Materials wider; man vergleiche besonders die Hinweise auf »Brandopfer« und »ein Fundament des Friedens« in Spalte 2,4 und ähnliche Anklänge, die vor allem die »Fundament«-Metapher in den Spalten 4 und 6 betreffen. Der Hinweis auf die »Brüder« in 6,3 freilich würde eher eine direktere Zuschreibung zu Levi denn zu Aaron nahelegen, obwohl hier einfach nur derselbe allgemeine priesterliche und levitische Zug zum Ausdruck kommen könnte, wie wir ihn in den beiden Testamenten Kahaths und Amrams, zweier weiterer Nachkommen Levis, finden (s. u.).

Die Verwandtschaft dieses Textes sowohl mit den erhaltenen Versionen des »Testaments des Levi« in anderen Sprachen als auch mit dem Daniel- und Henoch-Material – besonders in den Spalten 4–5, wo er mehr apokalyptische Züge annimmt – ist ebenfalls eng. Diese Spalten laufen mit den berühmten eschatologischen Abschnitten des griechischen »Testaments des Levi« 17 ff. parallel. Außer den üblichen Anspielungen auf »Weisheit«, »Geheimnisse« und einigen visionären Zügen in den ersten beiden Spalten sollte man in 4,1 die Betonung auf dem »Vollziehen der Sühne für alle Söhne seiner Generation« beachten.

Diese »Sühne«-Metaphorik ist stark ausgeprägt in der übrigen Qumran-Literatur, wie zum Beispiel in dem »Gesicht von den vier Königreichen« (Kapitel 2) und in der Gemeinderegel (VIII, 6–10). In der letzteren ist sie eindeutig auf den Rat der Gemeinde bezogen, der sowohl für ein »inneres Heiligtum« oder »Allerheiligstes« für Aaron als auch ein »Haus« oder »Tempel« für Israel steht. Diese »Sühne«-Metaphorik ist – wie gezeigt – auch ein starkes Element des Urchristentums. Die Metapher vom »festen Fundament«, die auch hier wieder auffällt, ist ebenso stark in den Qumran-Lobliedern wie in der Gemeinderegel verbreitet, in der letzteren vor allem dort, wo es um den Rat der Gemeinde und das Bild von der spiritualisierten Sühne geht.

Sogar im Neuen Testament wird darauf angespielt. Gattungsmäßig ist das Bild natürlich mit der Metapher des »Felsens« in der späteren Tradition verwandt. In den Qumran-Lobliedern wird es nicht nur von dieser Metaphorik und der des »Ecksteins« begleitet, sondern auch von der des »Turms«, der »Wand« und der »Festung«; eine ähnliche Metaphorik verbindet sich mit Jakobus, der in der frühen christlichen Tradition »Schutz des Volkes« und »Festung« genannt wurde.

Auch der Gebrauch des Wortes »verschlingen« in Spalte 2,8 ist bemerkenswert, weil er auf die Bedeutung der Metaphorik des »Verschlingens« in Qumran hinweist. Obgleich dieses Bild hier auf die Weisheit bezogen wird, erscheint es in der Regel, wie wir gesehen haben, im Zusammenhang mit den »Söhnen des Belial« oder den »Söhnen der Finsternis« allgemein, die in den Spalten 4–5 des vorliegenden Textes angesprochen werden. Nach den Darlegungen einiger Kommentare (*pescharim*) sind letztere zusammen mit dem »lügenden Spötter« für die Vernichtung des Lehrers der Gerechtigkeit verantwortlich. Diese Metaphorik bewegt sich auch in diesem Dokument (Spalte 4,4 ff.) wiederum allgemein auf »Lügen« und »Gewalt« zu. Letztere weicht in Spalte 5–6 der üblichen Betonung des »Wandelns«, wahrscheinlich auf den Wegen der Finsternis und des Lichtes. Sogar der Hinweis auf *»hamas«* (»Gewalt«) hat zahlreiche Parallelen in dem veröffentlichten Korpus, besonders im Habakuk-Kommentar; das gleiche gilt für Anspielungen auf Formeln wie »vom Wege abkommen« (4,6), was soviel bedeutet wie »ohne einen Weg in der weglosen Wüste irregehen«, etwa in Spalte 1 der Damaskus-Schrift.

Die Rekonstruktion in Spalte 6, die das Wort »Kreuzigung« betrifft, ist – soweit sie akzeptiert wird – ebenfalls interessant. Denn diese Vorstellung, verbunden mit der Metaphorik vom »festen Fundament«, rückt nahe an ein großartiges Wachrufen des ewigen Lebens heran, und zwar mit Hilfe der »Licht«-Metaphorik, die nicht nur in Qumran so weit verbreitet ist, sondern auch den Beginn des Johannes-Evangeliums prägt. Diese Bildersprache hat viel gemeinsam mit der der testamentarischen Vermächtnisse und Schilderungen, die mit den Namen Kahath und Aaron verbunden sind.

TRANSLITERATION                               **Spalte 1 (Fragment 6)**

| | |
|---|---|
| [    ] ר עמי]קין | [ ] .1 |
| [   ] די לא מתבונן וכת]ב | [ ] .2 |
| [   ] ו]ישחיק ימא רבא מ. ] | [ ] .3 |
| [   ] אדין יתפתח]ון] ספרי הכ]מתא | [ ] .4 |
| [   ] מאמרה וכ]   ]שין חכ] | [ ] .5 |

**Spalte 1 (Fragment 2)**

| | |
|---|---|
| מל]ין ] [ וכרעות | [ ] .1 |
| ]זה לי עוד כתב | [ ] .2 |
| מל]לת עלוהי באוחידואן | [ ] .3 |
| ] קריב לעלי להן רחיק מני | [ ] .4 |
| להו]ה ע]מ]יק ח]זוה ....ת פריא | [ ] .5 |

**Spalte 2**

| | |
|---|---|
| ]ו] [   ]ל]   [ | .1 [ |
| ]מן] קודם אל ] | .2 [ |
| תסב מכא]בין | .3 [ |
| ו]ת]בריך עלת]הון ותקים ל]הון יסוד שלמכ]ה | .4 [ |
| רוחך ותחר]ה באלהך ונס]ב אנה לכה מתל]ין | .5 ] חדי |
| ארו חכים ]יבין די אנא חזה] ומתבונן בעמיק]ן וממ]לל | .6 ] או]חידוא]ן] |
| יואן ]לא יבין ומדע חכ]מה יאתה לעליכה די נסיבת ] | .7 ] ת]קנה .... |
| רדף לה ובעי ]לה וההסן ל]ה למבלע ארו שני תח]רה | .8 ] שני אתר |

149

## Spalte 4

1. ] וסנה ח]כמתה ויכפר על כול בני דרה וישתלח לכול בני
2. [דר]ה מאמרה כמאמר שמין ואלפונה כרעות אל שמש עלמה תניר
3. ויתחזה נורתא בכול קצוי ארעא ועל חש]ו]כא תניר אדין יעדה חשוכא
4. [מן] ארעא וערפלא מן יבישתא שניאן מלין עלוהי יאמרון ושנה
5. [כדב]ין ובדיאן עלוהי יבדון גניאין עלוהי [י]מללון דרה באיש<א> יאפיך
6. [ורנז רב] להוה ו[ב]שקר וחמס מקמה [ו]רטעה עמא [ב]יומוהי וישתבשון

## Spalte 5 (Fragment 5)

1. [ ] ] ומכאבין על מ]
2. [ ] די]נכה ולא תהוה חי]ב
3. [ ] נגדי מכאיביכה . ]
4. [ ] לא נוע לונכה וכול ]
5. [ ]ת לבכה מן ק]ודם

## Spalte 5 (Fragment 1)

1. ארו אנ]י חזה חדה ]
2. דכרין שבעא חזי]ת
3. קצת בנוהי יהכון ]
4. ויתיספון על על]יונין

## Spalte 6

1. ]ית]קן אל שניא]ן       וידין] שניאן מגליאן א]דין [
2. בקר ובעי ודע מה יונא בכה ואל תמחי להי ביד שחפא [ות]לי]א . ]
3. וצצא אל [יק]רוב בה ותקים לאבוכה שם חדוה ולכול אחיכה יסוד [מבחן]
4. [ ]א . ותחזה ותחדה בנהיר עלמא ולא תהוה מן שנאה       *vacat*

ÜBERSETZUNG

**Spalte 1 (Fragment 6)** (1) ... tie[fe Dinge] ... (2) ... der versteht nicht. Und er schri[eb] ... (3) ... [und] er beruhigte das große Meer ... (4) ... Dann werden die Bücher der Wei[sheit] geöff[net] werden ... (5) ... sein Wort ...

**Spalte 1 (Fragment 2)** (1) ... [Wo]rte ... und nach dem Willen ... (2) ... zu mir. Wiederum schrieb er (3) ... ich [sp]rach über es in Gleichnissen (4) ... war mir nahe. Daher war es weit von mir (5) ... Die [Vi]sion [wir]d geh[al]tvoll sein ... die Frucht ...

**Spalte 2** (2) [von] Gott ... (3) Du wirst die Lei[denden] aufnehmen ... (4) [Du] wirst [ihre] Brandopfer segnen, [und Du wirst für] sie ein Fundament De[ines] Friedens [herstellen] ... (5) dein Geist, und du wirst dich erfreu[en an deinem Gott. Nun er[kläre] ich dir Gleichnis[s]e ... freue dich. (6) Siehe, ein weiser Mann [wird verstehen, daß ich sehend bin] und tiefe Geheimnis[s]e verstehe, so sprec[he ich] ... Gl[e]ichnis[se]. (7) Der Grieche (?) [wird nicht verstehen. Aber die Kenntnis der Weis]heit wird zu dir kommen, denn du hast empfangen … [du] wirst annehmen … (8) Folge ihr (der Weisheit) nach, und suche [sie, und ergreife Besitz von] ihr, um (sie) zu verschlingen. Siehe, du wirst viele fro[h machen] … viele (werden) einen Platz (haben) …

**Spalte** 4 (1) … seine Weisheit [wird groß sein.] Er wird Sühne vollziehen an allen Kindern seiner Generation. Er wird gesandt zu allen Söhnen (2) seiner [Generation]. Sein Wort wird wie das Wort des Himmels sein, und seine Lehre wird dem Willen Gottes gemäß sein. Seine ewige Sonne wird herrlich leuchten. (3) Die Feuer werden angezündet werden an allen Enden der Erde. Es wird über der Dunk[el]heit scheinen. Dann wird die Finsternis vergehen (4) [von] der Erde und die große Finsternis vom trockenen Land. Sie werden viele Worte sprechen gegen ihn. Da werden viele (5) [Lü]gen sein. Sie werden Geschichten erfinden über ihn. Sie [we]rden beschämende Dinge über ihn sagen. Er wird seine böse Generation umstoßen, (6) [und] da wird [großer Zorn] sein. Wenn er aufsteht, [da] wird Lüge und Gewalt sein, [und] das Volk wird vom Wege abkommen [in] seinen Tagen und wird verwirrt werden.

**Spalte** 5 (**Fragment** 5) (1) … und die, die leiden an/über … (2) … dein [Ur]teil, aber du wirst nicht schul[dig] sein … (3) … das Geißeln derer, die dich verletzen … (4) … deine Klage (?) wird nicht fehlschlagen und alle … (5) … dein Herz v[or] …

**Spalte** 5 (**Fragment** 1) (1) [Siehe,] ich sah ein … (2) [Ich] sah sieben Widder … (3) Einige seiner Söhne sollen wandeln … (4) Sie werden versammelt werden zu den Himm[lischen Wesen] …

**Spalte** 6 (1) Gott [wird] die Irrtüm[er] richtig [-stellen] … [Er wird urteilen] (über) offenbarte Sünden … (2) Finde heraus und suche und wisse, wie Jona weinte. So sollst du nicht die Schwachen schlagen durch Vernichtung oder durch [Kreu]zigung … (3) Laß nicht den Nagel ihn [be]rühren. Dann sollst du aufrichten für deinen Vater einen Namen der Freude und für alle deine Brüder ein [festes] Fundament. (4) … Du wirst sehen, und du wirst dich des Ewigen Lichtes erfreuen, und du wirst keiner sein, der (von Gott) gehaßt wird.

## 29. Das Testament des Kahath (4Q542)   (Tafel 9)

Dieser Text gehört zur Gattung der Pseudepigraphen wie das »Testament des Levi« und »Ein festes Fundament« (Aaron A). Alle diese Texte, einschließlich desjenigen, der Amram zugeschrieben wird (s.u.), sind mit einem der Hauptvertreter der priesterlichen Sukzession verknüpft; ja, es besteht sogar die Möglichkeit, daß wir hier Zeugen einer Tradition werden, die der rabbinischen nicht unähnlich ist (zum Beispiel *Pirke Abot*), in der den Rabbinern in der Reihenfolge ihrer Sukzession bedeutende Sprüche zugeschrieben wurden. Analog hätte die vorliegende Tradition auf priesterlichen Vorfahren aufgebaut.

Wie es scheint, begann die Reihe mit Noah und Henoch, ging von Abraham zu Levi über und führte dann von ihm weiter über dessen Sohn Kahath und Enkelsohn Amram bis zu Mose und Aaron. Von dort setzt sie sich vermutlich fort über Eleasar und Pinhas bis zu dem gesamten priesterlichen »Establishment«, das seine Legitimation in gewisser Weise entweder aus seiner Herkunft oder seiner Verwandtschaft mit diesen frühen Vorvätern bezieht.

Dieser Text hat seinen Namen von einer Anspielung auf Amram als »mein Sohn« in Zeile 9 der zweiten Spalte und auf Levi als den »Vater« des Sprechers in Zeile 11 (zur Genealogie des Kahath siehe Ex. 6,16 ff.). Das hier vorliegende Pseudepigraph ist so gut erhalten, wie man sich nur wünschen kann. Die Anweisungen, die es enthält, sind von hochgeistigster, eifrigster und fremdenfeindlichster Art, wahrscheinlich im Stil des sprichwörtlichen Pinhas (ebenfalls ein Nachkomme Kahaths), des Urvaters sowohl der makkabäischen als auch der zelotischen Bewegung. In diesem Zusammenhang sollte man auch den »Eifer« Jesu, wie er in Joh. 2,17 überliefert wird, und die parallele Charakterisierung der Nachfolger des Jakobus als »Eiferer für das Gesetz« in Apg. 21,20 beachten. Die Anweisungen gelten offensichtlich für die gesamte Priesterschaft, die mit der Familie Moses und – wie man annehmen sollte – den Leviten selbst verwandt ist.

Diejenigen, die sich auf Paläographie verlassen, haben diesen Text auf 100–75 v. Chr. datiert; was wir hier vor uns haben, ist jedoch – unabhängig von der Verläßlichkeit derartiger Bestimmungen und den typologischen Einordnungen, auf denen sie basieren – nicht eine formale oder »Buch«-Handschrift, sondern eine halbkursive oder private. Als solche ist sie unmöglich zu datieren. Ein vor kurzem an dem Pergament durchgeführter *einzelner* AMS-Karbon-14-Test ergab ein etwa 300 Jahre früheres Datum. Die Datierung ist also offensichtlich problematisch; solche Schwankungen haben wahrscheinlich mit der Ungenauigkeit derartiger Tests im allgemeinen und den vielfältigen Variablen zu tun, die solche Tests verzerren können. Festzuhalten ist, daß C 14-Tests in der Handschriftenforschung Texte in der Regel älter machen, als sie eigentlich sind, nicht umgekehrt.

Die entscheidende Stelle in diesem Text findet sich in Zeile 5–6 von Spalte 1. Hier ist von »Fremden« die Rede, die in das Land kommen – in Zeile 7 genauer von fremden »Herren«, die eingefallen sind, die die Bewohner »erniedrigen« und auf ihnen »herumtrampeln«. Es ist möglich, die »gewalttätigen Männer« in Zeile 6 als »Beschlagnahmer« oder »Enteigner« zu lesen. Wie in 1. Makk. 13,36 ff. bezieht sich diese Anspielung vielleicht nicht einfach auf Gewalttätigkeit im engeren Sinn, sondern auf von Fremden auferlegte Steuern. Es kann auch »die Gewalttätigen« gelesen werden, wie wir es getan haben, wodurch wichtige Anklänge an andere Qumran-Texte hervortreten. Jedenfalls handelt es sich um eine vielsagende Bemerkung, und der Widerstand gegen fremde Kontrolle, besonders der Priesterschaft, dürfte unstrittig sein. Derartige fremdenfeindliche Anweisungen spiegeln vor allem die Einstellung der Zeloten wider, einer militanten Gruppe beim jüdischen Aufstand gegen Rom 66–70 n. Chr., deren Wurzeln zurück in die Zeit der Makkabäer reichen und die in enger Beziehung zu ähnlichen Erhebungen und Unabhängigkeitsbewegungen in dieser Periode (2. bis 1. Jahrhundert v. Chr.) stehen.

Dieses nationalistische Thema des Widerstands gegen Fremde zieht sich nicht nur durch das gesamte Spektrum dieser Dokumente, sondern kann darüber hinaus auch so verstanden werden, daß es eine Ablehnung der Ernennung der Hohenpriester durch Fremde und ihrer Gaben und Opfer im Tempel einschließt. Solche Einmischungen scheinen die Pharisäer und die ihnen ergebene Priesterschaft (das heißt die »herodianischen Sadduzäer«) dieser Zeit akzeptiert zu haben, nicht so freilich die Zeloten und andere, die der römisch-herodianischen Herrschaft in Palästina ablehnend gegenüberstanden.

An einer überaus wichtigen Stelle nennt Josephus im *Jüdischen Krieg* diese Weigerung, Geschenke von Fremden und Opfer für Fremde im Tempel anzunehmen, eine »Neuheit«, die »unseren Vorvätern nicht vertraut war« (II §§ 409–414). Dies würde nicht nur den römischen Imperator, für den täglich Opfer dargebracht wurden, sondern auch die Herodianer einschließen, die von den Zeloten wegen ihrer arabischen oder idumäischen Abstammung als jene »Fremden« bezeichnet wurden. Für Josephus führten genau diese Umstände zum offenen Aufstand gegen Rom. Von der Zeit zwischen 4 v. Chr. und 7 n. Chr. an, als die meisten der revolutionären Aktionen des 1. Jahrhunderts begannen, war die Steuerfrage – besonders in der Auseinandersetzung zwischen der etablierten Oberschicht und den Massen – ein brennendes Thema.

Diese Widerstände können auch nicht unabhängig von denen der Damaskus-Schrift oder der beiden Briefe über die Werkgerechtigkeit (Kapitel 6) gesehen werden, wenn es um die »Befleckung des Tempels« (eines der »drei Netze des Belial«) geht. Die Damaskus-Schrift greift in VI,16 speziell das Thema der »Befleckung des Tempelschatzes« auf (unmittelbar gefolgt von der »Beraubung der Sanftmütigen«) und beschreibt diese Befleckungen in den Spalten V–VIII in grellen Farben.

Die Begleiterscheinungen, die in diesem Text genannt werden, könnten sich daher nicht nur auf die herodianische Periode (37 v. Chr. – 70 n. Chr.) beziehen, in der wir diesen Text ansetzen, sondern auch auf eine frühere Zeit, besonders die makkabäische Periode. Dabei sollte man jedoch berücksichtigen, daß der Text – sollte er wirklich in die makkabäische Zeit fallen – ebenso wie das »Testament des Levi« und der ihm verwandte Daniel-Zyklus im Sinne einer Befürwortung des Priestertums makkabäischer Prägung und des »Bundes des Pinhas« verstanden werden müßte, das heißt, eines einheimischen Priestertums und nicht eines, das von »Ausländern« aufgezwungen wird

(1. Makk. 2,26–28). Neue Texte wie dieser und natürlich der ausgeprägte apokalyptische Nationalismus, der das gesamte Qumran-Korpus durchzieht, bestätigen zunehmend unsere »herodianische« These, im Gegensatz zu der früheren Einhelligkeit, die die Öffentlichkeit glauben machte, die für diese Schriften verantwortliche Gruppe sei auf irgendeine – jedoch ziemlich mysteriöse – Weise antimakkabäisch gewesen. Die »Lobrede auf König Jonathan«, mit der wir diese Sammlung beschließen, wird unsere These weiter erhärten.

Über die Steuerzahlungen an die Römer gibt uns Josephus Aufschluß, wenn er die Geburt dessen beschreibt, was man heute die »Zeloten-Bewegung« nennt (Josephus nennt sie »die vierte Philosophie«). Es war vor allem die Steuerfrage, an der sich herodianische Sadduzäer und »oppositionelle Sadduzäer« schieden (vgl. unsere Diskussion der Texte über priesterliche Dienstklassen und »Aemilius tötet«). Josephus stellt einen Hohenpriester vor, einen gewissen Joezer, den Sohn des Boethus – ein obskurer Priester aus Ägypten, der von Herodes protegiert worden war, nachdem er dessen Tochter geheiratet hatte (also ein herodianischer oder *boethusäischer* Sadduzäer); diesem Joezer gelang es, das Volk davon zu überzeugen, Steuern an Rom zu *zahlen*, die die Herodianer einzogen.

Joezers Gegenspieler – ein Mann, den Josephus geheimnisvoll »Sadduk« nennt – charakterisiert er als jemanden, der sich Judas dem Galiläer (der in der Apostelgeschichte erwähnt wird, der sprichwörtliche Gründer der »Zeloten-Bewegung«) anschloß, um »gegen die Steuer aufzubegehren« (*Altertümer* XVIII §§ 4–5). Die Evangelien, die die spätere Position des Paulus andeuten, stellen Jesus so dar, als habe er das Volk gelehrt, Steuern zu *zahlen*. Paulus behandelt das Thema der Steuerabgaben an Rom an geeigneter Stelle in Röm. 13. Im Blick auf die eine Sichtweise könnte seine Argumentation zynischer nicht sein, trotzdem ist sie sehr aufschlußreich. Paulus wendet den Schlüsselbegriff »Gesetzesbrecher«, den wir sowohl in den Rollen als auch im Jakobus-Brief finden, auf diejenigen an, die das *römische,* nicht aber das jüdische Gesetz brechen. Er nennt das »Gesetz Gottes« das »Gesetz *des Staates*« und geht sogar soweit, die römischen Beamten und Steuereinzieher als »Diener Gottes« (Röm. 13,6) zu bezeichnen. Von daher gesehen überrascht es nicht, daß die Evangelien keine Bedenken hatten, »ihren« Jesus als jemanden darzustellen, der Tischgemeinschaft mit *Steuereinziehern* – und sogar Unzüchtigen – hielt.

Wie überall in diesen Texten – und in dem Text »Ein festes Fundament« (s. o.) ist es ja nicht anders – sollte man wieder die Betonung von »Gerechtigkeit«, »Wahrheit«, »Urteil« und »Aufrichtigkeit« als Gegenbegriffe zu »Böses«, »Unzucht« und »Falschheit« beachten. Ein Teil der zweiten Spalte dieses Textes wurde früher unter dem falschen Namen des »Testaments des Amram« veröffentlicht, wahrscheinlich aufgrund der Erwähnung Amrams in 2,9.

## Fragment 1 Spalte 1

1. ואל אלין לכול עלמין ו<י>נהר נהירה עליכון ויודענכון שמה רבא
2. ותדרעונה {ותנדע{ו}נה} די הוא אלה עלמיה ומרא כול מעבדיא ושליט
3. בכולא למעבד בהון כרעותה ויעבד לכון חדוא ושמחא לבניכון בדרי
4. קוש{ו}ט<א> לעלמין וכען בני אזדהרו בירותתא די מוש<א>למא לכן
5. די יהבו לכן אבהתכון ואל תתנו ירותתכון לנכראין ואחסנותכון
6. לכילאין ותהון לשפלו ולתבלו בעיניהון ויבסרון עליכון די
7. להון תותבין לכן ולהון עליכון ראשין לכן אחרן במ̇מר יעק<ו>ב
8. אבוכן ואתקפו בדיני אברהם ו<ב>צדקת לוי ודילי והוא קד<י>שין ודכין
9. מן כול vacat ברוב ואחדרן בקושטא ואזלין בישרותא ולא בלבב ולבב
10. להן בלבב דכא וברוח קשיטא וטבה ותנתון לי בתיכון שם טב וחדוא
11. ללוי ושמח לי{ע}קוב ודיאץ ̇לישחק ותשבוחא לאברהם די נטרתון
12. והולכתון ירות̇תא ב̇נ̇י שכנו לכן אבהתכן קושטא וצדקתא וישרותא
13. ותמימותא ודכ̇ותא וק̇ורשא וכ̇הו̇נתא כ̇כ̇ו̇ל די פקדתון וככול די

## Fragment 1 Spalte 2

1. [ אלפתכון בקושוט מן כען ועד כו̇ל עלמין
2. [ מלי ממר קושטא יאתא עליכ̇ון
3. [ ברכת עלמא ישכנן עליכון ולהו̇ן
4. [ קאם לכול דרי עלמין ול<א> עוד תפ̇|
5. [ . מן יסודכון ותקומן למדן דין
6. [ למחזיא חובת כול חיבי עלמין הב|
7. [ ובאשיא ובתהומ<י>א ובכול חלליא לבלב|
8. [ ב̇ד̇רי קושטא ויערון כול בני רשע̇א|
9. [ וכען לכה עמרם ברי אנא מפק̇ד
10. [ ו̇לבנ̇יכא ולבניהון אנא מפקד ל̇|
11. [ ויהבו ללוי אבי ולוי אבי לי |יהב
12. [ וכול כתבי בשהדו די תזדהרון בהון |
13. [ לכן בהון זכו רבה באתהולכותהון עמכון vacat

## Fragment 2 Spalte 1

| | | |
|---|---|---|
| 5. [ | עקרא ו| | [ |
| 6. [ | |ן בנוהי | [ |
| 7. [ | .| באנושא ובחי̇ין | i |
| 8. [ | ר/דצא | [ |
| 9. [ | מרש | [ |
| 10. [ | על|יהון ו.| | [ |
| 11. [ | |.וכ ולח| | [ |
| 12. [ | נהיר להן | [ |
| 13. [ | ואנא רוז| | [ |

‏.[ל שורש<ה>

**Fragment 3 Spalte 2**

‏11. [ ]‏ ‏[בה יקרו אבניא א.]

‏12. [ די מן שגי זנותא מן להון ]‏ ‏[

‏13. [כל כול לה תאי אי לא די לחדה

## ÜBERSETZUNG

**Fragment A, Spalte 1** (1) ... und der Gott der Götter für alle Ewigkeit. Und Er wird als ein Licht über euch scheinen, und Er wird euch Seinen großen Namen bekannt machen, (2) und ihr werdet Ihn kennen, daß Er der Ewige Gott ist und Herr aller Schöpfung und Herrscher (3) über alle Dinge, indem Er sie dienstbar macht nach Seinem Willen. Und Er wird euch Freude geben und euren Söhnen Fröhlichkeit für die Generationen (4) der Wah[r]heit, für immer. Und nun, meine Söhne, seid wachsam über euer Erbe, das euch vererbt wurde, (5) das eure Väter euch gegeben haben. Gebt euer Erbe nicht Fremden noch euer Vermögen (6) gewalttätigen Männern, aus Furcht, daß ihr in ihren Augen niedrig und dumm seid und sie auf euch herumtrampeln, denn (7) sie werden unter euch wohnen und eure Herren sein. Darum haltet fest an den Worten Jakobs, (8) eures Vaters, und seid stark in den Urteilen Abrahams und in der Gerechtigkeit Levis und meiner. Seid he[i]lig und rein (9) von allem (...) völlig, und haltet euch an die Wahrheit, indem ihr aufrecht wandelt und ohne Falschheit, (10) sondern mit reinem Herzen und in einem treuen und guten Geist. So werdet ihr mir einen guten Namen geben unter euch, zusammen mit Freude (11) für Levi und Fröhlichkeit für Ja[k]ob, Freuden für Isaak und Segen für Abraham, sofern ihr wachsam seid (12) und wandelt (in) dem Er[be. Meine Sö]hne, eure Väter vermachten euch Wahrheit, Gerechtigkeit, Aufrichtigkeit, (13) Redlichkeit, Rein[heit, Heili]gkeit und das Priestertum. Im Einklang mit allem, was euch befohlen worden ist, und alldem entsprechend

**Fragment 1, Spalte 2** (1) Ich habe euch in Wahrheit gelehrt, jetzt und für al[le Ewigkeit ...] (2) die Worte, die Wahrheit sagen. Es wird über e[uch] kommen ... (3) Ewige Segnungen sollen sich über euch niederlassen. Und es soll ... (4) bestehen bleiben für alle Generationen der Ewigkeit. Und ihr sollt nicht länger ... (5) von eurem Fundament, und ihr sollt es aushalten, Urteile zu fällen ... (6) um offenzulegen die Sünde aller ewigen Sünder ... (7) und der Gottlosen, und in der Tiefe des Meeres und in jedem Hohlraum der Erde ... (8) in den [Gener]ationen der Wahrheit, während alle Söhne [des] Bösen vergehen werden ... (9) Und nun, Amram, mein Sohn, beste[lle] ich dich ... (10) und deine S[öhne] und ihre Söhne bestelle ich ... (11) und sie vererbten es

Levi, meinem Vater, und Levi, mein Vater, [vererbte es] mir ... (12) und alle meine Bücher als ein Testament, damit ihr ihnen Beachtung schenkt ... (13) Großes Verdienst (wird) euch durch sie (zuteil); in deinen Angelegenheiten sind sie mit euch.

Fragment 2, Spalte 1 (6) ... seine Söhne ... (7) ... unter den Menschen und unter den leben[den Dingen] ... (12) ... ein Licht. Außer ... (13) und ich ...

Fragment 3, Spalte 1 (am Rand, senkrecht geschrieben) seine Wurzel.

Fragment 3, Spalte 2 (11) ... die Steine werden rufen ... (12) ... sie von aller Unzucht sehr. Wer auch immer ... (13) äußerst, da er nicht ...

## 30. Das Testament des Amram (4Q543, 545-548)

Das »Testament des Amram«, wenn wir es wirklich so nennen können – Amram als solcher wird nur in Handschrift C erwähnt – ist eines der großartigsten apokalyptischen und visionären Werke in diesem Korpus. In ihm sind viele der Themen, die wir in den vorigen Texten angetroffen und besprochen haben, zu einem durchdachten eschatologischen Ganzen gebündelt. In den Themenkreis integriert sind Begriffe wie »Licht«, »Finsternis«, »Belial«, »Gerechtigkeit«, »Wahrheit«, »Lügen« und »Wächter«, einschließlich der »Söhne der Gerechtigkeit« – die wir bereits als terminologische Variante der »Söhne Zadoks« identifiziert haben –, der »Söhne des Lichtes«, der »Söhne der Finsternis« und der »Söhne der Wahrheit«, die ebenfalls im gesamten Korpus vorkommen. Außerdem werden in Handschrift B die bedeutungsschwangeren »Schlangen« und »Vipern« erwähnt, die wir aus vielen Qumran-Texten (zum Beispiel CD V,14) kennen, nicht zu vergessen ihre parallele Verwendung in den Evangelien (Mt. 3,7; 23,33 u. a.).

Wir können allerdings nicht mit Gewißheit sagen, ob die verschiedenen Fragmente und Handschriften, die wir rekonstruiert haben, wirklich zum selben Opus gehören, noch ist sicher, ob die von uns vorgenommene Aneinanderreihung stimmt. Es gibt Überschneidungen, die auf vielfältige Abschriften eines Werkes hinzudeuten scheinen; so können sie immerhin typologisch zugeordnet werden. Hinzu kommt, daß sie aufgrund ihrer inneren und äußeren Ähnlichkeiten wahrscheinlich Teil eines literarischen Zyklus sind, der mit Amram, dem Vater Moses, verknüpft ist. Diese Sammlung wiederum ist verwandt mit dem Material des »Testaments des Kahath« und dem Levi-Zyklus allgemein.

Der Anfang des Werkes ist in Handschrift C am besten erhalten, hat aber wenig gemeinsam mit Handschrift B und Handschrift ?, die allein inhaltlich schon zusammengehören. Handschrift ? wird auf die angegebene Art in der Literatur gekennzeichnet, da bisher keine vollständige Benennung vorgenommen wurde. Handschrift C, die die Namen der wichtigsten *dramatis personae* wie Amram, Kahath, Levi, Mirjam und Aaron enthält, erhebt den Anspruch, geschichtlicher zu sein. Gemeinsam mit Handschrift E gibt sie sogar das Alter dieser Gestalten an, welches allerdings stark abweicht vom chronologischen Verständnis im Buch Exodus. Die erhaltenen Fragmente wissen allerdings nichts von einer Beziehung zwischen Mirjam und Hur (siehe Kapitel 3), es sei denn, man setzt Ussiel und Hur gleich. Man sollte außerdem den anachronistischen Hinweis auf die Philister in 2,19 beachten, der vielleicht auch im Text über das Zeitalter des Lichtes (Kapitel 8) nachklingt.

In Handschrift B jedoch und in der darauffolgenden unbenannten kommt das wirklich großartige Material zum Vorschein, das kaum als testamentarisch bezeichnet werden kann. Es enthält wiederum visionäre Schilderungen von höchst eindringlicher Art, die sich mit denen in Kapitel 1 und 2 sowie mit dem Material über das »feste Fundament« oben und in Kapitel 7 vergleichen lassen. Auch hier bieten sich Identifikationen an. Zunächst sind in Zeile 13 der Handschrift B die henochitischen »Wächter« mit den »Schlangen« mit dem »Gesicht einer Viper« identifiziert worden – offensichtlich dieselbe Schlange, die mit dem Fall der Menschheit in der Adam-und-Eva-Geschichte zu tun hat. Wir sind ihr wohl schon oben in dem Text vom Baum des Bösen begegnet (siehe Kapitel 1). Drei weitere Namen stehen damit in Einklang: »Belial«, »Fürst der Finsternis« und »König des Bösen«. Der letzte Name, *Melchi Reschaʿ*, muß als Gegenbegriff zu dem bekannten, wesentlich mit Jesu messianischem und eschatologischem Priestertum verbundenen Terminus »*Melchi Zedek*« / »König der Gerechtigkeit« (Heb. 5–7) betrachtet werden – ein Thema übrigens, das Wissenschaftler bis auf den heutigen Tag beschäftigt. Dabei hat der Name *Melchi Zedek* zwei weitere Synonyme: den Erzengel Michael, den Schutzengel Israels, und den »Fürsten des Lichts« (Handschrift B 3,2).

Damit verbunden sind andere, schon erwähnte Verwendungen, die mit »Gerechtigkeit«, »Wahrheit«, »Licht« und »Helligkeit«, »Dunkel« und »Finsternis«, »Lüge« und ähnlichem zusammenhängen. Das überall in Qumran und in der frühen Christenheit weitverbreitete Wortfeld »Weg« ist auch hier stark vertreten. Alle diese Anspielungen haben ihre Gegenstücke in ihrer Anwendung auf die *dramatis personae*, die für die Qumran-Schreiber und ihre Geschichtsschreibung von Interesse waren. Der Text endet mit der vielleicht wunderbarsten Lobrede auf Licht und Dunkelheit, die wir in einem literarischen Werk überhaupt finden, sieht man einmal von den »Wagen der Herrlichkeit« (Kapitel 7) und vom berühmten Prolog des Johannes-Evangeliums ab.

TRANSLITERATION                                   **Handschrift C Spalte 1**

1. ‏פרשגן [כתב מלי חזו]ת עמרם בר קהת בר לוי כל‎
2. ‏די [אחוי לבנוהי ודי פקד א[ג]נון ביום [מותה ב]שנת‎
3. ‏מאה ותלתין ושת הי[א] שנתא די מותה [בש]נת מא[ה]‎

158

4. חמשין ותרתין לגל[ות י]שראל למצרין [    ].בר על[והי ושלח]

5. וקרא לעוזיאל אחוהי זעירא [ואס]ב לה ל[מרי]ם ברת[ה ואמר]

6. אנתה ברת תלתין שנין ועבד משתותה שבעה [יומ]ין

7. ואכל ואשתי במשתותה וחדי אדין כדי אשתציו

8. [י]ומי משתותה שלח קרא לאהרון לברה ו[הו]א בר שנין

9. [     ] ואמר] לה קרי ל[    ]רדי למלאכיה א... מן בית

10. [     ].תה לעליה קרא לה

## Spalte 2

11. בארעא דא וסלקת ל[.    ]

12. למקבר אבהתנא וסלקת [     ]

13. ל[מ]קם לעמרה ולמבנא . [     ]

14. שניא[י]ן מן בני דרי כחד[א          ומן]

15. עבידתנא [ש]ני[א]ין לח[ד]א עד במצ[ר]ין מתין [

16. שמועת קרב ובהלה תאב[ה     ]תנא לארע מ[צ]רין [

17. לעובע ולא ב[נו קב]ר[יא די אב[הת]הון ושבקני [אבי קהת למהך]

18. ולמבנה ולמסב לה[ון כל צרכיהון מ]ן ארע כנען [     וכדי הוו]

19. אנחנא בנין וקר[בא הוא בין] פלשת למצרין ונצח[ין

## Handschrift E Fragment 1

1. [     ]ל די קרב לוי ברה ל[

2. [     א]מרת לכה על מדב[חא] די אבנ[א

3. [     ]ע[ל קרבנ[ין

## Fragment 2

1. [     ]א[

2. [     ] פצית [

3. [     ] בנה [

4. [     ] בהר סיני י. [

5. [     ]ב[ר]כה רבא על מדבה נהש[א

6. [     ]בר[ה יתרם כהן מן כול בני עלמא בא[ד]ין

7. [     ]ח ובנונהי בתרה לכול דרי עלמין בק[ו]שטא

8. [     ] ואנה אתעירת מן שנת עיני וחזוא כתב[ת

9. [     ] נפקת] מן ארע כנען והוא לי כדי אמר [

10. [     ] מרים ומן בא[ת]ר] לשנת עש[ר]ין תבת לארע כנען]

11. [     ] .12] [הון בע]          [הויתה ]          [     ]

12. [     ] .12] ]ה[          ]ה          vacat

## Handschrift B Fragment 1

9. [     ]          חזית עירין [

10. בחזוי חזוה די חלמא והא תרין דאנין עלי ואמרין [

11. ואחדין עלי תנר רב ושאלת אנון אנתון מן די כדן מש[ל]טין   עלי

ועננו ואמרו לי אנחנא[

12. [משת]לטין ושליטין על כול בני אדם ואמרו לי במן מננא אנת[ה
בחר לאשתחלטה נטלת עיני וחזית]

13. [וחד] מנהון חזוה דח[י]ל [כפ]תן [ומ]ל[ב]ושה צבענין וחשיך
חשוך [    ] *vacat*

14. [ואחרנא חזית] והא [    ] ל[ו    ] בחזוה אנפוהי
העכן ו[מכסה ב [

15. [לחדדה וכול עינוהי                                    [

## Fragment 2

1. [                    ] מ[ש]לט עליך [                    [
2. [                    ] וענית ואמרת לה עירא] דן מן הוא ואמר
לי הדן ע[ירא                    [

3. [ואנון תלתה שמהתה בליעל ושר חשוכא] ומלכי רשע ואמרת מראי
מא ש[ולטן                    [

4. וכל ארחה חש[וכה וכל עבדה ח[ש]יך ובחשוכא
הוא .[

5. אנת]ה חזה והוא משלט על כול חשוכא
ואנה [משלט על כול נהורא]

6. מן] עליא עד ארעיא אנה שליט על כול
נהורא וכו]ל דאלהא ואנה שליט לאנוש]

## Fragment 3

1. [חנה ושלמה ואנה על כול בני נהו]רא אשלטת ושאלתה
[ואמרת לה מה אנון שמהתך]

2. [                    ] וענה וא]מר לי דתלתה
שמה]תי אנון מיכאל ושר נהורא ומלכי צדק]

## Handschrift ? Spalte 1

1. [                    ] [ שבטין ]                    [
2. [                    ]הא להון וכל ארח]תה בקשוט
3. [                    ] ויחלם] אנון מן אסיאנהון [
4. [                    ]ח אנון מן מותא ומן א[בדנא
5. [                    ] ע[ליכון בני ברכתא וש[
6. [                    ] כל דרי ישראל לכל [עלמין
7. [                    ]שי חרא בי די בני צ[דקתא
8. [                    ] נתק[ן] בין בני שקר לבני ק[שוט
9. אנה [מודע לכון ואף] יצבתא אנה מודע ל[כון ארי כל בני נהורא]
10. נהירין להון [וכל בני] חשוכא חשיכין להון [ארי בני נהורא
11. ובכל מנדעיהון [    ] לה[ו]ון ובני חשוכה יתא[ב]רון [
12. ארי כל סכל ורש[ע חשיכי]ן וכל [של]ם וקשוט נהיר]ין ארי כל בני נהורא]
13. לנהורא לשמח]ת עלמא לח]דות]א יהכו]ן וכל בני חש]וכה לחשוכה למותא]

160

.14 ולאבדנא יהכון ]      | לעמא נהירותא ואחוי ]לכון      | [

.15 וא|      |ן מן חשוכה ארי כל |      | [

.16 בני |חשוכה      | וכל בני נהורא |      | [

## ÜBERSETZUNG

**Handschrift C, Spalte 1** (1) Eine Abschrift [des Buches von den Worten der Vis]ion Amrams, des Sohnes des Kahath, des Sohnes des Levi: alles (2) was er seinen Söhnen offenbarte und was er ihnen befahl am Tage [seines Todes in] dem Jahre (3) einhundertsechsunddreißig, da[s] war das Jahres seines Todes, [im e]inhundert- (4) zweiundfünfzigsten Jahr des Exil[s Is]raels in Ägypten … über [ihm, und er sandte,] (5) um seinen jüngsten Bruder Ussiel zu rufen, und [gab] ihm [zur Hei]rat [Mirj]am, seine Tochter. [Denn er sagte:] (6) »Du (Mirjam) bist dreißig Jahre alt.« Dann gab er sieben [Tag]e lang ein Hochzeitsfest (7) und aß und trank und freute sich des Festes. Dann, als vollendet waren (8) die [T]age des Hochzeitsfestes, rief er nach Aaron, seinem Sohn. Nun war [e]r (Aaron) … Jahre alt, (9) [ … und er sagte] zu ihm: »Rufe … und Malachija … von dem Haus des (10) … oben.« Er rief ihn …

**Spalte 2** (11) in diesem Land, und ich ging hinauf zu … (12) um unsere Väter zu begraben. Und ich ging hinauf … (13) um [au]fzustehen, Garben aufzubinden und zu bauen … (14) gr[o]ß von den Söhnen meines Onkels, alle zusam[men … und von] (15) unseren äußer[st gr]oßen Arbeiten, [bis in Ägyp]ten starben … (16) das Gerücht von Krieg und Unruhe kehrte zurück … in das Land Ägypten … (17) zu treffen, und [sie hatten] keine Grä[ber err]ichtet für ihre V[ät]er. Dann entließ mich [mein Vater Kahath, zu gehen,] (18) zu bauen und zu holen [alles, was sie brauchten] für si[ch au]s dem Land Kanaan. [Und während] (19) wir bauten, bra[ch der Krieg aus zwischen] den Philistern und Ägypten, und … gewa[nn …]

**Handschrift E, Fragment 1** (1) … welches Levi, sein Sohn, opferte dem … (2) … Ich [s]agte zu dir an dem Al[tar] aus Stei[n …] (3) [… betr]effs Opfe[rn …] **Fragment 2** (2) … ich rettete … (3) … er baute … (4) … am Berg Sinai … (5) … ein großer [S]egen über/an dem Bronz[e]altar … (6) … sein [Sohn] wird als ein Priester unter allen Völkern auf der Erde erhöht werden. Dan[n …] (7) … und seine Söhne nach ihm, für alle Generationen der Ewigkeit in Wahr[heit …] (8) … und ich erwachte aus dem Schlaf meiner Augen, und [ich] schrieb die Vision nieder … (9) … [ich zog] aus dem Land Kanaan hinaus, und es geschah mir, so wie er gesagt hatte … (10) … erhöhend und dana[ch], in dem zwanzi[gsten] Jahr, [kehrte ich in das Land Kanaan zurück] (11) … Du warst …

**Handschrift B, Fragment 1** (9) [… ich sah Wächter] (10) in meiner Vision, der Traumvision. Zwei (Männer) kämpften um mich, sagten … (11) und hielten einen großen Streit über mich. Ich fragte sie: »Wer seid ihr, daß [ihr euch meiner] so bemäch[tigt?« Sie antworteten mir: »Wir] (12) [sind ermäch]tigt worden und herrschen über die ganze Menschheit.« Sie sagten zu mir: »Welchen von uns wä[hlst du, daß er (dich) beherrsche?« Ich erhob meine Augen und schaute.] (13) [Einer] von ihnen war furch[te]rregend in seiner Erscheinung, [wie eine Sch]lange, [sein] M[an]tel vielfarbig und doch sehr dunkel ... (14) [Und ich schaute noch einmal], und ... in seiner Erscheinung, sein Gesicht (war) wie eine Viper und [trug ...] (15) [äußerst, und alle seine Augen ...]

**Fragment 2** (1) [... er]mächtigt über dich ... (2) ... [Ich antwortete ihm:] »Dieser [Wächter], wer ist er?« Er antwortete mir: »Dieser Wäc[hter ...] (3) [und seine drei Namen sind Belial und Fürst der Finsternis] und König des Bösen *(Melchi Rescha')*.« Ich sagte: »Mein Herr, welche Herr[schaft ... ?«] (4) [»und jeder seiner Wege ist ver]dunkelt, ein jedes seiner Werke ver[du]nkelt. In der Dunkelheit er ... (5) ... [Du] sahst, und er ist ermächtigt über alle Dunkelheit, während ich [ermächtigt bin über alles Licht]. (6) [ ... von] den höchsten Sphären bis zu den niedrigsten herrsche ich über alles Licht und über all[es, was Gottes ist. Ich herrsche über (jeden) Menschen]

**Fragment 3** (1) [von Seiner Gnade und Frieden. Über all die Söhne des Lich]tes bin ich ermächtigt worden.« Ich fragte [ihn: »Was sind deine Namen?«] (2) [ ... Er s]agte zu mir: »[Meine] drei Namen [sind Michael und Fürst des Lichtes und König der Gerechtigkeit *(Melchi Zedek)*.«]

**Handschrift ?, Spalte 1** (1) ... Stämme ... (2) ... zu ihnen, und alle (seine) Weg[e sind wahr ...] (3) ... [und er wird] sie von all ihren Krankheiten [heilen] ... (4) ... sie vom Tod und von Ver[nichtung ...] (5) ... [ü]ber euch, gesegnete Söhne ... (6) ... alle die Generationen Israels für alle [Ewigkeiten ...] (7) ... zornig auf mich, da die Söhne der Ger[echtigkeit ...] (8) ... zwischen den Söhnen der Lüge und den Söhnen der Wa[hrheit ...] (9) Ich [werde euch kundtun,] sicherlich werde ich e[uch] wissen lassen, [daß all die Söhne des Lichtes] (10) zu Licht gemacht werden, [während die Söhne] der Finsternis dunkel gemacht werden. [Die Söhne des Lichtes ...] (11) und in all ihrem Wissen [werden sie] sein, und die Söhne der Finsternis werden vernichtet werden ... (12) Denn alle Dummheit und Bosh[eit werden verdunkelt wer]den, während [Frie]den und Wahrheit erhe[llt werden. All die Söhne des Lichtes] (13) sind bestim[mt] zu Licht und [ewiger] Freu[de] und [Ju]bel. Alle Söhne der Fins[ternis sind zur Dunkelheit und zum Tode] (14) und zur Vernichtung bestimmt ... Helligkeit für das Volk. Und ich werde [euch] offenbaren ... (15) ... von Dunkelheit, für alle ... (16) die Söhne der [Finsternis ...] und alle die Söhne des Lichtes.


## 31. Das Testament des Naphthali (4Q215)

Das »Testament des Naphthali« war in seiner griechischen Fassung, die – wie das »Testament des Levi« – Teil des apokryphen »Testaments der Zwölf Patriarchen« ist, schon seit langem bekannt. Man hatte bis vor kurzem angenommen, daß die ursprüngliche hebräische oder aramäische Fassung im Altertum verlorengegangen sei. 1984 lenkte M. Gaster die Aufmerksamkeit der wissenschaftlichen Welt auf mittelalterliche Handschriften, die zwei geringfügig voneinander abweichende hebräische Fassungen des Werkes enthielten. Das Verhältnis zwischen der griechischen und hebräischen Fassung gab seitdem Anlaß zu vielen Diskussionen.

Die erhaltenen Teile der Qumran-Fassung des Werkes, die wir hier vorstellen, werden die Debatte ohne Zweifel weiter anregen. Spalte 2 enthält die hebräische Fassung von 1,9.11–12 des griechischen »Testaments des Naphthali«, zusammen mit bisher unbekannten Einzelheiten. Zu Spalte 4 gibt es nirgendwo in der griechischen Fassung eine Parallele; sie hat einen eschatologischen Zug, den man im griechischen »Testament des Naphtali« nicht findet.

Der Text, aus zwei einzelnen Fragmenten rekonstruiert – und auch hier ist die Rekonstruktion nicht sicher –, verfährt nach dem Muster des »Testaments des Amram«. Einer mehr oder weniger geradlinigen historischen Erzählung folgt hier eine eschatologische Darbietung von höchst eindringlicher Art. Sie bildet sich – auch in dem erhaltenen Teil – zu einem vollständigen Messianismus aus, so daß man diesen Text (wie auch andere zuvor erwähnte) zu Kapitel 1 stellen könnte. Der prosaischen Erzählung in Spalte 2 folgt die ekstatische Visionsschilderung in Spalte 4.

In Spalte 2 laufen lediglich die Zeilen 1–5 parallel zum griechischen Naphthali-Text 1,9–12. Letzterer kehrt dann zu einer ziemlich alltäglichen Ermahnung zurück, während der vorliegende Text einen anderen Verlauf nimmt. Wir haben den Namen Rotheos für Bilhas Vater in Zeile 7 zur Verdeutlichung aus dem griechischen Text eingefügt, nicht weil er tatsächlich im hebräischen Text vorkäme. Der Name selbst war wohl eine vergleichsweise späte Erfindung ohne Parallele im hebräischen Original, obgleich im Original wahrscheinlich irgendein Name gestanden haben muß.

Im vorliegenden Text stößt man auf das übliche messianische Vokabular: »die Hölle/Grube« (CD VI,3–9, »*Hasidav*« (»Seine Frommen«), »Erkenntnis«, »Gerechtigkeit«, »Wahrheit« und die Art von Vorherbestimmung, wie sie in den Schilderungen etwa der Damaskus-Schrift oder in den bereits veröffentlichten Qumran-Hymnen enthalten ist. Nach 4,8 sind die Taten der »Gerechten« (also derjenigen, die am Ende der Zeit »gerettet« werden) »bekannt« oder »vorbereitet«, »ehe sie geschaffen wurden« (siehe CD IV, 4–7 zu »die Söhne Zadoks« und 1QH IX, 33–35). Sowohl Paulus als auch Jakobus sind mit dieser Sprache vertraut, und die Literatur der frühen Kirche bewahrt die Überlieferung, daß Jakobus »geweiht (heilig) war von Mutterleibe an« (*Euseb* HE II 23,4). Paulus für seinen Teil kennt die Rede vom »Dienst der Gerechtigkeit«, die er in 2. Kor. 11–12, wie bereits in Kapitel 1 erwähnt, auf seine Gegner unter den hebräischen »Überaposteln« anwendet, die er als »Satansdiener« und »betrügerische Arbeiter, verkleidet als Apostel Christi«, bezeichnet.

Über die Wendung »die Wege Gottes« in 4,6 hinaus – eine Redeweise, der wir im »Geheimnis der Existenz« in Kapitel 7 wiederbegegnen – zieht der Text die Aufmerksamkeit auf »Seine mächtigen Werke«. Diese »Werke« oder »gewaltigen Wunder Gottes« werden teilweise in der Kriegsrolle erläutert. Während diese Begriffe im Neuen Testament im Zusammenhang mit Heilungen, Auferweckungen, Zungenreden, Exorzismus und ähnlichem wiederaufgenommen werden, stehen sie in Qumran, in Übereinstimmung mit seinem apokalyptischen und doch diesseitigen Ansatz, für die Schlachten und endgültigen eschatologischen Taten, die Gott unternommen hat oder unternehmen wird um »Seiner Erwählten willen«, die er »liebt«.

Der Text blickt sehr bestimmt auf das messianische Zeitalter und wird, indem er dies tut, in 4,4 ff. zunehmend ekstatisch. Dieser Abschnitt besitzt keine Parallele in der erhaltenen griechischen Fassung, die, wie bereits gesagt, an dieser Stelle mehr ins Prosaische zurückfällt. In erster Linie stellt der Text in 4,2 eine weitere neue Wendung vor: »die Erwählten der Gerechtigkeit«. Sie hat eine Parallele in den Lobliedern (Hymnen) II,13 in einem Passus, der sich auf »den Weg«, »Eifer« und »wunderbare Geheimnisse« bezieht. Abgesehen von den Begriffen »Gottlose« oder »Böse«, deren Zeit nun abgelaufen ist, ist der Text durchweg positiv gehalten. Mit dem Eintreffen der »Zeit der Gerechtigkeit« ist das »Zeitalter des Friedens« gekommen, wenn die »Gesetze der Wahrheit« und »die Wege Gottes« beachtet werden »bis in alle Ewigkeit« (4,4–5).

Gleichzeitig wird das Bild vom allgegenwärtigen »Thron« heraufbeschworen, auf das man in diesen Dokumenten immer wieder stößt. So verkündet der Text, daß die »Herrschaft des Guten und der Gerechtigkeit gekommen ist« und Gott den »Thron Seines Messias errichtet hat« (4,9). Eine triumphalere Aussage ist nicht vorstellbar. Dies ist ein Grund dafür, daß wir die Bewegung, die für diese Werke verantwortlich ist, »die messianische Bewegung in Palästina« genannt haben. Dies kann schlechterdings nicht bestritten werden, und wir stehen zu dieser Festlegung.

Daß die sogenannte »Zeloten-Bewegung« auch vom Messianismus durchdrungen war, bestätigt Josephus am Ende seines *Jüdischen Krieges*, wenn er behauptet, daß die Hauptursache für den jüdischen Aufstand gegen Rom 66–70 n. Chr. eine dunkle und mehrdeutige Prophetie war – mehrdeutig darum, weil sie vielfältige Interpretationen ermöglichte, eine pharisäische, die seiner eigenen entsprach, und eine wie diejenige in Qumran –, nämlich daß ein Weltherrscher aus Palästina hervorgehen werde: das heißt die »Stern«-Prophezeiung (VI §§312–314).

Die Wendung »Erwählte der Gerechtigkeit« ist ebenfalls interessant. Wir haben gesehen, daß die »Söhne Zadoks« in der Damaskus-Schrift bestimmt werden als »die Erwählten Israels, *beim Namen gerufen*, die am Ende der Zeit stehen werden ... und die Gerechten rechtfertigen und die Bösen verdammen« (IV, 3–7; Hervorhebung von uns). Die Vorstellung von den »Erwählten« ist also wichtig in Qumran. Dieser Abschnitt des »Testaments des Naphthali« verknüpft die »Söhne Zadoks« mit den »gerechten Erwählten« noch enger. Hier liegt natürlich auch eine terminologische Variante der »Söhne der Gerechtigkeit« vor.

Auch die Verwendung der Wörter »Herzen« oder »Herz« (4,7) hat Bedeutung in Qumran und dient häufig dazu, ideologische Reinheit zu beschreiben. »Die Wege Gottes und die Macht Seiner Werke« (4,6) werden das messianische Zeitalter beherrschen. Sie haben ihr begriffliches Gegenstück sowohl in diesem Dokument wie auch in anderen in den »Werken«, die von Menschen erwartet werden. Dies ist gewaltige »Werkgerechtigkeit«.

TRANSLITERATION                                   **Spalte 2 (oder später)**

1.  [ ה]עם אחיות אבי בלהה א]מי ואחו]תה דבורה אשר הניקה את רבק
2.  [וילך בשבי וישלח לבן ויפרקהו ויתן לו את חנה אחת מאמהותי]ו ותהר ותלד בת
3.  [ ראישונה את זלפה ויתן את שמה זלפה בשם העיר אשר נשבה אלי]ה
4.  [ ותהר ותלד את בלהה אמי ותקרא חנה את שמה בלהה כי כאשר נולדה ]
5.  מתבהלת לינוק ותואמר מה מתבהלת היאה בתי ותקרא עוד בלהה
6.                        *Vacat*
7.  [וכאשר בא יעקוב אבי אל לבן בורח מלפני עישיו אחיהו ומאשר מ]ת רתיוס
8.  [אבי בלהה אמי וינהג לבן את חנה אם אמי ואת שתי בנותי]ה ויתן בת אחת
9.  [ללאה] ואחת לרחל וכאשר היות רחל לוא ילדה בנים ..
10. [ יעקו]ב אבי ונתן לו את בלהה אמי ותלד את דן אח]י
11. [    [לש] ] ...ל] | ...ש..] ל]ש]חי אחיות ]

                                                    **Spalte 4 (oder später)**

1.  [   ] [.] [ ...............[ ] כ]בור
2.  וצרח מצוק ונסוי שחת ויצרפו בם לבחירי צדק מח.ל .ש.
3.  בעבור חס]יד]ו כיא שלם קץ הרשע וכול עולה ת]עבו]ר
4.  באה עת ה]צ]דק ומלאה הארץ דעה ותהלת אל בו כ]יא]
5.  בא קץ השלום וחוקי אמת ותעודת הצדק להשכיל [כול אנש]
6.  בדרכי אל ובגבורות מעשיו [יתוסרו ע]ד עולמי עד כול ב]ריאה]
7.  תברכנו וכול אנש ישתחוה לו [ויהיה לב]בם אח]ד] כיא הואה [הכין]
8.  פעולתם בטרם הבראם ועבודת הצדק פלג נבולותם [הנב]י]ל]
9.  בדורותם כיא בא ממשל {הצדק} הטוב וירם כסא ה]משיח]
10. ומודה נבה השכל ערמה ותושיה נבחנו במעש]י] ק]ו]ד ש]ו]
11. [ .ע. [ ] ] .11

ÜBERSETZUNG

**Spalte 2 (oder später)** (1) mit den Schwestern des Vaters Bilhas, meiner Mu[tter und ihrer Sch]wester, Debora, die Rebekka aufzog ... (2) Und er (der

165

Vater) ging in Gefangenschaft, aber Laban sandte und rettete ihn. Dann gab er (Laban) ihm (Rotheos) Hanna, eine seiner Dienerinn[en. Und sie empfing und gebar] (3) ihre erste [Tochter] Silpa. Und er gab ihr den Namen Silpa nach dem Namen der Stadt, zu d[er] er als Gefangener gebracht worden war. (4) Dann empfing sie und gebar Bilha, meine Mutter. Und Hanna nannte sie Bilha, weil sie, als sie geboren wurde, (5) sich zu trinken beeilte. So sagte sie: »Ach, wie meine Tochter in Eile (von hebräisch: *bhl*) ist!« So wurde sie von da an Bilha genannt. ... (7) Und als Jakob, mein Vater, auf der Flucht vor Esau, seinem Bruder, zu Laban kam und weil [Rotheos], (8) der Vater meiner Mutter Bilha, [st]arb, übernahm Laban die Verantwortung für Hanna, meine Großmutter, und [ihre] zwei Töchter. [Er gab eine Tochter] (9) [zu Lea] und eine zu Rahel. Als es herauskam, daß Rahel keine Söhne gebar ... (10) ... [Jak]ob, mein Vater. Und meine Mutter Bilha wurde ihm gegeben; so gebar sie Dan, [meinen] Bruder ... (11) ... z[w]ei Töchter ...

**Spalte 4 (oder später)** (1) [ ... in] der Grube (2) und große Verzweiflung und teuflische Versuchungen. Und einige unter ihnen werden gereinigt werden, um die Erwählten der Gerechtigkeit zu werden ... (3) um Seiner Fr[omm]en willen. Denn die Zeit des Bösen ist vollendet, und alle Sündigkeit wi[rd ve]rgehen; (4) die Zeit der [Ge]rechtigkeit ist gekommen, und die Erde wird voll sein von Erkenntnis und Lob Gottes. De[nn] (5) das Zeitalter des Friedens ist gekommen und die Gesetze der Wahrheit und das Zeugnis der Gerechtigkeit, zu lehren [die ganze Menschheit] (6) die Wege Gottes und die Macht Seiner Werke; [sie sollen unterwiesen werden bi]s in alle Ewigkeit. Die ganze Sch[öpfung] (7) wird Ihn segnen, und jedermann wird in Anbetung vor Ihm niederfallen, [und] ihre [He]rzen [werden] wie ein[es] sein. Denn Er hat (8) ihre Taten [vorbereitet], ehe sie geschaffen wurden, und Er hat den Dienst der Gerechtigkeit als den Anteil in ihren Generationen [ausgemessen]. (9) Denn die Herrschaft des Guten (der Gerechtigkeit) ist gekommen, und Er hat den Thron des [Messias] errichtet. (10) Und Weisheit wird stark zunehmen. Einsicht und Verständnis werden von den Werke[n Seiner] He[il]igkeit befestigt werden ...

## 32. Ermahnungen an die Söhne der Morgendämmerung (4Q298)
(Tafel 10)

Oberflächlich betrachtet zeigt dieser Text keine Besonderheiten, noch gibt es eine Erklärung dafür, warum er in einer unbekannten Schrift geschrieben sein sollte, die früher von einigen Gelehrten »kryptisch« genannt wurde. Es war uns möglich, sie zu entschlüsseln und die folgende Tabelle bereitzustellen, die für die im Text benutzten Buchstaben das entsprechende hebräische Äquivalent bietet:

| א | ב | ג | ד | ה | ו | ז | ח | ט | י | כ | ל |
|---|---|---|---|---|---|---|---|---|---|---|---|
|   |   |   |   |   |   |   |   |   |   |   |   |

| מ | נ | ס | ע | פ | צ | ק | ר | שׁ | שׂ | ת | syntaktisches Zeichen |
|---|---|---|---|---|---|---|---|---|---|---|---|
|   |   |   |   |   |   |   |   | Kein |   |   |   |

Die Buchstaben entsprechen nicht denen von 4Q186, einem anderen Werk, das eine Art kryptische Schrift benutzt. 4Q186, das bereits seit einiger Zeit bekannt ist, mischt einige in griechischem und althebräischem Alphabet geschriebene Wörter mit solchen der üblichen hebräischen Quadrat-Schrift. Außerdem ist 4Q186 in Spiegelschrift geschrieben. Die »Ermahnungen an die Söhne der Morgendämmerung« vermischen im Gegensatz dazu keine Schriftarten; sie lesen sich von rechts nach links und beruhen auf 23 mehr oder weniger willkürlichen Symbolen.

Der Text benutzt außerdem ein Schriftzeichen oder ein Symbol – vielleicht ein syntaktisches Zeichen oder Null-Zeichen –, das kein Äquivalent im hebräischen Alphabet hat. Null-Symbole dienen zu nichts anderem, als die Entschlüsselung der Schrift zu erschweren. In einigen Fällen mag eine Schrift wie diese nicht einmal »kryptisch« sein, sondern sie ist einfach nicht auf uns gekommen und darum »unbekannt«. Berücksichtigt man jedoch die Buchstaben dieser Schrift und die Entsprechungen, die wir herausgefunden haben, so ist dies hier wohl nicht der Fall.

Wie die Weisheitstexte im allgemeinen, so folgt auch der vor uns liegende Text einem »ruhigeren« Stil, ähnlich dem der »Söhne der Gerechtigkeit« (Sprüche) und der »Dämonen des Todes« (Seligpreisungen) im Anschluß daran sowie großer Teile der »Kinder des Heils« (»Jeschaʾ«) und des »Geheimnisses der Existenz« (siehe Kapitel 7). In Zeile 1,2 spricht der Text diejenigen an, »die nach Gerechtigkeit streben … und Glauben suchen«. Dies sind wichtige Anspielungen, wenn man die Motive bedenkt, die in diesem Werk aufgenommen werden. Das erste vor allem ist wichtig, wenn wir die letzte Spalte der Damaskus-Schrift am Ende des nächsten Kapitels betrachten. Diese Spalte endet, wie wir sehen werden, mit einer Abwandlung dieses Gebrauchs, wie er in der jüdischen Glaubenspraxis wohlbekannt ist: *Midrasch* (suchende/strebende oder homiletische Auslegung).

Der vorliegende Text enthält die üblichen Hinweise auf den »Schatz von Einsicht«, die »Herrliche Wohnstätte«, »Sanftmütigkeit«, »Demut«, »Urteil suchen« und »Menschen der Wahrheit«; dieses Vokabular begegnet uns in den nächsten beiden Texten in diesem Kapitel und in Kapitel 7 wieder.

Zeile 3,7 rät den »Menschen der Wahrheit«, »nach Gerechtigkeit zu streben und die Frömmigkeit zu lieben«. Wiederum – wenn unsere Rekonstruktion soweit korrekt ist – haben wir hier das Begriffspaar »Gerechtigkeit«/»Frömmigkeit«, das einen so großen Teil des Bewußtseins dieser Gruppe ausmacht. Der »Glaube« klingt, wenn auch nur schwach, ebenfalls an; er findet bei Paulus und Jakobus im Urchristentum ein wohlbekanntes größeres Echo.

Die erste und einleitende Zeile dieses Textes ist jedenfalls *nicht* kryptisch. Sie ist in normalem Hebräisch geschrieben und läßt eine interessante Gestalt hervortreten, die sowohl aus der Gemeinderegel als auch der Damaskus-Schrift bekannt ist: den *»Maskil«* – wahrscheinlich ein Synonym für den »Lehrer« bzw. den Lehrer der Gerechtigkeit. Anspielungen dieser Art sind ebenfalls, wenn auch etwas rätselhaft, in den Psalmen weit verbreitet.

Die Bezüge zu der Gemeinderegel und der Damaskus-Schrift sind ein interessantes Kapitel für sich. In 1QS III,13 belehrt der *»Maskil«* die »Söhne des Lichtes« über »ihre Werke« und die endgültigen himmlischen und höllischen Belohnungen. In IX,12 wird ihm empfohlen, »eifrig im Blick auf das Gesetz und den Tag der Rache zu sein«. Der Kontext dieser beiden Texte ist von Bedeutung für unsere Erläuterung der Taufhandlungen und des »Weges in der Wüste« im Blick auf den Text über die Söhne der Gerechtigkeit (Sprüche; s.u.). In CD XII,20 und XIII,22 soll der *»Maskil«* »im Gesetz wandeln«, bis der »Messias Aarons und Israels in den letzten Tagen aufstehen wird« und »das Land heimsucht«. Die eschatologischen Implikationen aller dieser Anspielungen, verbunden mit den Taten des *»Maskil«*, sind ziemlich explosiv.

Wie wir bereits erläutert haben, kann der Terminus »aufstehen« entweder »auferweckt werden« oder »wiederkehren« bedeuten, aber auch einfach »aufstehen« oder »kommen«. In CD XIV,18 ist es dieser »Messias Aarons und Israels«, ... der *»sühnen* wird« (oder *»gesühnt* hat«) *»für ihre Sünden«* (Hervorhebung von uns). Wie wir im Gegensatz zu der bekannten Theorie von den zwei Messiassen in der frühen Qumran-Forschung dargelegt haben, stehen die Hinweise auf die »Messias Aarons und Israels« in der Damaskus-Schrift im *Singular*, ebenso die damit verbundenen Verben und Verbalsubstantive. Dies ist wichtig, und eine mögliche Erklärung für diese Eigentümlichkeit könnte darin liegen, daß hier ein Messias mit priesterlichen und königlichen Zügen hervortritt, ähnlich wie in der Darstellung des Hebräer-Briefes.

Der Ursprung der folgenden Lehren, wie fragmentarisch und harmlos auch immer, wurde diesem *»Maskil«* zugeschrieben. Die »Dämonen des Todes« (Seligpreisungen) am Ende dieses Kapitels beginnen mit dem verwandten Prädikat *»lehaskil«* (»zu lehren«); dort heißt es (Spalte 1, Zeile 2): »Denn er gab mir die Erkenntnis der Weisheit und Anweisung, alle Söhne der Wahrheit zu lehren.« Es ist, wie wir sehen werden, sehr wahrscheinlich, daß es sich hier um ein Synonym für die »Söhne der Morgendämmerung« handelt. Andererseits ist die Art der Aufgabe, die den Zeilen 9–10 von Spalte 3 angedeutet wird – »so daß ihr das Zeitalter der Ewigkeit versteht und die Vergangenheit untersucht, um zu wissen ...« (vermutlich die »verborgenen Dinge« in Zeile 8) –, genau die, welche der Talmud anprangert: Diejenigen, die in die Vergangenheit oder in die Zukunft blicken, werden keinen Anteil an der kommenden Welt haben (*b. Hag* 11 b). Dieser Hinweis liefert wahrscheinlich eine bessere Erklärung für das Rätsel des Textes als alles andere.

Die hebräische Anspielung auf die »Söhne der Morgendämmerung« könnte sich ebensogut indirekt auf bestimmte durchgehende Nachtwachen der Gemeinde beziehen, die in der Damaskus-Schrift erwähnt werden und auch beim Koran im Hintergrund stehen. Dieses Qumran-Motiv wäre nicht das einzige, das – aus naheliegenden Gründen – in den späteren Darstellungen wiederauftauchte. Auch die Sure 89 des Korans trägt den nicht unähnlichen Namen »die Morgendämmerung«, und eine beachtliche Zahl der Suren nimmt Bezug auf derartige Nachtwachen. Auf der anderen Seite hat der Begriff vielleicht einfach nur einen mehr esoterischen oder mystischen Sinn, der mit dem Gedanken des Ins-Licht-Kommens zusammenhängt. Die schlüssigste Erklärung scheint tatsächlich – wie wir in unserer Kommentierung des Textes über die Söhne der Gerechtigkeit (Sprüche) zeigen werden – darin zu bestehen, daß wir hier wohl ein Synonym für die »Söhne des Lichtes« vor uns haben, obwohl festgehalten werden sollte, daß in Qumran esoterische Ausdrücke wie diese durchaus verschiedenen Interpretationen offenstehen. Um unsere Diskussion dieser rätselhaften »Ermahnungen an die Söhne der Morgendämmerung« zu vervollständigen, machen wir eine Anleihe bei der Gruppe der nachfolgenden Ermahnungen aus den »Söhnen der Gerechtigkeit«. Es gibt mindestens zwei Anspielungen auf die »Söhne der Gerechtigkeit« in der Gemeinderegel, und zwar in derselben Spalte, die auf den eben erwähnten *Maskil* Bezug nimmt (III,20–22), eine Stelle, die Gelehrte früher oft als Schreibfehler abzutun versucht haben. Über das, was wir schon skizziert haben, hinaus ist die Lawine an Metaphern in diesen Spalten der Gemeinderegel verblüffend, und insofern sie sich auf den *Maskil* beziehen, sind sie allein schon deshalb wert, dokumentiert zu werden.

Der *Maskil* hat die Aufgabe, »den Söhnen des Lichtes (den Söhnen der Morgendämmerung?) die Wege des Lichts bekannt zu machen und sie zu lehren« und ihnen aufzuzeigen, wie sie »unter die Vollkommenen gerechnet werden« können, wozu, wie es scheint, auch »Rechtfertigung«, »Werke« und ähnliches gehören. Insbesondere soll er sie in der Taufe unterweisen, wozu es gehört, »durch den Heiligen Geist gereinigt zu sein«, »auf das Licht des Lebens zu schauen« (vgl. die »Brunnen von tiefen Wassern« in den »Dämonen des Todes« und die »Quelle lebendigen Wassers« im »Geheimnis der Existenz« später in Kapitel 7) und »in Vollkommenheit auf allen Wegen Gottes zu wandeln, die er im Blick auf Seine vorherbestimmten Zeiten befohlen hat (offensichtlich einschließlich der Kalenderzeiten im vorigen Kapitel), und nicht nach rechts oder links vom Wege abzuweichen noch auch *nur eines* Seiner Worte zu zertreten« (Hervorhebung von uns).

Man sollte die letzte Wendung vergleichen mit der entschiedenen Aussage Jesu »nicht ein einziges Jota oder Strichlein vom Gesetz« in der Bergpredigt (Mt. 5,18) und mit Jak. 2,10, wo es heißt: »Wer das ganze Gesetz hält, sich aber in *einem* verfehlt, der ist in allem schuldig geworden.« Man sollte sie weiterhin vergleichen mit der Kritik des Paulus an diesen Positionen (wahrscheinlich als Reaktion auf Jakobus) in seiner Darstellung der »Gerechtigkeit« Abrahams, die er als »Sohn Gottes« durch den Glauben erlangte, oder mit seiner Aussage über Jesus in Gal. 3–4, er sei »vom Gesetz verflucht«; darauf kommen wir in Verbindung mit dem Ende der Damaskus-Schrift zurück.

Ein dritter Hinweis auf die »Söhne *Zaddiks*« an einer anderen exponierten Stelle der Gemeinderegel (IX) gilt dem *»Maskil«,* dem »Wandeln in Vollkommenheit«, dem »Heiligen Geist« und – noch verblüffender – dem Umstand, daß »dies die Zeit ist für die Bereitung des Weges in der Wüste«. In der Exegese wird dies besonders mit der »Bereitung des Weges« durch den *»Maskil«* verbunden, indem er »wundersame Geheimnisse lehrt«. Der Leser wird sich hier an Jes. 40,1–3 erinnert fühlen, eine Stelle, mit der die Handlungen Johannes' des Täufers in der Wüste – vor allem natürlich die Taufe – beschrieben werden. Es ist deutlich, daß diese »Geheimnisse« und Taufhandlungen, die der *»Maskil«* die »Söhne der Morgendämmerung« zu lehren hat – hier in kryptischer Schrift –, in gewisser Weise der Vorbereitung der »Vollkommenheit« (wohl in der Wüste) dienen und was immer sonst man sich unter »Krone der Herrlichkeit« und »ewigem Licht« vorzustellen hat.

## TRANSLITERATION                                      Spalte 1

1. ‏[דבר]י משכיל אשר דבר לכול בני שחר האזי]נו לי כ]ול אנשי לבב‎
2. ‏[ורו]דפי צדק תבי[נ]ו במלי ומבקשי אמון. ש[מעו]ו למלי בכול‎
3. ‏[אומ]ץ שימו [לב יד]עים דר[כי ]לה השינ]ו אורך] חיים א[נשי]‎
4. ‏[        ] [..] [        ]עול..] [ חקר ] . [        ‎
5. ‏[        ] [ .ב. ] [ .ל ] [        ‎

### Spalte 2

| | |
|---|---|
| [ זבול | שורשיה יצ]או .1 |
| [ ובמ. | בתהום מת]חת .2 |
| [ עפר | התבונן ] .3 |
| [ נתן אל | ] .4 |
| [ בכול תבל | ] .5 |
| [. מדד תכתם | ] .6 |
| ת]חת שם | ] .7 |

8. ] ת[כונם להתהלך
9. ] אוצר בינות
10. ] מ[ ]לחי ואשר

### Spalte 3

1. י ] [ ] ומספר גבולותיה
2. ] [ד לבלתי רום
3. ]. [ ]ות את זבול. ועתה
4. האזינ[ו ] וידעים שמעו ואנשי
5. בינה ה[ן ]ח ודורשי משפט הצניע
6. לכח י.] [ הוסיפו אומץ ואנשי
7. אמת רדפ[ו צדק] ואהבו חסד הוסיפו
8. ענו. וח[ן ] מעלמי תעודה אשר
9. פתר .] [ בעבור תבינו בקץ
10. עולמות ובקד[מ]ניות תביטו לדעת

### Spalte 4

10. מש[ ] [

### Spalte 5

7. ] [ ]רית
8. ] [ תכלית
9. ] [ לדרוך
10. ] [

### Spalte 6

7. וא] .[ ] .. [
8. השחר ו.] [
9. גבולותיו ] [
10. שם גבולות ] [

## ÜBERSETZUNG

**Spalte 1** (1) [Die Worte] des *Maskil* (Lehrers), die er zu allen Söhnen der Morgendämmerung sprach (kryptische Schrift beginnt): Hör[t auf mich, a]lle Menschen mit Herz (2) [und die], die nach Gerechtigkeit [stre]ben: Ihr werdet meine Worte verst[eh]en und Glauben suchen. H[ör]t meine Worte mit all (eurer) (3) K[ra]ft. Hör[t zu … ke]nnend die We[ge der …] erlang[en langes] Leben, Me[nschen von] (4) … sucht aus …

**Spalte 2** (1) seine Wurzeln reichen [hinaus] … eine Herrliche Wohnstätte (2) in den Tiefen un[ten …] und in ihnen. (3) Bedenkt … Staub (4) … Gott gab (5) … auf der ganzen Erde (6) … und er maß ihre Ausstattung (7) … [un]ter dem Namen von (8) … ihre [Aus]stattung, um umherzuziehen (9) …

ein Schatz von Einsicht (10) ... und welches ...

**Spalte 3** (1) ... und seine Grenzen nachzählend (2) ... nicht hoch zu sein
(3) ... die Herrliche Wohnstätte. Und nun, (4) hör[t] ... und wißt, hört. Und
Menschen (5) von Einsicht ... und die Urteil Suchenden, Demut (6) ... fügt
Stärke hinzu. Und die Menschen der (7) Wahrheit, streb[et nach Gerechtig-
keit], und liebt die Frömmigkeit; fügt hinzu (8) Sanftmütigkeit ..., die
verborgenen Dinge des Zeugnisses, die (9) er löste ..., so daß ihr das Zeitalter (10) der Ewigkeit versteht und die Verg[an]genheit untersucht, um zu
wissen ...

**Spalte 5** (8) ... Vernichtung (9) ... zu treten ...

**Spalte 6** (8) der Morgendämmerung ... (9) seine Grenzen ... (10) er setzte
Grenzen ...

## 33. Die Söhne der Gerechtigkeit (Sprüche – 4Q424)   (Tafel 11)

In diesem Text, wiederum ein typischer Weisheitstext, stoßen wir erneut auf
das gängige Qumran-Vokabular: »Urteil«, »Reichtümer«, »(Er-)Kenntnis«
und in Zeile 1,9 darüber hinaus »eifern nach Wahrheit«. Umrahmt wird dies
von einem interessanten zusätzlichen Hinweis auf »hinterlistige« oder »ver-
schlagene Lippen«, die auch in den ähnlichen Ermahnungen von Interesse
sind, denen wir in den »Dämonen des Todes« (Seligpreisungen) begegnen. In
1,13 finden wir einen merkwürdigen Bezug auf das »Verschlingen«, in diesem
Fall eng verbunden mit einem Hinweis auf die »Kittim«. Eine derartige Verbindung ist immer auffällig, allerdings erlaubt der fragmentarische Charakter
keine weitere Analyse. Dennoch sind die »Kittim« im übrigen Text erstaun-
lich wenig verankert. Sie stehen gewöhnlich, wie wir gesehen haben, für
fremde, überseeische Streitkräfte, die aus dem Westen kommen – aus Makedonien oder Rom.

Wir haben die Anspielung in 2,10 auf die »Söhne der Gerechtigkeit«, mit
der der erhaltene Text schließt, bereits eingehend besprochen. Es handelt sich
nicht nur um eine wörtliche Parallele, sondern wahrscheinlich auch um ein
Synonym für die »Söhne Zadoks«, vor allem wenn man diesen Ausdruck als
Verschlüsselung interpretiert. In Zeile 2,8–11 ist der Ausdruck gekoppelt mit
denen, »die die Grenzen abschaffen« und »Güter«, die beide Parallelen in den
Spalten I und IV der Damaskus-Schrift haben, nicht zu vergessen die letzte
Spalte ebendieses Dokuments, deren Übersetzung wir am Ende des nächsten
Kapitels bieten. In Zeile 8 geht ein weiterer merkwürdiger Hinweis voraus:
»Eifer« (eines Soldaten?). Es ist nicht uninteressant, daß dieser »Eifer« eine
Entsprechung in den überaus wichtigen Nachwirkungen der Exegese vom
»Weg in der Wüste« in Spalte IX, 24 der Gemeinderegel (s.o.) hat, die sich in
Formulierungen wie »Eifer für das Gesetz« und »die Zeit des Tages der
Rache« niederschlagen.

**Fragment 1**

1. [                                        ] [מ] [                    ]
2. [                    ] עם פורה vacat [ ] [ם] [            ]
3. [            ] חוץ ובחר לבנותה ותפל טח קירו נם הו]
4. [י]נתר מפני זרם עם נעלם אל תקח חוק ועם מתמו|טט אל
5. תבוא בכור כי כעופרת כן ינתך ולא יעמור לפני אש    vacat
6. ביד עצל אל תפקר אט כי לא יצניע מלאכתך ואל תשלח דב]ר
7. לקח כי לא יפלס כל ארחותיך vacat איש תלונה אל תא]מין|
8. לקחת vacat הון למחסורך vacat איש לו שפתים אל תא]מין
9. משפט|י]ך הלוז יליז בשפתיו אחר אמת לא ירצה [
10. בפרי שפתו vacat איש רע עין אל תמשל בהו]ן
11. ותכן שארכה להפצך [ ] למיתיך [
12. ובעת קבץ ימצא חנף קצר אפי]ם
13. כחיים כי בלע יבלעם vacat איש [

**Fragment 2**

1. ובמשקל לא יעשה פעלתו איש שופט בטרם ידרוש כמאמין בטרם [
2. אל תמשילהו ברודפי דעת כי לא יבין משפטם להצדיק צדיק ולהרשיע [רשע]
3. גם הוא יהיה לבוז vacat איש שוע עינים אל תשלח לחזות לישרים כ]י איש[
4. כבד אזן אל תשלח לדרוש משפט כי ריב אנשים לא יפלס כזורה לרוח [
5. אשר לא תכר כן דובר לאזן אשר איננה שומעת ומספר לנם נרדם כרוח [
6. איש שמן לב אל תשלח לכרות מחשבות כי נסתרה חכמת לבו ולוא ימשול כ]
7. חכמת ידיו לא ימצא vacat איש שכל יקבל בו]ינה [ ] איש ידע יפיק חכמה [
8. איש ישר ירצה במשפט vacat איש vacat [ל vacat איש חיל יקנא ל.]
9. [ה]ןוא בעל ריב לכול מסיני נבול [ ] .ה לא .. [
10. [ ] דאן לכל חסרי הון בני צדק [
11. [ בכול הון ] [

## ÜBERSETZUNG

**Fragment 1** (2) ... Mit einem erfolgreichen Mann ... (3) ... draußen ... und wählt, es zu bauen, und er bedeckt seine Wand mit Verputz, sowohl als auch ... (4) er [wird] beim Regen herunterfallen. Nimm keine gesetzlichen Anweisungen von einer falschen Person an, und mit jemandem, der uns[ic]her ist, (5) gehe nicht, junger Mann. Denn genau wie Blei schmilzt, so wird er nicht vor dem Feuer bestehen. (6) In die Hand eines Bummlers sollst du keine wichtige Aufgabe legen, denn er wird deinen Auftrag nicht ausführen. Und schicke (ihn) nicht, um etw[as] abzuholen, (7) denn er wird deinen Angaben keine Aufmerksamkeit schenken. Ver[traue] nicht dem, der sich beschwert, (8) um Güter für deine Bedürfnisse zu beschaffen. Vertr[aue] nicht dem Mann mit verschlagenen Lippen ... (9) deine Urt[ei]le. Er wird sicherlich hinterhältig sprechen, nicht eifernd nach Wahrheit ... (10) mit der Frucht seiner Lip-

pen ... Mache nicht den Mann mit begehrlichen Augen verantwortlich für
Gü[ter ...] (11) und richte das Übrige ein, wie es dir paßt ... deine Toten ...
(12) und zur Zeit der Ernte wird er als unwürdig befunden werden, schnell zu
erzürne[n] ... (13) Kittim, denn er wird sie sicherlich verschlingen ... Ein
Mann ...

**Fragment 2** (1) und wird seine Arbeit nicht sorgfältig tun. Der Mann, der
urteilt, bevor er erforscht hat, ist wie jemand, der glaubt, bevor ... (2) Gib
ihm keine Macht über die, die nach Erkenntnis streben, denn er wird ihr
Urteil, die Gerechten zu rechtfertigen und [die Gottlosen] zu verdammen,
nicht verstehen ... (3) er wird auch zu Beute werden. Sende nicht den Mann
mit schlechtem Augenlicht, nach den Aufrichtigen zu suchen, de[nn ...]
(4) Sende nicht den, der schlecht hört, ein Urteil zu suchen, denn er wird
den Streit unter den Menschen nicht sorgfältig bedenken. Wie jemand, der
Wind worfelt ... [Wie ein ...,] (5) der nicht nachforscht, so ist jemand,
der in irgendein Ohr spricht, das nicht hört, oder der versucht, zu einem
schläfrigen Mann zu sprechen, der einschläft mit dem Geist des ...
(6) Sende nicht den hartherzigen Mann, um Gedanken wahrzunehmen,
denn die Weisheit seines Herzens ist fehlerhaft, und er wird nicht (be)herr-
schen können ... (7) noch wird er das Geschick seiner Hände finden. Der
kluge Mann wird aus Einsicht Nutzen ziehen. Ein wissender Mann wird
Weisheit hervorbringen ... (8) Ein aufrichtiger Mann wird mit dem Urteil
zufrieden sein ... Ein Mann ... ein Soldat wird eifrig sein für ... (9) [E]r ist
ein guter Fürsprecher für alle, die die Grenzen abschaffen ... nicht ...
(10)... Er sorgt sich um alle, die ohne Güter sind, die Söhne Zadoks ...
(11) ... bei allen Gütern ...

## 34. Die Dämonen des Todes (Seligpreisungen – 4Q525) (Tafel 12)

Dieser Text wurde im Hinblick auf Parallelen zu Ecclesiasticus (Ben Sira) und
zur Bergpredigt im Matthäus-Evangelium »Seligpreisungen« genannt –
möglicherweise zu Unrecht. Was wir hier vorliegen haben, ist, um es noch
einmal zu sagen, ein typischer Weisheitstext, zugleich reichhaltig an Vokabular, das in Qumran verwendet wird. Auf den ersten Blick erscheint der Text
ziemlich geradlinig und alltäglich; so gesehen hat er viel gemeinsam mit den
»Söhnen der Morgendämmerung« und den »Söhnen der Gerechtigkeit«
(Sprüche) – zumindest die Spalten 1–3.

Aber wie in früher behandelten Visionsschilderungen, etwa dem »Testament des Naphthali«, wird das rekonstruierte Stück in den Spalten 4–5, in
denen die Sprache der Empörung der Gerechten vorherrscht, immer apokalyptischer. Obgleich die ursprüngliche Reihenfolge der Stücke spekulativ ist
und obgleich zu Recht bezweifelt werden kann, ob alle Fragmente wirklich
zusammengehören, macht es Sinn, Fragment 1 an den Anfang des Werkes zu

stellen. Der Tonfall in den ersten drei Spalten – und teilweise sogar in der vierten – ist, verglichen mit dem Schluß, zurückhaltender, und wir befinden uns eindeutig in dem in der ersten Person gehaltenen Milieu der Ermahnungen des »*Maskil*« in den »Söhnen der Morgendämmerung« (s. o.).

Wieder begegnet uns das für Qumran typische Vokabular. So kehrt zum Beispiel eine Wendung wie das »betrügerische Herz« in Spalte 2, Zeile 3 in der Gemeinderegel VIII,22 und IX,8 wieder, wo es um die Hinderung an der »Tischgemeinschaft«, um die Gemeindekasse und gegenseitige Hilfeleistungen geht – Themen, die wir in Kapitel 6 in Verbindung mit dem Ende der Damaskus-Schrift wiederaufgreifen. Wir weisen darauf hin, daß im gesamten übersetzten Text der Gebrauch von »*hok*«/»*hukkim*« wie in Spalte 2, Zeile 1 (»Vorschriften«, »Verordnungen« oder »Gesetze«) schwankend ist.

Der Grund für die Wichtigkeit dieses Wortes liegt darin, daß in der schon erwähnten Auslegung der Stelle Jes. 40,3, die sich zweimal auf die Aktivitäten der Gemeinde in der Wüste bezieht, die Wendungen »Eifer« oder »der, der eifert für« mit ihm verbunden sind. In 1QS IX,24, wo der zweiten Auslegung und der Beziehung auf den »*Maskil*« gefolgt wird, lauten die Worte: »Und er soll sein ein Mann, der für das Gesetz eifert, dessen Zeit der Tag der Rache ist.« Die »Weg«-Terminologie wird ebenfalls in VIII,15 in der ersten dieser Auslegungen als das »Studium der *Thora*« (»*Midrasch ha-Torah*«) festgelegt, eine Anspielung, die auch in den letzten Zeilen der Damaskus-Schrift auftaucht.

Außerdem stehen in dem vor uns liegenden Text nicht nur die Signalwörter »Weg« und »Wege« und das gängige »Wandeln auf dem Weg«, sondern auch die Terminologie »Wächter«, »Böses«, »Erkenntnis«, »Geheimnisse« und »Vollkommenheit« (vgl. Mt. 5,48: »Ihr nun sollt vollkommen sein, wie euer himmlischer Vater vollkommen ist«; diese Vollkommenheit ist in Dokumenten wie der Gemeinderegel in die Sprache vom »Wandeln auf dem Weg« eingebunden und schließt natürlich auch Noah ein, der ein »frommer (vollkommener) Mann war, unsträflich unter seinen Zeitgenossen ...«, Gen. 6,9), ferner ein Hinweis in Spalte 4, Zeile 20, wo »Sanftmütigkeit« und »Gerechtigkeit« miteinander verbunden werden zu »Sanftmütigkeit der Gerechtigkeit«. In Spalte 5,4 findet sich ferner ein Hinweis auf »Mastema« – diesmal im Singular –, dem wir in Kapitel 1 als einer sprachlichen Variante des Wortes »Satan« begegnet sind und der in der Linie der Begriffe »Teufel«/»Belial«/»Wächter« steht. In Spalte 2 (Fragment 4, 3) finden wir eine aufschlußreiche xenophobe Gesinnung, die der in der ersten Spalte des »Testaments des Kahath« nicht unähnlich ist.

Besonders interessant wird der Text jedoch in den Spalten 4–6 des vierten Fragments. In den »Segnungen« oder »Seligpreisungen« in Spalte 2,1–2 wird das »Festhalten an ihren Gesetzen« den »Wegen des Bösen« und der Besitz eines »reinen Herzens« – eine uns inzwischen vertraute Anspielung – dem

»Verleumden mit der Zunge« gegenübergestellt. Die Metapher »Zunge« ist in Qumran weit verbreitet, insbesondere in der Gemeinderegel, aber auch in Texten wie dem Nahum-Kommentar, der Damaskus-Schrift, den Hymnen und den beiden Briefen über die Werkgerechtigkeit (Kapitel 6). Sie entspricht den Anspielungen auf »Lügen«, »Speien« und »Prahlen«, die mit dem »lügenden« Widersacher des Lehrers der Gerechtigkeit verbunden werden. Die »Zunge« hat auch zu tun mit den oben erwähnten »Lippen« und dem »unbeschnittenen Herzen« – um auf Hesekiels Kritik am Betreten des Tempels zurückzukommen.

Während Spalte 4,2 mit einem Hinweis auf das »Sühnen der Sünde« beginnt, raten die Zeilen 4,18–25 allgemein zu Geduld und Beherrschung – Themen, die auch im Jakobus-Brief breiten Raum einnehmen (vgl. 1,3–4 und 5,7–20). Der Jakobus-Brief nimmt tatsächlich diese Ermahnungen aus Qumran in Ton und Inhalt auf. In diesem Text und gegenüber diesem Hintergrund greifen die Zeilen 4,25–28 diese »Zungen«-Metapher wieder auf und wiederholen sie mehrere Male. Dabei wird auch die »Lippen«-Metapher, auf die wir gerade gestoßen sind und die sowohl mit »Lügen« als auch mit der »Zunge« in 1QS X,23–25 und den Hymnen VII,11–12 (manchmal »unbeschnittene Lippen«) verbunden wird, als Variante einbezogen.

Dies geschieht auf eine Weise, die keinen Zweifel an der Parallelität mit der berühmten Metaphorik in Kapitel 3 des Jakobus-Briefes zuläßt, denn dort wird der »lügende« Gegner in derselben »Zungen«-Sprache angegriffen. Kurz zuvor rügt Jak. 2,20–24 den »törichten Menschen«, der nicht weiß, »daß der Glaube ohne Werke unwirksam ist«, »daß der Mensch aus Werken gerechtgesprochen wird« und der »Glaube ohne Werke tot ist«. Die Redeweise in Jak. 3,5–9 ist umfassend und schlüssig, aber die Kernaussage lautet: »Die Zunge ist eine böse Welt ganz für sich.« Niemand kann »die Zunge zähmen«, das heißt, sie speit; beide Texte verwenden hier genau dasselbe Bild, um die Zunge, den »Stolperstein« (26), zu beschreiben. Die sprachliche Parallelität ist also unstrittig. Die Metapher »Zunge« taucht im Qumran-Korpus häufig auf und begegnet dort in äußerst aufschlußreichen Zusammenhängen (etwa in 1QS IV,11; CD V,11 usw.).

Auch im Jakobus-Brief ist es dieser »lügende« Widersacher, der die normale Ausrichtung der »Freund«-Metapher, die alle diese Texte auf Abraham beziehen, umkehrt: Dadurch, daß er selbst ein »Freund der Welt« sein will, erweist er sich als ein »Feind Gottes« (Jak. 4,4). Und dadurch, daß er »halten« als Gegensatz von »brechen« mißversteht, kommt er auch zu dem falschen Schluß, daß Abraham – der ursprüngliche »Freund Gottes« – nicht allein durch Glauben, sondern auch durch »Werke« gerettet wurde (2,23–24).

Spalte 5 unseres Textes nimmt nun wieder die Worte »brennen« und »Vipern« auf (die, wie wir gesehen haben, auch im Neuen Testament und in der Damaskus-Schrift begegnen). 5,4 spielt erneut auf »Mastema«, eine Variante zu »Mastemoth«, das heißt »Feind«, an. Dies legt wiederum einen Vergleich mit dem »Feind Gottes« in Jak. 4,4 nahe. In Jak. 4,7 bezieht sich der Brief außerdem auf den »Teufel«, wodurch sich die Parallelen wieder vermehren. Nachdem der vorliegende Text die »Grube« einbezogen und wiederum zur Geduld aufgefordert hat (5,8), fährt er in 6,4 (Fragment 10) fort mit einem Hinweis auf den Tempel. Inmitten einer lebendigen Metaphorik um das »Brennen« schließt er mit der inspirierenden Anspielung auf »trinken« und den »Brunnen von tiefen Wassern«. Diese Metaphorik wird in Kapitel 7 in den »Wagen der Herrlichkeit« und dem »Geheimnis der Existenz« – hier als »Quelle lebendigen Wassers« – wiederkehren.

Im weiteren Verlauf liefert unser Text vielleicht einen klärenden Beitrag zur Bedeutung des Ausdrucks »töten« in dem Text über den messianischen Führer *(Nasi)* in Kapitel 1. In Spalte 5, Fragment 5 erscheint die Wendung »sie töten« noch einmal. Wenn unsere Rekonstruktion richtig ist, könnte das Töten auf »die Gerechten« bezogen werden im Sinne von »sie töten die Gerechten« *(»hemitu ha-Zaddikim«)*, also in derselben Weise, wie das Fragment über den messianischen Führer den Ausdruck liest und versteht. Wie in vielen solcher grammatischen Konstruktionen aus der Zeit des 2. Tempels fehlt auch hier die Akkusativpartikel, und eine mögliche Lesart ist gewiß »sie brachten den Gerechten zu Tode«. Wenn unsere Lesart korrekt ist, dann könnte diejenige des in Kapitel 1 erwähnten Fragments (abhängig davon, wie die Hinweise auf den »Führer der Gemeinde« in der Rekonstruktion angeordnet werden) wie folgt sein: »Sie töteten den Führer der Gemeinde« – oder umgekehrt.

Auch dies scheint bemerkenswerte Auswirkungen auf den Brief des Jakobus zu haben. In Jak. 5,6 heißt es, wahrscheinlich mit Blick auf den Tod des messianischen Führers: »Ihr habt den Gerechten verurteilt und *getötet,* obwohl er euch keinen Widerstand leistete« (Hervorhebung von uns). Die Sprache ist *genau dieselbe,* wie wir sie hier vorliegen haben. Man vergleiche dagegen Paulus in 1. Thess. 2,15, der über die Juden schreibt, »daß sie den Herrn Jesus getötet haben … und sich zu Feinden der ganzen Menschheit gemacht haben«. Diese deutliche Umkehrung sollte uns inzwischen nicht mehr verwundern; ferner sind mit der Verwendung des Wortes »Feinde« (jetzt auf die Juden anstatt auf Paulus angewendet) – im Bezugsfeld von »Mastema/Mastemoth« – Implikationen verbunden, die für uns von Interesse sind. Ja, die Anordnung in beiden Texten – bei Jakobus und in den Seligpreisungen –, wo jeweils (wenn unsere Rekonstruktion richtig ist) der Verwendung der »Zungen«-Metapher der Vorwurf einer ungerechtfertigten Hinrichtung folgt, verstärkt den Eindruck ihrer Parallelität.

»*Hamat*«, das hier als »Gift« (»Viperngift« 5,4) übersetzt wurde, ist ein weiteres interessantes Element in diesem Text. Im Habakuk-Kommentar XI, 4–5 hallt dieses Wort lautstark nach, wenn es um die Vernichtung des Lehrers der Gerechtigkeit durch den Frevelpriester geht: »*Be-ka᾽as hamato*«, »in seinem erhitzten Zorn« oder »der Hitze seines Zornes«, verfolgte er (der Frevelpriester) ihn, um ihn zu vernichten. Der Leser muß wissen, daß das hebräische »*hamat*« entweder »Gift« oder »Zorn« bedeuten kann, und diese Doppelbedeutung ist der Hintergrund der vielfältigen Wortspiele und ihres alternierenden Gebrauchs im Text.

Dieser Wortgebrauch kehrt sich um in den Abschnitten des Kommentars, die sich auf das endgültige eschatologische Gericht/Urteil Gottes über Aktivitäten wie diese beziehen: »Er (der Frevelpriester) wird den Kelch des göttlichen Zorns trinken«, ebenfalls mit »*hamat*« ausgedrückt (XI,14). Dieses Bild ist dann in der Offenbarung des Johannes, die in ihrem Epilog von Jesus als »dem Wurzelsproß und …Zweig Davids« und »glänzendem Morgenstern« spricht (22,16), ausgemalt worden. Und in Off. 14,10 lesen wir: »Er muß auch von dem Zornwein Gottes trinken, der unverdünnt im Kelch seines Zorns gemischt ist.« Die Wurzeln dieser Metaphorik liegen in Jes. 51,17 und Jer. 25,15 f.

## TRANSLITERATION

### Spalte 1

1. [ ‏[ועתה שמעו לי כול בני ואדבר] בחוכמה אשר נתן לי אלוה[ים‏

2. [ ‏[כי נתן לי דע]ת חוכמה ומו[סר] להשכיל [כול בני אמת‏

### Spalte 2

1. ‏בלב טהור ולוא רגל על לשונו אשרי תומכי חוקיה ולוא יתמזכו‏

2. ‏בדרכי עולה אש[רי] הנלים בה ולוא יביעו בדרכי אולת אשרי דורשיה‏

3. ‏כבור כפים ולוא ישחרנה ב[לב] מרמה אשרי אדם השיג חוכמה ויתהלך‏

4. ‏בתורת עליון ויכן לדרכיה לבו ויתאפק ביסורייה ובנגיעיה ירצה תמ[י]ד‏

5. ‏ולוא יטושנה בעוני מצר[יו] ובעת צוקה לוא יעוזבנה ולוא ישכחנה [בימי פ]חד‏

6. ‏ובענות נפשו לוא ינ[ע]ל[נ]ה] כי בה יהגה תמיד ובצרתו ישוח[ח בתורת אל ובכו]ל‏

7. ‏היותו בה [יהגה וישיתנה תמיד] לנגד עיניו לבלתי לכת בדרכי [עולה [‏

8. [ ‏]ה יחד ויתם לבו אלוה[ים‏

9. [ ‏]‏ וח[ו]כמה תרים ראו[שו ועם מלכים תו[שיבנו‏

10. [ ‏‏‏י[ו]בטו על מ[ ] אחים יפר[ו [‏

11. *vacat*

12. [ ‏[ו]עתה בנים ש[מעו לקולי וא]ל תסורו [מאמרי פי‏

### Spalte 2 (Fragment 4)

1. [ ‏] [.‏ ‏[ל]רשתה בלבו [‏

2. [ ‏]וה בלב מרמה ובח[ו]כמה‏

3. [ ‏]‏ אל ת[ע]וזבו [נחלתכמה לזר]ה ונורלכמה לבני נכר כי חכמ[ים‏

4. [ ‏]‏ י[ש]כילו ב.] ‏[ אלוהים יצורו דרכיה ויתהלכו ב[כול דרכיה]‏

178

5. [ ]   [ חוקיה ובתוכחותיה לוא ימאסו נבונים יפיקו [אמרי תבונה

6. וחכמים]   [ בשלו]ם ילכו תמים יטו עולה וביסוריה לוא ימאסו [

7. [   ] [בעוז חוכמה] יסובלו ערומים יכירו דרכיה ובמעמקיה [יבינו

8. [   ] [ יביטו אוהבי אלוהים יצניעו בה [

## Spalte 3

1. [   ] ישוה בה כול ו.

2. [   ] לוא תלקח בזהב או]ו בכסף

3. [   ] עם כול אבני חפץ [

4. ידמו בת]ו]ר פניה]מה

5. [   ] ונצני ארגמון עם [

6. [   ] שני עם כול בנדי [חפץ

7. [   ] ובזהב ופנינים [

## Spalte 4

1. [   ] [ה]   ]תכה בת]   [

2. [   ] על כפור ענן ועל בכות כ. [

3. [   ] ב]   [ ירימו רואשכה [

4. [   ] תו]ם] מפני דברך ותו]ם

5. [   ] ב]   ]להדר ונחמד ב]

6. [   ] נגל]ה] בדרכיכה בל תתמוטט [

7. [   ] תתמ]ו]ך בעת מוטך תמצא [חן

8. [   ] ובל תבואכה חרפת שנא]יכה

9. ושמח]   [ יחד ומשנאיכה י]ש}סתופפ]ו

10. [   ] לבכה והתעננתה על א]ל   [ בהא]

11. [   ] למד אב ואלכה ועל במו]תי אויב]ו]כה תדרוך ו]

12. [   ] נפשכה יחלצכה מכל רע ובל יבואכה פחד [צריכה

13. [   ] ווירישך ומלא בטוב ימיכה ברוב שלום תת]ענג

14. [   ] תנחל כבוד ואם נספיתה למנוחות עד ינחלו [כול אוהביכה

15. [   ] ובתלמודכה יתהלכו יחד כול יודעיכה יש]מעו בדבריכה

16. [   ] יחד יאבלו ובדרכיכה יזכרוכה והייתה [

17. vacat

18. [   ] ועתה תבין שמעה לי ושים לבכה ל]עשות

19. [   ] הפק דעת לבטמכה ובג.]   [ הנה [

20. ואל [   ] בענות צדק הוצא אמרו]תיכה] לתתן [

21. [   ] תשובכ בדברי רעיך פן י]ת]ך לכה [

22. ואל] [ה]   [ ולפי שומעכה ענה כמוהו הוצא ]

23. [כול] תשפוך שיח טרם תשמע את מליהם ו]   [ ואל תשובכ בכול

24. [מאדה לפנים שמע אמרם ואחר תשובכ [בתום לבכה ובארך]

25. [   ] אפים הוציאם וענה נכון בתוך שרים בל]שון

26. [   ] בשפתיכה ומתקל לשון השמר מאדה בנ. [

179

27.  פן תלכד בשפתותיכ]ה ונו[קשתה יחד בלשו]ן                              [
28.  חיפלה ]              ]ת ממנו ונפלתו [                                [

## Spalte 5

1.  ] [ אופל ]      ]גר רוש וכס[      כול] נולדים [בארץ [ שמים ואת ר.]   [
2.  ] [ פתנים ב]ו ות]תהלך אליו תבוא רו.[ י]היה שמחה [ביום נלות עלמי אלוהים תמ]יד]
3.  ] [ ]שרף ובחלח]לות] ידולל פתן בעליו [      ממלכ]ות אלוהים תני]נים תש[   [
4.  ] [ ]בו יתיצבו אררי]ם לנ]צח וחמת תנינים [      המשתמה [   וזמה תבחר [
5.  ] [ ]צפע ובו יעופפו רשפ]י] מות במבואו תצע]ק פע]ל העוון ה]רשי]ע בו יתרוממו ויתהלכו [בדרכיו]
6.  ] [ה]וא רא]ו]שך [מ]סודו להבי נו]פר]ית ומכינתו [   ל]רום המנוללים בסאו]ן רשע[
7.  ] [ ]יו כלמות חרפה מגעוליו צומי שחת [      ].אל[      ה]רבו קורה מקיר [
8.  ] [ ] לוא [י]שינו אורחות חיים תב]   הולכי דרך [   ב]קבוץ חרון ובארך [אפים [

## Spalte 5 (Fragment 5)

1.  [                    ]השרי]ם                    [ .1
2.  [                    ] בה תעו נבונים [           [ .2
3.  [                    ] ומוקשים ה[               [ .3
4.  [                    ] דמים המי]תו הצדקים [     [ .4
5.  [                    ] במעל יעש]ו                [ .5
6.  [                    מ]ות ודל]ים                 [ .6

## Spalte 5 (Fragment 6)

1.  [                    ] תוק]ף                     [ .1
2.  [                    ] בשקיצי]ם                  [ .2
3.  [                    ] קמתה [                    [ .3
4.  [                    ] ובנדת [                   [ .4

## Spalte 5 (Fragment 7)

1.  [                    עב]היו פח]דו                [ .1
2.  [                    ] מלאו כול [הארץ בחמס [      [ .2
3.  [                    ו]מת תנין מפ]חיד דור ודור [  [ .3
4.  [                    ושית] נבר סביב [            [ .4
5.  [                    ]שהו [ע]יר וא[לוהים         [ .5

180

## Spalte 6 (Fragment 9)

‎.1 עם ]  [

‎.2 התעודה ]  [

‎.3 בחסד ]  [

‎.4 לכול דו]ר ודור  [

## Spalte 6 (Fragment 10)

‎.1 פן תביע אמרו]ת עולת  [

‎.2 לבב האזינו לי ודמ]ו לפני  [

‎.3 הבינותי ושתו מ]מקור חיים  [

‎.4 ביתו הת]הלכו  [

‎.5 ביתו שוכן ב]  [

‎.6 עולם צעדה ]  [

‎.7 אוספיח יקב]צו  [

‎.8 שרף וכול שית ]נתק  [

‎.9 באר מימי מע]מקים  [

ÜBERSETZUNG

**Spalte 1** (1) [Nun hört mich, alle meine Söhne, und ich werde sprechen] über die Weisheit, die Go[tt] mir gab ... (2) [Denn er gab mir die Erkennt]nis der Weisheit und Anwei[sung], [alle Söhne der Wahrheit] zu lehren ...

**Spalte 2** (1) [Selig ist der, der wandelt] mit reinem Herz und der nicht mit seiner Zunge verleugnet. Selig sind die, die an ihren Gesetzen festhalten und die nicht (2) die Wege des Bösen beschreiten. Sel[ig] sind die, die sich an ihr freuen und die nicht überfließen mit den Wegen der Torheit. Selig sind die, die nach ihr fragen (3) mit reinen Händen und die sie nicht mit einem betrügerischen [Herzen] suchen. Selig ist der Mann, der nach der Weisheit greift und wandelt (4) in der *Thora* des Allerhöchsten und lenkt sein Herz auf ihre Wege und hält sich selbst an ihre Vorschriften und nimmt immer ihre Züchtigungen an (5) und (wer) sie nicht fallenläßt im Elend [seiner] Leide[n] noch sie in einer Zeit der Schwierigkeit verläßt, noch sie in den Tagen des Schreckens vergißt (6) und in der Sanftmütigkeit seiner Seele [sie] nicht verachtet[et], sondern immer über sie nachdenkt und im Leid sich beschäftigt [mit der *Thora* Gottes; der] sein [ga]nzes (7) Leben lang über sie [nachdenkt und sie sich dauernd] vor Augen hält, so daß er nicht auf den Wegen des [Bösen] geht ... (8) in Einheit, und sein Herz ist vollkommen. Gott ... (9) und We[isheit wird] sein Hau[pt erheben] und [ihn] unter Könige se[tzen ...] (10) Sie [werden] aufstehen ... Brüder werden erfolgrei[ch sein ...] (12) Nun, meine Söhne, hör[et meine Stimme, und] wendet euch ni[cht ab [von den Worten meines Mundes ...]

**Spalte 2 (Fragment 4)** (1) ... sie mit seinem Herzen zu besitzen ... (2) ... mit einem betrügerischen Herzen. Und in Wei[sheit ...] (3) ... [Du sollst nicht dein Erbe einer fremden Ehefr]au hinterlassen oder deine Erbteile Fremden,

181

denn die Wei[sen] … (4) … Sie sollen bedenken … (die *Thora*) Gottes, ihre Pfade schützen und auf [allen ihren Wegen] gehen. (5) … ihre Gesetze, und ihre Ermahnungen nicht zurückweisen. Die Verständigen werden [Worte der Einsicht] hervorbringen … (6) … (und) in Fri[eden] wandeln. Die Vollkommenen werden Böses verwerfen. Sie werden ihre Züchtigungen nicht zurückweisen … [Diejenigen mit Weisheit] (7) werden [von der Stärke der Weisheit] unterstützt werden. Die Klugen werden ihre Wege erkennen und ihre Tiefen [ergründen] … (8) … Die, die Gott lieben, werden auf sie schauen, sorgsam in ihren Grenzen wandelnd …

**Spalte 3** (1) [Kein] … ist wie sie … (2) Sie wird sich nicht mit Gold od[er Silber] kaufen lassen … (3) noch irgendeinem Edelstein … (4) sie gleichen einander in der Sc[hön]heit ihrer Gesichter … (5) und lila Blumen mit … (6) purpurrot mit jedem [gefallenden] Kleidungsstück … (7) und mit Gold und Rubinen …

**Spalte 4** (2) für das Sühnen der Sünde und für Weinen … (3) … sie sollen dein Haupt erheben … (4) Vollkommen[heit] aufgrund deines Wortes und Vollkommen[heit …] (5) … für Pracht und lieblich in … (6) wurde auf deinen Wegen offenb[art]. Du sollst nicht wanken … (7) Du wirst be[h]ütet werden zur der Zeit, da du taumelst, und du wirst [Gnade] finden … (8) Die Schmach derer, die [dich] hassen, soll dir nicht nahe kommen … (9) zusammen, und die, die dich hassen, werden vernichtet werden … [Soll sich freuen] (10) dein Herz, und du sollst Freude an Go[tt] haben … (11) Gott, [dein] Vater, hat gelehrt, und du wirst auf die Rück[en] deiner [Feinde] treten. Und … (12) deine Seele soll dich von allem Bösen erlösen, und die Angst [deiner Feinde] soll dir nicht (nahe) kommen … (13) Er wird veranlassen, daß du erbst, und alle deine Tage mit Gütern füllen, und an der Fülle des Friedens sollst du dich erfreuen … (14) Du sollst Herrlichkeit/Ehre erben. Auch wenn du zu deiner ewigen Wohnstätte dahingehst, [alle deine Geliebten] sollen erben … (15) Alle diejenigen, die dich kennen, werden in Einklang mit deiner Lehre wandeln und [deine Worte hör]en … (16) zusammen werden sie wehklagen und sich an dich auf deinen Wegen erinnern, denn du warst … (18) und nun, verstehe, höre mich und bereite dein Herz zu [tun] … (19) Bring die Kenntnis deines Inneren selbst hervor und in … kehre in dich … (20) In der Sanftmütigkeit der Gerechtigkeit bringe [deine] Worte hervor, um sie zu geben … antworte [nicht] (21) auf die Worte deines Nachbarn, damit er dir nicht gi[b]t … (22) Wie du hörst, so antworte. Schütte [nicht] (23) deine Beschwerden aus, bevor du ihre Worte angehört hast. Und … [antworte nicht] (24) heftig, bevor du ihre Worte gehört hast. Nachher antworte [in der Vollkommenheit deines Herzens], (25) und spreche (deine Worte) mit Geduld, und antworte wahrheitsgemäß vor den Beamten (auch »Herrschern«) mit einer Zu[nge von …] (26) mit deinen Lippen, und schütze dich gegen den Stolperstein der Zunge … (27) damit du nicht durch deine Lippen verurteilt und umgarnt wirst zusammen mit der Zun[ge von ...] (28) Unschicklichkeit ... von ihm, und sie werden auf Abwegen wandeln ...

**Spalte 5** (1) ... Finsternis ... Gift ... [alle], die [auf der Erde] geboren ... Himmel ... (2) ... Schlangen in [ihm, und du wirst] zu ihm gehen, du wirst betreten ... [d]a wird Freude sein [an dem Tag], (wenn) die Geheimnisse Gottes [offenbart werden] für i[mmer]. (3) ... Brennen. Durch Gif[te] wird eine Schlange ihre Herren schwächen ... [das König]reich Gottes ... [Vip]ern ... (4) ... In ihm halten sie stand. Sie sind für [immer] unter einem Fluch, und das Gift der Vipern ... der Teufel (Mastema) ... du wählst Verderblichkeit ... (5) ... und in ihm (in seiner Gewalt) schwingen die Dämonen [des] Todes sich auf. In seiner Tür wirst du aufschre[ien ... Er tat] Böses. Er han[delte gott]los. In ihm werden sie sich selbst erheben. Sie wandeln [auf seinen Wegen]. (6) [Er ist] dein [Ha]upt. [Von] seinem Rat kommen Schwe[fe]lflammen. Und von seiner Höhle (sind) ... um diejenigen zu vernichten, die sich im Schmut[z der Sünde] wälzen (7) ... der Vorwurf der Schande, seine verriegelten (Türen) sind die Fastentage der Grube ... sie nehmen zu. Einer, der von der Mauer ruft ... (8) Sie werden nicht die Wege des Lebens erreichen ... diejenigen, die auf dem Weg von ... in schwelendem Zorn und in Ged[uld ...]

**Spalte 5 (Fragment 5)** (1) ... die Fürste[n] ... (2) in ihr kommen diejenigen, die verstehen, vom Wege ab ... (3) ... diejenigen, die umgarnen ... (4) ... [sie vergießen] Blut. Sie tö[ten die Gerechten] ... (5) ... [sie] handeln verräterisch ... (6) ... To[d. Und die Geknech]teten ...

**Spalte 5 (Fragment 6)** (1) ... Mach[t] ... (2) ... inmitten von Verabscheuung[en] ... (3) ... seine Höhe ... (4) ... und in der Befleckung von ...

**Spalte 5 (Fragment 7)** (1) ... seiner [Di]ener zitt[erten] ... (2) ... Sie füllten die ganze [Erde mit Gewalttätigkeit] ... (3) ... Die Schlange, [die jede Generation] erzi[ttern] ließ, starb ... (4) ... [Er postierte] einen Engel herum ... (5) ... ein [Wä]chter und G[ott] ...

**Spalte 6 (Fragment 9)** (1) mit/Volk (2) die bestimmte Zeit ... (3) in der Frömmigkeit ... (4) für jede Gener[ation] ...

**Spalte 6 (Fragment 10)** (1) Damit du nicht hervorbringst Wor[te der Dummheit] ... (2) Herz. Höret auf mich, und seid stil[le vor mir] ... (3) Ich habe verstanden, so trinkt aus [dem Brunnen des Lebens] ... (4) Sein Tempel. [Sie wandel]ten ... (5) Sein Tempel bleibt unter ... (6) für immer schreitend ... (7) oder was von selbst wächst, sollen sie sam[meln] ... (8) verbrannt, und jedes Kraut [entwurzelte Er] (9) ein Brunnen von tie[fen] Wassern ...

## Anmerkungen

(27) Das aramäische Testament des Levi (4Q213-214)

Frühere Besprechungen: J. T. Milik, »Le Testament de Lévi en araméen: Fragment de la grotte 4 de Qumrân«, *Revue Biblique* 62 (1955), S. 398-406,

Tafel 4; ders., *Books of Enoch*, S. 23–24, 214, 244 und 263; K. Beyer, *Texte*, S. 188–209. Fotografien: PAM 43.241 und 43.243 (Handschrift A), 43.260 (Handschrift B), ER 1277, 1279 und 1296. Handschrift A: Für Fragment 1, Spalte 1 vgl. griechisches »Testament des Levi« 2,4b und 4,2; für Fragment 1, Spalte 2 vgl. griechisches »Testament des Levi« 2,5–6; für Fragment 3 vgl. die Oxford-Handschrift Spalte A und 1Q21, 4–5; für Fragment 4, Spalte 1 – Spalte 2, Zeile 1 vgl. die Cambridge-Handschrift Spalten E–F. Handschrift B: Dieses Fragment ist im großen und ganzen mit Oxford C, Zeile 6–D, Zeile 4 identisch.

(28) Ein festes Fundament (Aaron A– 4Q541)

Frühere Besprechungen: E. Puech, »Fragments d'un apocryphe de Lévi et le personnage eschatologique: 4QTestLévi^c-d (?) et 4QAj^q«, in: J. Trebolle Barrera und L. Vegas Montaner (Hrsg.), *Proceedings of the International Congress on the Dead Sea Scrolls – Madrid, 18–21 March, 1991* (Universidad Complutense/Brill: Madrid/Leiden, 1992). Fotografien: PAM 43.587 und 43.588, ER 1534 und 1535.

(29) Das Testament des Kahath (4Q542)

Frühere Besprechungen: J. T. Milik, »4Q Visions de ʿAmram et une citation d'Origéne«, *Revue Biblique* 79 (1972), S. 97; K. Beyer, *Texte*, S. 209–210; R. H. Eisenman, »The Testament of Kohath«, *Biblical Archaeology Review*, Nov./Dez. (1991), S. 64; E. Puech, »Le Testament de Qahat en araméen de la Grotte 4 (4QTQah)«, *Revue de Qumran* 15 (1991), S. 23–54. Fotografien: PAM 42.600 und 43.565, ER 923 und 1513.

(30) Das Testament des Amram (4Q543, 545-548)

Frühere Besprechungen: J. T. Milik, »4Q Visions de ʿAmram ...«, S. 77–97; P. J. Kobelski, *Melchizedek and Melchiresha* (Washington, DC: Catholic Biblical Association of America, 1981), S. 24–36. Fotografien: PAM 43.566, 43.567, 43.577, 43.578, 43.586 und 43.597, ER 1514, 1515, 1525, 1526, 1533 und 1544. Handschrift C enthält am genauesten den Anfang des Werkes.

(31) Das Testament des Naphthali (4Q215)

Frühere Besprechungen: J. T. Milik, *Ten Years*, S. 34; ders., *Books of Enoch*, S. 198. Fotografien: PAM 41.915 und 43.237, ER 512 und 1273. Zusammen mit bisher unbekannten Details enthält Spalte 2 die hebräische Form des griechischen »Testaments des Naphthali« 1,9.11–12.

(32) Ermahnungen an die Söhne der Morgendämmerung (4Q298)

Frühere Besprechungen: keine. Fotografien: PAM 43.384, ER 1378.

(33) Die Söhne der Gerechtigkeit (Sprüche – 4Q424)

Frühere Besprechungen: keine. Fotografien: PAM 43.502, ER 1452.

(34) Die Dämonen des Todes (Seligpreisungen – 4Q525)

Frühere Besprechungen: E. Puech, »4Q525 et les péricopes des béatitudes en Ben Sira et Matthieu«, *Revue Biblique* 98 (1991), S. 80–106. Fotografien: PAM 43.595, 43.596 und 43.608, ER 1542, 1543 und 1554.

# Kapitel 6

# Als Gerechtigkeit angerechnete Werke – Gesetzliche Texte

Während der Zeit der Rollen stand das Gesetz im Mittelpunkt des jüdischen Lebens, und unterschiedliche Auffassungen über das Gesetz waren der Hauptfaktor für die Bildung von Gruppen und Sekten. Sie trachteten auf ihre Art danach, die Gebote Gottes zu erfüllen. Der Streit der Meinungen erwies sich als notwendig, da die Forderungen der Bibel häufig nicht vollständig oder nicht ganz eindeutig waren. Man mußte sie also interpretieren. Obwohl die Meinungsverschiedenheiten oft scheinbar unwichtige Punkt betrafen, zeigen die Argumente doch, wie ernsthaft die Menschen darauf bedacht waren, Gott zu gehorchen. Kein Kompromiß war möglich. Wie hätte man auch einen Kompromiß schließen können über das, was Gott forderte! So formierten sich Gruppen entsprechend den verschiedenen Gesetzesauslegungen.

Wenn man die Gesetzesauslegungen mit denen der rabbinischen Literatur vergleicht, ist die Einstellung der Rollen zum Gesetz im allgemeinen konservativ. Die Rollen sind streng, und oft geben sie, wie es scheint, Priestern den Vorzug vor den Laien, das heißt, wenn man die Esoterik einiger Kommentare unberücksichtigt läßt. Man vergleiche diese Gesetzesstrenge mit der Perikope im Matthäus-Evangelium, in der Jesus am Sabbat heilt. Er fragt seine Gemeinde: »Welcher Mensch ist unter euch, der ein Schaf hat und, wenn es am Sabbat in eine Grube fällt, es nicht ergreift und herauszieht?« (Mt. 12,11). Natürlich war die erwartete Antwort: »Ja, jeder wird das Schaf herausziehen.« Der Autor des Textes »Ein angenehmer Geruch« (*Halacha* A; s. u.) hätte dem nicht zugestimmt. In seinen Augen war der Sabbat so heilig, daß man möglicherweise einen Menschen aus einer Grube retten würde, nicht aber ein Tier. Das Retten von Tieren war »Arbeit«, und Arbeit am Sabbat war dem mosaischen Gesetz zufolge verboten.

Einige der Werke, die wir im folgenden zusammengestellt haben, sind von explosiver Bedeutung. Obgleich sie sich nach Ansicht des modernen Lesers im Detail verzetteln mögen und so einen recht trivialen Eindruck auf ihn machen, vermitteln sie doch ansatzweise ein Bild von den Gedanken der Menschen in Palästina an diesem kritischen Wendepunkt der westlichen Zivilisation. Wir befinden uns auf ziemlich sicherem Boden, wenn wir diese Vorstellungen eines extrem apokalyptischen »Eifers« als die vorherrschenden betrachten. Maßgebend war eben nicht das Gedankengut der Pharisäer oder Herodianer, das das populäre Bild bis heute prägt, sondern das der Oppositionsgruppen, die man im Jerusalem der damaligen Zeit in der Regel für »sektiererisch«hielt.

Die »Zeloten« gehörten sicherlich dazu, ebenso wahrscheinlich die sogenannten »Judenchristen«, das heißt die Anhänger der Jerusalemer Kirche oder Nachfolger von Jakobus dem Gerechten, die in Apg. 21,20 als »Eiferer für das Gesetz« bezeichnet werden. Man könnte sich zum Zwecke der Verdeutlichung folgendes Gedankenspiel vorstellen: Ein Nichtmuslim macht sich während der Pilgerzeit nach Mekka auf und erlebt eine von Eifer und Militanz geprägte Atmosphäre, die dort zum Alltag gehört. Natürlich, ein Nichtmuslim könnte sich nicht entsprechend verhalten; es wäre ihm nicht erlaubt. Aber genau dies ist der Punkt.

Ein vergleichbares Klima herrschte in Jerusalem auf dem Tempelberg in der Zeit vor, die wir betrachten, und zwar einschließlich derselben Beschränkungen in bezug auf die »Fremden« auf dem Tempelberg, zumindest was die sogenannten »Zeloten« und Rebellen in der Literatur angeht, die wir vor uns haben. Daß in den beiden Briefen über die Werkgerechtigkeit, mit denen wir dieses Kapitel beginnen, dieselbe Sprache benutzt wird, mit der Paulus im Römer- und Galater-Brief die Bedeutung des Heilsstandes Abrahams beschreibt (übrigens ähnlich im Islam mit einer leicht abweichenden Akzentuierung, die ähnliche neue Ansätze hervorbringt), ist von fundamentaler Bedeutung, wenn wir die Wurzeln der westlichen Zivilisation verstehen wollen. Die beiden Briefe leisten ferner einen wichtigen Beitrag zur Erhellung des »Sektenwesens« im damaligen Jerusalem.

Das letzte Dokument in diesem Kapitel weist große Ähnlichkeiten auf mit der letzten Spalte der Damaskus-Schrift, auf die wir schon häufig Bezug genommen haben. Wir stützen uns auf zwei Abschriften dieses Materials, die von Salomon Schechter in der Kairoer Geniza Ende des letzten Jahrhunderts gefunden wurden. Spalten, die die erste Spalte dieser Schrift wiedergeben, sind nun im unveröffentlichten Material von Qumran gefunden worden; es handelt sich jedoch nicht um die erste Spalte des Qumran-Dokuments, das heißt, es liegt uns nicht zu entzifferndes Material auf den unveröffentlichten Tafeln vor, das zu einer oder mehreren zusätzlichen Spalten rechts von dem Material gehört, das der Kairoer Version parallel geht. Ein großer Teil des übrigen Materials der Damaskus-Schrift, das unter den unveröffentlichten Fragmenten von Qumran gefunden wurde, läuft mit den Kairo-Rezensionen parallel; aus diesem Grunde haben wir sie nicht mit aufgenommen. Bei dieser letzten Spalte verhält es sich anders, obwohl sie auf Abschnitte und Themen *in* den Kairo-Rezensionen anspielt. Sie wurde daher von uns aufgenommen. Wir haben sie nicht zuletzt deshalb mit aufgenommen, weil sie so interessant und so gut erhalten ist.

Aufschlußreicherweise liegt ein Exkommunikationstext von der stärksten und entschlossensten Art vor uns. Er verkörpert umfassend das Gedankengut, das wir in diesem Kapitel beschreiben, und zeigt großes Interesse an der *Thora des Mose* – Worte, die er selbst verwendet. Der vorliegende Text wird sich sicherlich gegen jemanden von der Denkungsart des Paulus gerichtet haben, wenn Paulus jemals in dem »Damaskus« gewesen wäre, das in den Qumran-Texten so geschätzt wird.

## 35. Der Erste Brief über als Gerechtigkeit angerechnete Werke (4Q394-398)   (Tafeln 13 und 14)

### (»Einige von unseren Worten über die *Thora* Gottes«)

Dieser Text ist von sehr entscheidender Bedeutung für die Bewertung der Qumran-Gemeinde, ihrer Gedankenwelt und ihrer historischen Entwicklung. Über einzelne Teile wird seit über drei Jahrzehnten gesprochen und geschrieben. Besonders in den vergangenen zehn Jahren waren Teile in unterschiedlichen Formen in Umlauf, einige von ihnen unter dem inzwischen bekannten Kode »MMT«. Von diesen wiederum wird oft fälschlicherweise als von »einigen Worten der *Thora*« gesprochen. So könnte man allenfalls den Ersten Brief titulieren, aber die Anspielung, auf die sich der Titel bezieht, erscheint nicht vor Zeile 30 des Zweiten Briefes. Seine richtige Übersetzung wäre »einige *Werke* der *Thora*« (Hervorhebung von uns). Dies ist im Hinblick auf die Geschichte des Christentums ein wichtiger Unterschied.

Unsere Rekonstruktion, Transliteration und Übersetzung sind vollkommen neu. Wir haben uns nicht auf irgend jemanden oder irgendein anderes Werk verlassen, sondern selbst das gesamte unveröffentlichte Korpus gesichtet, haben ähnliche Tafeln zusammengestellt, alle Überlappungen identifiziert und alle Verbindungen selbst hergestellt. So schwierig, wie es scheint, war es nicht, da die Texte sich fast von selbst zuordnen und sich recht einfach zusammensetzen lassen. Wir verließen uns auch nicht auf den kürzlich veröffentlichten Claremont-Katalog, da unsere Arbeit bereits abgeschlossen war, als dieser erschien. Wir haben außerdem das kalendarische Material zu Anfang des Ersten Briefes hinzugefügt, das in keiner Form zuvor bekannt war, aber, wie wir sehen werden, nicht unbedeutend ist, da die Ordnung und Kontrolle der Gemeinschaft darauf beruhen.

Was wir hier tatsächlich vor uns haben, sind zwei Briefe von der Art des 1. und 2. Korinther-Briefes oder des 1. und 2. Thessalonicher-Briefes im Neuen Testament. Aufgrund der vielen Abschriften dieser Briefe muß man annehmen, daß sie als wichtige Schriften der Gemeinschaft aufbewahrt und abgeschrieben wurden. Die Adresse des Zweiten Briefes sieht sehr nach einer Art König aus – entsprechend der Adresse der »Lobrede auf König Jonathan«

in Kapitel 8 am Ende dieser Sammlung –, oder es ist, wenn man dies vorzieht, der »Führer der Gemeinde« am Anfang. Nach unserer Ansicht könnte es sich – wenn man den Brief in das 1. Jahrhundert v. Chr. datiert und ihn mit anderen Texten in Kapitel 4 und 8 zusammenstellt, die historische Gestalten erwähnen – bei diesem König um »König Jonathan«, das heißt Alexander Jannai, handeln oder um seinen zelotisch gesinnten und mehr populistischen Sohn Aristobul oder gar um einen der beiden gleichgesinnten Söhne des letzteren, Alexander oder Antigonus, von denen der zweite tatsächlich König war.

Wenn man ihn im 1. Jahrhundert n. Chr. ansetzt – was wir seiner Sprache (einer Form von »proto-mischnaischem Hebräisch«) und eindeutiger typologischer Parallelen zu ähnlichen frühchristlichen Schriften wegen vorziehen würden –, dann ist sein Adressat mit ziemlicher Sicherheit Agrippa I. (ca. 40 n. Chr.), der der vorhandenen Literatur nach vorgab, die *Thora* einzuhalten, oder eventuell sein Sohn Agrippa II. (ca. 60 n. Chr.), der weniger angesehen war. Wenn der Adressat der »Führer der Gemeinde« ist, dann handelt es sich um eine Person, die nicht in Einklang mit der Gemeinde steht oder die wohlgelitten genug war, um in einem derartig kameradschaftlichen und kollegialen Ton angesprochen zu werden.

Im ersten Teil stellt der vor uns liegende Text die kalendarischen Berechnungen, die sich auf Sabbate oder Feste beziehen, dar und endet mit dem uns inzwischen bekannten 364-Tage-Schema, das im Genesis-Florilegium, dem Buch der Jubiläen und in den priesterlichen Texten (s. o.) aufgezeichnet ist; er erstellt einen Kalender entsprechend den von ihm empfohlenen Festtagen. Da er auf den ersten Blick keinen anderen Kalender erwähnt, muß man annehmen, daß die Angelegenheit noch nicht endgültig geregelt und noch im Fluß war. Die bloße Tatsache seiner Polemik aber scheint nahezulegen, daß ein lunisolarer Kalender, wie in Kapitel 4 dargestellt, im Tempel benutzt wurde.

Der Text kommt im weiteren Verlauf auf ernste, wenn auch scheinbar kleinliche gesetzliche Angelegenheiten zu sprechen, signalisiert durch die Schlüsselwörter »anrechnen als«, »bestimmen für« u. ä. in den Zeilen 2, 10, 34, 50 usw. Wir sind diesen Wörtern in unterschiedlichen Zusammenhängen begegnet. Verbunden wird mit ihnen eine Betonung des »Tuns« (vgl. Zeile 62) und natürlich, als grundlegende hebräische Variante der Wortwurzel, der »Werke«.

Der Inhalt der Worte »anrechnen als«, »bestimmen für« u. ä. wird am besten in der Schlußfolgerung des Zweiten Briefes zusammengefaßt, wenn es heißt: »Und schließlich, wir schrieben dir (früher) über einige Werke des Gesetzes (der *Thora*) ..., die wir zum Guten *anrechneten*, dir und deinem Volk ...« (Hervorhebung von uns). Die Verwandtschaft dieser Worte mit der Sprache des Paulus ist nicht zu überhören – etwa in Röm. 3,28, wenn er Abrahams Glauben darlegt: »So halten (*rechnen*) wir nun dafür, daß der Mensch durch den Glauben gerechtgesprochen werde ohne *Werke des Gesetzes*«; oder in

Röm. 4,9: »... Wir reden ja doch davon, daß dem *Abraham* sein Glaube zur Gerechtigkeit *angerechnet wurde*«, basierend auf Gen. 15,6; oder schließlich in Gal. 3,6 auf die gleiche Weise (Hervorhebungen von uns). Sowohl die Qumran-Briefe als auch die des Paulus argumentieren in einem ähnlichen ideologischen Kontext, mit dem einen Unterschied, daß die Qumran-Texte völlig Werk- und *Thora*-orientiert sind, Paulus aber das Gegenteil vertritt.

Paulus drückt es pointiert aus: »... denn wenn die Gerechtigkeit durch das Gesetz kommt, dann ist ja Christus umsonst gestorben!« (Gal. 2,21, als Einleitung zu Gal. 3; s. o.). Dies gewinnt einzigartige Bedeutung im Rahmen seiner Argumentation, warum Christus, nachdem er den »Fluch des Gesetzes« auf sich genommen hatte, diejenigen »erlösen« würde, die Paulus jetzt vom »Fluch des Gesetzes« bekehrt, auf daß sie »die Annahme an Sohnes Statt erlangten« und »als verheißene Gabe den Geist empfingen durch den Glauben« (Gal. 3,13–14 und 4,5–6). Wir werden noch Gelegenheit haben, diese Anspielungen, die den deuteronomischen »Flüchen« am Ende der Damaskus-Schrift verwandt sind, zu erläutern.

Die Worte »und das rechnete er ihm als Gerechtigkeit an« aus Gen. 15,6 – hier bezogen auf Abraham – wurden in Ps. 106,31 auch auf den Hohenpriester Pinhas angewandt, der fremde Befleckung von dem »Wüstenlager« abwendete. Diese Stelle muß für die Zeloten wie ein zündender Funke gewesen sein. Der »Eifer für Gott«, den Pinhas an den Tag legte, wenn es darum ging, Abtrünnige wegen ihrer Kollaboration mit Heiden zu töten (ebenfalls ein Thema des vorliegenden Briefes), war, wie wir gesehen haben, ein Schlüsselereignis für die makkabäische Familie (vgl. die Abschiedsrede des Mattatias an seine Söhne in 1. Makk. 2,54) und ebenso für die sogenannte »Zeloten-Bewegung«, die dann folgte. Wir sagen »sogenannte«, da Josephus (*Altertümer* XVIII § 23) sie niemals wirklich so nennt – nur »die vierte Philosophie« – und weil sie auch messianisch war. Das Wachrufen kritischer Worte wie dieser in mehreren unterschiedlichen Zusammenhängen (s. o.) erhellt die Verwandtschaft dieser Bewegungen.

Einige der Positionen, die in der vor uns liegenden Darlegung der gesetzlichen Einzelheiten aufgezählt werden, etwa zu Flüssigkeiten, die die Unreinheit ihrer Behälter während des Vorgangs des Ausschüttens weitergeben, werden im Talmud als »sadduzäisch« identifiziert. Allerdings kann der Talmud kaum als historisch genau gelten. »*Sadduki*«, das heißt »sadduzäisch« oder »zadokidisch«, bedeutet oft allgemein »sektiererisch« (*»min«*) – einschließlich auch der Judenchristen. Die für diese beiden Briefe verantwortlichen Verfasser sind sicher keine Sadduzäer des »Establishments« der herodianischen Zeit und der im Neuen Testament so genannten Gruppe gewesen. Josephus charakterisiert diese als »in allen Dingen von den Pharisäern beherrscht«. Es könnte sich jedoch um makkabäische Sadduzäer einer früheren Zeit handeln, sofern sie – oder ihre Epigonen – nicht von den Pharisäern beherrscht wurden oder nicht beteiligt waren bei der Anerkennung fremder Herrschaft, fremder Einmischung in die Angelegenheiten der Gesellschaft oder fremder Geschenke und Opfer im Tempel.

In dem Buch *Maccabees, Zadokites, Christians and Qumran: A New Hypothesis of Qumran Origins* (Leiden 1983), wird auf der Basis der Werke des Josephus, der Qumran-Texte und des talmudischen Materials ein »Sitz im Leben« für diese Themen ohne Zuhilfenahme dieser Briefe oder der Tempelrolle bestimmt. Das Buch machte – zumindest für die herodianische Periode – *zwei* Gruppen von Sadduzäern aus, eine »etablierte« und eine »oppositionelle«. Letztere können auch »messianische Sadduzäer« genannt werden. Auf die Makkabäer-Zeit bezogen könnte man sie als »puristische Sadduzäer« bezeichnen. Aus ihnen rekrutieren sich Gruppen, die als »Zeloten«, »Essener« oder sogar »Judenchristen« bezeichnet werden – je nach dem Standpunkt des Beobachters. Nur sollte man in jedem Fall ihren »oppositionellen« Charakter und ihr nationalistisches, unbeugsames und militantes Festmachen am Gesetz (Josephus nennt dies »nationale Tradition«) festhalten. Dieses wird in den beiden Briefen über Werkgerechtigkeit, die wir hier vorstellen, beispielhaft dargelegt. Wenn man zum Beispiel Haltungen wie diese »essenisch« nennen will, muß man den Begriff unbedingt präzisieren.

Die Gruppe, die für den Ersten Brief über »jene Werke der *Thora,* die dir zum Guten angerechnet werden«, oder – mit den Worten des Paulus – »angerechnet werden als Gerechtigkeit«, verantwortlich ist, zeigt großes Interesse am Tempel, wie er den Angaben in der Damaskus-Schrift und der Tempelrolle entspricht. Sie sind besonders mit der »Befleckung des Tempels« befaßt. Eben dies bildet, wie wir gesehen haben, zusammmen mit »Unzucht« – einem Thema, das der Brief ebenfalls anspricht – zwei der »drei Netze«, die »als Gerechtigkeit zu betrachten Belial (Herodes?) Israel verleitete« (CD IV–V).

Der Gedanke, daß die Qumran-Literatur gegen den Tempel gerichtet sei – eine Theorie, welche sich in den frühen Tagen der Qumran-Forschung aus der Fixierung auf die Gemeinderegel und dem Mißverständnis ihrer herrlichen Metaphorik entwickelte –, trifft den Sachverhalt nur ungenau. Der »Eifer« für den Tempel, den diese Briefe und andere Werke zeigen, steht durchweg im Mittelpunkt, der Tempel muß aber erst von allen befleckten Werken »gereinigt« werden. Dabei muß berücksichtigt werden, daß die nationalistische Verbundenheit mit dem Tempel in Jerusalem und die damit einhergehende Fremdenfeindlichkeit das gesamte Dokument hindurch spürbar sind.

Gaben der Heiden (5 ff.) und »Gefäße«, die sie enthalten (insbesondere »Häute«; vgl. 18 ff.), werden von den Verfassern des Dokuments nicht geduldet. Dieser Punkt – besonders im Hinblick auf die »Häute« – beschäftigt auch die Autoren der Tempelrolle (Spalten 46–47), hier mit dem Ausschluß befleckter Menschen vom Tempel verbunden. Der vorliegende Text geht in die gleiche Richtung. In der Tempelrolle werden derartige »Häute« als »den

Götzen geopfert« erwähnt. Dasselbe kommt in Zeile 9 des vorliegenden Dokuments zur Sprache. Es stellt das Thema »Gaben und Opfer der Heiden« im Tempel insgesamt in den Kontext des Götzendienstes und ist so gleichzeitig eine grundsätzliche Abhandlung über die »Götzenopfer«, vergleichbar mit Parallelen im Neuen Testament.

Dieselben Themen – nicht zu vergessen die der »Werkgerechtigkeit« und des Gesetzes – werden in weiteren Schriften aufgegriffen, die sich auf Jakobus den Gerechten (den *Zaddik* oder »Zadok«) beziehen, den Führer der sogenannten »Jerusalemer Gemeinde« von etwa 40–60 n.Chr. Im Rückblick nennt man sie die »Judenchristen« Palästinas. Die Bewegung, die sich später entwickelt zu haben scheint, wurde auch »Ebjoniten« (das heißt »die Armen«) genannt, ein Begriff der Selbstbezeichnung, der im gesamten Qumran-Material vorkommt (siehe auch unsere Kommentierung in den »Hymnen der Armen« in Kapitel 7). Besonders Jakobus wird in der Apostelgeschichte als Verfechter der Abstinenz von »Blut«, »Unzucht«, »Götzenopferfleisch« und »Erwürgtem« dargestellt (Apg. 21,25; ebenso Apg. 15). Seine Stellung zu »Werken, die als Gerechtigkeit angerechnet werden«, wird in dem ihm zugeschriebenen Brief und der darin enthaltenen Erwiderung der paulinischen Position von der Rechtfertigung Abrahams durch den Glauben im Römer- und Galater-Brief deutlich.

Die Frage der heidnischen Gaben und heidnischen Opfer im Tempel war besonders in der Zeit entscheidend, die von den vierziger bis zu den sechziger Jahren des ersten nachchristlichen Jahrhunderts auf den Krieg mit Rom hinführte. Josephus spricht sie in seinem *Jüdischen Krieg* an, wenn er deren Ausschluß – von den Zeloten und wahrscheinlich anderen Oppositionsgruppen gefordert – »eine Neuheit« nennt, »die unseren Vorvätern nicht vertraut war«. Andere Aspekte dieses Problems, einschließlich des Ausschlusses der Herodianer (die von derartigen Gruppen – *nicht freilich von den Pharisäern!* – als Heiden betrachtet wurden) und ihrer Opfer nicht nur vom Tempel, sondern schließlich von ganz Jerusalem, waren ein Sonderfall dieses rigorosen Gesetzesverständnisses. Im Krieg wurden die herodianischen Paläste wie auch die der Hohenpriester, die ihre Stellung den Herodianern verdankten, samt den Schuldlisten verbrannt.

Obgleich es möglich ist, daß Geschenke und Opfer der Heiden im Tempel auch ein Stein des Anstoßes in der makkabäischen Zeit waren, gibt die zeitgenössische Literatur keine Hinweise darauf. Letztlich löste diese Streitfrage den Krieg gegen Rom 66–70 n.Chr. aus oder wurde jedenfalls von Extremisten als Anlaß benutzt; dieser Krieg war 66 n.Chr. unausweichlich geworden, als die niedrige Priesterschaft die Opfer für die Römer und andere Fremde im Tempel aussetzte, besonders die täglichen Opfer, die bis zu diesem Zeitpunkt für den römischen Imperator dargebracht worden waren. Dies unterstreicht die Brisanz dieser Streitfragen.

Der vorliegende Text greift auch die »Reinheit der roten Färse« für besonders wichtige Reinigungsvorgänge auf, die in den folgenden Texten noch näher erläutert werden. In Einklang mit der allgemeinen nationalistischen Fremdenfeindlichkeit über das gesamte Spektrum der Qumran-Dokumente hinweg werden Ammoniter und Moabiter den Tauben und Blinden und solchen, die an physischer Unvollkommenheit leiden, beigesellt (47–83). Dieser Punkt, der in der erwähnten Tempelrolle ebenfalls behandelt wird, beinhaltet vermutlich auch den Ausschluß der Heiden vom Tempel allgemein.

Dies steht in scharfem Kontrast zu dem Bild des heidenfreundlichen Jesus in den Evangelien; er wird sogar dargestellt als jemand, der Tischgemeinschaft hält mit ähnlichen Klassen ausgeschlossener Menschen, vor allem mit »Prostituierten« und »Steuereinziehern« – ein äußerst wichtiger Befund im Rahmen der Strömungen dieser Zeit. Auch sollte man die Metapher von Jesus als »Tempel«, wie sie Paulus benutzt, nicht vergessen. Schließlich sei noch an eine Stelle in den Evangelien erinnert, an der die Heiden mit Hunden verglichen werden, denen es erlaubt ist, die Krumen unter dem Tisch zu essen (Mt. 15,27 und Par.) –, was in dem vor uns liegenden Text nicht ohne Resonanz bleibt. In den Zeilen 66–67 werden auch Hunde vom Tempel ausgeschlossen, da sie Knochen fressen, die noch mit Fleisch bedeckt sind, das heißt, sie sind genauso befleckt wie »die Dinge, die Götzen als Opfer dargebracht werden«.

All dies steht ferner in Beziehung zum Thema »Unzucht«, die in den Zeilen 83–89 gleichgesetzt wird mit der »Vermischung«. So scheinen dann beide Stichwörter mit den Mischehen zwischen Israeliten und Fremden verknüpft zu werden (Zeilen 87–88). Die Reinheit des Volkes war den Zeloten – durchdrungen von dem rettenden Akt der Verhinderung derartiger »Vermischung« durch Pinhas in alten Zeiten – natürlich heilig. Hier scheint sie sich ebenfalls auf die Mischehe zwischen Priestern und Israeliten zu beziehen.

Zeile 86 bedient sich eines Hinweises aus der Gemeinderegel, auf den wir bereits zu sprechen kamen, nämlich auf die »Priester« des Rates der Gemeinde als ein spiritualisiertes »Allerheiligstes«, was zu den beiden Anspielungen auf den »Weg in der Wüste« in Jes. 40,3 führt (VIII,5–9 und IX,4). Der Grund für die Verwerfung von »Unzucht« und Mischehe scheint derselbe zu sein: Israel soll ein »Heiliges Volk« sein, ein »heiliger Same«. Noch größere Xenophobie ist kaum denkbar. Die Sorge um den Tempel, die sich in allen diesen Passagen zeigt, sollte damit deutlich geworden sein.

Was die identifizierbare Position der Sadduzäer im Blick auf die Unreinheit von Flüssigkeiten und deren Behältern betrifft, so ist diese Übertretung verwandt mit der des »Nichtscheidens von rein und unrein«. Dieses Verständnis ist für Qumran fundamental und in Zeile 64 dargelegt. Hier sind wir am Kern des Tempelproblems, das ebenfalls in der Damaskus-Schrift thematisiert wird, zum Beispiel wenn die »Unzucht« auf die »Tempelbefleckung« bezogen wird (V, 6–7). Es steckt gleichermaßen im Kern der Exegese von der

»Bereitung des Weges in der Wüste« (1QS VIII,11–13), die mit der Anordnung »Haltet euch fern« beginnt.

In der Damaskus-Schrift wird behauptet, daß sie keine ordentliche »Trennung« im Tempel beachten (das heißt zwischen »rein« und »unrein«) und daß sie darum den Tempel »beflecken«, weil sie erstens mit Frauen während der Perioden verkehren und zweitens jeder Mann seine Nichte heiratet. Diese beiden Vorwürfe nehmen in der Ideologie Qumrans einen zentralen Platz ein und reichen aus, um ihren »Sitz im Leben« zu bestimmen.

Der erste Vorwurf bezieht sich ohne Zweifel auf sexuelle Beziehungen mit Heiden; der zweite höchstwahrscheinlich auf die herodianische Familie, da keine andere Gruppe vor ihrer Zeit so sicher identifiziert werden kann. Die Heirat mit Nichten war eine Praxis, der die Herodianer gewohnheitsmäßig – offenbar als Teil der Familienpolitik – anhingen. Es mag auch etwas mit ihrer idumäisch-arabischen Herkunft zu tun gehabt haben, denn bis heute ist diese Praxis in den Nachfolgekulturen nichts Ungewohntes. Diese Verbindung von Feindseligkeit gegenüber Fremden und Heirat mit Nichten wird am besten durch die herodianische Familie verkörpert und diejenigen, die sich durch den Umgang mit ihnen – sei er sexuell oder politisch – deren Befleckung zuziehen (vgl. CD VI,14–15, im Anschluß an Anspielungen auf »Vipern« und »Feuerbrände«: »Kein Mann, der sich ihnen nähert, soll frei von ihrer Sünde sein«).

Schließlich sei noch angemerkt, daß in einer der unveröffentlichten Fassungen der Damaskus-Schrift Material auftaucht, das die Frage der »Gefäße aus Kupfer« (Zeile 6) berührt und erneut in Zusammenhang mit den »Gaben der Heiden« steht. Außerdem findet die Unterscheidung, die in den Zeilen 77–78 zwischen absichtlicher und unwissentlicher Sünde getroffen wird, in der Gemeinderegel große Beachtung (VI,24 ff. und VIII,22 ff.).

## TRANSLITERATION    Teil 1: Kalendarische Darstellung

1 1. [בחודש הראשון] 2. [בארבעה] 3. [בו שבת] 4. [בעשתי עשר]
5. [בו שבת] 6. [בארבעה] 7. [עשר בו הפסח] 8. [בשמונה] 9. [עשר בו שבת]
10. [בעשרים] 11. [וחמשה] 12. [בו שבת] 13. [אחר בעשרים]
14. [וששה] 15. [בו הנף העמר]

2 16. [בשניים] 17. [בחודש השני] 18. [בו שבת] 19. [בתשעה] 20. [בו שבת]
21. [בארבעה עשר] 22. [בו הפסח השני] 23. [בששה עשר] 24. [בו שבת]
25. [בעשרים] 26. [ושלושה] 27. [בו שבת] 28. [בשלישים] 29. [בו שבת]
3 30. [בחודש השלישי] 31. [בשבעה] 32. [בו שבת] 33. [בארבעה עשר]
34. [בו שבת] 35. [אחר] 36. [בחמשה עשר] 37. [בו חג השבועות] 38. [בעשרים]
39. [ואחד] 40. [בו שבת] 41. [בעשרים] 42. [ושמונה] 43. [בו שבת]
44. [עליו אחר] 45. [האחד והשני] 46. [יום שלישי] 47. [נוסף]

4 48. [בחודש הרביעי] 49. [בארבעה] 50. [בו שבת] 51. [עשתי עשר]

52. [כו שבת] 53. [בשמונה] 54. [עשר בו שבת] 55. [בעשרים] 56. [וחמשה]
57. [כו שבת]

5 58. [בשניים] 59. [בחודש החמשי] 60. [כו שבת] 61. [אחר] 62. [בשלושה]
63. [כו מועד התירוש] 64. [בתשעה] 65. [כו שבת] 66. [ב]שש אשר 67. כו שבת
68. בעשרם 69. ושלושא 70. כו שבת 71. [ב]שלו[ש]ים 72. [כו שבת]
73. [בחודש הששי]

6 74. [בשבעה] 75. [כו שבת] 76. [בארבעה עשר] 77. כו שבת 78. בעשרים
79. ואחד 80. כו שבת 81. בעשרים 82. ושים 83. כו מועד 84. השמן
85. אח[ר בעשרים] 86. ו[שלושה] 87. קרב[ן העצים] 88. [בעשרים]
89. [ושמונה] 90. [כו שבת] 91. [עליו אחר] 92. [האחד והשני] 93. [יום שלישי]
94. [נוסף]

7 95. [באחד בחודש] 96. [השביעי] 97. [בו יום זכרון] 98. [בארבעה]
99. [כו שבת] 100. [בעשרה] 101. [בו יום] 102. [הכפורים]
103. [בעשתי עשר] 104. [כו שבת] 105. [בחמשה עשר] 106. [בו חג]
107. [הסכות] 108. [בשמונה] 109. [עשר בו שבת] 110. [בעשרים]
111. [ושניים] 112. [כו עצרת] 113. [בעשרים] 114. [וחמשה]
115. [כו שבת]

8 116. [בשניים] 117. [בחודש השמיני] 118. [כו שבת] 119. [בתשעה]
120. כו שבת 121. בששה עשר 122. כו שבת 123. בעשרים 124. ושלושה
125. כו שבת 126. בשל[וש]ם 127. [כו שבת] 128. [בחודש התשיעי]

9 129. [בשבעה] 130. [כו שבת] 131. [בארבעה עשר] 132. [כו שבת]
133. [בע]שר[ים ואחד] 134. [כו ש]בת 135. [ב]עשרים 136. ושמנה
137. ב]ו] שבת138. עליו אחר 139. ה[אחד] והשנ[י] 140. [יום שלישי]
141. [נוסף]

10 142. [בחודש העשירי] 143. [בארבעה] 144. כ[ו שבת] 145. בע[שתי עשר]
146. כו שבת 147. בשמנה 148. עשר כו שבת 149. בעשרים 150. וחמשה
151. כו שבת 152. בשניים 153. בחד[ש] 154. [העשתי עשר]

11 155. [כו שבת] 156. [בתשעה] 157. [כו שבת] 158. [בששה עשר]
159. [כו שבת] 160. [בעשרים] 161. [ושלושה] 162. [כו שבת] 163. [בשלושים]
164. [כו שבת] 165. [בחודש] 166. [השנים] 167. [עשר] 168. [בשבעה]
169. [כו שבת]

12 170. [בארבעה עשר כו שבת בעשרים ואחד כו שבת בעשרים]
171. [ושמונה כו] שבת ע[ל]ו אחר [האחד והשני יום שלישי]
172. [נו]סף ושלמה השנה שלוש מאות ו[ששים וארבעה]
173. יום.

194

1. אלה מקצת דברינו [כתורת א[ל שהם מ[קצת]

2. [ה[מעשים שא א[נח[נ[ו חושבים וכו[לם על [קרבנות]

3. תשדחה [..הר] ו[על תרומת ד[גן ה[גוים שהם...]

4. ומגיע[י[ם בה ש[      [יהם ומט[מאים... ואין לאכול]

5. מדנן הגוים ואין לביא למק[ר[ש [ועל זבח החטאת]

6. שהם מבשלים [אות[ה בכלי [נחושת הגוים ומטמאים] בה

7. בשר זבחיהם ומ[בשל[י]ם בעזר[ת המקדש ומטמאים] אות[ו]

8. כמרק זבחם ועל זבח הגוים [אנחנו אומרים שהם] זובח[ים]

9. אל הפ[סילה] שא היא[ה] מושכת אליו [ואף על תודת] זבח

10. השל[מים] שמניחים אותה מיום ליום אנ[חנו חושבים]

11. שהמנ[חה נא]כלת על החלבים והבשר ביום ז[ו]ב[ח]ם כי לבני]

12. הכוהנים ראוי להזהיר בדבר הזה בשל שלוא י[היו בני אהרון]

13. מסיא[י]ם את העם עוון ואף על טהרת פרת החטאת

14. השוחט אותה והסורף אותה והאוסף את אפרה והמזה את [מי]

15. החטאת לכול אלה להער[י]ב[ו]ת השמש להיות טהורים

16. בשל שא יהיה הטהר מזה על הטמזה כי לבני

17. אהרן ראוי להיות מ[זהרים בדבר הזה

18. [ועל] עורות הבק[ר והצאן                              [

19. [עורות[יהם כלי]                              אין]

20. [להביא]ם למקד[ש                              [

21. [          ]ה ואף על עורו[ת ועצמות הבהמה הטמאה שהמה עושי[ם]

22. [מן עצמותמה] ומן ע[ו]ר[ות]מה ידות כל[ים אין להביאם למקדש
ואף על ע[ו]ר נבלת

23. [הבהמה] הטהורה [הנוש]א אותה נבלתה [לוא י[גש לטהרת ה[קודש]

24. [          ]      וא[ף על ה.]      [ת שהמ[ה      [על]      [

25. [          ]

26. [          ]

27. [          ]

28. [          ]

29. [          ]

30. [          ]      כי לבני]

31. הכו[הני]ם ראואי [להש[מ]ר ב[כול הדברים [האלה בשל שלוא יהיו]

32. משיאים את העם עוון ועַ[ל שא כתוב [ושחט על ירך המזבח והמה]

33. [שוחטים] מחוץ למחנה שור [וכש]ב ועז כי מ[קום השחיטה בצ[פון המחנה

34. ואנחנו חושבים שהמקדש [משכן אהל מועד הוא ו[ירושלי[ם]

35. מחנה היא וחוצה למחנה [הוא חוצה לירושלים] הוא מחנה

36. עריהם חוץ ממ[חנה <הי[א> [יר]<ו>[שלים ועל החט[את שמוצאים את דשא

37. [ה[מזבח ושור[פים אותו מחוץ לירושלים כי] היא המקום אשר

38. [בחר בו] מכול שבטי ישראל להשכין את שמו עליו                              [

39. [          ]ה]                              [

40. [          ]                              [

41. [
42. [
43. אי[נ]ם שוחטים במקדש ]
44. [ועל העברות אנחנו חושבים שאין לשחוט א[ת האם ואת הולד ביום אחד
45. ואף על האוכל את הולד אנח[נ]ו חושבים שא יאכל את הולד ]
46. [שבמעי אמו לאחר שחיטתו ואתם יודעים שהוא] כן והדבר כתוב עברה
47. [ועל העמון]י והמואבי והממזר ופ[צוע הדכה וכרו]ת השפכת שהם באים
48. בקהל [ו                    ונשים] לוקחים [לעשו]תם עצם
49. אחת ]                    [
50. [                    ] טמאות ואף חושבים אנחנו
51. [שאין ל                    ואין לבו]א עליהם
52. [                    ואי]ן להתיכם ולעשותם
53. [עצם אחת                    ואין להבי]אם
54. [                    ואתם יודעים שמק]צת העם
55. [                    מתוכ]כים
56. [                    כי לבני ישראל ראוי להזהר] מכול תערובת גבר
57. ולהיות יראים מהמקדש [ואף ע]ל סומ[י]ם
58. שאינם רואים להזהר מכול תערו[בת] ותערובת
59. [א]שם אינם רואים
60. ואף על החרשים שלוא שמעו חוק ומשפט וטהרה ולא
61. שמעו משפטי ישראל כי שלוא ראה ולוא שמע לוא
62. ידע לעשות והמה באים לטהרת המקדש
63. ואף על המוצקות אנחנו אומרים שהם שאין בהם
64. [ט]הרה ואף המוצקות אינם מבדילות בין הטמא
65. לטהור כי לחת המוצקות והמקבל מהמה כהם
66. לחה אחת ואין להביא למחני הקו[ד]רש כלבים שהם
67. אוכלים מקצת עצמות המ< ק >ד[ש ו]הבשר עליהם כי
68. ירושלים היאה מחנה הקדש היא המקום
69. שבחר בו מכול שבטי ישראל כי ירושלים היא ראש
70. מ[ח]נות ישראל ואף על מטעת עצי המאכל הנטע
71. בארץ ישראל כראשית הוא לכוהנים ומעשר הבקר
72. והצון לכוהנים הוא ואף על הצרועים אנחנו
73. א[ו]מרים שלוא י[כוא]ו {ש} עם טהרת הקדש כי בדד
74. [י]היו [מחוץ למחנות ו]אף כתוב שמעת שינלח וכבס [י]שב מחוץ
75. [לאוהלו שבעת י]מים ועתה בהיות טמאתם עמהם
76. הצ[רו]עים באים ע[ם] טהרת הקדש לבית ואתם יודעים
77. [שכול שונג שלוא עושה מצוה] ונעלה ממנו להבי<א> {ח}
78. חטאת [ועל כול עושה ביד רמה כת]וב שהואה בוזה ומגדף
79. [ואף בהיות לה[מ]ה ט]מאות נ[גע] אין להאכילם מהקו[ד]שים
80. עד בוא השמש ביום השמיני ועל [טמאת נפש]
81. האדם אנחנו אומרים שכול עצם שה[יא חסרה]
82. ושלמה כמשפט המת או החלל ה[וא] *vacat*

83. ועל הזונות הנעסה בתוך העם והמה ב[ני]

84. קדש משכחוב קודש ישראל ועל לבוש[ו כתוב שלוא]

85. יהיה שעטנז ושלוא לזרוע שדו ו[כרמו כלאי]ם

86. בגלל שהמה קודשים ובני אהרון ק[דושי קדושים]

87. [וא]תם יודעים שמקצת הכהנים ו[העם מתערבים]

88. [והמה] מתוככים ומטמאי[ם] את זרע [הקוד]ש [ואף]

89. את [זרע]ם עם הזונות כ]

90. [        Hier können eine oder mehrere Zeilen fehlen        ]

## ÜBERSETZUNG

**Teil 1: Kalendarische Darstellung** (1) [Im ersten Monat,] (2) [am Vierten,] (3) [an ihm ist ein Sabbat;] (4) [am Elften,] (5) [an ihm ist ein Sabbat;] (6) [am Vier-] (7) [zehnten, an ihm ist das Passah;] (8) [am Acht-] (9) [zehnten, an ihm ist ein Sabbat;] (10) [am Fünfund-] (11) [zwanzigsten,] (12) [an ihm ist ein Sabbat;] (13) [danach, am Sechsund-] (14) [zwanzigsten], (15) [an ihm ist das Schwingen des *Omer*.] (16) [Am Zweiten] (17) [des zweiten Monats,] (18) [an ihm ist ein Sabbat;] (19) [am Neunten,] (20) [an ihm ist ein Sabbat;] (21) [am Vierzehnten,] (22) [an ihm ist das Zweite Passah;] (23) [am Sechzehnten,] (24) [an ihm ist ein Sabbat;] (25) [am Dreiund-] (26) [zwanzigsten,] (27) [an ihm ist ein Sabbat;] (28) [am Dreißigsten,] (29) [an ihm ist ein Sabbat.] (30) [Im dritten Monat,] (31) [am Siebten,] (32) [an ihm ist ein Sabbat;] (33) [am Vierzehnten,] (34) [an ihm ist ein Sabbat;] (35) [danach,] (36) [am Fünfzehnten,] (37) [an ihm ist das Wochenfest;] (38) [am Einund-] (39) [zwanzigsten,] (40) [an ihm ist ein Sabbat;] (41) [am Achtund-] (42) [zwanzigsten,] (43) [an ihm ist ein Sabbat;] (44) [nach] (45) [Sonntag und Montag] (46) [wird ein (zusätzlicher) Dienstag (47) [hinzugefügt.] (48) [Im vierten Monat,] (49) [am Vierten,] (50) [an ihm ist ein Sabbat;] (51) [am Elften,] (52) [an ihm ist ein Sabbat;] (53) [am Acht-] (54) [zehnten, an ihm ist ein Sabbat;] (55) [am Fünfund-] (56) [zwanzigsten,] (57) [an ihm ist ein Sabbat.] (58) [Am Zweiten] (59) [des fünften Monats] (60) [ist ein Sabbat;] (61) [danach,] (62) [am Dritten,] (63) [an ihm ist das Wein-Erstlingsfest;] (64) [am Neunten,] (65) [an ihm ist ein Sabbat;] (66) [am] Sechzehnten, (67) an ihm ist ein Sabbat; (68) am Dreiund- (69) zwanzigsten, (70) an ihm ist ein Sabbat; (71) [am] Drei-[ßig]sten, (72) [an ihm ist ein Sabbat.] (73) [Im sechsten Monat,] (74) [am Siebten,] (75) [an ihm ist ein Sabbat;] (76) [am Vierzehnten,] (77) an ihm ist ein Sabbat; (78) am Einund- (79) zwanzigsten, (80) an ihm ist ein Sabbat; (81) am Zweiund- (82) zwanzigsten, (83) an ihm ist das Erstlingsfest (84) des Öls; (85) da[nach, am Dreiund-] (86) [zwanzigsten,] (87) ist das Hol[zopfer] ; (88) [am Achtund-] (89) [zwanzigsten,] (90) [an ihm ist ein Sabbat;] (91) [nach] (92) [Sonntag und Montag] (93) [wird ein (zusätzlicher) Dienstag] (94) [hinzugefügt.] (95) [Am Ersten des siebten] (96) [Monats,] (97) [an ihm ist der Gedenktag;] (98) [am Vierten,] (99) [an ihm ist ein Sabbat;] (100) [am Zehnten,] (101) [an ihm ist der Tag] (102) [der Versöhnung;] (103) [am Elften,] (104) [an ihm ist ein Sabbat;] (105) [am fünfzehnten,] (106) [an ihm ist das Laubhütten-] (107) [fest;] (108) [am Acht-] (109) [zehnten, an ihm ist ein Sabbat;] (110) [am Zweiund-] (111) [zwanzigsten,] (112) [an ihm ist ein Feiertag;] (113) [am Fünfund-] (114) [zwanzigsten,] (115) [an ihm ist ein Sabbat.] (116) [Am Zweiten] (117) [des achten Monats,] (118) [an ihm ist ein Sabbat;] (119) [am Neunten,] (120) an ihm ist ein Sabbat; (121) am Sechzehnten, (122) an ihm ist ein Sabbat; (123) am Dreiund- (124) zwanzigsten, (125) an ihm ist ein Sabbat; (126) am Drei[ßigs]ten, (127) [an ihm ist ein Sabbat.] (128) [Im neunten Monat,] (129) am Siebten, (130) [an ihm ist ein Sabbat;] (131) [am Vierzehnten,] (132) [an ihm ist ein Sabbat;] (133) [am Einund-] zwanzig[sten,] (134) [an ihm ist ein Sab]bat; (135) [am] Achtund- (136) zwanzigsten, (137) an [ihm] ist ein Sabbat; (138) nach (139) S[onntag] und Mont[ag] (140) [wird ein (zusätzlicher) Dienstag] (141) [hinzugefügt.] (142) [Im zehnten Monat,] (143) [am Vierten,] (144) an [ihm ist ein Sabbat;] (145) am El[ften,] (146) an ihm ist ein Sabbat; (147) am Acht- (148) zehnten, an ihm ist ein Sabbat; (149) am Fünfund- (150) zwanzigsten, (151) an ihm ist ein Sabbat. (152) Am Zweiten (153–154) [des elften] Mona[ts,] (155) [an ihm ist ein Sabbat;] (156) [am Neunten,] (157) [an ihm ist ein Sabbat;] (158) [am Sechzehnten,] (159) [an ihm ist ein Sabbat;] (160) [am Dreiund-] (161) [zwanzigsten,] (162) [an ihm ist ein Sabbat;] (163) [am Dreißigsten,] (164) [an ihm ist ein Sabbat.] (165–167) [Im zwölften Monat,] (168) [am Siebten,] (169) [an ihm ist ein Sabbat.] (170) [Am Vierzehnten, an ihm ist ein Sabbat; am Einundzwanzigsten, an ihm ist ein Sabbat; am Achtund-] (171) [zwanzigsten, an ihm] ist ein Sabbat; nach [Sonntag und Montag wird ein (zusätzlicher) Dienstag] (172) [hinzu-]gefügt. So wird das Jahr vollendet: dreihundert-[vierundsechzig] (173) Tage.

**Teil 2: Gesetzliche Fragen** (1) Dies sind einige unserer Worte betreffs [des Gesetzes (der *Thora*) Got]tes, das heißt ein[ige] (2) [der] Werke, die [w]ir [(dir zur Rechtfertigung, siehe Zweiten Brief, Zeile 34) anrechnen. Alle] von ihnen haben mit [heiligen Geschenken] zu tun (3) und Reinheitsfragen … Nun, [betreffs des Getreideopfers] der [Heiden, die …] (4) und sie berü[h]ren es … und machen es un[rein … Man soll nicht essen] (5) irgendwelches Getreide von Heiden, noch ist es erlaubt, es zum Tem[p]el zu bringen. [Betreffs des Sündopfers,] (6) welches in Gefäßen aus [heidnischem Kupfer] gekocht ist, wodurch [sie (die Priester) unrein machen] (7) das Fleisch ihrer Opfer und (weiterhin,) was sie im Ho[f des Tempels] ko[ch]en und (dadurch) ihn (den Tempel) [verunreinigen] (8) mit der Suppe, die sie machen – (wir sind gegen diese Bräuche). Betreffs Opfer von Heiden, [wir sagen, daß sie (in Wirklichkeit)] (9) den Gö[tzen] opfe[rn], die sie verführen; (darum ist es verboten). [Außerdem, betreffs des Dank]opfers, (10) welches das Ganzo[pfer] begleitet, das sie an einem Tag beiseite legen für die nächsten, bestimmen wir, (11) daß das Getr[eideopfer gegessen werden m]uß mit dem Fett und dem Fleisch, an dem Tag, an dem sie [geo]pfert wer[den. Es obliegt] (12) den Priestern sicherzustellen, daß man sorgfältig mit diesen Angelegenheiten umgeht, so daß [die Priester] keine Sünde (13) über das Volk brin[gen we]rden. Auch, im Blick auf die Reinheit der Färse, die von Sünde reinigt (d. h. die rote Färse): (14) Der, der sie schlachtet, und der, der sie verbrennt, und der, der ihre Asche sammelt, und der, der [das Wasser] (15) (der Reinigung von) der Sünde sprengt – alle diese müssen mit dem Unter[ga]ng der Sonne rein sein, (16) so daß (nur) der reine Mann auf das Unreine sprengen wird. Die Söhne (17) Aarons müssen War[nungen angesichts dieser Angelegenheiten] geben. (18) [Betreffs] der Häute von Vie[h und Schafen ...] (19) ihre [Häute] Gefäße ... Man soll sie nicht (20) zum Temp[el bringe]n ... (21) ... Außerdem, betreffs der Häut[e und Knochen von unreinen Tieren – denn sie machen] (22) [von den Knochen] und von den H[ä]u[te]n Griffe für G[efäße] –, man soll sie (d. h. die Gefäße) nicht zum Tempel bringen. Im Blick auf die [Ha]ut von dem Kadaver (23) eines reinen [Tieres], [der, der] den Kadaver [träg]t, [darf keine heiligen Dinge ber]ühren, die empfänglich für Unreinheit sind. (24) [ ... Au]ch betreffs ... daß si[e ...] (30) [... Die Mitglieder ...[ (31) der Prie[stersc]haft müssen [sorgfäl]tig [in] allen [diesen] Angelegenheiten sein, [so daß sie keine] (32) Sünde über die Menschen bringen. [Betre]ffs der Tatsache, daß geschrieben steht, [»Und er soll es an der Seite des Altars schlachten ...«,] (33) [schlachten sie] Bullen und [Lämm]er und Ziegen außerhalb des »Lagers«. Im Gegenteil, der (gesetzliche) O[rt der Schlachtung ist im No]rden innerhalb des »Lagers«. (34) Wir bestimmen, daß der Tempel [das »Zelt des Zeugnisses« ist, während] Jerusale[m] (35) das »Lager« ist. »Außerhalb des Lagers« [heißt »außerhalb von Jerusalem«.] (Es bezieht sich auf) das »Lager (36) ihrer Städte«, außerhalb des »La[gers«, wel]ches [Jer]u[salem ist. Betreffs der Sünd]opfer sollen sie die Innereien vom (37) Altar wegnehmen und [sie außerhalb Jerusalems ver]brennen, [denn] dies ist der Ort, den (38) [Er erwählte] aus allen Stä[mmen Israels, um Seinen Namen dort wohnen zu lassen ...] (43) ... sie schlachten [nic]ht im Tempel. (44) [In bezug auf schwangere Tiere bestimmen wir, daß man weder] die Mutter noch den Fötus [schlachten darf] an irgendeinem Tag. (45) [... Ebenfalls, was den betrifft, der den Fötus ißt,] so bestimmen [w]ir, daß er den Fötus essen möge, (46) [welcher in der Gebärmutter der Mutter ist, (aber nur) nach seiner (gesonderten) Schlachtung. Ihr wißt, daß di]es der richtige Standpunkt ist, da der Satz geschrieben steht: »Ein schwangeres Tier ...« (47) [Betreffs der Ammon]iter und der Moabiter und des Bastards und des Mannes mit zertrü[mmerten Hoden und des Mannes mit einem geschäd]igten männlichen Organ, die die Versammlung (48) betreten [und ... Frauen] nehmen, [um] sie »zu einem Gebein« (d. h. »Person«) (49) [zu mach]en ... (50) ... befleckt. Wir bestimmen auch, (51) [daß man nicht darf ... und daß man nicht Geschlechts]verkehr mit ihnen haben darf ... (52) ...[Und man darf sie nic]ht eingliedern und sie (53) [»zu einem Gebein« machen, und man darf] sie [nicht bringen] (54) [... und ihr wißt, daß ein]ige Leute (55) [... einglie]dern (56) [... Denn die Söhne Israels müssen wachsam sein gegen] jegliche unerlaubte Heirat (57) und (so) den Tempel achten. [Zusätzlich betr]effs der Blin[d]en, (58) die nicht sehen können, um befleckende Ver[mischung] zu vermeiden, und für die [sünd]volle (59) Vermischung unsichtbar ist – (60) ebenso wie die Tauben, die weder das Gesetz hören noch Vorschriften, noch Reinheitsregeln und nicht hören (61) die Vorschriften Israels, denn »Der, der nicht sehen und nicht hören kann, kann (62) (das Gesetz) nicht ausführen« –, diese Menschen sündigen gegen die Reinheit des Tempels! (63) Was das Ausgießen von Flüssigkeiten angeht, so sagen wir, daß sie keine (64) innere [Re]inheit besitzen. Ausgegossene Flüssigkeiten können nicht ganz und gar scheiden zwischen unreinen (65) und reinen (d. h. Gefäßen), denn die Flüssigkeit, die ausgegossen wird, und die Flüssigkeit, die im Behälter zurückbleibt, (66) sind ein und dieselbe (d. h. die Verschmutzung überträgt sich zwischen den Gefäßen in Richtung der Flüssigkeit). Man darf keine Hunde in das He[il]ige »Lager« bringen, denn sie (67) fressen einige Knochen im Te[m]pel, an denen (noch) das Fleisch ist. Weil (68) Jerusalem das Heilige »Lager« ist – der Ort, (69) den Er unter allen Stämmen Israels auserwählt hat. So ist Jerusalem das erste (70) aller »La[g]er« Israels. Betreffs der Bäume, die für die Nahrung gepflanzt werden (71) im Land Israel, (die Frucht des vierten Jahres) ist entsprechend dem Opfer der Erstlingsfrucht und gehört den Priestern. Ebenso gehört der Zehnte des Viehs (72) und der Schafe den Priestern. Im Falle derer, die an Hautkrankheiten leiden: Wir (73) s[agen, daß sie nicht k]ommen sollten mit heiligen Gegenständen, die für Unreinheit empfänglich sind. Eher (74) [mü]ssen sie sich alleine [außerhalb des Lagers] aufhalten. [Und] es steht auch geschrieben: »Von der Zeit, von der an er sich rasiert und badet, laßt ihn sich [sieben T]age (75) außerhalb [seines Zeltes] aufhalten.« Aber gegenwärtig, während sie immer noch unrein sind, (76) diejenigen, die [an einer Hautkrankheit leid]en, [kommen] sie nach Hause [m]it heiligen Gegenständen, die empfänglich für Unreinheit sind. Ihr wißt, (77) [daß jeder, der ungewollt sündigt, der ein Gebot bricht] und dem vergeben ist, Sündopfer darbringen (78) muß (aber sie tun dies nicht). [Was den absichtlichen Ungehorsamen angeht, so steht ges]chrieben: »Er ist ein Verächter und Lästerer.« (79) [Während s]i[e an Un]reinheiten [leiden], die von [Ha]utkrankheiten herrühren, dürfen sie nicht mit heil[igem] Essen ernährt werden, (80) bis die Sonne am achten Tag (nachdem sie geheilt sind) aufgeht. Betreffs [Unreinheit, hervorgerufen durch Berührung mit einer toten] (81) Person, sagen wir, daß jeder (menschliche) Knochen, ob er ein [Skelett] ist (82) oder noch bedeckt (mit Fleisch), der Vorschrift für einen Toten oder diejenigen, die im Kampf erschlagen wurden, unter[wor]fen ist. (83) Was die Unzucht, die unter dem

Volk stattfindet, angeht, so (sollten) sie ein (84) Heiliges V[olk] sein, wie es geschrieben steht: »Israel ist Heilig« (darum ist es verboten). Die Klei[dung eines Mannes betreffend steht geschrieben: »Sie soll nicht] (85) von gemischtem Gewebe sein«; und niemand soll sein Feld oder [seinen Weinberg mit gemischten Früch]ten bepflanzen. (86) (Vermischen ist verboten), weil (das Volk) Heilig ist, und die Söhne Aarons sind die Hei[ligsten der Heiligen] – (87) [trotzdem, wie i]hr wißt, einige der Priester und [des Volkes vermischen sich (heiraten in Mischehen)]. (88) [Sie] heiraten in Mischehen und beflecken (damit) sowohl den [heili]gen Samen [als auch] (89) ihren eigenen [Samen] mit Unzucht ...

(Textende)

## 36. Der Zweite Brief über als Gerechtigkeit angerechnete Werke (4Q397-399)   (Tafeln 15 und 16)

(»Einige Werke des Gesetzes, die wir zu deiner Rechtfertigung anrechnen«)

Daß es sich bei dem vorliegenden Text um einen zweiten Brief handelt, wird aus den Zeilen 29–30 ersichtlich. Sie beziehen sich auf einen ersten bereits geschriebenen Brief zum gleichen Thema – »*Werke, die angerechnet werden zu deiner Rechtfertigung*« (Hervorhebung von uns). Obgleich beide Briefe in derselben Handschrift geschrieben sind, ist nicht klar, ob sie direkt miteinander verbunden sind und in dieselbe oder in die folgende Spalte gehören. Es wäre weder eine Überraschung, daß ein und derselbe Schreiber beide Briefe verfaßt hat, noch ist es unmöglich, daß beide Briefe bereits als Teil desselben Dokuments in Umlauf waren, wie zum Beispiel der 1. und 2. Korinther-Brief und der 1. und 2. Thessalonicher-Brief (s. u.). Der Zweite Brief ist jedenfalls in einem einzelnen Dokument vorhanden.

Dieser kurze Brief von ungefähr 35 erhaltenen Zeilen ist wiederum von weitreichender Bedeutung für die Qumran-Forschung, und zwar nicht nur aus Gründen, die wir bereits im Zusammenhang mit dem Ersten Brief erwähnt haben, sondern vor allem wegen seines deutlich *eschatologischen* Charakters. Damit erhebt sich die entscheidende Frage: *Wann* begann man, in dieser Weise eschatologisch zu denken, so daß man *in der täglichen Korrespondenz* Ausdrücke benutzte wie »das Ende der Tage« (13 und 24) oder einen weniger geläufigen, der hier in diesem neuen Material, das wir betrachten, zum erstenmal verwendet wird, nämlich »die Endzeit« (15 und 33)? Zusammen kommen diese Begriffe viermal in einem erhaltenen Dokument von nur 35 Zeilen vor. Auch darin unterscheidet sich dieser Brief bis zu einem gewissen Grade vom Ersten, wo diese Begriffe nicht – zumindest nicht in den erhaltenen Fragmenten – benutzt wurden.

Neben diesen Aspekten gibt uns der vorliegende Text Aufschluß über die Natur und die Umstände des »Risses«, der zwischen den für diese Schriften Verantwortlichen und der »Mehrheit des Volkes« bestand. Die Worte sind bedeutungsträchtig: »Nun wißt ihr, daß wir mit der Mehrheit des Volkes gebrochen haben und uns geweigert haben, uns mit ihnen zu vermischen und mit ihnen in diesen Belangen übereinzustimmen.« Das Wort »parasch« in Zeile 7 ist vermutlich die Wurzel des Wortes »Pharisäer«; diejenigen jedoch, für die es hier steht, ähneln in keinster Weise dem Prototyp des Pharisäers. Die Weigerung des »Vermischens« in Zeile 8 (vgl. Zeile 87 im Ersten Brief) steht natürlich in Zusammenhang mit der schon erwähnten »unsachgemäßen Trennung« und nicht mit der »Trennung von rein und unrein«. Dieser Satz alleine – bekannt, aber nicht preisgegeben über *mehr als 35 Jahre* – würde ausreichen, um diese Gruppe als *sektiererische* zu identifizieren, zumindest nach deren Selbstverständnis. Und er identifiziert sie unmißverständlich als eine Gruppe, eine Bewegung.

Schließlich werden die Punkte, derentwegen der Riß auftrat, scharf konturiert. Diese sind immer fest mit dem Gesetz verbunden, das hier wiederholt und eindeutig »das Buch Moses« genannt wird (10, 16, 24; vgl. Zeile 6 der letzten Spalte der Damaskus-Schrift unten: »die *Thora* Moses«). Hinzugefügt werden die Propheten, David (vermutlich sind die Psalmen gemeint) und einige weitere Schriften, wahrscheinlich die Bücher der Chronik u. ä. (10–11). Dies bedeutet: Wir befinden uns an einem Punkt, an dem die Bibel, wie wir sie kennen, zu einem beträchtlichen Teil entstanden ist, und die deuteronomischen »Segnungen und Flüche« wurden als mit der Ankunft »der letzten Tage« eng verbunden erkannt (23–24). Diese »Segnungen und Flüche« stehen auch im Brennpunkt der letzten Spalte der Damaskus-Schrift am Ende dieses Kapitels.

Das Vokabular ist durchsetzt mit Qumran-Termini, einschließlich *»hamas«* (»Gewalttätigkeit«), *»maʿal«* (»Rebellion«), *»zanut«* (»Unzucht«), *»scheker«* (»Lüge«) und der Metaphorik von »Herz« und »Belial«. Viele dieser Ausdrücke kehren in der Damaskus-Schrift wieder. So gebraucht zum Beispiel CD IV, 7, wie wir gesehen haben, die Wendung »den Gottlosen verdammen« (25) – im Gegensatz zu »den Gerechten rechtfertigen« –, wenn sie die eschatologischen Taten der »Söhne Zadoks … in den letzten Tagen« umschreibt.

Wahrscheinlich um den Eindruck zu erwecken, dieser Brief sei an einen wirklichen König adressiert, wird in den Zeilen 27 ff. an König David und seine Werke erinnert, die nach Auffassung der Verfasser »fromm« *(»hasidim«)* waren. Wiederum erscheint der so weit verbreitete Topos »Weg«, der – wie erwähnt – in der Gemeinderegel als »Studium der *Thora*« präzisiert wird und in der Apostelgeschichte als alternative Bezeichnung für das frühe Christentum in Palästina zwischen den vierziger und sechziger Jahren dient (Apg. 22,4; 24,22 usw.). Vergebung der Sünden wird im »Suchen der *Thora*« gefunden, genauso wie in der Gemeinderegel »der Weg in der Wüste« – im Johannes-Evangelium auf die Taten Johannes' des Täufers bezogen – interpretiert wird als das »Studium der *Thora*« und unmittelbar darauf als »eifrig sein für das Gesetz und die Zeit des Tages der Rache« (man beachte wieder den parallelen Gebrauch des Wortes »Zeit«). Der Ausdruck »Studium *(Midrasch)* der *Thora*«, der auch im rabbinischen Judentum geläufig ist, wird in der letzten Zeile der Damaskus-Schrift (»*Midrasch* des Gesetzes«) wiederkehren.

Der Text endet – wie oben bemerkt – mit einer schallenden Bestätigung dessen, was man als die Position des Jakobus über die Rechtfertigung beschreiben kann: daß durch das »Tun« dieser »Werke des Gesetzes«, wie gering sie auch sein mögen (man beachte wieder die Betonung auf dem »Tun«), »es dir zur Gerechtigkeit angerechnet werden wird« (in den Worten von Gen. 15,6 und Ps. 106,31, einem Psalm, der sich desselben Vokabulars, das wir hier betrachten, bedient). Als Ergebnis »wirst du dich vom Rat des Belial ferngehalten haben«, und »am Ende der Zeit wirst du dich freuen« (32–33). Letzteres meint sicherlich »auferweckt werden« oder »sich des Himmlischen Reiches erfreuen« oder beides – eine interessante Aussage, die hier einem König oder Führer der Gemeinde in dieser Zeit zugeschrieben wird. Man beachte auch hier, wie das Wort »Zeit« mit der zweiten Exegese des Materials über den »Weg in der Wüste« in 1QS IX,19 parallel läuft. Der Ton der Anrede ist, wie in der an König Jonathan (s.u.), spürbar warm und versöhnlich.

ÜBERSETZUNG

```
1.  [ שמ]                        [        ]                    [
2.  [ עות ]    [ שיבואו ]                                      [
3.  ומי ישנ]   [יהיה מת]                                       [
4.  ועל הנשי]ם  [... והמעל]                                    [
5.  כי באלה [ ]  בגלל] החמס והזנות אבד]ו מקצת [
6.  מקומות [ואף] כת]וב בספר מושה של]וא תביא תועבה א]ל ביתכה כי]
7.  התועבה שנואה היאה [ואתם יודעים ש]פרשנו מרוב העם ונמנענו]
8.  מהתערב בדברים האלה ומלבוא ע]מהם ע]ל גב אלה ואתם י]ודעים שלוא]
9.  [י]מצא ביתו מעל ושקר ורעה כי על [אלה אנ]חנו נותנים את [הדברים האלה]
10. וכתב]נו אליכה שתבין בספר מושה [ובדברי הנ]ביאים ובדוי]ד ובדברי]
11. ימי כול] דור ודור ובספר כתוב [ ]ים ע]ל] שלוא [
12. [ ]שה ואף כתוב ש]תסור] מהד[ר]ך וקרת [אותכה] הרעה וכתוב
13. והיא כי [יבו]א עליך [כו]ל הדברי]ם ה]אלה באחרית הימים הברכה
14. [ו]הקללא [אשר נתתי לפניך והשיבות]ה אל ל]בב]ך ושבתה אלי בכל לבבך
15. ובכ]ול נפשך        באחרי]ת [העת] וח]י]ת        ואף]
16. [כתוב בספר] מושה וב]דברי הנביא]ים שיבוא]ו עליך ברכות וקללות [של] [
17. [ ]ית ש]        [ש]        [א]                            [
18. [              Hier fehlen mehrere Zeilen              ]
```

[                                                                    ]  .19

[                                                                    ]  .20

.21  [הבר]כו[ת ש[בא]ו כ[ו ב[י]מ[י]יו ו]בימי שלומוה בן דויד ואף הקללות

.22  [ש]באו בו מי[מי יר]ובעם בן נבט ועד גל[ו]ת ירושלם  וצדקיה מלך יהוד[ה]

.23  [ש]י[ב]י[]אם ב[          ]  ואנחנו מכירים שבאוו מקצת הברכות והקללות

.24  שכתוב בס[פ]ר מו[ש]ה וזה הוא אחרית הימים שישובו בישרא[א]ל

.25  לת]ורת אל בכול לבם] ולוא ישובו אחו[ר] והרשעים ירש[יע]ו ואמ[   ]

.26  וה[         ]  [      זכור את מלכי ישרא[א]ל] והתבנן במעשיהם שמי מהם

.27  שהוא ירא [את התו]רה היה מצול מצרות והם מב[ק]שי תורה

.28  [ונסלח]ו עונות זכור את דויד שהוא איש חסדים [ו]אף

.29  הוא [מ]צול מצרות רבות ונסלוח לו ואף אנחנו כתבנו אליך

.30  מקצת מעשי התורה שחשבנו לטוב לך ולעמך שראינו

.31  עמך ערמה ומדע תורה הבן בכל אלה ובקש מלפניו שיתקן

.32  את עצתך והרחיק ממך מחשבת רעה ועצת בליעל

.33  בשל שתשמח באחרית העת במצאך מקצת דברינו כן

.34  תחשבה לך לצדקה בעשותך הישר והטוב לפניו לטוב לך

.35  ולישראל

## ÜBERSETZUNG

(2) ... weil sie kommen ... (3) ... wird sein ... (4) und betreffs Fraue[n ...]
Und der Aufstand ... (5) Denn wegen dieser ... [wegen] Gewalttätigkeit und
Unzucht [sind] zerstört worden einige (6) Orte. [Weiter] steht geschr[ieben im
Buch Moses:] »Du sollst [nich]t den Greuel z[u deinem Haus] bringen, denn
(7) der Greuel wird (von Gott) verabscheut.« [Nun wißt ihr, daß] wir mit der
Mehrheit des Volk[es] gebrochen haben [und uns geweigert haben,] (8) uns mit
ihnen zu vermischen und m[it ihnen i]n diesen Belangen übereinzustimmen.
Und ihr w[ißt auch, daß] (9) [weder] Aufstand noch Lüge, noch Böses in Seinem Tempel gefunden werden [soll]. Wegen dieser Dinge tragen wir diese
Worte vor (10) [und schrieb]en dir (früher), damit du versteht das Buch Moses
[und die Worte der Pro]pheten und Davi[d, zusammen mit den] (11) [Chroni-
ken jeder] Generation. In dem Buch (Moses) steht es geschrieben, ... s[o] daß
nicht ... (12) Es steht auch geschrieben: [»(Wenn) du dich] vom W[eg]
[abwendest], dann wird [dich] Böses treffen.« Wieder steht geschrieben:
(13) »Es soll geschehen, wenn [al]le [d]iese Ding[e] über dich [komm]en am
Ende der Tage, der Segen (14) [und] der Fluch, [den ich dir vorgelegt habe, und
du] dich an sie [erinner]st und zu mir zurückkehrst mit deinem ganzen Herzen (15) und [deiner] ga[nz]en Seele ... am End[e] der [Zeit], dann wirst du
l[e]b[e]n ... [Noch einmal,] (16) [es steht in dem Buch] Moses [geschrieben]
und in [den Worten der Prophe]ten, daß [Segen und Flüche über dich] kommen werden ... (21) [die Se]ge[n, die über] es (Israel) [kamen] in [seinen
T]ag[en und] in den Tagen Salomos, des Sohnes Davids, als auch die Flüche,
(22) [die] über es kamen aus den Ta[gen Jer]obeams, des Sohnes des Nabot, bis

zum Exi[l] von Jerusalem und Zedekia, dem König von Jud[a]. (23) [Denn] er möge sie br[in]gen über ... Und wir erkennen, daß einige der Segnungen und Flüche gekommen sind, (24) diejenigen, die in dem Bu[ch Mos]es geschrieben stehen; daher ist dies das Ende der Tage, wenn (die) in Isra[el] umkehren (25) zu dem Gesetz (der *Thora*) Gottes mit ihrem ganzen Herzen, sich niemals wieder zurückwenden. Inzwischen werden die Gottlosen [zunehmen] in ihrer Gottlosigkeit und ... (26) Erinnere dich an die Könige Israe[ls], und verstehe ihre Werke. Wer immer unter ihnen (27) [das Ge]setz (die *Thora*) fürchtete, wurde von Leiden errettet; wenn sie das Gesetz (die *Thora*) su[ch]ten, (28) [dann] wurden ihnen die Sünden [vergeben]. Erinnere dich an David. Er war ein Mann von frommen Werken, und er wurde ebenfalls (29) von vielen Leiden err[et]tet, und ihm wurde vergeben. Und schließlich, wir schrieben dir (früher) über (30) einige Werke des Gesetzes (der *Thora*) (siehe den Ersten Brief oben), die wir zum Guten anrechneten, dir und deinem Volk, denn wir sehen, (31) daß du Einsicht und Kenntnis der *Thora* besitzt. Bedenke alle diese Dinge, und flehe Ihn an, dir (32) rechten Rat zu geben und dich fernzuhalten von bösen Gedanken und vom Rat des Belial. (33) Dann wirst du dich freuen am Ende der Zeit, wenn du herausfinden wirst, daß einige unserer Worte wahr waren. (34) So »wird es dir zur Gerechtigkeit angerechnet werden« (oder, in der Sprache des Paulus, »angerechnet werden zu deiner Rechtfertigung«), daß du getan hast, was aufrichtig ist und gut vor Ihm, zu deinem eigenen und zu Israels Gutem.

## 37. Ein angenehmer Geruch (*Halacha* A–4Q251)   (Tafel 17)

Dieser Text ist typisch für die Art exakter gesetzlicher Regelung von Einzelheiten, die wir in Qumran antreffen. Er dokumentiert nach unserer Auffassung das Gesetzesverständnis in Qumran grundsätzlich. Darin bestehen Parallelen sowohl zur Gemeinderegel als auch zur Damaskus-Schrift. So laufen beispielsweise die Aufzählungen in Fragment 1 parallel mit vielen in der Gemeinderegel, und die in Fragment 2 wiederum entsprechen ähnlichem Material in der Damaskus-Schrift. In beiden Fällen sind die Parallelen recht genau, obgleich die Sprache variiert. Zum Beispiel ist für »wissentliches Lügen« in Zeile 7 von Fragment 1 und in der Gemeinderegel dieselbe Strafe angegeben, obgleich das Vergehen auf eine etwas andere Weise beschrieben wird (1QS VII,3).

Dasselbe gilt für das Herausziehen eines Tieres aus einer Grube oder Zisterne am Sabbat in der Damaskus-Schrift (XI,13–14) und das Herausziehen eines Tieres aus dem Wasser am Sabbat in diesem Text (2,5–6). Es ist ebenso zutreffend für das Tragen beschmutzter Kleidung am Sabbat (2,3 und XI,3). Da es tatsächlich Überlappungen in Gesetzesfragen zwischen der Damaskus-Schrift in den Kairoer Rezensionen und der Gemeinderegel gibt (etwa das laute Gelächter in Gemeindeversammlungen), ist es möglich, daß die Gesetzeskapitel beider Dokumente, die im vorliegenden Text mehr oder weniger vereinfacht sind, ursprünglich ein einziges Ganzes bildeten.

Das Stichwort »Zelt« in 2,4 ist einer der ersten direkten Hinweise auf das Leben in einem »Zelt« in Qumran. Möglicherweise ist dies sogar ein Beleg für die Lebensweise in der Gegend der Siedlungen oder »Lager« (das heißt »Wüstenlager«), einschließlich Qumran vielleicht. Sicher kann dies nicht geklärt werden, und vielleicht ist das »Zelt« nur beiläufig erwähnt.

Noch interessanter in diesem Text sind die Beschreibungen des Rates der Gemeinde. Die Formulierung »Sühne leisten für das Land« (3,9) und das rekonstruierte Textmaterial über das »Gegründet-Sein ... auf Wahrheit für eine Ewige Pflanzung« (3,8) entsprechen genau der Gemeinderegel VIII,5–6. Sofern die Rekonstruktion »fünfzehn Männer« in Zeile 3,7 richtig ist, dürfte ein weiteres Rätsel der Qumran-Forschung gelöst sein – nämlich ob die »zwölf Männer und drei Priester«, die in der Gemeinderegel VIII,1 als »Allerheiligstes« und als »Haus (das heißt Tempel) für Israel« bezeichnet werden, exklusiv oder inklusiv zu verstehen sind. Anders ausgedrückt: Sind die drei bei den zwölfen schon mitgerechnet, parallel zu der christlichen Zählung der Apostel und einer zentralen Trias, oder müssen die drei den zwölfen noch zugeschlagen werden?

Die Formulierungen »Sühne für das Land leisten« und »ein angenehmer Geruch« (3,9) stellen ebenfalls direkte Parallelen zum Material 1QS VIII,5–12 dar, wo sich das Bild vom Rat der Gemeinde als einem geistlichen Tempel findet, das die Exegese von Jes. 40,3 einleitet, nämlich daß dies »die Zeit der Bereitung des Weges in der Wüste« sei. Auch der Hinweis auf die »Zeugen beim Letzten Gericht/Urteil« (3,8–9) kehrt wörtlich in der Gemeinderegel wieder. Er verstärkt die übernatürlichen Aspekte der Rolle der »Söhne Zadoks« in der Damaskus-Schrift und die spiritualisierte »Sühne«-Metaphorik allgemein, die sich auf die christliche Theologie zubewegt. Der Hinweis auf das »Urteil« am Ende der »Zeit der Gottlosigkeit« in 3,10 unterstreicht dies noch weiter.

Der Text endet mit einer vollständigen Auflistung der verbotenen Heiraten, einschließlich des wichtigen Gesetzes über die Ächtung der Nichtenheirat (7, 2–5), das wir zuvor besprochen haben und das so stark das Gesetzesverständnis und Gedankengut dieser Texte bestimmt. Dieses Gesetz schloß wahrscheinlich auch Cousinen mit ein, die im erhaltenen Text nicht genannt werden; es wurde hergeleitet aufgrund der nicht zu entblößenden Nacktheit von Vater, Mutter, Bruder oder Schwester. Das vorliegende Fragment behandelt fast alle Aspekte des Problems erschöpfend und extensiver als etwa die Tempelrolle oder die Damaskus-Schrift. Wiederum kommt das große Interesse in Qumran an diesen Gesetzesfragen zum Ausdruck. Uns scheint außerdem die Anwendung auf die Herodianer offenkundig zu sein.

## Fragment 1

1. ]    ע[שרת י[מ]ים ]    [
2. ] ונענש ] שלושים יום [    ]
3. [    את מחצית לחמו חמישה ע[שר יום
4. [ונענש שלושה חודשים א[ת מחצית לחמו ואיש אשר ידבר לפני תכ]ן
5. [    רעהו וכתוב לפניו והבדיל [מן הרבים
6. [    בם את מחצית לחמו *vacat* איש אשר .. ]
7. [שלושים יום *vacat* ואיש אשר יכחש במ[דעו ונענש ששה]
8. [    חודשים ותענש במה את מחצית לחמו *vacat* ]
9. [    בדעתו בכול דבר ותענש שלושים יום [את מחצית לחמו
10. [    בדע[תו] יבדילחו ששה חודשים *vacat* ]

## Fragment 2

1. [    ] . [    ] השבת
2. [ בי[ו]ם השבת אל [יקח איש עליו בגדים] צואי[ם ביום השבת
3. [    אל [    ] . איש בבגדים א[שר יהיה ] בהם עפר או [
4. [ כי[ו]ם *vacat* השבת *vacat* אל [יוציא אי[ש מאהלו כלי ומאכ[ל
5. ביום *vacat* השבת *vacat* אל יעל איש בהמה אשר תפול
6. [ א[ל] המים ביום השבת ואם נפש אדם היא אשר תפול אל המי[ם
7. [    [ביום] השבת ישלח לו את בגדו להעלותו בו וכלי לא ישא [    ]
8. [    ] . [    ] ביום] השבת ואם צבא [    ]

## Fragment 3

1. [    ] [ביום [השבת
2. [    ] ביום ה[שבת ולא [
3. [    [א]ל יז איש מזרע אהרון מ[י נדה ביום השבת
4. איש ]  [הפ[סח י[ו]ם גדול וצום ביום [השבת
5. [א]ת הבהמה ילך אלפים אמ[ה ביום השבת ואל ילך כי אם רחוק מן]
6. [    [המ[קדש שלושים רס אל ימ[ן
7. [ב]היות בעצת היחד חמשה ע[שר איש תמימים בכול הנגלה מכול התורה]
8. [והנ[ביאים נכונה עצת היח[ד באמת למטעת עולם ועדי אמת למשפט ובחירי]
9. [    רצון וריח ניחוח לכפר על ה[א]רץ מכ[ול עון
10. [    וספה במשפט קצי עולה והמ[ן
11. [    בשבוע הראיש[ון *vacat*
12. [    אשר לא הובא אל גן עדן ועצם ]
13. [    יהיה לה עד אשר לא הובאה אצ[ל
14. [אל ה]קדוש גן עדן וכול האב אשר בתוכו קודש [אשה כי תזריע וילדה זכר]
15. [וטמאה שבעת ימים כימי נדת דותה חטמא[ה ושלשים ושלשה ימים חשב בדמ[י
16. [טו]הרה ואם נקבה תלד וטמאה [שבועים כנדתה יום וששים יום וששת ימים]
17. [חש[ב בדם טוהרה בכול קודש [לא תגע ואל המקדש לא תבוא [

207

## Fragment 4

1. ] כי יכה איש את רעהו [בעין [ונפל למשכב אם]
2. [יקום והתהלך בחוץ על משענתו ונקה מכה רק] ינתן ש[בתו ורפ[א ירפא
3. ] *vacat* כי ינח שור את איש או את א[שה והומת השור יסקלהו
4. [ ולא יאכל את בשרו ובעל השור נקי ואם שור נ[גח הוא מאתמול
5. [שלשום והודע בבעליו ולא ישמרנה והמית אי[ש או אשה
6. [השור יסקל וגם בעליו יומת שׁ[  ].[  ]

## Fragment 5

1. ] דגן תיר[וש ויצהר כי אם [הרים הכוהן [
2. ] ראשיתם הבכורים והמלאה אל יאחר איש כי [ [
3. ולחם [ ] הואה ראשית המלאה [ה]ר[נן הואה הדמע]. [
4. [ בכורים הוא חלות החמץ אשר יביאו [בי]ום ה[בכורים [
5. [ בכורים הם אל יאכל אי[ש]ו חטים חדשים] [
6. [ עד יום בא לחם הבכורים אל[ [

## Fragment 6

1. ] ...[  ] [
2. ] [אל ימ. ] .ם[ [
3. ] מנח[ת העשרון ל[כוהן [
4. ] בכור האד[ם והבהמה הטמא[אה יפדה [
5. ] ב[כור האדם והבהמה הטמאה
6. ] [הצאן והמקדש מן
7. ] הו[א הבכור ותבואת עץ
8. ] בשנה הרי[שון והזית בשנה הרביעית
9. ] ות[רומה כל חרם לכוהן

## Fragment 7

1. [ על עריות ]
2. [ אל יקח איש אש איש את א[חותו בת אביו או בת אמו אל יקח איש
3. [ אל ינל] את בת אחיו ואת בת א[חותו לאישתו
4. [ איש את ערות אחות א[ביו ואת ערות אחות אמו ואל תנתן אישה לאחי
5. [ אביה ולאחי אמה[ לאישתו
6. [ אל ינל איש ערות ]
7. [ אל יקח איש בתי נ]

## ÜBERSETZUNGEN

**Fragment 1** (1) ... [z]ehn Tage ... (2) ... dreißig Tage ... [ihm wird entzogen] (3) die Hälfte seiner Essensration für fünf[zehn Tage...] (4) ihm wird für drei Monate [die Hälfte seiner Essensration] entzogen. [Ein Mann, der spricht, bevor] der Nachbar [an der Reihe ist], (5) obwohl er (der letztere) vor ihm eingeschrieben ist, muß getrennt werden [von den Vielen ...] (6) in ihnen die

208

Hälfte seiner Essensration. Ein Mann, der ... (7) dreißig Tage. Ein Mann, der wisse[ntlich] eine Lüge erzählt, [wird für sechs] (8) Monate bestraft werden, und während dieser Zeit wird ihm die Hälfte seiner Essensration entzogen ... (9) wissentlich über jede Angelegenheit, seine Strafe ist dreißig Tage [und die Hälfte seiner Essensration] ... (10) wissen[tlich], sie sollen ihn trennen (von seiner Gemeinde) für sechs Monate ...

**Fragment 2** (1) Der Sab[bat ...] (2) an dem Sabbat[ta]g. [Ein Mann soll] keine [Kleidungsstücke, die] beschmutzt s[ind, am Sabbattag tragen]. (3) Ein Mann soll nicht ... in Kleidungsstücken, d[ie] Staub an sich [haben] oder ... (4) am Sabbatt[a]g. [Ein Mann soll] nicht irgendein Gerät oder Esse[n] aus seinem Zelt [bringen] (5) am Sabbattag. Ein Mann soll kein Vieh, das i[ns] Wasser (6) gefallen ist, herausheben am Sabbattag. Wenn es aber ein menschliches Wesen ist, das am Sabbat[tag] ins Wass[er] gefallen ist, (7) wird er ihm sein Kleidungsstück zuwerfen, um ihn damit herauszuziehen. Aber er wird keinen Gegenstand heben ... (8) [am] Sabbat[tag]. Und wenn eine Streitmacht ...

**Fragment 3** (1) ... am [Sabbat]tag ... (2) am Sabba[ttag], und nicht ... (3) Ein Mann vom Samen Aarons soll [n]icht die Was[ser der Unreinheit] sprengen [am Sabbattag] ... (4) [Das Pas]sah ist ein Fest[t]ag, und ein Festtag am [Sabbat]tag ... Ein Mann (5) darf se[in] Vieh zweitausend Ell[en am Sabbattag] mitnehmen, [aber er soll nicht gehen, außer wenn er in einer Entfernung vom] (6) [Te]mpel ist von (mehr als) dreißig *stadia* ... [Ein Mann sol]l nicht ... (7) [Wenn] fünf[zehn Männer] im Rat der Gemeinde sind, [vollkommen in allem, was im Gesetz (der *Thora*) offenbart worden ist] (8) [und in den Pr]opheten, so soll der Rat der Gemein[de] gegründet sein [auf Wahrheit für eine Ewige Pflanzung und wahrhaftige Zeugen beim Urteil, und die Erwählten] (9) des Wohlgefallens (Gottes) und ein angenehmer Geruch, um Sühne für das [L]and zu leisten, von al[lem Bösen ...] (10) Die Zeit der Gottlosigkeit wird im Urteil enden, und ... (11) In der erst[en] Woche ... (12) die nicht zum Garten Eden gebracht werden sollten. Und die Knochen der ... (13) sollen immerdar für es sein, was nicht her[an]gebracht wurde ... (14) [zu der] Heiligkeit des Gartens Eden, und alles Grün in seiner Mitte ist Heilig. [Wenn eine Frau empfängt und einen Sohn gebiert,] (15) wird sie unrein sein für sieben Tage. Ebenso wie an den Tagen ihrer Menstruationsunreinheit wird sie unrein sein; und drei[unddreißig Tage soll sie im Blut] (16) ihrer [Re]inigung bleiben. Wenn sie ein Mädchen gebiert, wird sie [für zwei Wochen] unrein sein, [wie während der Zeit ihrer Menstruation; und sechsundsechzig Tage] (17) soll sie im Blut ihrer Reinigung [bleib]en. [Sie soll] keine Heiligen Dinge [berühren und soll nicht den Tempel betreten.]

**Fragment 4** (1) ... [Wenn ein Mann einen anderen] in das Auge [schlägt und er bettlägerig ist,] (2) [er (dann) aber aufsteht und draußen an seinem Stock umhergeht – derjenige, der ihn schlug, wird ihn nur] entschädigen für seine Gen[esung und seine medizini]schen Ausgaben. (3) [Wenn ein Bulle einen

Mann oder eine Fr]au durchbohrt, wird der Bulle getötet werden. Er wird ihn steinigen (4) [und sein Fleisch nicht essen, und der Besitzer des Bullen wird schuldlos sein. Wenn aber der Bulle] vor[her dur]chbohrt hatte (5) [und der Besitzer davon unterrichtet worden war, ihn aber nicht gehalten (eingezäunt) hat und er einen Ma]nn oder eine Frau tötet, (6) [(dann) wird der Bulle gesteinigt, und sein Besitzer wird ebenso getötet werden ...]

**Fragment 5** (1) [... Getreide, neuer W]ein oder frisches Öl, außer wenn [der Priester es geschwenkt hat ...] (2) ihr früher Ertrag, die Erstlingsfrüchte. Und ein Mann soll es nicht hinauszögern, das volle Maß (zu geben), denn ... (3) ist die Erstlingsfrucht des vollen Maßes. [Und das] Getreide ist das Opfer ... [Und das Brot] (4) der Erstlingsfrüchte ist das ungesäuerte Brot, das sie [am] Tag der [Erstlingsfrüchte] bringen ... (5) das sind die Erstlingsfrüchte. Ein Mann soll keinen neuen Weizen essen ... (6) bis zu dem Tag, an dem er das Brot der Erstlingsfrüchte bringt. Er soll nicht ...

**Fragment 6** (2) ... er soll nicht ... (3) [ ... das Getreideop]fer des Zehnten ist für [den Priester ...] (4) [... den Erstgeborenen eines Mann]es oder unrei[nes] Vieh [soll er erlösen] (5) ... [der Ers]tgeborene eines Mannes oder unreines Vieh ... (6) ... die Herde und das Heiligtum, von (7) [... e]s ist wie der Erstgeborene und der Ertrag eines Baumes (8) [... in dem er]sten [Jahr], und der Ölbaum im vierten Jahr (9) [... und das He]beopfer; alles, was beiseite gelegt wird für (die Unterstützung) der Priesterschaft

**Fragment 7** (1) Betreffs unsittlicher Vereinigungen ... (2) Ein Mann soll nicht seine Sch[wester] heiraten, [die Tochter seines Vaters oder die Tochter seiner Mutter ... Ein Mann soll nicht] (3) die Tochter seines Bruders [heiraten] oder die Tochter seiner Sch[wester ...] Ein Mann soll [nicht] (4) die Nacktheit der Schwester [seines Va]ters [aufdecken oder der Schwester seiner Mutter. Noch soll eine Frau gegeben werden dem Bruder) (5) ihres Vaters oder dem Bruder ihrer Mutter [, um seine Frau zu sein ...] (6) Ein Mann soll nicht aufdecken die Nacktheit von ... (7) Ein Mann soll nicht nehmen die Tochter von ...

## 38. Trauer, Samenausflüsse usw.
## (Reinheitsgesetze Typ A – 4Q274)    (Tafel 18)

Der Inhalt dieser Handschrift ist bemerkenswert. Sie beschäftigt sich mit Fragen, die im bisherigen Qumran-Material nicht zur Sprache kamen. Alle haben mit den Vorschriften für kultische Reinheit zu tun, wie sie in den gesetzlichen Texten der Bibel dargelegt werden. Einige Punkte betreffen hier Unreinheiten, die eine siebentägige Zeit der Reinigung erfordern. Es werden Vorkehrungen getroffen für Trauernde, die sich während der Tage ihrer Unreinheit, die offenbar von der Berührung des Körpers eines geliebten Menschen herrührt, außerhalb an einem bestimmten Ort aufhalten sollen. Der Text fordert, daß diese Menschen und solche, die von levitischer Unreinheit verschiedenster Art befallen waren, gegen Nordwesten der nächsten Behausung wohnen sollten – ein Gesetz, das an die Plazierung der Toilette in der Tempelrolle erinnert (11QT XLVI,13–16). Die Gründe für die nordwestliche Lage von unreinen Orten sind immer noch unklar, obwohl die Tatsache, daß der Tempel nordwestlich eines »Lagers« lag, wie es möglicherweise in Qumran der Fall war, etwas damit zu tun haben könnte, das heißt: Solche Menschen waren gezwungen, in Richtung des Tempels zu gehen.

Mehrere Zeilen beziehen sich auf Frauen während ihrer Menstruation. Diese Frauen dürfen sich nicht »vermischen«, aber offenbar mußten sie ihre Häuser während dieser Zeit nicht verlassen, um außerhalb der Stadt zu wohnen. Erstaunt liest man (1,7), daß über die Tage des Menstruationszyklus einer Frau Buch geführt wurde und daß die buchführende Person weiblich sein konnte. Da es in der Welt des Altertums eher ungewöhnlich war, daß Frauen lesen und schreiben konnten, ist ihre Erwähnung als Schreiberinnen bemerkenswert. Ein Großteil des Textes beschäftigt sich mit der Frage, wann es denjenigen, die an den diskutierten Unreinheiten litten, erlaubt war, die »Reinheit« – das heißt die priesterliche Speise – zu sich zu nehmen. Dem Text zufolge konnten sie dazu am siebten Tag wieder frei sein, nachdem sie gebadet und ihre Kleider gewaschen hatten. Die mehr fragmentarischen Abschnitte des Textes betreffen offenbar Unreinheiten, die durch Flüssigkeiten übertragen werden konnten.

Die Erwähnung der »Lager der Heiligen Israels« (»Kedoschim«) ist ebenfalls interessant. Dies erinnert an das Material der Kriegsrolle (VII,3–6) über die extremen Reinheitsvorschriften im Zusammenhang mit den »Heiligen Engeln«, die sich den Lagern der Gemeinde zugesellten, das heißt »in der Wüste«. Derselbe Terminus wird wiederaufgenommen in CD XV, wo die Blinden, Lahmen, Tauben, Einfältigen, Kinder usw. aus der »Gemeinde« oder diesen Lagern wegen der Gegenwart der »Heiligen Engel« unter ihnen ausgeschlossen werden.

Versteht man diesen Begriff (parallel zu den »Vielen«) als eine andere Bezeichnung für Rang und Ordnung der Gemeinde und für diejenigen, die sich an diese Regelung halten, so kommen einem die »Heiligen« (»Kedoschim«) und die »Heiligen des Höchsten« aus Dan. 7,21–22 in den Sinn. Welchen Schluß man daraus auch zieht – die Anspielung an diesem Punkt in diesem *halachischen* Text bringt diese Bewegung noch stärker an die von Judas Makkabäus gegründete und um ihn zentrierte heran, die nach Ansicht vieler in Dan. 7,21–22 gemeint ist. Jedenfalls besteht kein Zweifel, daß Sinn und Zweck derselbe sind; es geht also um den Heiligen Krieg, den natürlich die Kriegsrolle im Auge hat, wenn es heißt: »keine von diesen sollen mit ihnen in den Kampf hinausziehen. Sie sollen ... vollkommen an Geist und Körper sein, bereit für den Tag der Rache« (VII,5). Neben der Tatsache, daß die

Erwähnung der »Lager« *deren Existenz bestätigt*, deutet sie natürlich auch das Vorhandensein mehrerer *Siedlungen* dieser Art an und steht somit in Einklang mit derselben Verwendung in der apokalyptischen und messianischen Kriegsrolle und in der Damaskus-Schrift.

## TRANSLITERATION

### Fragment 1 Spalte 1

1. יחל להפיל את תיכונו משכב ינון ישכב ומושב אנחה ישב בדד לכול
   הטמאים ישב ורחוק מן

2. הטהרה שחים עשרה באמה כאברו אליו ומערב צפון לכול בית מושב
   ישב רחוק כמדה הזות

3. איש מכול הטמאים [ביו]ם [השבי]עי ירחץ במים ויכבס בגדיו ואחר
   יואכל כי הוא אשר אמר טמא טמא

4. יקרא כול ימי היו]ת בו הנג[ע הזבה דם לשבעת הימים אל תגע
   בזב ובכול כלי [א]שר יגע בו הזב {יש[ב]

5. עליו} <או> אשר ישב עליו ואם נגעה תכבס בגדיה ורחצה ואחר
   תוכל ובכול מודה [א]ל תתערב בשבעת

6. ימיה בעבור אשר ל[ו]א תגאל את מחני קד[ושי] ישראל וגם
   אל תגע בכול אשה [זב]ה דם לימים רב[ים]

7. והסופר אם זכר ואם נקבה אל י]גע בזבה] או בדוה בנדתה כי
   אם טהרה [מנד]תה כי הנה דם

8. הנדה כזוב יחשב [ל]נוגע בו ואם זוב [מבשרו או ש]כבת הזרע
   מנעו וטמא ה[וא והנ]ובע באדם מכו[ל]

9. הטמאים האלה בשבעת ימי טה[רתו א]ל יוכל כאשר יטמא לנפש
   [ירחץ במי]ם וכבס ואח[ר]

### Fragment 1 Spalte 2

1. יא[וכל                     [
2. ושכ[בת                     [

### Fragment 2 Spalte 1

1. [    א]שר יזו עליו את [ה]רישונה ורחץ ויכבס טרם
2. [    ]ל עליו השביעי ביום השביעי אל יז בשבת בו
3. [    ] בשבת רק אל ינע בטהרה עד אשר ישאה
4. [את בגדיו    ] הנוגע בשכבת זרע מאדם עד כול כלי יטבול
5. [    ]יטבו]ל והבגד אשר תהיה עליו והכלי והנושא אותו
   אשר ישאנה יטבול
6. [    ]. ואם במחנה יהיה איש אשר לוא השיגה ידו ורג[לו]
7. [    ]ל הבגד אשר לוא נגעה בו רק אל ינע בו
   את לחמו והנוגע
8. [    ] ישבו אם לוא נגע בו כבס אותו במים ואם
9. [נגע בו    ] וכבס ולכול הקדושים יכבס איש את

| | |
|---|---|
| [ | .1 את בשרו וכן ] |
| [ | .2 ואם ] |
| [ | .3 אמו] |
| [ | .4 לח..] |
| [ | .5 שרץ טמ]אים |
| [ | .6 והנונע ב] |
| [ | .7 וכו]ל |
| [ | .8 ואם א. ] |
| [ | .9 אשר . ] |

**Fragment 3 Spalte 1**

| | | | |
|---|---|---|---|
| [ | גולת אל את אישון עינו וקר] | | ] .1 |
| ]ים | ]יהם וכול חוק צ] | | ] .2 |
| .ל | ]ול או כול ] [..] [ | | ] .3 |
| [ | ] ...[ | | ] .4 |
| [ | [בו..] [ והיא טמאה ] | | ] .5 |
| [ | ] מקשו [ואל] יוכלהו בטהרה וכול [ | | ] .6 |
| | אש]ר ימעכו ויצא משקיהם אל יוכלם איש | | ] .7 |
| [ | ]גע הטמא בהמה ונם מן הירק . | | ] .8 |
| | ]או קשות בשלה איש אשר ישק]ה | | ] .9 |

**Fragment 3 Spalte 2**

| | |
|---|---|
| [ | .1 [ ] [ ] טמאו..] |
| [ | .2 vacat |
| [ | .3 וכול אשר יש לו ....] |
| [ | .4 לטהור ויתר כול הירק ] |
| [ | .5 מלחת טל יאכל ואם ל]וא |
| [ | .6 בתוך המים כי אם איש ] |
| [ | .7 הארץ אם יבואו עליה . ] |
| [ | .8 הנשם עליה אם יגע ב]ה אי]ש |
| [ | .9 בשדה בכול מדו לחקופף ] |
| [ | .10 כול כלי חרש אשר .ל] |
| [ | .11 אשר בתוכו ] |
| [ | .12 המשקה . ] |

ÜBERSETZUNG

**Fragment 1, Spalte 1** (1) er soll die Austeilung der Stücke verzögern (die er für die Priester vorbereitet hat). Er soll im Bett des Wehklagens schlafen und im Haus der Trauer wohnen, getrennt mit all den anderen unreinen Personen, in einer Entfernung (2) von zwölf Ellen vom reinen Essen, in dem festgelegten Ortsteil, und dieselbe Entfernung zum Nordwesten einer jeden bewohnten Behausung. (3) Jeder Mann, der an verschiedenen Arten von Unreinheit leidet, soll sich selbst baden und seine Kleidung waschen [am siebt]en [Ta]g, und danach möge er essen (die reine Speise). Denn dies ist, was bedeutet: »›Unrein, unrein!‹ (4) soll er alle Tage seines Leidens lang rufen.« Was die Frau betrifft, die an einem sieben Tage langen Blutfluß leidet, sie soll keinen Mann berühren, der an einem Fluß leidet, noch irgendein Gerät, [d]as er berührt, (5) noch irgend etwas, worauf er ruht. Wenn sie aber (diese Dinge) berührt, soll sie ihre Kleidung waschen und baden, und danach möge sie essen (die reine Speise). Unter [ke]inen Umständen soll sie unter Leute gehen während ihrer sieben (6) Tage, so daß sie n[ich]t das Lager der Heil[igen] Israels entweiht. Noch soll sie irgendeine Frau berühren, die an einem lang an[dauernden] Blutfluß lei[det]. (7) Und die Person, die die Zeit der Unreinheit aufzeichnet, ob ein Mann oder eine Frau, darf [die Menstruierende] oder die Trauernde nicht ber[ühren] während der Zeit der Unreinheit, sondern nur dann, wenn sie [von ihrer Unrein]heit gereinigt ist, denn (8) diese Unreinheit wird auf dieselbe Weise angerechnet wie ein Fluß [für] jeden, der ihn berührt. Und wenn jemand einen [körperlichen] Fluß [oder einen Sa]menausfluß berührt, dann soll [e]r unrein sein. Jeder, der diese Arten von (9) unreinen Menschen berührt, soll kei[ne] reine Speise essen während der sieben Tage seiner Rei[nigung]. Wenn jemand unrein ist, weil er einen Tot[en] berührt hat, [so soll er sich in Was]ser baden und (seine Kleidung) waschen und dan[ach ...]

**Fragment 1, Spalte 2** (1) Er mög[e essen ...] (2) und Samen[ausfluß ...]

**Fragment 2, Spalte 1** (1) ... [di]e auf ihn sprengen zum erstenmal, und er soll baden und seine Kleidung waschen, bevor (2) ... am siebten Tag. Man soll nicht sprengen am Sabbat (3) ... am Sabbat, nur soll er keine reine Speise berühren, bis er [seine Kleidung] gewechselt (4) hat ... Jeder, der einen menschlichen Samenausfluß berührt, muß alles untertauchen bis zu dem letzten Stück der Kleidung, und die Person, die das Stück trägt, (5) [ ... muß untertau]chen, und das Kleidungsstück, auf dem der Ausfluß gefunden wurde, oder irgendein Stück, das ihn (den Ausfluß) trägt (6) ... Und falls im Lager ein Mann gefunden wird, der unfä[hig] ist (oder: nicht genug hat) (7) ... das Kleidungsstück, das es/sie nicht berührt hat, nur soll er es nicht berühren – seine Speise –, und der, der berührt (8) ... sie sollen wohnen. Wenn er es nicht berührt hat, soll er es in Wasser waschen, aber wenn (9) [er es berührte] ... und er soll (es) waschen. Betreffs aller Opfer, ein Mann soll waschen

**Fragment 2, Spalte 2** (1) sein Fleisch, und so ... (2) aber wenn ... (3) mit ihm ... (4) zu ... (5) Reptil. Unreine [Leute ...] (6) und der, der es berührt ... (7) und je[der ...] (8) Wenn aber ... (9) der ...

**Fragment 3, Spalte 1** (1) ... Gott macht offenbar Seinen Augapfel, und (2) ... jedes Gesetz ... (3) ... oder jedes ... (5) ... und sie ist unrein ... (6) ...

sie gießen Flüssigkeit, und er soll [nicht] in Reinheit essen und jeder ...
(7) [(alles), wa]s sie zerquetschen und woraus Flüssigkeiten austreten, ein
Mann soll nicht essen (8) ... die Unreinen unter ihnen und ebenso unter dem
Gemüse ... (9) ... oder eine gekochte Gurke. Ein Mann, der Flüssigkeit über
Speise [gi]eßt
**Fragment 3, Spalte 2** (1) ... sie sind unrein ... (3) und alles, was er besitzt
... (4) zu reinigen, und die Reste aller Gemüse (5) von der Feuchtigkeit des
Taus darf er essen, aber wenn nic[ht] ... (6) im Wasser, außer einem Mann ...
(7) das Land, wenn über es kommt ... (8) der Regen über es, wenn ein Mann
es berührt ... (9) in einem Feld in jedem Fall, er an der Wende der Zeit von
... (10) jeder zerbrechliche Behälter, der ... (11) der/das in seiner Mitte ...
(12) die Speise, über die Wasser gegossen wurde ...

## 39. Gesetze der roten Färse (Reinheitsgesetze Typ B – 4Q276-277)

Die beiden Handschriften, die hier vorgestellt werden, beschäftigen sich mit
einem sehr wichtigen Thema: dem Gesetz der roten Färse, zu dem bereits der
»Erste Brief über als Gerechtigkeit angerechnete Werke« Stellung nahm. Die
Reinigungszeremonie der roten Färse war eine der heiligsten in der jüdischen
Tradition. Ein späterer Reflex darauf ist der Name, den der Koran seiner
grundlegenden Sure gibt: »die Kuh« (2). Die meisten Gesetze, die über diese
Reinigungszeremonie bestimmen, finden sich in Num. 19; tatsächlich wer-
den dort die meisten Vorschriften dieser Texte erwähnt, obwohl es interessante
Zusätze in diesen beiden Qumran-Texten gibt.

Nach der Darstellung des Buches Numeri mußten die Israeliten die Färse
vorbereiten, indem sie sie mit Zedernholz, Ysop und Karmesin verbrannten.
Die Asche wurde dann gesammelt und mit Wasser vermischt. Dieses Wasser,
das als »Wasser, welches Unreinheiten hinwegnahm« galt, wurde auf diejenigen gesprengt, die sich bestimmte Arten ritueller Unreinheit – einschließlich
körperlicher und sexueller Unreinheiten (s. o.) – zugezogen hatten. Im Unterschied zu Numeri zeigen unsere beiden Texte ein besonderes Interesse an den
Kleidern, die diejenigen trugen, die die Opferung der roten Färse vorbereiteten. Offenbar waren diese Kleider nur für die Opferzeremonie bestimmt und
konnten nicht bei profanen Tätigkeiten getragen werden. Das Gefäß, in dem
der vorsitzende Priester (gewöhnlich, wenn nicht immer während der Zeit des
2. Tempels, der Hohepriester) im Verlauf der Zeremonie das Blut der Färse
sammelte, mußte ein besonderes sein. Die Bibel erhebt diese Forderung nicht.
Möglicherweise versucht Handschrift B, Zeile 2 die Bedeutung eines unsi-
cheren Ausdrucks in Num. 19,9 zu klären. Die biblische Vorschrift sagt, daß
die Asche der Färse von einem »reinen Mann« gesammelt werden muß. Was
genau ist damit gemeint? Nach Josephus verstand man im 1. Jahrhundert

unter dem Ausdruck »reiner Mann«, daß ein Priester (im Gegensatz zu einem Laien) für diese Aufgabe zu bestimmen war. Der Qumran-Text nimmt eine andere Wendung, indem er präzisiert, daß der Mann frei von allen verunreinigenden Sünden sein muß. Dies heißt: Bestimmte Sünden galten als rituell verunreinigend.

## TRANSLITERATION

### Handschrift A Fragment 1

.1 ] בנדים[ אשר לוא שרת בם בקוד]ש[
.2 ] וחיב את הבנדים ושח]ט[
.3 ]את ה[פרה לפניו ו]<נ>שא את דמה בכלי חרש אשר
.4 ]לוא נג]ש במזבח והזה מדמה באצבע]ו[ שבע
.5 ]פעמים א]ל נוכח א[ו]הל מועד והשליך את הארז
.6 ]ואת האזוב ואת שני[ תולע אל תו]ך[ שרפתה
.7 ]ורחצו הכוהן והשורף והאוס]ף את אפר הפרה
.8 ]וכבסו בגדיהם וטמאו עד הערב והני]חוהו למשמרת
.9 ]למי נדה החטאת ולחוקת עולם ו]לבש הכוהן

### Handschrift B Fragment 1

.1 ] ואת] האזוב ואת ] [
.2 ] איש] טהור מכול טמאת ענ]ות [
.3 ] ו]ל]בש] הכוהן הכופר בדם הפרה וכול ]האנשים בגדים [
.4 ]אחרים ויכבסו את הכ]ת]נת ואת] החלמה ]אש]ר כפרו בם את משפט ]החטאת[
.5 ]ורחץ כל איש] במי]ם וט]מה עד הע]ר[ב והנוש]א ק]לחת מי הנדה יט]מא [
.6 והזה] איש א]ת] מי הנדה על טמאי נ]דה כ]יא איש כוהן טה]ור יזה]
.7 ]את מי הנדה עלי]הן כ]יא י]כפר הוא על הטמ]א[ ועלול אל יז על הטמא וא]יש]
.8 א]ת מי ]הנ]דה יאביאו במים ויט]ה]רו מטמאת הנפש ].[ [
.9 א]חרת ]יז]רוק עליהם ]הכו]הן את מי הנדה לטהר
.10 כ]יא אם יטהרו וט]הור ב]שרם וכול אשר ינע ]בו [
.11 ]את] זובו ] [ ואין שטופות במים ]ידים[
.12 ]ו]טמאו ] מש]כבו ומוש]בו [ נגעו ] בז]ובו כמגע טמאת ]נפש[
.13 ]ה]נוגע ]ירחץ וט]מה עד ]ה]ערב והנושא ]יכבס את ב]גדיו וטמא עד הערב

## ÜBERSETZUNG

**Handschrift A, Fragment 1** (1) [... Kleider], in denen er nicht (irgendeinen) heili[gen] Ritus ausgeführt hat. (2) ... und er soll die Kleider als unrein (?) betrachten. Dann wird er (ein bestimmter Mann, nicht der vorsitzende Priester) (3) [die] Färse vor ihm schlach[ten], und er (der Priester) wird ihr Blut in einem neuen irdenen Gefäß auffangen, (4) das [niemals] dem Altar [nahe ge]wesen ist, und einiges von ihrem Blut mit [seinem] Finger sprengen, sieben- (5) [mal in Richt]ung der Vorderseite des Z[e]ltes der Zusammenkunft. Dann soll er Zedernholz (6) [und den Ysop und das rote] Material in die Mi[tte] ihres (der Färse) Feuers werfen. (7) [Dann sollen der Priester und der

Mann, der (die Färse) verbrennt, und der Mann, der] die Asche der Färse
[samm]elt, [baden] (8) [und ihre Kleider waschen, und sie sollen unrein sein
bis zum Abend. Und dies sollen sie] als eine Zeremonie [ein]richten (9) [für
das Wasser, welches die Unreinheit der Sünde entfernt, und als ein Ewiges
Gesetz. Und] der Priester soll anziehen
**Handschrift B, Fragment** 1 (1) [... und] der Ysop und der ... (2) ... [ein
Mann] rein von aller sünd[haften] Unreinheit ... (3) ... [und] der Priester, der
mit dem Blut der Färse sühnt, und alle [die Männer sollen andere] Kle[ider
anziehen] (4) [und ihre Ge]wän[der waschen und] ihre gesäumten Röcke, in
[den]en sie Sühne leisteten, indem sie das Gesetz ausführten, [das dem Entfer-
nen der Sünde gilt]. (5) [Jeder Mann soll] in Was[ser baden und unr]ein bis
zum Ab[end] sein. Der Mann, der den [T]opf träg[t], welcher das Wasser enthält, das die Unreinheit entfernt, wird un[rein sein ...] (6) ... Ein Mann [soll
d]as Wasser, welches Unreinheit entfernt, auf diejenigen [sprengen], die
unrei[n sind] – [in] der Tat, ein rei[ner] Priester [soll das Wasser], (7) [das die
Unreinheit entfernt, über] sie [sprengen]. S[o wird] er sühnen für die
Unrein[en]. Kein Gottloser darf auf die Unreinen sprengen. Ein M[ann]
(8) [... da]s Wasser, [das Un]reinheit entfernt. Sie sollen ins Wasser treten und
rei[n w]erden von der Unreinheit, die von dem Kontakt mit toten Menschen
kommt ... (9) ... [eine a]ndere ... [Der Pri]ester soll sie mit Wasser [be]spren-
gen, welches Unreinheit entfernt, um zu reinigen (10) [... E]her sollen sie rein
werden, und [rei]n sein soll ihr Fleis[ch]. Jeder, der [ihn] berührt, (11) sein Fluß
... und ihre [Hände], nicht mit Wasser gewaschen, (12) [dann] sollen sie
unrein sein ... sein [Be]tt und [sein S]itz ... die berührten seinen [Fl]uß, (es)
ist wie die Unreinheit, die vom Kontakt mit toten [Menschen] kommt.
(13) [Der Mann, der (diese Dinge)] berührt, [soll baden und unr]ein sein bis
zu[m] Abend, und der Mann, der (diese Dinge) trägt, [soll] seine [Kl]eider
[waschen] und unrein sein bis zum Abend.

## 40. Die Fundamente der Gerechtigkeit (Das Ende der Damas-
kus-Schrift: Ein Exkommunikationstext – 4Q266)
(Tafeln 19 und 20)

Es besteht kein Zweifel, daß das, was wir hier vor uns haben, die letzte Spalte
der Damaskus-Schrift ist. Obgleich der Text, wie er uns vorliegt, in seinem
Stoff keiner der beiden bekannten, sich überschneidenden Handschriften, die
von Salomon Schechter 1897 in der Kairoer Geniza gefunden wurden, genau
folgt, gibt es doch zahlreiche Anspielungen und einen ähnlichen Geist.

Der vorliegende Text ist in zwei Abschriften erhalten: Eine von ihnen ist
sauber liniert, die andere – in halbkursiver Schrift geschrieben – scheint eine
private Abschrift zu sein. Wir stellen die zweite, vollständiger erhaltene vor,
unter gelegentlicher Zuhilfenahme der ersten, um Lücken auszufüllen. Daß es

sich wirklich um die letzte Spalte der Damaskus-Schrift handelt, ist aus den leeren Stellen auf der linken Seite des Pergaments ersichtlich. Auch der Rand einer vorausgehenden Spalte mit einigen Stichen ist auf der rechten Seite zu erkennen (siehe Tafeln 19 und 20). Das Hebräisch ähnelt oft dem in der *Mischna* gebräuchlichen und ist offenbar den mittelalterlichen Rezensionen überlegen. Dieser Text enthält ferner eine interlineare Ergänzung zwischen den Zeilen 4 und 5 sowie eine oder zwei Korrekturen.

Übereinstimmungen bestehen in erster Linie mit den Spalten I, VIII und XV der Kairoer Version der Damaskus-Schrift. Das vorliegende Dokument enthält außerdem interessantes neues Material, zum Beispiel über eine Versammlung solcher, die »in Lagern wohnten«, im »dritten Monat« – im Judentum *Schavu'ot* (»das Wochenfest«), im Christentum »Pfingsten« genannt. Der Zweck dieser Versammlung bestand offenbar nicht darin, die Offenbarung und Ausgießung des Heiligen Geistes zu feiern und damit indirekt auch die Abschaffung des Gesetzes zugunsten der mehr paulinischen bzw. heidenchristlichen Lehren und Bräuche, wie in Apg. 2,1 ff. dargestellt (vgl. auch unten das Bild des Paulus, wie er nach Jerusalem eilt, um rechtzeitig zum Pfingstfest dort zu sein). Vielmehr hatte die Versammlung die Aufgabe, alle diejenigen zu *verfluchen*, die in irgendeiner Weise vom Gesetz oder der »*Thora* des Mose« abweichen (17–19).

Es handelt sich in der Tat um einen Exkommunikationstext, vergleichbar mit dem in den »Wagen der Herrlichkeit« in Kapitel 7 eingebetteten. Dort müssen die Worte vom Rat der Gemeinde ausgesprochen werden, während sie hier von dem »Priester, der den Vielen befiehlt« (siehe unsere Besprechung des *Mebakker*« später), gegen jeden ausgesprochen werden, »der diese Urteile zurückweist, die auf dem (exakten) Sinn aller in der *Thora* Moses enthaltenen Gesetze beruhen« (5–6). Das Wort »Widerspenstigkeit« oder »Rebellion« findet sich in Zeile 7, und die Zeilen 8 ff. enthalten den eigentlichen »Fluch«, der von diesem »Priester« (Hohenpriester?) gegen die widerspenstige Person, die »von der Gegenwart der Vielen ausgeschlossenen« (7–8) wird, ausgesprochen werden soll.

Die vorausgehenden Zeilen 2–4, die sich auf die bereits in den *halachischen* Texten zuvor behandelte »unwillentliche« Sünde beziehen, bestehen darauf, daß der reuige Sünder ein Sünd- oder Schuldopfer (vermutlich zum Tempel) bringt, um gereinigt zu werden (siehe Lev. 4). Es ist bemerkenswert, daß Jakobus bei seiner letzten Pfingstreise nach Jerusalem Paulus einer ähnlichen Reinigungszeremonie im Tempel unterwarf. Nach Apg. 21,21–24 mußte Paulus hier öffentlich vorweisen, daß er »noch *auf dem Wege wandelt* und *das Gesetz hält*« (Hervorhebungen von uns).

In den Zeilen 3–5 sind die Stellen, die zur Bekräftigung dieser Buße für die Erlassung der Sünde angeführt werden (einschließlich der interlinearen Ergänzung 5 a), ein bißchen esoterisch und mehrdeutig. Eine spielt sogar auf den angenehmen »Geruch ihrer Opfer« an, wie wir dies aus dem Text »Ein angenehmer Geruch« bereits kennen; sie nennt weiterhin auch die himmlischen Aufstiege in der *Hekalot*-Mystik (vgl. »aufsteigen in den Höchsten Himmel«, Zeile 4).

Unter vielen anderen Schlüsselbegriffen sollte man den Hinweis auf die »Völker« zur Kennzeichnung derer beachten, die dem Gesetz nicht folgen (Zeile 10). Wir haben bereits erwähnt, daß Paulus in Röm. 11,13 das Schlüsselwort »Völker« verwendet, um sich selbst und die Adressaten seiner Mission zu beschreiben. Man sollte weiterhin das bedeutungsträchtige *»ma'as«* (»zurückweisen«) in den Zeilen 5–6 nicht übersehen; gemeint ist das »Zurückweisen der *Thora* Moses«. Eine Parallele dazu ist das Wort *»ga'lah«* in Zeile 7, hier auf den Menschen bezogen, dessen »Seele ... die Fundamente der Gerechtigkeit zurückweist«. Wir sind dem Wort *»ma'as«* wiederholt in wichtigen Textstellen des Qumran-Korpus begegnet.

Im Habakuk-Kommentar wird es verwendet, um den »lügenden Schwätzer«, der »die Gesetze inmitten der Versammlung zurückweist«, zu beschreiben. Die hier verwendete Sprache entspricht der der Gemeinderegel (III–IV), die ebenfalls das Verhalten eines urbildlichen »Sohnes der Finsternis« mit »einer lästernden Zunge« umschreibt, dessen »Seele die Fundamente der Erkenntnis der Urteile der Gerechtigkeit« zurückweist, dessen »Werke ein Greuel sind, dessen Geist Unzucht ist, dessen Wege Unreinheit sind, dessen Dienst (Mission) Befleckung ist ... und der auf allen Wegen der Finsternis wandelt«.

Es gibt ebenfalls eine Parallele in I,15–16 der Kairoer Damaskus-Schrift. Die »Fundamente der Gerechtigkeit« werden hier »Wege der Gerechtigkeit« genannt. Diese Formulierung taucht auch inmitten einer langen Beschreibung auf, wie der Spötter/Verächter »die Wasser der Lüge über Israel ausgoß«. Dabei wird die Wendung »in eine weglose Wüste in die Irre gehen«, deren sich der vorliegende Text in Zeile 10 bedient, um die »Völker«, also die »Familien (eines Mannes) und ihre nationalen Sprachen«, zu beschreiben, in CD I,15 benutzt, um die Wirkung der »Wasser der Lüge« des Spötters/Verächters zu erklären.

Das gleiche gilt für die Verbindung zwischen den Zeilen 12–13 in den »Fundamenten der Gerechtigkeit« über die »Grenzen, die festgesetzt waren«, und CD I,16: »die Grenzen beseitigen, die die Ersten (die Vorväter) festgesetzt hatten als ihr Erbe, daß Er die Flüche des Bundes über sie herabrufen würde«. Die Zeilen 13–14 des vorliegenden Textes enden wiederum damit, daß sie diejenigen »verfluchen«, die diese »Grenzen überschreiten« oder »übertreten«. Wir werden gleich noch mehr über die Wichtigkeit des Wortfelds »fluchen« erfahren. Die sprachlichen Parallelen in diesen Texten sind exakt. Sie vermehren die engen Verbindungen zwischen dem Prozeß der Exkommunikation, auf die dieser Text Bezug nimmt, und dem Topos des »lügenden Spötters/Verächters« in anderen Texten.

Jede Zeile des Textes weist ähnliche wichtige Parallelen auf. Eine interessante Parallele zum Urchristentum ist die Behauptung von Jak. 2,10: »Denn wer das ganze Gesetz hält, sich aber in *einem* verfehlt, der ist in allem schuldig geworden.« Im Hintergrund steht wieder das Qumran-Vokabular wie »halten« (das Gesetz halten), »brechen« bzw. »Brecher« (das Gesetz brechen), »Tun«, »Licht«, »Urteil« u. a.

Der Text verwendet im Zusammenhang mit dem »Zurückweisen der Urteile, die im Einklang mit allen Gesetzen stehen, die man in der *Thora* Moses findet« in Zeile 6 das Schlüsselwort »gerechnet« oder »angerechnet«, das wir in den beiden Briefen über die Werkgerechtigkeit kennengelernt haben: »Er wird nicht unter die Söhne der Wahrheit Gottes gerechnet werden, denn seine Seele hat die Fundamente der Gerechtigkeit zurückgewiesen.« Man kann sich gut vorstellen, wie die Worte einer solchen Gesinnung, wie sie diesen Text durchzieht, auf eine Person angewandt werden konnten, welche die »Vielen« lehrt, daß die »Werke des Gesetzes« ein »Fluch« sind (Gal. 3,6–10, hier im Zusammenhang mit dem Glauben Abrahams, s. u.), oder auf jemanden, der, indem er ein »Freund der Welt« sein will, sich als »Feind Gottes« erweist.

Die Sprache des Textes an dieser Stelle ist die der deuteronomischen »Segen und Flüche« (siehe die Parallele in Spalte II der Gemeinderegel). Genau wie in der Gemeinderegel V–VII der Ausgestoßene nicht länger der reinen Speise der Gemeinde teilhaftig werden – oder anders ausgedrückt: nicht länger »Tischgemeinschaft« haben – darf, so darf auch hier niemand »mit ihm essen« (15). Nach der Gemeinderegel darf auch niemand mit ihm, was »gemeinsame Finanzen«, »Dienst«, »Aufgabe« oder »Amt« betrifft, zusammenarbeiten; hier darf niemand »mit ihm Gemeinschaft pflegen« (auf welche Art auch immer) oder »ihn nach seinem Wohlergehen fragen«. Diejenigen, die es dennoch tun, werden »von dem *Mebakker* aufgezeichnet«, der sicherzustellen hat, daß jedes zusätzliche »Urteil« sie betreffend ausgeführt wird (16).

Auf diesen »*Mebakker*« oder »Aufseher« wurde bereits ausführlich in den Spalten XIII–XV der Kairoer Damaskus-Schrift und in Spalte VI der Gemeinderegel Bezug genommen (s. o.). In der letzteren steht er über dem Rat der Gemeinde und besitzt die Funktion eines Schatzmeisters. In der Damaskus-Schrift fungiert er als eine Art »Bischof« und besitzt offensichtlich absolute Autorität über die Gemeinde und ihre Lager. Beschrieben wird er hier als ein Mann zwischen 30 und 50 Jahren, der »der Herr ist über alle Geheimnisse der Menschen und alle Zungen entsprechend ihren Stämmen« (man beachte hier sehr sorgfältig die Bezeichnungen »Zunge« und »Sprache«: CD XIII,13–14; XIV, 9–10). Sein Wort ist das Gesetz in allen Dingen. Er muß mögliche Aspiranten sorgfältig prüfen, »den genauen Inhalt des Gesetzes lehren«, »Urteile« sprechen und sorgfältig alle in diesem Dokument und anderswo genannten Angelegenheiten, besonders diese »Urteile«, aufzeichnen.

Die Formulierung »der Priester, der den Vielen befiehlt« in Zeile 8 (und wahrscheinlich Zeile 1) sollte auch erklärt werden. Da er ebenfalls »Urteile« spricht (vgl. Zeilen 1 und 16), kann er höchstwahrscheinlich mit dem gerade beschriebenen »Bischof« identifiziert werden. Wenn beide identisch sein sollten – und es besteht aller Grund, dies anzunehmen –, dann ist diese doppelte Aufgabe kaum mehr von der doppelten Aufgabe zu unterscheiden, die man in der frühen Kirche Jakobus dem Gerechten zuschrieb. Auch der Titel des Jakobus, »Bischof von Jerusalem«, und seine Beschreibung in fast allen frühkirchlichen Quellen als der »Hohepriester« stimmen mit dem uns vorliegenden Material überein, besonders wenn dieser »den Vielen befehlende Priester« als eine Art Gegen-Hoherpriester verstanden werden muß.

Das »Verfluchen all derjenigen, die nach rechts oder links von der *Thora* abweichen« – während des Wochenfestes, wie es die Zeilen 17–18 beschreiben–, ist besonders interessant. Nach Paulus (Gal. 3,11–13) »erlöste uns Christus vom Fluch des Gesetzes«, indem er selbst »zu einem Fluch« oder einem »Verfluchten« (durch das Gesetz) wurde. Um zu erklären, wie dies möglich ist, zitiert er Dt. 21,23 (in einer Diskussion, die flankiert wird durch das Zitat zweier Schlüsselstellen: Gen. 15,6 über Abrahams Glauben und Hab. 2,4, »der Gerechte soll durch seinen Glauben leben«), und zwar mit dem Inhalt, daß ein Mann, der an einem Baum aufgehängt wird, »verflucht« ist. Die Sprache des einen Ansatzes spiegelt die des anderen wider. Beide bewegen sich im Rahmen des »Segnens und Fluchens« aus dem Buch Deuteronomium.

Paulus kehrt, wenn man so kühn formulieren darf, das »Fluch«-Vokabular seiner Gegner um, die, so können wir annehmen, auch ihn »verflucht« haben; er wirft dazu die schlimmste Beleidigung auf sie, die man sich vorstellen kann, nämlich daß ihr Messias, der (wie wir zum Zweck unseres Argumentes annehmen wollen) »an einem Baum aufgehängt« wurde, sozusagen »verflucht« war nach demselben Gesetz, mit dem sie ihn verflucht hatten. Daher hat dieser Messias, indem er diesen »Fluch« auf sich nahm, Paulus versöhnt und für ihn und die Christenheit, die ihm folgte, sogar die ganze Menschheit.

Die Fragen, die hier behandelt werden, sind bedeutsam, und man sieht, wie wichtig der Kontext, über den wir hier sprechen, wirklich ist. Wenn diese Vermutung auch nur ein Körnchen Wahrheit in sich birgt, so kann man sich vorstellen, wie sehr dies die Gesprächspartner, wie sie hier beschrieben sind, erzürnt haben dürfte. Jak. 3,10 läßt wie in 1QS II, bei Paulus und in den Zeilen 8–14 (s. o.) den deuteronomischen Hintergrund dieses Themas (»Segen und Fluch«) hervortreten und verbindet dieses »Verfluchen« mit der »Zunge«.

Der Text endet mit der Erwähnung einer jährlichen Zusammenkunft, »*Schavu̇ot*« – in der jüdischen Tradition die Erinnerung an den klassischen Empfang der *Thora* durch Mose 50 Tage nach dem Auszug aus Ägypten. Hier sollen »die Leviten« und die Bewohner aller »Lager« in jedem Jahr zusammenkommen, um die zu verfluchen, »die nach rechts oder links von der *Thora* abweichen« (17). Parallel dazu sollen sie nach 1QS II,19 ff. »alle Menschen aus dem Los des Belial verfluchen, solange wie die Herrschaft des Belial (Herodes?) andauert, Jahr für Jahr in vollkommener Ordnung, eingeordnet entsprechend ihrem Geist«.

Nach Apg. 2,1 erinnerte Pfingsten an die Ausgießung des paulinischen »Heiligen Geistes« mit seiner Ausrüstung für die »Heidenmission«, das heißt mit dem »Sprechen in Zungen« usw. Man sollte diesen Hinweis mit den Fähigkeiten des *»Mebakker«* in CD XIV,9 (s. o.) vergleichen, der »alle Zungen (Sprachen) sprechen muß entsprechend ihren Stämmen«. Wir haben bereits das aufschlußreiche Bild in Apg. 20,16 erwähnt, wie Paulus mit seinen Spendengaben nach Jerusalem eilt, um rechtzeitig zu einer solchen Versammlung der frühen Kirche (Gemeinde) zu Pfingsten dort zu sein. In diesem Zusammenhang bekommt er in Jerusalem schließlich Schwierigkeiten mit denjenigen innerhalb der Gemeinde, die mehr der Auffassung des Jakobus waren und die nun Beschwerden über seine »überseeischen« Aktivitäten vorbringen und absoluten Gehorsam gegenüber dem Gesetz fordern.

In einer derartigen Darstellung kann das Pfingstfest der Apostelgeschichte als das umgekehrte Spiegelbild des Pfingsten, das hier vorgestellt wird, gesehen werden. Die Zeilen 17–18 stellen ebenfalls den Ausdruck »der genaue Sinn des Gesetzes« – hier »Urteile« – heraus, daß es »ausgeführt wird während des ganzen Zeitalters des Bösen«, so wie auch die Damaskus-Schrift XIII,5 – 6 und XIV, 16 ff., wobei an der zuletzt genannten Stelle eine Beziehung hergestellt wird zu den »Urteilen«, die der *»Mebakker«* sprechen soll, bis »Gott die Erde heimsuchen wird« und der »Messias von Aaron und Israel auferstehet«, um ihnen ihre Sünden für immer zu vergeben«. Diese Terminologie des »genauen Tuns in Einklang mit der *Thora*« ist äußerst wichtig. Sie tritt noch viel früher in VI,14 – 15, verbunden mit einem Hinweis auf das *»Zeitalter des Bösen«* sowie das *»trennen* von den Söhnen der Hölle«, auf (Hervorhebungen von uns). Diese Auffassung vom Gesetz, daß man »nicht ein Jota oder Strichlein« davon nehmen dürfe, ist natürlich in Traditionen verbreitet, die mit dem jakobischen Christentum verbunden werden, von denen nicht zuletzt die bekannte Verdammung »einen kleinen Punkt des Gesetzes brechen« in Jak. 2,10 stammt. Auch hier werden »das Gesetz tun« und es »brechen« in hervorgehobener Weise behandelt.

Der Text endet, indem er den Ausdruck *»Midrasch ha-Torah«*, das heißt »das Studium« oder »die Interpretation des Gesetzes«, hervortreten läßt. Dieser Begriff stellt sich ebenfalls als Brennpunkt der kritischen Analyse in 1QS VIII,15 von Jes. 40,3 (»den Weg in der Wüste bereiten«) heraus. Auch hier liegt die Betonung wiederum auf dem *»Tun«*, das heißt dem *»Tun* des genauen Inhalts des Gesetzes«. Die eigentlichen Worte sind: »Der Weg ist *das Studium/ die Interpretation der Thora,* welche er durch Mose befohlen hat, damit sie sie *tun* gemäß allem, was offenbart worden ist ... und wie die Propheten durch Seinen *Heiligen Geist* offenbart haben« (Hervorhebungen von uns).

Dieser Begriff verbindet dann alle diese Dokumente und Ansätze miteinander. Diejenigen, die sich nach den Worten von 1QS VIII,14 *fernhalten* von den Wohnungen der Menschen des Bösen und *in die Wüste* gehen, um *den Weg für den Herrn zu bereiten*« (Hervorhebungen von uns), sind keine anderen als die Bewohner der »Lager«, die in den vorliegenden Texten angesprochen und beschrieben werden. Die Implikationen sind aufregend und weitreichend. Und eines ist sicher: Man bekommt in diesen Texten eine bessere Vorstellung davon, was während dieser für die westliche Zivilisation so zentralen Zeiten *wirklich* »in der Wüste« vor sich ging, als in irgendwelchen anderen parallelen Darstellungen.

TRANSLITERATION

1. על הרבים וקבל את משפטו מרצונו כאשר אמר ביד
2. מושה על[ל] הנפש אשר תחטא בשינה אשר יביאו את
3. חטת[ו או] את אשמו ועל [י]שראל כתו[ב] אלכה לי
4. אל [קצה ה]שמים ולו אריח בריח ניחוחכם ו[ב]מקום אחר
5a. במקום [אח]ר כתוב קרעו לבבכם ואל בגדיכם
5. כתוב לשוב אל אל בבכי ובצום וכול המואס במשפטים
6. האלה על פי כול החוקים הנמצאים בתורת מושה לו יחשב
7. בכול בני אמתו כי נעלה נפשו ביסודי הצדק במרד מלפני
8. הרבים ישתלח וידבר בו הכוהן המופק[ד ע]ל הרבים יעמד
9. [ויא]מר <ברוך את> את הו הכול [ביד]ך הכול ועושה הכול אשר יסדתה
10. [הע]מים למשפחותיהם ולשונות לאומותם ותעם בתהו ולו
11. {ולו} דרך ובאבותינו בח[ר]תה לזרעם נתתה חוקי אמתכה
12. ומשפטי קודשכה אשר יעשה [ה]אדם וחיה ונבלות הנבלוה
13. לנו אשר את עובריהם ארותה ואנו עם פדותכה וצון מרעיתך<ה>
14. אתה ארותה את עובריהם ואנו הקימונו ויצא המשתלח והאיש
15. אשר יוכל [מ]הונה [ו]אשר ידרוש שלומו להמשתלח ואשר [י]אות עמו
16. תכתב [ ] דברו על יד המבקר כחרת ושלים משפטו בני לוי
17. [ויושבי] המחנות יקהלו בחודש השלישי וארדו את הנוטה ימין
18. [ושמ]אול מן ה[תו]רה והזה פרוש המשפטים אשר יעשו בכול קץ
19. [הרשע א]שר יפק[י]דו [בכו]ל קצי החרון ומסעיהם לכול
20. [יושב מחניהם וכול יושב עריהם הנה הכו]ל הזה [ע]ל [מ]דר[ש] התורה
21. [האחרון

ÜBERSETZUNG

[... Vor den Priester, der] (1) den Vielen [befiehlt], und er nahm Sein Urteil freimütig an, als er durch die Hand (2) Moses sagte in bez[ug auf] die Person, die unwillentlich sündigt: »Laßt einen solchen [sein] (3) Sündopfer bringen [oder] sein Schuldopfer.« Und was [I]srael betrifft, so steht geschrie[ben]: »Ich werde aufsteigen (4) in den [Höchsten Hi]mmel und dort nicht den Geruch ihrer Opfer riechen.« Und [an] einer anderen Stelle (5) steht geschrieben: »Kehrt zurück zu Gott mit Weinen und Fasten.« (5 a) (An [einer an]deren Stelle steht geschrieben: »Verleiht eure Herzen und nicht eure Kleider.«) Und jeder, der diese Urteile zurückweist, (6) die im Einklang mit allen Gesetzen, die man in der *Thora* Moses findet, stehen, wird nicht gerechnet werden (7) unter alle Söhne Seiner Wahrheit, denn seine Seele hat die Fundamente der Gerechtigkeit zurückgewiesen. Für Widerspenstigkeit läßt ihn (8) von der Gegenwart der Vielen ausgeschlossen sein. Der Priester, der [de]n Vielen befieh[lt], soll gegen ihn sprechen. Er (der Priester) soll sich hinstellen (9) [und sa]gen: »Gesegnet seist Du, Du bist alles, alles liegt [in] Deinen [Händ]en, und Du bist der Schöpfer von allem, der einrichtete (10) [die Völ]ker entsprechend ihren Familien und ihren nationalen Sprachen. Du ließest sie in die Irre gehen, in eine Wüste ohne einen Weg«, (11) aber Du erwä[hl]test unsere Väter, und zu ihrem Samen gabst Du die Gesetze Deiner Wahrheit (12) und die Urteile Deiner Heiligkeit, »die [der] Mensch tun und damit leben soll«. Und »Grenzen waren für uns niedergelegt«. (13) Diejenigen, die sie überschreiten, verfluchst Du. Wir (aber) sind Deine Erlösten und »die Schafe Deiner Weide«. (14) Du verfluchst ihre Übertreter, während wir (das Gesetz) aufrichten. Dann muß der, der ausgestoßen ist, weggehen, und wer auch immer (15) [m]it ihm ißt [oder] nach dem Wohlergehen des Mannes, der exkommuniziert wurde, fragt oder ihm Gesellschaft [le]istet, (16) diese Tatsache soll aufgezeichnet werden durch den *Mebakker*/Aufseher gemäß der bestehenden Praxis, und sein Urteil wird vollkommen sein. Die Söhne Levis und (17) [die Bewohner der] Lager müssen zusammenkommen im dritten Monat (jedes Jahr), um diejenigen zu verfluchen, die nach rechts oder (18) [nach links von der] *Thora* abweichen. Und das ist der genaue Sinn der Urteile, daß sie ausgeführt werden während des ganzen Zeitalters (19) [des Bösen, das befo]hlen [worden war für alle Zeiten des Zorns und ihrer Reisen, für alle (20–21) Bewohner [ihrer Lager und alle Bewohner ihrer Städte. Siehe, al]l dies (wird gefunden) im [»Letzten *Mi*]*dra*[*sch*] des Gesetzes«.

## Anmerkungen

(35) Erster Brief über als Gerechtigkeit angerechnete Werke (4Q394 -398)

Frühere Besprechungen: J. T. Milik, »Le travail d'édition des manuscrits du désert de Juda« (SVT 4), S. 24; ders., *DJD* 3, S. 222–225; E. Qimron und J. Strugnell, »An Unpublished Halakhic Letter from Qumran«, *Biblical Archaeology Today: Proceedings of the International Congress on Biblical Archaeology, Jerusalem*, April 1984 (Jerusalem, 1985), S. 400–407; dies., »An Unpublished Halakhic Letter from Qumran«, *Israel Museum Journal* (1985), S. 9–12 und Tafel 1; L. H. Schiffman, »The New Halakhic Letter (4QMMT) and the Origins of the Dead Sea Sect«, *Biblical Archaeologist* (Juni 1989), S. 64–73;

R. H. Eisenman, »A Response to Schiffman on MMT«, *The Qumran Chronicle* 2–3 (Cracow, 1991), S. 94–104. Wichtigste Fotografien: PAM 43.477, 43.490, 43.491, 43.492 und 43.521, ER 1427, 1440, 1441, 1442 und 1471. Wir stellen einen eklektischen Text vor, der im Falle der Überlappung nicht einer Handschrift allein folgt. Die Textanalyse zeigt, daß dieser Text und der Zweite Brief ursprünglich selbständige Werke waren, obgleich zwei Handschriften (4Q397-398) sie zusammen aufführen. Man beachte, daß mehrere Fragmente von 4Q398 offensichtlich unter die »Gesetzliche Darstellung« (Zeilen 48–56) gehören; allerdings können sie nicht genau eingeordnet werden und wurden daher hier auch nicht vorgestellt. Man beachte weiterhin, daß die kalendarische Darstellung durch 4Q394 bestätigt wird, und wir nehmen an, daß sie Bestandteil des Ersten Briefes ist.

(36) Zweiter Brief über als Gerechtigkeit angerechnete Werke (4Q397-399)

Siehe (35) oben. Wichtigste Fotografien: PAM 42.838, 43.476, 43.489 und 43.491, ER 1045, 1426, 1439 und 1441. Man beachte, daß die Zeilen 11–13 von 4Q398 länger sind als die Form des Textes, die hier vorgelegt wird. Anzumerken ist auch, daß das Ende des Zweiten Briefes in 4Q399 leicht von dem in 4Q398 abweicht. Wir geben hier die Version von 4Q398 wieder.

(37) Ein angenehmer Geruch (*Halacha* A – 4Q251)

Frühere Besprechungen: J. T. Milik, *Ten Years,* S. 111. Fotografien: PAM 43.304, 43.305, 43.306, 43.307 und 43.308, ER 1339–1343. Milik präsentierte ursprünglich alle hier vorgestellten Fragmente als eine einzige Handschrift. Nach der *DSSIP* sind die Teile dann zu zwei literarischen Werken neu angeordnet worden. Diese werden als 4Q251 und 4Q265 bezeichnet. Das letztere Werk umfaßt 43.304–43.306. Aber alle diese Teile befinden sich in derselben Handschrift; deshalb und aus anderen Gründen, die zu speziell sind, um sie hier auszubreiten, folgen wir Miliks ursprünglicher Ansicht.

(38) Trauer, Samenausflüsse usw. (Reinheitsgesetze Typ A – 4Q274)

Frühere Besprechungen: keine. Fotografien: PAM 43.309, ER 1344.

(39) Gesetze der roten Färse (Reinheitsgesetze Typ B – 4Q276-277)

Frühere Besprechungen: keine. Fotografien: PAM 43.316 (Handschrift A oben, Handschrift B unten), ER 1351.

(40) Die Fundamente der Gerechtigkeit (Das Ende der Damaskus-Schrift: Ein Exkommunikationstext – 4Q266)

Frühere Besprechungen: J. T. Milik, *MS,* S. 235; J. Baumgarten, »›Scriptural Citations‹ in 4Q Fragments of the Damascus Document«, *Journal of Jewish Studies* (Originalausgabe) 43 (1992), S. 95–98. Fotografien: PAM 43.298 und 41.443, ER 1333 und 301.

# Kapitel 7
# Hymnen und Geheimnisse

Dieses Kapitel enthält einige der prächtigsten und schönsten Texte des gesamten Korpus. Wir haben sie in dieser Gruppe erstens wegen ihrer liturgischen Qualität und zweitens wegen ihrer Verwandtschaft mit dem Komplex der »verborgenen Geheimnisse« zusammengestellt, auf die die letzten Texte in Kapitel 5 Bezug nehmen und die verschiedentlich in den »Wagen der Herrlichkeit«, den »Hymnen der Armen« und den »Kindern des Heils« (»Jescha'«) sowie dem »Geheimnis der Existenz« (s.u.) zum Ausdruck kommen. Der letztgenannte Text hätte vielleicht auch den Ermahnungen in Kapitel 5 zugeordnet werden können, wo er typologisch gesehen hingehört; wir haben jedoch seiner inhaltlichen und sprachlichen Verwandtschaft mit den hier vorliegenden Texten den Vorzug gegeben.

Die Taufhymnen sind an sich schon interessant, besonders aufgrund der Bedeutung des Themas, das sie behandeln. Die Zeit der Rollen vom Toten Meer war, wie diese Beispiele und die veröffentlichten Hymnen aus Höhle 1 belegen, offenbar eine produktive Phase auf dem Feld der Liturgie. Dies gilt wohl auch für die rabbinische Tradition, deren Entwicklung ebenfalls während dieser Zeit einsetzte. Gewiß entstanden auch das »Achtzehn-Bitten-Gebet«, auf das wir im »Messias des Himmels und der Erde« hingewiesen haben, und andere Elemente des jüdischen Gemeindegottesdienstes in diesen Jahren.

Leider sind die vorhandenen Belege in dieser Hinsicht dünn gesät. So wußten wir zum Beispiel bis zum Erscheinen der vorliegenden Texte nicht, ob es in dieser Periode üblich war, anhand vorgegebener Texte zu beten. Inzwischen können wir sicher sein, daß es gängige Praxis war, gemeinsam zu *verfluchen* oder zumindest jemanden von dem gemeinsamen Rezitieren eines Textes auszuschließen, wie wir im letzten Kapitel gesehen haben und gleich wieder erfahren werden. Das *Amen, Amen*, das an diesen Prozeß ebenso angehängt ist wie an die *Segnungen* in den Texten dieses Buches und der Gemeinderegel (II), ist in dieser Hinsicht bezeichnend.

Die »Hymnen der Armen« in diesem Teil sind mit den bereits veröffentlichten Hymnen aus Höhle 1 sowie mit ihrem Prototyp, den Psalmen der Bibel, verwandt. Die »Lobrede auf König Jonathan« im letzten Kapitel stellt ein weiteres ähnliches Genre dar. Das Pergament, auf dem sie gefunden wurde, scheint zusätzlich einige Hymnen, die aus der Psalmenrolle von Qumran bekannt sind, sowie Sammlungen in syrischer Sprache enthalten zu haben. Natürlich können diese Hymnen nicht losgelöst von der Literatur der »Ermahnungen« (siehe Kapitel 5) betrachtet werden. Es gibt bestenfalls eine lose Verbindung zwischen beiden Komplexen und weiterem Material wie zum Beispiel in den »Ermahnungen an die Söhne der Morgendämmerung« oder in den »Dämonen des Todes« (Seligpreisungen).

Die Erwähnung der »wundersamen« oder »verborgenen Geheimnisse/ Mysterien« und die Beschäftigung mit dem augenscheinlich verbotenen Thema vom »Sein« oder von der »Existenz«, einschließlich des in kryptischer Schrift verfaßten Textes »Ermahnungen an die Söhne der Morgendämmerung«, der mit jenen Taten offenbar in Verbindung steht, gehören zu einer ganzen Literaturgattung dieser Art wie der *Sefer ha-Razim* (*Buch der Geheimnisse*) und andere »magische« Texte aus den ersten Jahrhunderten n. Chr.; sie alle hatten eine mystische Tendenz, die von den Rabbinern heftig mißbilligt wurde und doch gleichzeitig eine so enge Beziehung zur *Kabbala* und zur Entwicklung des mittelalterlichen und modernen Mystizismus hatte. Das Material in diesem Kapitel bietet gleichermaßen eine reiche Quelle für solche Studien und für die »verborgenen Geheimnisse«, wie es die früher veröffentlichten Lieder des Sabbatopfers sind. Wie die Beispiele in diesem Kapitel illustrieren, sind die Ansichten, die sie ausdrücken, von höchst erhabener und vollendeter Natur.

## 41. Die Wagen der Herrlichkeit (4Q286-287)   (Tafel 21)

Wir nennen diesen Text, der einige der schönsten und gefühlsbetontesten Wendungen im gesamten Qumran-Repertoire enthält, »Wagen der Herrlichkeit«, um seine Verbindungen mit den Visionen Hesekiels und der *Merkaba*-Mystik zu betonen. Es ist ein Werk von so blendendem Glauben und ekstatischer Vision, daß der Leser einfach überwältigt ist. Dies widerspricht natürlich jedem, der die literarische Authentizität, Virtuosität und Kreativität der für das Qumran-Korpus Verantwortlichen in Frage stellt.

Dieses Werk, das offensichtlich mit den bereits veröffentlichten Liedern vom Sabbatopfer, die in Qumran und Masada gefunden wurden, verwandt ist, gehört in den Umkreis dessen, was im Judentum und in der *Kabbala* die Mystik des himmlischen »Wagens« oder »Thrones« genannt wird – eine Vorstellung, die im Mittelalter und darüber hinaus gepflegt wurde. Wenn er vielleicht auch nicht der Ausgangspunkt dieser Gattung ist, so erweist sich unser Text doch mit Sicherheit als eines der frühesten vorhandenen Beispiele. Keineswegs zu unserer Überraschung greift Zeile 4 von Handschrift A, Fragment 1 (nach unserer Anordnung des Textes) – sei es zufällig oder absichtlich –

das Wort »Pracht« *(»Zohar«)* auf; Zeile 3 vorher enthält den Plural »Prächtigkeiten der Ehre«. Diese wiederum sind offensichtlich gleichzusetzen mit »alle Deine Geheimnisse« in Zeile 2. Die Bezeichnung *»Zohar«* ist natürlich der Titel des berühmtesten Werkes der mittelalterlichen jüdischen Mystik im Spanien des 13. Jahrhunderts.

In den Zeilen 1–5 werden diese »Geheimnisse«, in einer Ballung ekstatischer Bilder, mit den »Füßen Deiner Herrlichkeit«, den »Fundamenten des Feuers«, den »Flammen Deiner Lampe«, den »Feuern von Lichtern« und der »Höhe der Schönheit der Quelle« gleichgesetzt. Dies ist nur eine Kostprobe des Sprachschatzes dieser Texte – eine der ekstatischsten Visionsdarstellungen, die wir überhaupt kennen.

Der Text bedient sich ebenfalls der *Hesed-Zedek*-Dichotomie, die wir schon angesprochen haben. Dieses Begriffspaar entspricht, wie wir gesehen haben, den beiden grundsätzlichen Liebesgeboten, die von Jesus verkündet werden, nämlich »Gott lieben« *(»Hesed«)* und »deinen Nächsten lieben« *(»Zedek«)*. Die Literatur der frühen Kirche bringt sie außerdem ohne Zweifel mit der Person des Jakobus in Verbindung. Weiterhin begegnen uns die »zwei Wege« aus Josephus' Beschreibung der Lehre Johannes' *(Altertümer)* und dem kabbalistischen Denken.

Der Text erwähnt ferner die »Söhne der Gerechtigkeit«. Diesen Terminus haben wir bereits ausführlich behandelt: Er steht für dieselbe Gruppe, die sich hinter dem Namen »Söhne Zadoks« verbirgt. In Zeile 7–9 wird – was uns ebenfalls nicht überrascht – der Begriff in Verbindung mit Wendungen wie »die Frommen« *(»Hasidim«)* und »die Gemeinde der Güte« sowie »die Frommen der Wahrheit«, »die Ewig Barmherzigen« und »wundersame Geheimnisse« genannt.

Kalendarische Darstellungen wie Sabbate, Feste und Jubiläen, auf die sich Paulus in Gal. 4,9–10 als auf »armselige Naturmächte« bezieht, werden hier mit ekstatisch klingenden Titeln versehen: »Wochen der Heiligkeit«, »monatliche Banner«, »Feste der Herrlichkeit« und »Ewige Jubiläen«. Dieses Fragment endet in Zeile 13 mit der Metaphorik von »Licht« und »Finsternis«; sie ist uns schon in verschiedenen Zusammenhängen begegnet, nicht zuletzt im Prolog des Johannes-Evangeliums.

Ein zweiter Text, Handschrift B, Fragment 1, stellt eine Fortsetzung und Erweiterung des Reichtums derartigen Vokabulars dar; wir stoßen jetzt auf Formulierungen wie »die Türen ihrer Wunder«, »die Engel des Feuers«, »die Geister der Wolke«, »die bestickte Pracht der Geister des Allerheiligsten«, »die Firmamente des Allerheiligsten«, »ihre wunderbaren Tempel«, »die Diener der Heiligkeit« und »Vollkommenheit ihrer Werke« (3–11).

Die beiden letzten Wendungen sind von besonderem Interesse. Die »Diener der Heiligkeit« begegnen auch in 2. Kor. 11,15 (vgl. auch Röm. 6,22), wo Paulus, wie wir in Kapitel 1 ausgeführt haben, über die hebräischen »Überapostel« klagt, die sich selbst »Apostel Christi« nennen, während er sie als »betrügerische Arbeiter« bezeichnet. So wie der »Satan sich selbst als ein Engel des Lichtes verkleidet«, verkleiden diese sich als »Diener der Gerechtigkeit«. Paulus schließt mit einer Parodie auf die unterstellte »Werkgerechtigkeit« derer, »die einen anderen Jesus predigen«, und zwar nach der Art, wie wir sie oben im Blick auf das »Verfluchen« kennengelernt haben, nämlich daß ihr »Ende ihren Werken entsprechen werde« (11,16).

Die zweite Anspielung, »Vollkommenheit ihrer Werke«, rekapituliert eine der bedeutendsten Lehren in Qumran: die »Vollkommenheit«. Dieser Begriff wird in der Damaskus-Schrift VIII,28–30 wie auch in 2. Kor. 7,1 in Verbindung mit »Heiligkeit« gebraucht: »vollkommene Heiligkeit« oder »Vollkommenheit der Heiligkeit«. »Vollkommenheit« wird in den zahlreichen Anspielungen auf »Vollkommenheit des Weges« oder »vollkommenen Weg« auch als Selbstbezeichnung verwendet. Als solche entspricht sie ähnlichen Formulierungen in der Bergpredigt des Matthäus-Evangeliums. Sie wird hier auf eine neue und abweichende Art und Weise mit der Ideologie der »Werke« (10) verknüpft.

Handschrift A, Fragment 2 haben wir »Ökologie-Hymne« getauft. Sie ist ein wahres Loblied auf die Natur, eine der wunderbarsten Naturdichtungen, die man in Qumran findet. Aufs ganze gesehen war die Qumran-Literatur, der wir bisher begegnet sind, entweder an ewigen heiligen Dingen oder an weltlichen Problemen interessiert, die mit ewigen heiligen Dingen zu tun haben. In diesem kleinen Fragment haben wir eines der ersten Zeugnisse für eine bis dahin fehlende Sensibilität gegenüber der Natur vor uns. Hier werden die »Berge«, »Täler« und »Ströme«, »das Land der Schönheit«, »die Tiefen der Wälder«, »die Wüsten des Horeb«, »seine Wildheit«, »tiefe Brunnen«, »hohe Bäume« und »die Zedern des Libanon« gepriesen. Man hatte Literatur dieser Art in Qumran zuvor vermutet, aber bisher keine Beweise dafür gefunden.

Fragment 3,2 haben wir den Titel »Der Rat der Gemeinde verflucht Belial« gegeben – ein Exkommunikationstext par excellence, von der Art, wie wir ihn auch am Ende der Damaskus-Schrift finden (siehe Kapitel 6). Dort allerdings war der Text, wie wir gesehen haben, dem »Priester« in den Mund gelegt, »der den Vielen befiehlt« – möglicherweise dem *Mebakker* oder »Bischof« –, während sich der uns hier vorliegende Text auf den Rat der Gemeinde bezieht. Wieder einmal wird uns die Homogenität der Qumran-Literatur vor Augen geführt, das heißt, es muß sich hier um denselben Rat der Gemeinde handeln, der so liebevoll ausführlich in der Gemeinderegel und in anderen Texten geschildert wird. Die Verwünschung soll von dem Rat der Gemeinde gemeinsam gesprochen werden, obgleich dieser Rat nach anderen Schriften dem *Mebakker* untersteht. Wenn letzterer mit dem »Priester, der den Vielen befiehlt«, gleichzusetzen ist, dann schließt sich der Kreis unserer Anspielungen.

Die Vehemenz und Militanz der Sprache sind, wie in der letzten Spalte der Damaskus-Schrift, verblüffend. Es handelt sich hier wiederum nicht um friedliche Essener, noch *lieben* die, die solchen Haß praktizieren, *ihre Feinde*; sie gehören wohl eher in das Bild von 1QS IX,21-22 und CD VI,14–15: Sie hassen »die Söhne der Grube (Hölle)«. Die Feind-Sprache ist uns inzwischen vertraut: »Belial«, »Söhne des Belial«, »verfluchen«, »Finsternis«, »Hölle« und »Böses«, unterstrichen (wie in 1QS II) durch die Wiederholung von »Amen, Amen«. Zusätzlich springen neue Formulierungen ins Auge: »Engel der Hölle«, »Geist der Zerstörung«, »Greuel der *Scheol*«. Ferner begegnet in 3,2.2 ein Hinweis auf *»mastemato«,* und zwar zur Beschreibung des Belial. Dadurch wird die grundsätzliche Austauschbarkeit dieser Hinweise auf Satan – Belial – Mastemoth weiter bestätigt. Jedenfalls ist hier keine Bereitschaft zur Vergebung erkennbar, sondern es wird eher der Eindruck vermittelt, daß die »Wut des Zorns Gottes für immer« andauern wird (3,2.10).

Wie aus unserer Rekonstruktion des Fragments zu ersehen ist, stoßen wir auf weiteres gängiges Qumran-Vokabular: »Weg«, »Herrlichkeit«, »die Heiligen Namen«, »die Herrlichen Namen Gottes«, »mächtige Wunder«, »Heilung« und »wundersame Werke«. Die letzteren Begriffe sind besonders wichtig für die Geschichte des Christentums. Zusätzlich hat man auch noch das Beiwerk der jüdischen Mystik: »wunderbare Tempel«, »ihre Geheimnisse«, »geheime Wahrheit«, »Schatzkammer des Verstehens« und »wundersame Geheimnisse«. Ebenso trifft man auf die »Quelle des Verstehens« und die »Quelle der Entdeckung«, die in der mittelalterlichen jüdischen Dichtung ebenso nachklingen wie in dem Titel einer Abhandlung, der *Fons Vitae (Quelle des Lebens)*, des gefeierten jüdisch-arabischen Mystikers Salomon ibn Gabirol, eines Dichters im Spanien des 11. Jahrhunderts.

Wir haben bereits eine Variante dieser Metapher in den »Dämonen des Todes« (Seligpreisungen; siehe Kapitel 5) angetroffen. Die Metaphorik der »lebendigen Quelle« wird später in diesem Kapitel in weiteren Hymnen wiederkehren, diesmal im Zusammenhang mit den »Armen«, die eine wichtige Rolle für das frühe Christentum in Palästina spielen. In den »Kindern des Heils« *(»Jescha`«)* und dem »Geheimnis der Existenz« kommt diese Metaphorik zu ihrer vollen Entfaltung.

Der Gebrauch des Wortes »Herrlichkeit« in Texten wie diesen ist nicht nur wegen seiner neutestamentlichen Parallelen interessant, sondern auch im Hinblick auf die Anfänge der »Zeloten-Bewegung«. Flavius Josephus berichtet von zwei Rabbinern während der Unruhen 4 v. Chr. kurz vor dem Tod des Herodes, die ihre Nachfolger zu einem Aufstand gegen Rom und die herodianische Familie ermunterten, indem sie den römischen Adler, den Herodes gegen alle Tradition über dem Tempeleingang hatte anbringen lassen, herunterholten. Sie verbanden damit die Hoffnung auf Unsterblichkeit, womit eine solche Tat nach zelotischer Auffassung vergolten wird (*Der jüdische Krieg* I § 650).

Die erste Zeile der Handschrift A spielt mit dem »Schemel der Füße Deiner Herrlichkeit« auf Gen. 49,10. an. Der Leser wird sich an diese Stelle im Zusammenhang mit der »Silo«-Prophezeiung erinnern. Sie war außerdem Gegenstand der Exegese im Genesis-Florilegium in Kapitel 3, die »Silo« im Sinne des »Messias der Gerechtigkeit, der am Ende der Tage auferstehen wird«, interpretierte. Zwischen ebendiesen »Füßen« (denen des »Silo«) ist der »Mehokkek« oder »Gesetzgeber« und – nicht zu vergessen – »das Szepter«, die auch in diesem Kontext interpretiert werden. Das Bild vom »Fußschemel« bzw. den »Füßen« wird in A1,1 weiterentwickelt mit Worten wie »stehen« und »Sprossen«. Die Metaphorik des »Stehens« in großer Höhe ist aus der pseudoklementinischen Tradition, also den jüdisch-christlichen Romanen des 4. Jahrhunderts, bekannt. Einer von ihnen, genannt *Rekognitionen* (in dem eine Gestalt, anscheinend Paulus, Jakobus im Tempel angreift), schildert einen Helden, »den Stehenden«, eine Erlösergestalt, die zu einer unermeßlichen Höhe »(auf)steht«.

Die einzige erhaltene Zeile von Handschrift B, Fragment 3, die auf den »Heiligen Geist, der auf Seinem Messias ruhte«, Bezug nimmt, enthält wirklich bemerkenswerte Implikationen, besonders wenn man sie in ihrem Kontext betrachtet. Dadurch, daß sie Jes. 11,2 mit leichten Abweichungen zitiert (»Auf ihm wird ruhen der Geist des Herrn«), erinnert sie an den Text über den messianischen Führer *(Nasi)* in Kapitel 1, der auf Jes. 11,1 zurückgriff.

Diese Abweichung – wie geringfügig auch immer – ist der Beachtung wert. »Auf ihm« erscheint nun als »auf Seinem Messias«. Aber dies war der Begriff, der uns in der ersten Zeile des »Messias des Himmels und der Erde« begegnet ist. Ohne Zweifel wird aus dem »Geist des Herrn« aus Jes. 11,2 nun das eindrücklichere »der Heilige Geist«. Dieser Text, der eine Parallele zu den schriftlichen Überlieferungen der Taufe Jesu in den Evangelien darstellt und natürlich auch für den Hebräer-Brief relevant ist, bestätigt, indem er gleichzeitig alle diese Texte zu einem einheitlichen Ganzen verbindet, die grundsätzliche Ideologie eines einzigen Davidischen Messias in Qumran. Er bekräftigt außerdem noch einmal – soweit eine derartige Bestätigung überhaupt noch notwendig ist – den radikal messianischen Zug des Korpus.

## TRANSLITERATION

**Fundamente von Feuer** **Handschrift A Fragment 1**

1. מושב יקרכה והדומי רגלי כבודכה ב[מ]רומי עומדכה ומדר[ך]
2. קודשכה ומרכבות כבודכה ב[ר]ובכי ה מה ואופניהמה וכול סודי[כמה]
3. מוס>ד<י אש ושביבי נרכה וזהרי הוד נה[ור]י אורים ומאורי פלא
4. [הו]ד והדר ורום כבוד סוד קודש ומק[ום ז]והר ורום תפארת מ[קור]
5. [עצמ]ות ומקוה נבורות הדר תשבחות ונדל נוראות ורפא[ת]
6. ומעשי פלאים סוד חוכמא ותבנית דעה ומקור [ע]בינה מקור ערמה
7. ועצת קודש וסוד אמת אוצר שכל מבני צדק ומכני יוש[ר]

231

8. חסדי[ם] וערת טוב וחסדי אמת ורחמי עולמים ורזי פל[אים]

9. בהר[אותמ]ה ושבועי קודש בתכונמה ודגלי חודשים [

10. [ם בתקפותמה ומועדי כבוד בתעודות]מה [

11. ] ושבתות ארץ במחל[קותמה ומו]עדי דר[ור

12. וד[רורי נצח ו] [ל]ל [

13. א[ור וחש]ך [

## Ökologie-Hymne — Fragment 2

1. [ ] .[ה הארץ וכול [יו]שב[ ] יושבי בה אדמה וכול מחשביהמ]ה[

2. [וכו]ל יקומה [ ] וכו]ל נבעות ניאות וכול אפיקים ארץ ציי[ה [

3. נ[רנה מצולו[ת] יערים וכול מדברי חור[ב [

4. [ ותהוה ואושי מ...תה איים ו[ [

5. [ פרי[מ]ה עצי רום וכול ארזי לבנ[ון [

6. ת]ירוש ויצהר וכול ת[ב](ו[א]ות [ [

7. [ וכול תנופות תבל בחדשים שנ[י עשר [

8. [ת דברכה אמן אמן vacat ] [

9. [ ומצור ומים מעיני תהום ] [

10. [ם כול נחלים יארי מצ[ול]ות [ [

11. [..ממה ... מים . ] . [

12. כו[ל סודיהמה א[ [

13. [כה ] [

## Ewige Erkenntnis — Fragment 3 Spalte 1

1. [ הארצות [

2. [ .[ בחוריהמה [

3. [ וכול רעיהמה בתהלי [

4. [ וברכות אמת בקצי מ[ועד [

5. [כה והנשא מלכותכה בתוך ע[מ]ים [

6. [ .[ אלי טוהר עם כול מדעי עולמים לה[ [

7. [ לבר]ך את שם כבודכה בכול [עו]ל[מ]ים vacat [אמן אמן [

8. [ הוסיפו לברך את אל [ ]ל[ כו]ל אמתו [

## Der Rat der Gemeinde verflucht Belial — Fragment 3 Spalte 2

1. עצת היחד יומרו כולמה ביחד אמן אמן vacat ואז יזעמ[ו] את בליעל

2. ואת כול גורל אשמתו וענו ואמרו ארור [ב]ליעל במחשבת משטמתו

3. וזעום הוא במשרת אשמתו וארורים כול רו[ח]י גו[ר]לו במחשבת רשעמה

4. וזעומים המה במחשבות נדת [ט]מאתמה כי [המה נור]ל חושך ופקודתמה

5. לשחת עולמים אמן אמן vacat וארור הרש[ע בכול] ממשלותיו וזעומים

6. כול בני בל[יעל] בכול עונות מעמדמה עד תוממה [לעד אמן אמן] vacat

7. ו[הוסיפו ואמרו ארור אתה מלא[ך] השחת ורו[ח האב]דון בכו[ל] מחשבות יצר

8. א[שמתכה וכול מזמות תוע]כה ועצת רשע[תכה וז]עום אתה כמ[מש]ל[ות]

9. [עולתכה ובמשרת רשעתכה ואשמתכ]ה עם כול נ[לוליי שאו]ל וע[ם חרפת ש]חת

232

10. ‏[ועם כל]מות כלה ל[אין שרית ולאין סל]חות באף עברת [אל לכו]ל
‏[עדי עול]ם אמן א[מן]

11. ‏[וארורים כו]ל עוש[י מחשבות רשע]תמה ומקימי מזמתכה [בלבבמה לזום]

12. ‏[על ברית א]ל ול[מאוס את דברי חוזי אמ]תו ולהמיר את משפ[טי התורה]

| Die Pracht der Geister | Handschrift B Fragment 1 |
|---|---|

| | | |
|---|---|---|
| [ | ‏[ה כיוריהמ]ה     [המה .] | ] .1 |
| [ | ‏[חיות הדרמה]     [המה ע] | ] .2 |
| [ | ‏[.. כבודמה דלתות פלאיהמה] | ] .3 |
| [ | ‏[.מה מלאכי אש ורוחי ענן] | ] .4 |
| [ | ‏זו[הר רוקמת רוחי קודש קדו]שים | ] .5 |
| [ | ‏ורקיעי קודש [קודשים | ] .6 |
| [ | ‏חודשים בכול מועד[יהמה | ] .7 |
| [ | ‏את שם כבוד אלוהותכ[ה | ] .8 |
| [ | ‏[עה וכול משרתי ק]ודש | ] .9 |
| [ | ‏כתמים מעשיה[מה | ] .10 |
| [ | ‏[ש בהיכלי פ]לאיהמה | ] .11 |
| [ | ‏כ[ול משרת]יהמה | ] .12 |
| [ | ‏קודשכה במעו[ן | ] .13 |

**Fragment 2**

| | | |
|---|---|---|
| [ | ‏[ אותמה ויברכו את שם קודשכה בברכו]ת | ] .1 |
| ‏[ויברכו]כה כול בריאות הבשר כולמה אשר בר[אתה] | | ] .2 |
| [ | ‏ב[המות ועוף ורמש ודג ימים וכול] . | ] .3 |
| [ | ‏א[תה בראתה את כולמה מחדש] | ] .4 |

**Fragment 3**

| | | |
|---|---|---|
| [ | ‏[ם] | ] .12 |
| [ | ‏נח[ה על משיחו רוח קוד]ש | ] .13 |

ÜBERSETZUNG

**Fundamente von Feuer**

**Handschrift A, Fragment 1** (1) der Sitz Deiner Ehre und der Schemel der Füße Deiner Herrlichkeit, in den [H]öhen Deines Stehens und den Spros[sen] (2) Deiner Heiligkeit und den Streitwagen Deiner Herrlichkeit mit ihren [Sc]haren und Rad-Engeln und allen [Deinen] Geheimnissen, (3) Fundamente des Feuers, Flammen Deiner Lampe, Prächtigkeiten der Ehre, Fe[ue]r von Lichtern und wundersamer Glanz, (4) [Eh]re und Schmuck und Höhe der Herrlichkeit, heiliges Geheimnis und Or[t der P]racht und Höhe der Schönheit der Qu[elle], (5) [Majes]tät und ein Sammelbecken der Macht, Ehre, Lob und mächtige Wunder und Heilung[en], (6) wundersame Werke, geheime

233

Weisheit und Urbild von Erkenntnis und Quelle des Verstehens, Quelle der Entdeckung (7) und Rat der Heiligkeit und geheime Wahrheit, Schatzkammer des Verstehens von den Söhnen der Gerechtigkeit, und Wohnorte der Aufrichtig[keit ...] (8) From[me] und Gemeinde der Güte und Fromme der Wahrheit und Ewige Barmherzige und wunder[same] Geheimnisse, (9) wenn si[e ersche]inen, und Wochen der Heiligkeit in ihrer rechten Ordnung und monatliche Banner ... (10) ... zu [ihren] Jahreszeiten und Feste der Herrlichkeit zu [ihren] Zeiten ... (11) ... und Sabbate der Erde in ihren An[teilen und bestimmte Z]eiten der Jubi[läen ...] (12) ... [und] Ewige [Ju]biläen ... (13) [Li]cht und Finster[nis ...]

## Ökologie-Hymne

**Fragment 2** (1) (Laßt uns preisen) ... das Land und alle, [die w]ohnen ... die es bewohnen, die Erde und all ih[re] Ausstattung (2) [und al]l ihren Bestand ... [und alle] Berge, Täler und Ströme, Land der Schönh[eit ...] (3) ... Laßt [uns p]reisen die Tiefen der Wälder und die Wüsten des Hore[b ...] (4) ... und seine Wildheit und Fundamente von ... Inseln und ... (5) ... ihre Frücht[e], hohe Bäume und all die Zedern des Liba[non ...] (6) ... [n]euer Wein und Öl und aller Ertrag von ... (7) ... und alle die Gaben des Landes in [den zw]ölf Monaten ... (8) ... Dein Wort. Amen, Amen. (9) ... und Festung und Wasser, tiefe Brunnen ... (10) ... jeder Strom, t[ie]fe Flüsse ... (11) Wasser ... (12) ... [al]le ihre Geheimnisse ...

## Ewige Erkenntnis

**Fragment 3, Spalte 1** (1) ... die Länder (2) ... ihre jungen Männer (3) ... und all ihre Mitglieder im Lob von (4) ... und Segnungen der Wahrheit zu Fe[st]zeiten (5) ... Dein, und der Dein Reich mitten unter die Vö[lker] bringt (6) ... Engel der Reinheit mit aller Ewigen Erkenntnis, um ... (7) ... [zu segn]en Deinen Herrlichen Namen für [immer]. Amen, Amen. (8) ... fahren fort zu loben den Gott von ... [al]l Seiner Wahrheit ...

## Der Rat der Gemeinde verflucht Belial

**Fragment 3, Spalte 2** (1) Der Rat der Gemeinde soll zusammen in Einigkeit sprechen: »Amen. Amen.« Dann sollen sie Belial verfluch[en] (2) und sein ganzes schuldbeladenes Los, und sie sollen antworten und sagen: »Verflucht sei [B]elial in seinem ganzen teuflischen (mastematischen) Plan, (3) und verdammt sei er in seiner schuldbeladenen Herrschaft. Verflucht seien alle Geist[er] seines [Lo]ses in ihrem bösen Plan. (4) Und sie mögen verdammt sein in den Plänen ihrer [un]reinen Befleckung. Gewiß [sind sie das Lo]s der Fin-

234

sternis. Ihre Strafe wird (5) die ewige Hölle (Grube) sein. Amen. Amen. Und
verflucht sei der Gottlo[se in all] seiner Herrschaft, und verdammt seien
(6) alle Söhne Beli[als] in ihren ganzen Zeiten des Dienstes bis zu ihrer Erfüllung [für immer. Amen. Amen.«] (7) Und [sie sollen wiederholen und sagen:
»Verflucht seist du, Eng]el der Hölle und Gei[st der Zerstör]ung, in al[l] den
Plänen deiner sch[uldbeladenen] (8) Neigung [und in all den abscheu]lichen
[Absichten] und dem Rat deiner Gottlosig[keit. Und verd]ammt seist du in
[deiner sündvollen] Be[herr]schu[ng] (9) [und in deiner gottlosen und schul-
dig]en Herrschaft, zusammen mit all den Gr[eueln der *Sche*]ol (d. h. der Hölle)
und [der Schande der Hö]lle (Grube), (10) [und mit Erniedrig]ungen der Zer-
störung, mit [keinem Rest und keiner Verg]ebung, in der Wut des Zorns
[Gottes für imm]er [und imme]r. Amen. A[men]. (11) [Und verflucht seien
al]le, [die ihre gottlos]en [Pläne au]sführen, die deine bösen Absichten [in ihre
Herzen] aufgenommen haben [gegen] (12) [den Bund Got]tes, um so [die
Worte derer zurückzuweisen], die seine Wah[rheit sehen] und die Urtei[le der
*Thora*] vertauschen … «]

**Die Pracht der Geister**

**Handschrift B, Fragment** 1 (1) … wie ihre Lehrer … (2) … ihre … ihre
Ehre … (3) … ihre Herrlichkeit, die Türen ihrer Wunder … (4) … die Engel
des Feuers und die Geister der Wolke … (5) … [die] bestickte [Pra]cht der
Geister des Allerheil[igsten …] (6) … und die Firmamente des Aller[heilig-
sten …] (7) … Monate mit all [ihren] Festen … (8) … der Herrliche Name
Deines Gottes … (9) … und alle Diener der Hei[ligkeit …] (10) … in der
Vollkommenheit i[hrer] Werke … (11) … in [ihren wunderba]ren Tempeln …
(12) … [a]lle [ihre] Diener … (13) … Deine Heiligkeit in der Wohnu[ng
von …]
**Fragment 2** (1) … ihnen, und sie sollen Deinen Heiligen Namen mit Seg-
nun[gen] segnen … (2) … [und sie sollen] Dich [segnen], alle Kreaturen aus
Fleisch gemeinsam, die Du gesch[affen hast] (3) … (wilde) [T]iere und Vögel
und Reptilien und die Fische der Meere, und alles … (4) … [D]u hast sie alle
neu geschaffen …
**Fragment 3** (13) … der Heili[ge] Geist [ruh]te auf Seinem Messias …

## 42. Taufhymne (4Q414)

Wir kommen jetzt zu einer Reihe von Fragmenten, die auf die Taufe Bezug
nehmen. Man sollte hier jedoch beachten, daß die Verfasser dieser Literatur
mit dem Begriff »Taufe« möglicherweise nichts anderes meinten als das in der
jüdischen Tradition übliche rituelle Untertauchen. Die Terminologien sind
synonym, obgleich die Betonung der Taufhandlungen in Qumran außerge-

wöhnlich ist. Dies zeigt sich nicht nur in den vorliegenden Fragmenten und der bekannten Gemeinderegel III,1–4, die im Zusammenhang mit der Beschreibung der Taufe den »Heiligen Geist« erwähnt, sondern allein schon in der Anzahl der bei den jetzigen Ruinen Qumrans zu findenden Einrichtungen, die zum rituellen Untertauchen dienten – sofern diese sicher mit der für die Qumran-Literatur verantwortlichen Bewegung verbunden werden können.

Noch einmal wird man mit dem Terminus »Herrlichkeit«, diesmal im Sinne von »Gesetz der Herrlichkeit« (4,3) und – soweit unsere Rekonstruktion korrekt ist – im Sinne von »Reinheit der Gerechtigkeit« oder »Rechtfertigung« (4,4), konfrontiert. Damit verbunden sind das »Sühne leisten für uns«, »Gereinigtsein von Befleckung«, wenn man »in das Wasser tritt«, und die üblichen »Gesetze Deiner Heiligkeit« und »Wahrheit Deines Bundes«. Weiterhin begegnen wir der interessanten Anspielung auf »eine jüdische Frau«, die eine Parallele zu dem »jüdischen Mann« in den kalendarischen Texten bildet und auch hier anzeigt, wie sehr sich der Ausdruck »Jude« bereits im Palästina des ersten vorchristlichen und des ersten nachchristlichen Jahrhunderts eingebürgert hatte.

TRANSLITERATION                                    **Fragment 1 Spalte 1**

| | |
|---|---|
| .מר בדכד[ | 1. [ |
| ] טהורי מ]עדו | 2. [ |
| ]כה ולכפר לנו | 3. [ |
| ] טהורים לפניכה | 4. [ |
| ] עתו בכול דבר | 5. [ |
| ]להטהר טר | 6. [ |
| ] עשיתנו | 7. [ |

**Fragment 1 Spalte 2**

| | |
|---|---|
| ..תכה ...ו לחוקי קוד]ש | 1. [ |
| לראשון [ו]לשלישי ולש]ביעי | 2. [ |
| בא[מ]ת ברי תכ]ה | 3. [ |
| להטהור מטמאת ] | 4. [ |
| ואחר יבוא במים ] | 5. [ |
| וענה ואמר ברוך א]תה | 6. [ |
| כיא ממוצא פיכה ] | 7. [ |
| אנש[ ]... ... | 8. [ |

**Fragment 2**

| | |
|---|---|
| ]ריו ובמים ] | 1. [ ] [ |
| ]יכרך ע] | 2. [ ] [ |
| ישראל אשר מ] | 3. [ |

236

| | |
|---|---|
| [ | 4.  לפניכה מכול ] |
| [ | 5.  קודשכה ] |
| [ | 6.  עזבת[ה] |

## Fragment 3

| | |
|---|---|
| [ | 1.  נ[פ[ש] . ]. [ ] |
| [ | 2.  ההואה ] |
| [ | 3.  לכם לעם ט[הור |
| [ | 4.  ונם אני מכ] |
| [ | 5.  היום אשר ] |
| [ | 6.  במועדי טהור ] |
| [ | 7.  יחד *vacat* ] |
| [ | 8.  בטהרת [י]שראל ל. ] |
| [ | 9.  ו[ישבו ] |
| [ | 10. והיה ביום ] |
| [ | 11. נקבה יהודיה ] |
| [ | 12. [ ] ש[ ]. ] |

## Fragment 4

| | |
|---|---|
| [ | 1.  כיא אתה עשיתה את . ] |
| [ | 2.  [ ]כה להטהר לפנ] . [. |
| [ | 3.  ...ם לו חוק כבוד ] |
| [ | 4.  ולהיות בטהרת צ[דקה |
| [ | 5.  ור[וח]ץ במים והיה ] |
| [ | 6.  [ ]חם ואחר ישוב ] |
| [ | 7.  מטהר עמו במימי רוחץ ] |
| [ | 8.  [ ]. שנית על עמדו יע[מוד |
| [ | 9.  [ ]. ט[והר]כה ככבוד ] |
| [ | 10. [ ]ת ע[ ] [ ]בהיו[ם |

## ÜBERSETZUNG

**Fragment 1, Spalte 1** (1) ... in dem Wort (2) ... diejenigen, die gereinigt werden für die bestimmte Zeit (3) ... Deine ... und Sühne zu leisten für uns (4) ... diejenigen, die rein vor Dir sind (5) ... seine Zeit, in jeder Sache (6) ... gereinigt zu werden, während (7) ... Du hast uns gemacht

**Fragment 1, Spalte 2** (1) Deine ... für die Gesetze der Heiligke[it ...] (2) an den ersten [und] dritten und sie[bten (Tagen) ...] (3) in der Wa[hrh]eit Deine[s] Bundes ... (4) um von der Befleckung gereinigt zu werden ... (5) und nachdem er ins Wasser tritt ... (6) wird er antworten und sagen: Gesegnet seist D[u ...] , (7) denn von der Erklärung Deines Mundes ... (8) Männer von ...

**Fragment 2** (1) ... sein ... im Wasser ... (2) ... wird segnen ... (3) Israel, das ... (4) vor Dir von allem ... (5) Deine Heiligkeit ... (6) Du hast verlassen ...

**Fragment 3** (1) Se[e]le ... (2) das ... (3) für euch als re[ines] Volk ... (4) auch, ich bin ... (5) der Tag, an dem ... (6) in den bestimmten Zeiten der Reinigung ... (7) Gemeinde ... (8) in der Reinheit [I]sraels, für ... (9) [und] sie werden wohnen ... (10) und es wird geschehen am Tag ... (11) eine jüdische Frau ... **Fragment** 4 (1) denn Du hast gemacht ... (2) Dein ... um gereinigt zu werden vor ... (3) für Ihn, ein Gesetz der Herrlichkeit ... (4) und in der Reinheit der Gere[chtigkeit] zu sein ... (5) und in Wasser wa[sch]end, und er wird sein ... (6) Ihr werdet (?) ... und nachdem er zurückkehrt ... (7) sein Volk reinigend mit reinigendem Wasser ... (8) ... beim zweitenmal wird an seiner Stelle st[ehen ...] (9) Deine Rei[nig]ung in der Herrlichkeit ... (10) an dem Ta[g ...]

## 43. Hymnen der Armen (4Q434, 436)

Diese Texte tragen eine treffende Bezeichnung. Beachtlich ist das Ausmaß, in dem die Terminologie »*Ebjonim*« (»die Armen«) und ihre Synonyme die Qumran-Literatur durchdrungen haben. Am Anfang waren sich die Kommentatoren dieser Bedeutung bewußt, während sie sich später zunehmend unempfänglich zeigten. Der Gebrauch dieser Termini und ihrer sachlichen Parallelen »*ʿAni*« (»sanftmütig«) und »*Dal*« (»geknechtet«) – austauschbare Selbstbezeichnungen in Qumran – ist von höchster Wichtigkeit. In entscheidenden Zusammenhängen des veröffentlichten Korpus finden sich Hinweise etwa auf die »Armen im Geiste«, die wir aus der Bergpredigt im Matthäus-Evangelium kennen, und zwar in der Kriegsrolle XI,10 wie in der Gemeinderegel IV,3.

Aus den paulinischen Briefen wird deutlich, daß die Gemeinde, die Jakobus dem Gerechten (im Neuen Testament bekannt als »der Bruder Jesu«, was immer mit dieser Bezeichnung gemeint ist) folgte – die sogenannte »Jerusalemer Kirche« oder »Jerusalemer Gemeinde« –, als »die Armen« (Gal. 2,10; Jak. 2,3–5) bezeichnet wurde. Was Paulus im Galater-Brief über die Bedingungen, die ihm sein ideologischer Widersacher Jakobus im Blick auf seine missionarische Tätigkeit auferlegt hatte, zu berichten weiß, ist nicht mehr als »der Armen« eingedenk zu sein – was in der Hauptsache besagt, daß angemessene Geldbeiträge nach Jerusalem gebracht werden sollten.

Im Zuge der fortschreitenden Überlieferung wird deutlich, daß »*Ebjonim*« (die sogenannten »Ebjoniten«) oder »die Armen« der Name der Gemeinde ist, die von der Jerusalemer Kirche des Jakobus in Palästina herkommt. Mit großer Wahrscheinlichkeit stammt sie auch von der Gruppe ab, mit der wir uns anhand dieses Materials befassen. Diese Bewegung, die von einigen »Judenchristentum« genannt wird – die Bezeichnung ist unzureichend, aber wir besitzen keine andere –, folgte der Lehre und der Person jenes Jakobus, der uns als der »Rechtschaffene« oder »Gerechte« bekannt ist. Im 4. Jahrhundert berichtet erstmals der Kirchenhistoriker Eusebius, vormals Bischof von Cäsarea, ausführlich über diese Ebjoniten. Selbst von palästinischer Herkunft und somit Angehöriger eines Volkes, das für den »Export« des Christentums nach Rom verantwortlich war, brandmarkt er diese Ebjoniten als Sektierer – sektiererisch natürlich vom Standpunkt des paulinischen Christentums aus, für dessen Förderung er in der Zeit Konstantins eintrat.

Er teilt uns in seiner *Kirchengeschichte* 3,27 mit, daß diese Sektierer »... von den Alten (das heißt lange vor seiner eigenen Zeit) wegen ihrer niederen und böswilligen Ansichten über Christus Ebjoniten genannt wurden«. Damit meint er, daß die Ebjoniten Jesus nicht als göttlich betrachteten. In diesem Zusammenhang verwendet er Formulierungen wie »der gottlose Dämon«, »Teufel« und »Netz« – eine Sprache also, die entscheidend zur Darstellung der Anklagen gegen diese Gruppe in der Damaskus-Schrift dient. In dem Wissen, daß »Ebjonit« auf hebräisch »armer Mann« heißt, merkt Eusebius scherzhaft an, daß sie diese Bezeichnung wohl »ihres schlichten Gemüts wegen« erhielten, da sie einer so unterentwickelten Christologie folgten.

Die Ebjoniten meinten nach der Auffassung des Eusebius, Christus sei auf »natürliche« Weise zur Welt gekommen, als »einfacher und gewöhnlicher Mensch, der allein durch seine persönliche Vervollkommnung gerechtfertigt war ... Sie bestanden außerdem auf der uneingeschränkten Beachtung des Gesetzes und bestritten, daß man allein durch den Glauben an Christus und eine dementsprechende Lebensweise gerettet werden könne.« Vielmehr »legten sie *großen Eifer* an den Tag, das Gesetz im wörtlichen Sinne zu befolgen ... Sie hielten den Sabbat und andere Zeremonien ein, genau wie die Juden.« Sie sahen in Paulus »einen *vom Gesetz Abgefallenen*« (Hervorhebungen von uns).

Diese Beschreibung der Ebjoniten ist entscheidend für unser Verständnis der vorliegenden Texte und den weitverbreiteten Gebrauch des Begriffs »arm« in Qumran. Obgleich es aus anderen Quellen mehr Material über die Ebjoniten gibt, sind diese mit Sicherheit die Gemeinde, die die Erinnerung an Jakobus in höchstem Maße pflegte, während sie in Paulus »den Feind« oder Antichristen sah (vgl. dies mit dem Terminus *»Mastema«*, der uns in diesen Texten begegnet). Dieser Zug ist nicht ohne Parallele in den entscheidenden Passagen des Jakobus-Briefes im Neuen Testament. Wir haben bereits dargelegt, daß dieser Brief – die Antwort an einen Gegner, welcher Abraham allein durch den Glauben für gerechtfertigt hält – die These aufstellt, dieser Gegner erweise sich als »Feind Gottes«, indem er der »Freund der Welt« sein wolle. Der »Feind« ist auch bekannt aus dem Gleichnis vom Unkraut (Mt. 13,25–30) – vielleicht das einzige antipaulinische Gleichnis in den Evangelien –, in dem ein »Feind« »Unkraut unter den guten Weizen sät«. Zur »Ernte« wird das Unkraut ausgerissen und ins »Feuer« geworfen werden.

Der Gebrauch von *»Ebjonim«* als Selbstbezeichnung war in Qumran weit verbreitet, am auffälligsten in den *pescharim,* aber auch, wie wir gesehen haben, in der Interpretation der »Stern«-Prophezeiung in Spalte XI der Kriegsrolle. Dort heißt es, daß »in die Hand der Armen, die Du erlöst hast durch Deine Macht und den Frieden Deiner wunderbaren Stärke ... in die Hand der Armen und derer, die in den Staub gebeugt sind, wirst Du die Feinde aller Länder ausliefern und die Helden der Völker erniedrigen, um den Gottlosen Vergeltung heimzuzahlen auf das Haupt und zu rechtfertigen Dein wahres Urteil über alle Menschenkinder ...« Wir brauchen nicht weiter zu zitieren.

Diese Terminologie wird auch in entscheidenden Abschnitten des Habakuk-Kommentars benutzt, obgleich »die Armen« im Text nicht wörtlich erscheinen, sondern das Adjektiv »*'Ani*« (»sanftmütig«), allerdings erst ab Hab. 3,14. Abgesehen davon sind die »*Ebjonim*« laut Kommentar das Fundament für die vom Lehrer der Gerechtigkeit geführte Gemeinde, dessen Schicksal sie teilen (XII,6 ff.). Was die Schriftauslegung in Qumran im allgemeinen angeht, so ist dies einer der Begriffe aus den Psalmen und den Propheten, nach denen die Ausleger suchten. In den Qumran-Hymnen V, 22 erscheint der Begriff »*Ebjonei-Hesed*« (»die Armen der Gnade/Frömmigkeit«) als eine spezielle Spielart der Selbstbestimmung. Er verbindet, wie wir sehen können, zwei wichtige Qumran-Termini: die »*Ebjonim*« und die »*Hasidim*«.

Die »Hymnen der Armen«, die in fünf identifizierbaren Abschriften gefunden wurden, sind poetische Kunstwerke von beachtlicher Schönheit. Stilistisch gesehen ähneln sie den Hymnen aus Höhle 1. Sie haben ihren Namen von dem weitverbreiteten Gebrauch des Begriffs »*Ebjonim*« und seiner Varianten »*'Anavim*« und »*Dal*« (»die Sanftmütigen« und »die Geknechteten«). Das gängige Vokabular begegnet uns wieder: »Erkenntnis«, »Herrlichkeit«, »Frömmigkeit«, »Urteile«, »Wege der Wahrheit«, »Wege Seines Herzens«, »Eifer«, »Zorn«, »Heiden«, »Völker« und »Gewalttätige«.

Die Austauschbarkeit von »die Armen«, »die Sanftmütigen« und »die Geknechteten« entspricht der wiederholten Verwendung von »*nephesch-Ebjon*« (»Seele des Armen«, hier in 2,1.1) und »*nephesch-'Ani*« (»Seele des Sanftmütigen«) in den veröffentlichten Hymnen aus Höhle 1. Eine andere Parallele, nämlich »*nephesch-Zaddik*« (»Seele des Gerechten«), taucht in einem wichtigen Kontext am Ende von Spalte I der Kairo-Rezension der Damaskus-Schrift auf. Unter Verwendung einer anderen geläufigen Formulierung, »der Weg Seines Herzens«, die auch in diesen »Hymnen der Armen« begegnet, beschreibt der entsprechende Abschnitt in der Damaskus-Schrift einen besonders gewalttätigen Angriff auf die »Seele des Gerechten« (vermutlich der Lehrer der Gerechtigkeit) und einige seiner Mitstreiter. Diese werden als »Wandelnde in Vollkommenheit« bezeichnet.

Zeile 4 von Fragment 1 des vorliegenden Textes bedient sich einer Wendung, auf die in Sammlungen von messianischen Beweistexten wie dem veröffentlichten Messianischen Florilegium hingewiesen wird: »*tinzor Toratecha*« (»Deine *Thora* halten/bewahren«). Dieser Ausdruck als Synonym für »*Schomrei ha-Brit*« (»Bewahrer des Bundes«) und zur Kennzeichnung der »Söhne

Zadoks« in der Gemeinderegel V, 2 und V,9 bestätigt noch einmal den durchgängigen Gebrauch solcher Wendungen. Von hier ist es nur noch ein kurzer Weg zu der Bezeichnung »Nazoräer«, die häufig als ein Synonym für die Judenchristen in anderen Quellen verwendet wird und die vielleicht erklärt, warum Matthäus Jesus den Beinamen »Nazarener« (Mt. 2,23) gibt.

Von Fragment 2, Spalte 1, Zeilen 5-9 an befindet man sich völlig im Szenarium des Habakuk-Kommentars XII, wo der Frevelpriester »plant, die Armen zu vernichten«. Der Text setzt hier ein mit dem »Beschneiden der Vorhaut ihrer Herzen« (4), worauf im Habakuk-Kommentar (XI,13) in negativer Weise Bezug genommen wird, um den Frevelpriester als für den Tempeldienst untauglich zu disqualifizieren. Und es ist ziemlich klar, daß solch ein Urteil, das dem im Habakuk-Kommentar V, VIII und XII) entspricht, auch im vorliegenden Text beschrieben wird.

Zeile 5 nennt die »Gewalttätigen«, die wir aus den Kommentaren zu Habakuk und zu Psalm 37 schon kennen. Der letztgenannte Text bezeichnet sie näher als »die Gewalthaber der Völker«; er spricht von »Rache« an dem Frevelpriester für das, was er dem Lehrer der Gerechtigkeit antat, das heißt, er »verschlang« oder »vernichtete ihn«. In Zeile 6 der »Hymnen der Armen« folgt der Verurteilung der »Gottlosen« unmittelbar ein Hinweis auf die göttliche »Wut« und den »brennenden Zorn«. Formulierungen dieser Art werden im Habakuk-Kommentar im gleichen Kontext und im gleichen Sinne wiederholt gebraucht. Mit ihrer Hilfe wird nicht nur beschrieben, wie der Frevelpriester den Lehrer der Gerechtigkeit verfolgte und ihn »verschlang« oder »vertilgte« (XI,4–5) – wofür er letztlich ebenfalls verschlungen oder vertilgt werden wird (XI,14–15) –, sondern diese Rache wird auch als Rache Gottes dargestellt. Die Genauigkeit der Parallelen läßt keinen Zweifel daran aufkommen, daß beide Texte denselben Wortschatz und dieselbe Begrifflichkeit benutzen, um dieselben Ereignisse zu entfalten. Deshalb könnten sie auch *von demselben Autor* stammen; die Beziehung zwischen ihnen ist so eng. Aufgrund ihres Engagements für »die Armen« könnten beide Werke als »Hymnen der Armen« bezeichnet werden; den Habakuk-Kommentar prägt dieser Zug noch stärker als den vorliegenden Text.

In den Zeilen 1 und 8 sowie 2,1 wird dieselbe Formulierung *»hizil«/»hizilam«* (»Er rettete« oder »Er rettete sie«) verwendet, mit welcher der Habakuk-Kommentar beschreibt, wie die »Gerechten« vor »dem Hause des Urteils« oder dem »Letzten Gericht« gerettet werden (VIII,2 und XII,14). Die in XII,14 vorgenommene eschatologische Auslegung des so wichtigen Verses Hab. 2,4, daß »der Gerechte durch seinen Glauben leben wird«, hängt von der Bedingung ab, daß jene, die dies betrifft, sowohl »Täter der *Thora*« als auch »Juden« sind (VIII,1–2). Hab. 2,4 ist zusammen mit Gen. 15,6 im Blick auf den Glauben Abrahams, wie wir gesehen haben, der Hauptbeleg aus der Schrift für die grundlegenden Darlegungen des Paulus in Röm. 1,17 und Gal. 3,11.

In den »Hymnen der Armen« werden die Armen aufgrund ihrer »Frömmigkeit« und der »Barmherzigkeit« Gottes gerettet und weil sie »wandelten auf dem Weg Seines Herzens«. In Zeile 4 von 2,1 heißt es: »Er rettete sie aufgrund Seiner Gnade, und Er lenkte ihren Fuß auf den Weg.« Dies ist eine direkte Parallele zur Auslegung von Hab. 2,4 im Habakuk-Kommentar: »Er rettete sie ... aufgrund ihrer 'amal (Leiden/Leidenswerke) und ihrer Treue zum Lehrer der Gerechtigkeit.« Beide Aussagen sind eschatologisch zu verstehen, besonders die zweite. Der Habakuk-Kommentar macht dies durch seine Auslegung von Hab. 2,3 deutlich: »Wenn sie verzieht, so harre darauf«. Dies wird bezogen auf das, was im frühen Christentum als »Parusieverzögerung«, das heißt die Verzögerung der »Endzeit«, bekannt ist.

Man sollte auch die in den Zeilen 6–10 enthaltene Fremdenfeindlichkeit beachten und – wiederum parallel zum Habakuk-Kommentar – den Hinweis auf »Völker«, »Heiden« und den »feurigen Eifer«, mit dem Gott sie richten wird, das heißt, Gott ist so »eifernd« wie diese vermuteten »Zeloten«. Diese Redeweise wird bis in Fragment 3 fortgeführt, wo inmitten von Begriffen wie »Werke«, »Sühne«, »Gnade« und »Herrlichkeit« bestätigt wird, daß Gott Jerusalem trösten wird. Wieder einmal sind die nationalistischen Untertöne dieser Literatur offensichtlich.

Die Stellen in Fragment 2, die um das »Urteil« kreisen, veranschaulichen einhellig, daß es fremde »Nationen« und »Völker« sind, vor denen Gott »die Armen« retten wird, indem er »Seinen Engel um die Söhne Israels setzt« (12). Hier findet man herrliche poetische Bilder, wie zum Beispiel »verborgen sein im Schatten Seiner Flügel« (8, den Psalmen entnommen), oder von jenen, »die wandeln auf dem Weg Seines Herzens«, singend »wie Flöten« (10). Und am Ende werden sie, genau wie Jerusalem, getröstet werden.

Zeile 3,6 dreht die aus den Evangelien bekannte Metaphorik von »Braut und Bräutigam« um. Während die Evangelien diese Metapher in der Regel verwenden, um am Schluß Israel sowie das Gesetz zu verwerfen, wird sie hier benutzt, um die *»Thora«* und »das Buch Deiner Gesetze« zu rühmen (3,12-13). Auch wird hier die *»Thora«*-Metaphorik, die uns in der *Merkaba*-Mystik und in der späteren mittelalterlichen jüdischen Dichtung begegnet, wiederaufgegriffen. Wie bei der Kriegsrolle aus Höhle 1, so besteht auch bei diesen Hymnen kein Zweifel über ihre feindselige Haltung, ihren Nationalismus, ihren Eifer für das Gesetz und ihre Fremdenfeindlichkeit, was sich möglicherweise im Heidenchristentum, wie es auf uns gekommen ist, umgekehrt hat.

## TRANSLITERATION

**Fragment 1**

1. בינה לחזק לב נדכה ולנצח לרוח בה לנחם דלים בעת צרתמה וידי נופלי[ם]
2. לקומם לעשות כלי דעת לתת לחכמים דעה ישרים יוסיפו לקח להתבונן
3. בעלילותיכה אשר עשיתה בשני קדם שני דור ודור שכל עולם אשר

242

4. [יסדת]ה לפני ותנצור תורתכה לפני ובריתכה אמנתה לי ותחזק על לב[י]

5. [ ] ללכת בדרכיכה לבי פקדתה וכליותי שננתה בל ישכחו חוקיכה

6. [ ]תה תורתכה וכליותי פתחתה ותחזק עלי לרדוף אחרי דרכי

7. [אמת ].כה ותשם פי כחרב חדה ולשוני פתחתה לדברי קודש ותשם

8. [ ] מוסר בל יהגו בפעולות אדם בשחת שפתיו רגלי חזקתה

9. [ ]ה ובידכה החזקתה בימים ותשלחני ב.]

10. [ ].נ[ע]רתה ממני ותשם לב טהור תחתיו יצר רע נע[רתה]

## Fragment 2 Spalte 1

1. ברכי נפשי את אדוני {מ} על כול נפלאותיו עד עולם וברוך שמו כי
   הציל נפש אביון ואת

2. עני לא בזא ולא שכח צרת דלים פקח עיניו אל דל ושועת יתומים שמע
   ויט אוזניו אל *vacat*

3. [ש]ע<ק>תם ברוב רחמיו חנן ענוים ויפקח עיניהם לראות את דרכיו
   וא[וזניה]ם לשומע

4. למדו וימול עורלות לבם ויצילם למען חסדו ויכן לדרך רגלם בר[ו]ב
   צרתם לא עזבם

5. וביד עריצים לא נתנם ועם רשעים לא שפטם ועברתו לא ה[חרה]
   עליהם ולא כלם

6. בחרתו ולא יעף כל חרתי חמתו ובאש קנאת לא שפטם    *vacat*

7. שפטם ברוב רחמו משפטי עינו למען בוחנם והרבה רחמ[ו ]
   הביאם כנוים [מיד]

8. אדם הציל שפעת נוים לא שפט[ם] ובתוך לאומים ל[א הפיצם]
   ויסתירם ב[צל כנפיו]

9. ויתן לפניהם מחשכים לאור ומעקשים למישור ויגל להם עתרות שלום ואמת [ויעש]

10. במדה רוחם מליהם במשקל תכן וישרם כחלילים ולב [שמחה]
    יתן להם וילכו בד[רך לבו]

11. בדרך לבו וילכו כי [ה]ו[א הגישם כי  ע..ו את רוחם שליו ויקם
    תעו[רדה    ]ל נגע צוה לבל[    ]

12. *vacat*    וי[תן מלאכו סביב בנ]י ישרא[ל] פן ישחיתם [בארץ]

13. איביהם [  ][ח[   ][ש] עברתו להב[י]א עליהם ]את חרונו [ים בהם זו] [

14. שנא ] [ל]ל     [ב כבודו ל[   [

## Fragment 2 Spalte 2

1. ברעה[   ][מו]    [ל צרה ה]  [.]ך[

2. עשיתה[ם   ] להם נגד [ב]ני אדם ותצילם למענך [

3. ויקשו את עונם ואת עון אבותם ויכפרו במ[

4. משפטים ולדרך אשר הי..[

5. עוד כי א[ ]   [.ורתם כ]

243

## Fragment 3

1. [   ]  [כה.]  [ ].ה להנחם על אבלה ענוה ה:]

2. חרש ]  נוים [יש]חת ולאומים יכרית ורשעים ]

3. א[מחם  א[מחם  מעשי שמים וארץ ויניעו וכבודו מלוא|

4. לאכול ]  יכפר ירב {מ} טוב תנחמם טוב הש|

5. *vacat*  פריה וטובה

6. כחתן] על כלה עליה  כאיש אשר אמו תנחמנו כן ינחמם בירושל[ם

7. [ ]וכל נוים  [א כסאו לעולם ועד וכבודו ]  [ ]לם ושם [ ]

8. [ ]צם חמדה  [ ].ים  צד[.]  [ לו והיה ] [.. צד|  [ ]

9. [ אברכה את  [ עד תפאר[ת  [ ]

10. [   ]שם. [ ברוך שם עליו]ן  [ *vacat*

11. [ חסדך עלו  [..ר.].  [ ]

12. [ לתורה הכינותה  [ ]

13. [ ספר חוקיך  [ ]

## ÜBERSETZUNG

**Fragment 1** (1) Verständnis, das entmutigte Herz zu stärken und über den Geist in ihm zu triumphieren, die Geknechteten zu trösten in der Zeit ihres Kummers, und was die Hände der Gefalle[nen] angeht, (2) sie hochzuhalten, so daß sie Gefäße der Erkenntnis machen können, um den Weisen Erkenntnis zu geben, um das Lernen der Aufrichtigen zu mehren, um Deine Wunder zu verstehen, (3) die Du in frühen Jahren gewirkt hast, in vorangegangenen Geschlechtern, die Ewige Einsicht, die (4) Du [eingerichtet hast], bevor Du mich (bestellt hast). Und Du hast Dein Gesetz *(Thora)* vor mir gehalten, und Deinen Bund hast Du vor mir bestätigt und hast (ihn) über [meinem] Herzen festgemacht. (5) ... auf Deinen Wegen zu gehen. Du hast meinem Herzen befohlen und mein Gewissen gelehrt, Deine Gesetze nicht zu vergessen. (6) ... Du hast ... Dein Gesetz *(Thora)* und geöffnet mein Gewissen und mich bestärkt, den Wegen der (7) [Wahrheit zu folgen ...] Dein ... Du hast meinen Mund zu einem scharfen Schwert gemacht und meine Zunge geöffnet für Worte der Heiligkeit. Du hast gegeben (8) ... Anweisung. Laß sie nicht über das Tun der Menschen nachdenken, deren Lippen in der Hölle sind. Du stärktest meine Beine (9) ... Und durch Deine Hand hast du (mich) mit Tagen gestärkt. Du sandtest mich in ... (10) ... (ein Herz von Stein?) [na]hmst Du weg von mir und setztest ein reines Herz an seine Stelle und na[hmst] böse Absicht weg

**Fragment 2, Spalte 1** (1) Segne den Herrn, meine Seele, für alle Seine Wunder für immer. Gesegnet sei Sein Name, denn Er hat die Seele des Armen *(Ebjon)* gerettet. (2) Er hat den Sanftmütigen *('Ani)* nicht verachtet, noch hat Er die Verzweiflung des Geknechteten *(Dal)* vergessen. (Im Gegenteil), Er öffnete Seine Augen für den Geknechteten, und auf das Rufen der Waisen hörte Er und neigte Seine Ohren (3) zu ihrem Schreien. In Seiner großen

Barmherzigkeit tröstete Er die Sanftmütigen und öffnete ihre Augen, Seine Wege zu sehen, und ih[re Ohr]en, Seine Lehre zu hören. (4) Und Er beschnitt die Vorhaut ihrer Herzen und rettete sie aufgrund Seiner Gnade, und Er lenkte ihren Fuß auf den Weg. Er verließ sie nicht in ihrer gr[oß]en Verzweiflung, noch (5) gab Er sie in die Hände der Gewalttätigen, noch verurteilte Er sie mit den Gottlosen, noch sc[hürte] Er Seine Wut gegen sie, noch vernichtete Er sie (6) in Seinem Zorn, doch die Glut Seines brennenden Zornes ging nicht völlig zurück. Aber Er verurteilte sie nicht in feurigem Eifer, (7) (vielmehr) verurteilte Er sie in dem Reichtum Seiner Barmherzigkeit. Die Urteile Seines Auges dienten dazu, sie zu prüfen. In der Größe [Seiner] Barmherzigkeit brachte Er sie (von) unter den Völkern; [aus der Hand der] (8) Menschen rettete Er sie. Er urteilte [sie] nicht in der Menge der Völker, no[ch zerstreute Er sie] unter die Nationen. (Vielmehr) verbarg Er sie im [Schatten Seiner Flügel] (9) und machte das Dunkle hell vor ihnen und das Krumme gerade, und Er offenbarte Seinen großen Frieden und Seine große Wahrheit. [Er machte] (10) ihren Geist nach Maß und wog ihre Worte nach Gewicht, so daß sie wie Flöten sangen. Er gab ihnen ein [frohes] Herz, und sie wandelten auf dem W[eg Seines Herzens]. (11) Aber auch auf dem Weg Seines Herzens leitete [E]r sie, denn sie ... ihren Geist zur Ruhe, und errichtete ein Zeug[nis] ... Er befahl eine Plage für ... (12) [Und Er set]zte Seinen Engel um die Söh[ne Isra]els aus Furcht, daß sie vernichtet würden [in dem Land] (13) ihrer Feinde ... Seine Wut, Seinen Zorn [auf sie] zu bri[ngen] ... (14) Er haßte ... Seine Herrlichkeit zu ...

**Fragment 2, Spalte 2** (1) in Bosheit ... Bedrängnis ... (2) ih[re] Werke ... für sie gegenüber den [Sö]hnen der Menschen, und Du rettetest sie um Deinetwillen ... (3) und sie verschlimmerten ihre Missetat und die Missetat ihrer Väter, aber sie leisteten Sühne in ... (4) Urteile, und zu dem Weg, der ... (5) wieder, weil ... ihre ... in ...

**Fragment 3** (1) ... Dein ... getröstet zu werden im Blick auf ihr Trauern; ihre Not ... Er ... (2) Völker [wird Er verni]chten und Nationen abtrennen, und die Gottlosen ... Er bereitete (3) die Werke des Himmels und der Erde, und sie trafen sich, und Seine Herrlichkeit füllte ... ihre [Wa]hrheit (4) wird Sühne leisten. Gutes wird sich vermehren, und das Gute des ... wird sie trösten ... zu essen (5) Seine Früchte und Sein Gutes. (6) Wie ein Mann von seiner Mutter getröstet wird, so wird Er Jerusale[m] trösten ... [wie ein Bräutigam] über der Braut, über ihr (7) ... und Er wird setzen ... Er wird Seinen Thron für immer und immer (erheben). Und Seine Herrlichkeit ... und alle Völker (8) ... und da wird sein ... Begehren (9) ... für immer der Glan[z von ...] ich werde segnen (10) [den Namen ...] gesegnet sei der Name des Allerhöchst[en ...] (11) ... Deine Frömmigkeit (der »Gnade«) über ihm (12) ... um der *Thora* willen, die Du aufgerichtet hast (13) ... das Buch Deiner Gesetze ...

## 44. Die Kinder des Heils *(Jeschaʿ)*
## und das Geheimnis der Existenz (4Q416, 418)   (Tafel 22)

Sofern es gerechtfertigt ist, alle diese Fragmente zu einem Ganzen zusam-
menzufügen, ist das vor uns liegende Werk das längste im bisher unveröffentlichten Korpus. Genaugenommen hat dieses Werk den Charakter einer
Ermahnung und gehörte somit in Kapitel 5; aufgrund seines eschatologischen
Zuges, seiner Mystik, seiner starken Betonung der Geheimnisse Gottes und
der Parallelen mit den vorigen Werken und Hymnen aus Höhle 1 haben wir
beschlossen, es in dieses Kapitel aufzunehmen.

Wiederum begegnen uns Schlüsselbegriffe wie »Erkenntnis«, »Güte«,
»Treue«, »die Herrlichkeit Seiner Heiligen«, »Gott der Wahrheit«, »Gerechtigkeit«, »Werke«, »Urteil«, »Herr des Bösen«, »Lüge«, »Untreue« usw. Wie
bei den »Wagen der Herrlichkeit«, ein Text, der dem vorliegenden sehr ähnelt,
haben wir die verschiedenen Fragmente ausgesondert und ihnen Untertitel
gegeben, die wir aus den interessantesten und schönsten Anspielungen abgeleitet haben. Wie zuvor bei den »Hymnen der Armen« können die Reihenfolge und die Einheit der Fragmente in Frage gestellt werden; die Überlappungen der Handschriften bestätigen jedoch meist die von uns vorgeschla-
gene Reihenfolge der Fragmente.

Einige der auffälligsten Metaphern zentrieren sich um den Begriff
»Quelle«, dem wir bereits begegnet sind: die »Ewige Quelle«, die »Quelle
lebendigen Wassers« und »Ewige Geheimnisse«, die »dunklen Geheimnisse« – sogar »das Geheimnis der Existenz« oder »das Geheimnis des Seins«.
Man kann nicht bestreiten, daß einige der Ausdrücke hier ebenfalls in jüdischen Texten der mittelalterlichen Mystik verwendet werden. Die berühmte
philosophische Abhandlung des gefeierten Avicebron (der schon erwähnte
jüdische Mystiker und Poet ibn Gabirol aus dem 11. Jahrhundert) trägt, wie
erwähnt, den Titel *Fons Vitae (Quelle des Lebens)*. Seine Gedichte quellen von
dieser Art Metaphorik über; das berühmteste von ihnen, *Die Krone des Königreiches*, spricht wiederholt von »Engeln«, dem »Thron«, »Geheimnissen«,
»Mysterien«, »mächtigen Wundern«, »Schatzkammern«, »Gerechtigkeit«,
dem »Königreich« usw. »Das Geheimnis der Existenz« hat ebenfalls inhaltliche Querverbindungen zu der quasi-magischen Abhandlung der ersten nachchristlichen Jahrhunderte, der *Sefer ha-Razim (Buch der Geheimnisse)*, obgleich
sein Vokabular weniger magisch ist.

Wir begegnen außerdem dem zentralen Begriff »Ewige Pflanzung« (1,13),
der in entscheidenden Passagen der Damaskus-Schrift ebenso wiederkehrt wie
in der Gemeinderegel und den Hymnen. In diesem Zusammenhang sollte
man auch die Schlüsselanspielung in CD I,7 auf »die Wurzel der Pflanzung
aus Israel und Aaron« berücksichtigen. In 1QH VI,15 und VIII,6–10 wird
diese Wendung dann mit der Metaphorik von »Zweig« und »Quelle« und in

1QS XI mit weiteren Bildern wie »Quelle der Gerechtigkeit«, »Vollkommenheit des Weges«, »Rechtfertigung« und mit dem Rat der Gemeinde verknüpft, der sich den »Söhnen des Himmels« als ein »heiliges Gebäude« anschließt. Augenfällig ist diese Metapher »Gebäude« oder »Haus« in 1. Kor. 3,6–17, wo sie Paulus verwendet, um sich als »Baumeister« zu charakterisieren, während seine Gemeinde das »Gebäude« Gottes darstellt. Dabei benutzt er auch die Terminologie vom »Pflanzen« und vom »Haushalt«.

In Zeile 2 von Fragment 1 des vorliegenden Textes (wie wir ihn rekonstruiert haben) wird der Angesprochene aufgefordert – wie in der Gemeinderegel und der Damaskus-Schrift auch –, »sich selbst fernzuhalten«. Er wird außerdem mit einer »Quelle« oder einer »Ewigen Quelle« verglichen (1,1). Und Paulus' vergeistigte Metapher »Tempel«, von der Gemeinderegel (wie schon bemerkt) auf den Rat der Gemeinde angewendet, wird in 1,4 auf den Hörer als den »Allerheiligsten« bezogen. Dem Angesprochenen wird hier, wie es scheint, auch die Macht der Fürsprache verliehen: »Er hat dir Vollmacht gegeben« (1,15) sowie »Er hat dir Vollmacht über das Erbe der Herrlichkeit gegeben« (10,13).

Vielleicht am interessantesten ist, wie unmittelbar nach der Forderung in Zeile 8, Gott zu lieben, von Gott die »ewigwährende Gnade/Frömmigkeit« (»Hesed«) auf alle, »die Sein Wort halten«, herabgerufen wird (1,8). Wir haben dieses Gebot der »Frömmigkeit« – Gott zu lieben – an anderer Stelle mit dem ersten der beiden klassischen Liebesgebote identifiziert. Vor diesem Hintergrund sollte man auch Jak. 1,12 sehen, wo »die Krone des Lebens« denjenigen verheißen wird, »die Ihn (Gott) lieben«. Kurz darauf folgt in 2,8 die Aufforderung zur Gerechtigkeit: »Du sollst deinen Nächsten lieben wie dich selbst.« Auch die Wendung »die Sein Wort halten« sollte uns inzwischen geläufig sein. Dieses Thema des »Haltens« ist, wie wir gesehen haben, ein Schwerpunkt in den beiden ersten Kapiteln des Jakobus-Briefes, in denen sich viele sprachliche Parallelen zum vorliegenden Text, aber auch zur Gemeinderegel finden, wo die »Söhne Zadoks« als »Bewahrer des Bundes« näher bestimmt werden. Man findet weitere Parallelen in den »Hymnen der Armen« (s. o.), die mit dem Begriff »Nazoräer« oder »Nazarener« in Verbindung gebracht werden.

Das Bild der »Quelle« wird bis in Fragment 2 beibehalten, und nach dem Hinweis auf »die Gerechten« in Fragment 3 entfaltet Fragment 4 eine herrliche Schilderung des Letzten Gerichts. Die Metaphorik des »Lichtes« und des »Wandelns im Ewigen Licht« zur Beschreibung derer, »die die Wahrheit suchen« – hier auch »Erwählte der Wahrheit« genannt (vgl. die »Söhne Zadoks« in der Damaskus-Schrift) –, ist die schönste, die wir in dem Text »Die Fundamente des Universums schreien Urteil hinaus« finden. Dieser eindrucksvollen Anspielung folgt ein Hinweis auf das »Geheimnis der Säulen«. Dieses Bild erinnert nicht nur an die Charakterisierung des *»Zaddik«* in

*Zohar* 59 b über Noah als »das Fundament des Universums«, sondern auch an die drei »Säulen« Jakobus, Kephas und Johannes, auf die sich Paulus in Gal. 2,9 bezieht. Sie stehen im Zusammenhang mit den Worten *»Sod«/»Jesod«* (»Geheimnisse«/»Fundamente«), deren sich auch ibn Gabirols Gedicht *Die Krone des Königreiches* (Zeilen 14, 112, 164 und 170) aus dem 11. Jahrhundert bedient. Diese Sprache läßt sich durch das gesamte Qumran-Korpus hindurch verfolgen.

In den späteren Fragmenten werden viele dieser Themen wiederaufgegriffen, und der Text wendet sich nun dem Verstehen »aller Geheimnisse« zu, besonders dem »Geheimnis des Seins« oder dem »Geheimnis der Existenz«. Bemerkenswerterweise war die Erforschung solcher »letzten Dinge«, mindestens theoretisch gesehen, im talmudischen Judentum verboten. Hier treffen wir nicht nur auf Termini wie »Waage der Gerechtigkeit«, »Lügen«, »verschlingen« und »Wege«, sondern in Fragment 7 erscheint auch die allgegenwärtige Redeweise von *»ʿamal«* (»Leiden«/»Leidenswerke«). Diesen Ausdruck findet man auch, wie wir gesehen haben, in Jes. 53, und der Habakuk-Kommentar beschreibt mit seiner Hilfe, wie jemand »gerettet« wird.

In Fragment 9 erscheint eine äußerst überraschende Anspielung auf »gerecht sein« und »Werke«, nämlich der Ausdruck *»Jeschaʿ«* (»Rettung«). Sie erscheint zunächst in der Phrase *»Jeschaʿ maʿasav«* (»das Heil Seiner Werke«) in Zeile 8 im Zusammenhang mit der Aufforderung »Nimm nicht das Gesetz Gottes weg aus deinem Herzen« (man beachte hier wiederum den allgegenwärtigen Gebrauch von »Herz«). In Zeile 10 begegnet man erneut dem Terminus *»ʿamal«* – diesmal als Verbform –, gefolgt von der Konstruktion »Kinder des Heils« *(»Jeschaʿ«)*. Der Text fährt dann mit »Herrlichkeit erben« und »ewiger Freude« fort.

Der Gebrauch des Nomens *»Jeschaʿ«* oder *»Jeschuʿato«* (»Seine Rettung«) ist in Qumran weit verbreitet und wird häufig unterbewertet. Ausdrücke wie diese findet man in der Damaskus-Schrift an zwei herausragenden Stellen: in VIII,43 in bezug auf »die, die Gott fürchten« – »bis Gott denen Gerechtigkeit und Heil offenbart, die Seinen Namen fürchten« –, und in VIII,57 im Hinblick auf »nicht zurückweisen die Gesetze der Gerechtigkeit«, »der Stimme des Lehrers der Gerechtigkeit lauschen« und »vergeben werden« – »und sie werden Sein Heil *sehen*« (Hervorhebung von uns). Das Verb »sehen« ist in diesem Zusammenhang von höchster Wichtigkeit. Diese Begriffe tauchen ebenfalls in Abschnitten der Kriegsrolle (XIII, XIV und XVIII) und in einem anderen messianischen Text auf, der dem Abschnitt über die »Pflanzung« in den Qumran-Texten (VII,19) vorausgeht.

Der Leser meint vielleicht, daß ein derartiges Denkmodell für die Menschen des Altertums neu war; immerhin hatte es in die Götterlehre der Griechen keinen Eingang gefunden. Die Personifizierung dieses Denkmodells in der Darstellung der messianischen Ereignisse im 1. Jahrhundert Palästinas durch die

Evangelien erscheint in diesem Licht als eine höchst revolutionäre Entwicklung, deren Einfluß auf die Menschheit bis heute nicht nachgelassen hat.

In Fragment 9,2/10,1 wird das »Halten« mit den »Geheimnissen« verknüpft und an die Forderung gebunden, »die Gesetze nicht zu verlassen« (8). Das Thema »Geheimnisse« wird bis zum Ende durchgehalten und kulminiert im »Geheimnis der Existenz«. Diese Metapher steht inmitten von Anspielungen auf »rechtfertigen durch Sein Urteil« – diese Wendung findet sich durchweg in Qumran – sowie auf »Eifer«; weiterhin tritt eine neue Formulierung, »Armut«, auf – offensichtlich als Variante von »arm« im Gegensatz zu »Reichtum« –, in deren Zusammenhang wiederum die Metapher »verschlingen« gebraucht wird (10,9). Der Ausdruck *Ebjon*, »der Arme«, in verschiedenen Zusammenhängen verwendet, stellt eine Verbindung zu dem vorangegangenen Werk her und führt zur abschließenden Botschaft: »in Gerechtigkeit wandeln«, sich »niederlegen mit Wahrheit« und »Ewiges Glück erben«.

## TRANSLITERATION
### Die Ewige Pflanzung                                      Fragment 1

1. שפתיכה פתח מקור לברך קדושים ואתה כמקור עולם הלל [כי] הבדילכה מכול
2. רוח בשר ואתה הבדל מכול אשר שנא והנזר מכול תעבות [ . ] הוא עשה כול
3. וֹיורישם איש נחלתו והוא חלקכה ונחלתכה בתוך בני אדם [      ].
        המשילכה ואתה
4. בזה כבדהו בהתקדשכה לו כאשר שמכה לקדוש קודש[י]ם [.]ל בכול [
5. הפיל גורלכה וכבודכה הרבה מאדה וישימכה לו בכור ב[           [
6. וטובתי לכה אתך ואתה [ל{ הלוא לכה טובתו ובאמונתו הלך תמיד [ בכול]
7. מעשיכה ואתה דרוש משפטיו מיד כול ורוב.. ¡              [
8. אהבהו ובחסד עולם וברחמים על כול שומרי דברו וק[         [
9. ואתה שכל [פ]תח לכה ובאוצרו המשילכה ואיפת אמת פ<ו>קד[     [
10. אתכה המה ובידכה להשיב אף מאנשי רצון ולפקוד[            [
11. עמכה בטרם תקח נחלתכה מידי כבד קדושיו ובט[ם]רם          [
12. פתח [    ]שים וכול הנקרא לשם<ה> קודשו [            [
13. עם כול ק[צים הדר]י פארתו למטעת עו[לם            [
14. [ה תב] [   ] יתהלכו כול נוחלי ארץ כי בשמ[           [
15. ואתה מבין אם בחכמת ידים המשילכה ודע[ו]תכה          [
16. אוט לכול הולכי אדם ומשם חפקוד טרפכה ה[           [
17. התבונן מודה ומיד כול משכילכה הוסף לקח [            [
18. הוצא מחסורכה לכול דורשי חפץ ואז תבין [             [
19. תמלא ושבעתה ברוב טוב ומחכמת ידיכה [            [
20. כי אל פלג נחלת[ כו]ל[ ] חי[ ] וכול חכמי לב השכילו [       [

### Die Quelle lebendigen Wassers                       Fragment 2

1. [        ] אכרים עד כול [           [
2. [      ]ש הבא בטנאיכה ובאסמיכה כול [          [

3. ] ושוה עת בעת דורשם ואל תדם [ [
4. ]ש כולם ידרשו לעתם ואיש כפי חכ[מה [
5. ] כמקור מים חיים אשר הכול אנשי[ם [
6. ]למה והיה כלאים [כ]פרד והייתה כלוב[ש שעטנז [
7. ] בשור וב[ ] ונם תבואתכה ת[ [
8. ]ח[ ]ו[ק.] ] הונכה עם בשרכה [ [

## Alle Zeitalter der Ewigkeit                          Fragment 3

1. ] [ט על [ ]עה כול [ [
2. ] יחדו [ ]עו כול אשר ח[ [
3. ] ותהום פחדו וית[ [
4. ]ו וכול עולה תתם עד ושלם [ [
5. ] [ בכול קצי עד כיא אל אמת הוא]ה [
6. ]ל להבין צדיק בין טוב לרע [ [
7. ] כי]א יצר בשר הואה ומבינים [ [
8. ] ]ל[ ]ל[ א [

## Die Fundamente des Universums schreien Urteil hinaus    Fragment 4

1. ] נ[פחכה [
2. ] ותשכיל [ ] מות עם [ [
3. ] ]דתם הלוא באמת יתהלכו [
4. ] ]הם ובדעה כול נליהם    *vacat*    ועתה אוילי לב כי מה טוב ללוא [
5. ] ומה] השפט ללוא הוה ומה משפט ללוא נוסד ומה יאנחו מתים על כ[ ] ..[ ] [
6. ] אתם [ ]ל נוצרתם ולשחת עולם תשובתכם כי חלך [ ] .אכמ] [
7. מחשכים יצרחו על רובכם וכול נהיה דורשי אמת ועידי]ם] למשפטכ]ם [
8. ישמדרו כול אוילי לב ובני עולה לוא ימצאו עוד [וכ]ל מחפישי רשעה יבש]ו [
9. במשפטכם ירועו מסודי הרקיע וירעמו כול צ[ ]ל[ ] כו]ל אהבי] [
10. *vacat* והייתם בחירי אמת ורודפי [בינה ב]מש[פט בינה ב]   שוקר]י [ [
11. על כול דעה איכה תאמרו יגענו בבינה ישקדנו לרדוף דעת ל[ ] בכול מ] [
12. ול<ו>א עיף בכול {נ}שני עולם הלוא באמת ישעשע לעד ודעה [ ] [
    תשרתנו ו]כול מלאכי[
13. שמים אשר חיים עולם נחלתם האמור יאמרו יגענו בפעלות אמת ויעפ]נו [
14. בכול קצים הלוא באור עולם יתה]לכו [עוד ורוב הדר אתם [ [
15. ברקיעי [ ] סוד אילים כול [ ] *vacat* [ ואתה ב] [

## Ewige Herrlichkeit                                    Fragment 5

1. ] לו]א ישבות אחד מכול צבאם ה] [
2. ] באמת מיד כול אוט אנשים א] [
3. ] [ב א.] [ ] אמת ומשקל צדק תכן אל כול [ [
4. ]פ]רשם באמת הוא שמם ולחפציהם ידרש [ [
5. וסתר כול תם לוא נהיו בלוא רצונו ומה.] [
6. משפט להשיב נחם לבעלי און ופקודת [ [

250

7.   ולסגור בעד רשעים ולהרים ראוש דלים [                    [

8.   בכבוד עולם ושלום עד ורוח חיים להבדי]ל                [

9.   כול בני חוה ובכוח אל ורוב כבודו עם ט]ו[בו [          [

10.  ובאמונתו ישוחו כול הי]ו[ם תמיד והללו שמו ו[          ]

11.  vacat  ואתה באמת התהלך עם כול [דור]שי [              [

12.  ובידכה אוט}ה{]ו ומטנאכה ידרוש חפצו ואתהם [          [

13.  ואם לוא ת]ס{שיא ידו למחסורכה ומחסור אוטו [          [

14.  ]דו ואל ישים מחפצ]ו[ כי אל י[              [          [

15.  ]ידכה למותר יפרץ מקניכ]ה                [          [

16.  ]עולם ... ל[                              [          [

## Die Waage der Gerechtigkeit                    Fragment 6

1.   [    ] מקורכה ומחסורכה לוא תמצא ודאבה נפשכה מכול טוב למות [

2.   ]ז[עפה כול היום ואותה נפשכה כי תבוא בפתחיה וקבר{ת[ן וכס[ית

3.   [    ]נ[    ]יכה והייתה למאכל שן ולחומי רשף נגד מי]

4.   ]דו[רשי חפץ הונותה בהלוכה    ונם אתה ת[

5.   ]ב לכה כי אל עשה חפצי אוט ויחכנם באמת [

6.   ]ל[    כ]י במוזני צדק שקל כול תכונם ובאמת [

7.   [    ].[    ]ם ו[ל ]                              [

## Die Engel der Heiligkeit Gottes               Fragment 7

1.   [                    ].. .[                  ]

2.   [              ]    vacat    [              ]

3.   [        ]  בעמל נכרה דרכיה    תרגיע [        ]

4.   ושקר יהיה בלב בני [אדם    ]יבטוח בכול דרכיני    vacat [

5.   דעה ולא שחרו בי]נה ודעת ל[א בחרו  vacat  הלוא אל [יתן ד]עות [

6.   על אמת להבין כול[ ]רזים    ובי]נה הוא פלג לנוחלי אמת [

7.   [        ] שקר בא[מת    כול מ]עש[יו [ הלוא שלום והשקט]

8.   [הלוא יד]עתם אם לא שמעתמה כיא מלאכי קודש [א]ל בשמים [

9.   [        ] אמת וירדפו אחר כול שורשי בינה וישקדו על [

10.  לפי] דעתם יכבדו איש מרעהו ולפי שכלו ירבה הדרו [

11.  [        ] כי אנוש הם כי יעצל ובן אדם כי ידמה הלוא [

12.  [    ]ד והם אחזת עולם ינחלו הלוא ראיתם [

## Das Geheimnis der Existenz                    Fragment 8

1.   [    ].[ אל הנוראים תשכיל ראש .[

2.   [    בימי] קדם למה נהיה ומה נהיה במ]

3.   [    ] למה היו {א[ ו][ ]ל [    ] נהיה במ.[

4.   [    יומם ו]לילה הנה ברז נהיה [

5.   [    כו]ל דרכיהמה עם פקודים [

6.   [    ] אל הדעות סוד אמת [

251

7.  צרה וממשל[ת ]ל[ל] [                    ]

8.  ל[ה]תהלך ביצר מ[בינתו                    ]

9.  הלכו ]                    ]

<br>

## Das Heil (*Jescha'*) Seiner Werke        Fragment 9 Spalte 1

1.  ]ל עת פן ישמעכה וכד חי דבר בו פן י[                    [

2.  בלוא הוכח הכשר עבור לו והנק[}שר ]                    [

3.  וגם את רוחו לא תבלע כיא בדממה ...ות[                    [

4.  ו[ה]תוכחתו ספר מהר ואל תכבוד על פשעיכה ]                    [

5.  יצדק כמוכה כיא הואה {כיא הואה} שר ב[                    [

6.  יעשה כיא מה הואה יח<י>ד ובכול מעשה בלתי ]                    [

7.  *vacat* ואיש עול אל תחשוב עזר וגם אין שנוא ]                    [

8.  [ו]ישע מעשיו עם פקדתו ודע במה תתהלך עמו ]   תורת אל [                    [

9.  אל תמוש מלככה ואל לכה לבדכה תרחב ]                    [

10. כיא מה צעיר מרש ואל תשמ<ח> באבלכה פן תעמל בחיכה ]                    [

11. נהיה וקח מילדי ישע ודע מי נוחל כבוד ועליו לוא ]                    [

12. ולאבליהמה שמחת עולם [ו]היה בעל ריב לחפצכה ואי[ן                    [

13. לכול נערות<כ>ה דב[ר   ] משפטיכה כמושל צדיק אל תק[                    [

14. ואל תעבור על [פש]עיכה [ו]היה פא[ר ]... ב[   ] משפט ]                    [

15. י[ק]ח ואז יראה אל ושב אפו וערד על חטאות[כה ] לפי ]                    [

16. לוא יעמוד כול ימו וצדק במשפטו ובלי סליחה ]   [כה ]                    [

17. אביון ואתה אם תחסר טרף מחסוריכה ומותריכה ]                    [

18. תותיר הובל למחיר חפצו ונחלתיכה קח[ מ]מנו ואל תוסף ע[ליו                    [

19. ואם תחסר לוא מ[ ]ל[   ] הון מחסריכה כי לוא יחסר אוצר[ו ועל]                    [

20. פיהו יהיה כול ואת אשר יטריפכה אכ[ו]ל ואל תוסף ל[                    [

21. ]   [ חייכה [   ] אם הון אנש[ים   ] תלוה למחסורכה אל [                    [

22. יומם ולילה ואל מנוח לנפשכה ]   [ השיבכה ל[   ] אל חכזב                    [

23. לו למה תשה עון וגם מחרפה ל[                    ]יד לרעהו

24. ובמחסורכה יקפץ ידו כחכמ[ה                    [

25. ואם נגע יפנשכה וא.]                    [

26. ]   [ג. ינלה ח[   ]ה ]                    [

27. לוא יכפר בשב[                    [

28. ע[ו]ד ] וגם ]                    [

<br>

## Der Heilige Geist        Fragment 9 Spalte 2 und Fragment 10 Spalte 1

1.  פתח רחמיו ]   ]א כל מחסורי אוטו ולתת טרף

2.  לכל חי ואין ]   אם י[ק]פוץ ידו ונאספה ר[וח כול]

3.  בשר אל תכ[   ]ול בה ו[ב]הרפ[ת]ו תכסה פניכה ובאיל[<ה>

4.  מאסור כמה ]   יצא[   ונושה בו ] יתן] מהר שלם ואתה תשוה בו כי כיס

5.  צפנ<י><כה לנושה בך<ה> בעד רעיכה ות..ה כל חייכה בו מהר תן אשר

6.  לו יקח כיסכה ובדברייכה אל תמעט רוחכה בכל הון אל תמר רוח ק[ו]דשכה

7. כיא אין מחיר שוה [בנפשכה        מו]של אוטכה ברצון שחר פניו וכלשונו

8. [דבר בו] ואז תמצא חפצכה [        לו וחוקיכה אל תרף וברזיכה השמר

9. [        ]ה אם עבודתו יפקוד לכה [        ל] תנומה לעיניכה עד עשותכה

10. [תכלה        א]ל תוסף ואם רש לה]        ו אל תותר לו אף הון בלי

11. [        ]עינ[כ]ה יראה כי רבה קנאת

12. [        ]ם [        ]ם ברצונו תחזוק עבודתו וחכמת אוטו

13. [        ] תועצנו והייתה לו לבן בכור וחמל עליכה כאיש על יחידו

14. כי אתה [        רו ]        א]תה אל תבטח למה .... ואל תשקוד ממדהבכה

15. [ולילה] דמה לו לע[מו]ל ונם אל תשפל נפשכה [ל]אשר לא ישוה בכה ואז תהי[ה]

16. לו [        ]        ל] לאשר אין כוחכה אל תגע פן תכשל וחרפתכה רבה מאוד

17. [        ]ה נפשכה בהון טוב היותכה עבד ברוח וחנם תעבוד נונשיכה ובמחיר

18. אל תמכור כבודכה ואל תערבהו בנחלתכה פן יורש נויתכה אל תשביע אל תשביע להם

19. [        ] ואין כסות אל תשת יין ואין אכל אל תדרוש תענג ואתה

20. [        ] חסר לחם אל תתכבד במחסורכה ואתה ריש [.

21. אל] תבוז לחייכה וגם אל תקל כלי [        ח]ו]וקכה

<br>

## Das Geheimnis der Existenz und die Wege der Wahrheit

### Fragment 10 Spalte 2

1. [        ]
2. [        ]
3. וזכור כי ראש אתה [        ] מחסורכה

4. ל<ו>א תמצא ובמעלכה ת..]        י]ם פוקד לכה

5. אל תשלח ידכה בו פן תכוה [        ו]באשו תבער נויתכה כ]        ]תי כן השיכהו

6. ושמחה לכה אם תנקה ממנו ונם מכל איש אשר לוא ידעתם אל תקח הון

7. פן יוסיף על רישכה ואם שמו בראיש[כ]ה למות הפקידהו ורוחכה אל תחבל

8. בו ואז תשכב עם האמת ובמותכה יפר[ש] לה[ם] זכיכה ואחריתכה תנחל

9. שמחה [עד כי] אביון אתה אל תתאו זולת נחלתכה ואל תתבלע בה פן תסוב

10. [מ]עליה ואם ישיבכה לכבודכה התהלך בה וברז נהיה דרוש מילדיו ואז תדע

11. נחלתו ובצדק תתהלך כי י..ה אל ת..הו בכל דרכיכה למכבדיכה תן הדר

12. ושמו הלל תמיד כי מראש הרים רא<ו>שכה ועם נדיבים הושיבכה ובנחלת

13. כבוד המשילכה רצונו שחר תמיד אביון אתה אל תאמ[ר] רש אני ול[א

14. אדרוש דעת בכל מוסר הבא שכמכה ובכ]ל חכמ[ה צרוף לבכה וברוב בינת

15. מחשבותיכה רז נהיה דרוש והתבונן בכל דרכי אמת וכל שורשי עולה

16. תבים ואז תדע מה מר לאיש ומה מתוק לנבר כביד אביכה ברישכה

17. ואמיכה במצעדיכה כי כאב לאיש כן אבריהו ואאדנים לנבר כן אמו כי

18. המה כיד הורוכה וכאשר המשילמה בכה ויצו על הרוח כן עובדם וכאשר

19. נלה אוזנכה ברז נהיה כבדם למען כבודכה וכ[אשר        ] הדר פניהמה

20. למען חייכה וארוך ימיכ{י}ה ואם רש אתה כשה[ן        ]

21. בלוא חוק *vacat* אשה לקחתה ברושכה קח מילדו[ת        ]

22. מרז נהיה בהתחברכה יחד התהלך עם עזר בשרכה [        ]

## Die Ewige Pflanzung

Fragment 1 (1) Öffne deine Lippen (als) eine Quelle, um die Heiligen zu segnen. O du, bringe hervor Lob als eine Ewige Quelle, [denn] Er hat dich von allem (2) körperlichen Geist getrennt. O du, halte dich fern von allem, was Er haßt, und halte dich fern von jedem Greuel ... Er machte alles (Fleisch) (3) und veranlaßte jeden Menschen, seinen Teil zu ererben. Er trennte dich – und deinen Teil – unter den Söhnen Adams ... Er gab dir Vollmacht. O du, (4) dies war, wie Er es verherrlichte, als du dich heiligtest für Ihn, als Er dich zu einem Allerheiligs[ten] machte ... für alles ... (5) Er beschloß dein Schicksal und vergrößerte deine Herrlichkeit bei weitem und machte dich zu einem Erstgeborenen für Ihn selbst unter ... (6) »und Ich will dir Meine Güte geben«. O du, ist nicht Seine Güte die deine? So wandle immer in Seiner Treue [in allen] (7) deinen Werken. O du, suche Seine Urteile aus jeder Hand und den Reichtum ... (8) liebe Ihn, denn mit ewigwährender Gnade/Frömmigkeit *(Hesed)* und Barmherzigkeit über alle, die Sein Wort halten, und ... (9) O du, Er hat Einsicht für dich [er]öffnet und dir Vollmacht über Seine Schatzkammer gegeben, und den genauen Wert für ein Maß *(epha)* hat Er bestimmt ... (10) sie ... dich. Es ist in deiner Gewalt, Zorn von den Menschen Seines Wohlgefallens abzuwenden und zu bestimmen ... (11) mit dir, bevor du deinen Teil von den Händen der Herrlichkeit Seiner Heiligen nimmst und bev[or ...] (12) Er öffnete ... und alle, die bei Seinem Heiligen Namen genannt werden ... (13) mit all den Ze[italtern Seines] erhabenen [Glanzes] für eine Ewige Pflanzung ... (14) ... all diejenigen, die das Land erben, werden sich benehmen, denn in ... (15) O du, du verstehst, aufgrund der Weisheit deiner Hände hat Er dir Vollmacht gegeben, und [deine] Erkenn[tnis ...] (16) eine Schatzkammer (?) für alle Menschheit. Von dort sollst du deine unreine Speise bestimmen, und ... (17) Suche Verständnis mit all (deiner) Macht, und von jeder Hand nimm vergrößerte Einsicht ... (18) Bringe hervor, was dir fehlt für alle diejenigen, die nach [ihren eigenen] Wünschen suchen. Dann wirst du verstehen ... (19) Du wirst erfüllt sein und befriedigt mit reicher Güte, und durch die Fertigkeit deiner Hände ... (20) Weil Gott das Erbe eines [jed]en [lebenden Wesens] aufgeteilt hat, und alle, die weisen Herzens sind, haben bedacht ...

## Die Quelle lebendigen Wassers

**Fragment 2** (1) ... Bauern, bis alle(s) ... (2) ... bring in deine Körbe und deine Schatzkammern alles ... (3) ... und die Ebene suche aus je nach der Zeit, und höre nicht auf ... (4) ... alle von ihnen suchen zu ihrer (Jahres-)Zeit, und ein Mann ... der Weis[heit] gemäß ... (5) ... wie eine Quelle lebendigen Wassers, das alle Mensch[en ...] (6) ... und es ist ein Bastard [wie] ein Maultier, oder wie Kleidu[ng, die aus zwei Stoffen gemacht ist ...] (7) in Vieh und in ... und auch, dein Ertrag wird ... (8) ... deines Reichtums mit deinem Fleisch ...

## Alle Zeitalter der Ewigkeit

**Fragment 3** (1) ... betreffs ... alle(s) ... (2) ... zusammen mit ihm ... alle, die ... (3) ... und sie fürchteten die Tiefe, und ... (4) ... und jedes Opfer wird ständig dargebracht, und das Ganzopfer ... (5) ... in allen Zeiten der Ewigkeit, weil E[r] (der) Gott der Wahrheit ist ... (6) ... damit der Gerechte zwischen Gut und Böse unterscheiden kann ... (7) [wei]l es die Neigung des Fleisches ist, und diejenigen, die verstehen ...

## Die Fundamente des Universums schreien Urteil hinaus

**Fragment 4** (1) ... dein [A]tem (2) ... und du wirst verstehen ... Tod mit (3) ... sollen sie nicht in Wahrheit wandeln? (4) ... und all ihre Freuden mit Erkenntnis. Nun ihr, törichten Herzens, was ist Güte ohne (5) [... und wie] kann Friedlichkeit sein ohne Zerstörung? Und wie kann Urteil sein, ohne es festzulegen, und wie werden die Toten stöhnen aufgrund von al[lem ...] (6) Ihr ... ihr wurdet geschaffen, aber eure Abtrünnigkeit führt zu ewiger Verdammnis, weil ihr wandelt ... (7) Die dunklen Orte werden hell gemacht werden wegen Deines Reichtums, und alles Ewige Dasein (soll das Los) derer sein, die die Wahrheit suchen, und der Zeuge[n] Deiner Urteile ... (8) Alle, die törichten Herzens sind, werden vernichtet werden, und es werden keine Söhne der Verkehrtheit mehr gefunden werden, [und al]le, die nach Gottlosigkeit trachten, werden beschä[mt sein ...] (9) Die Fundamente des Universums werden Dein Urteil hinausschreien, und es werden erzittern alle ... [al]le die ... lieben ... (10) Ihr werdet die Erwählten der Wahrheit sein, und die, die [der Einsicht mit] Ur[teil] folgen ... die wachsam [sind ...] (11) aller Weisheit gemäß. Wie könnt ihr sagen: »Wir haben für Einsicht gearbeitet und sind wachgeblieben, nach Weisheit zu trachten ... in allem«? ... (12) Aber Er ist nicht müde geworden in all den Jahren der Ewigkeit. Erfreut Er sich nicht an der Wahrheit für immer? ... Wissen dient Ihm, und (alle die Engel des) (13) Himmels, deren Erbe Ewiges Leben ist, würden sie je sagen: »Wir sind des Dienstes der Wahrheit überdrüssig und mü[de] in ...«? (14) Wan[deln sie] nicht für alle Zeiten in Ewigem Licht? ... wieder, und reicher Glanz (wohnt) unter ihnen ... (15) in den Firmamenten ... das Fundament (möglicherweise »Geheimnis«) der Säulen, alle(s) ... O du ...

# Ewige Herrlichkeit

**Fragment 5** (1) [... Nic]ht einer von all ihrer Heerschar wird ruhen ... (2) ...
in Wahrheit aus der Hand aller Schatzkammern der Menschen ... (3) ...
Wahrheit, und das Maß der Gerechtigkeit verteilte Er unter alle ... (4) ... Er
[ver]teilte sie in Wahrheit. Er stellte sie an ihren Platz, und nach ihrem Gefallen wird Er trachten ... (5) und eine Zuflucht für alle, noch sollen sie ohne
Sein Wohlgefallen sein und ... (6) Urteil, um Reue zu bringen über die Herren des Bösen und die Heimsuchung von ... (7) und zu verschließen vor den
Gottlosen und aufzurichten den Kopf der Geknechteten ... (8) in Ewiger
Herrlichkeit und immerwährendem Frieden und dem Geist des Lebens, um
zu trenn[en ...] (9) alle Söhne Evas und mit der Macht Gottes und dem Reichtum Seiner Herrlichkeit mit Seiner G[ü]te ... (10) und in Seiner Treue, sie sollen sich niederwerfen ständig den ganzen T[a]g lang und Seinen Namen loben,
und ... (11) O du, wandle in Wahrheit mit all denen, die [such]en nach ...
(12) Denn Seine Schatzkammer ist in deiner Vollmacht, und wer immer sein
eigenes Gefallen sucht, (muß dies tun) von deinem Korb, und sie ... (13) Und
wenn Er Seine Hand nicht ausstreckt nach deinen Bedürfnissen, dann wird
Seine Schatzkammer (dieses) Bedürfnis (decken) ... (14) ... und er wird nicht
[seinen eigenen] Wunsch erfüllen, denn Er wird nicht ... (15) ... deine Hand.
Er wird dei[n] Vieh reichlich vermehren (16) ... für immer ...

## Die Waage der Gerechtigkeit

### Fragment 6

(1) ... deine Quelle. Auch nicht wirst du finden, was dir fehlt, und deine Seele
wird schmachten nach allem Guten, bis zum Tod ... (2) [... wird be]unruhigt
sein den ganzen Tag lang, und deine Seele wird sich danach sehnen, in ihre
(der Weisheit?) Tore einzugehen, und ein Grab (?) und Klei[dung ...] (3) ...
dein ... Und es wird als Speise zu essen sein und Brennstoff für die Flamme
gegenüber ... (4) ... Denn durch dein Verhalten hast du die beunruhigt, die
Gefallen [suc]hen, und auch du ... (5) ... für dich ... weil Gott die Freuden
(Seiner) Schatzkammer gemacht hat und sie in Wahrheit eingerichtet hat ...
(6) ... [De]nn auf der Waage der Gerechtigkeit wog Er all ihre Einsicht aus,
und in Wahrheit ...

## Die Engel der Heiligkeit Gottes

**Fragment 7** (3) ... seine Wege sind eingeschnitzt in Leiden. Du beruhigst ...
(4) und da wird Lüge in dem Herz aller Söhne [Adams] sein ... »Er wird allen
Meinen Wegen vertrauen ...« (5) Erkenntnis. Sie haben nicht ernsthaft Ver-
stän[dnis] gesucht no[ch Erkenntnis] gewählt. [Gibt] Gott nicht [Erk]enntnis

von ... (6) auf Wahrheit, um [die Geheimnisse und Ein]sicht zu verstehen, teilte Er auf unter denen, die Wahrheit geerbt haben ... (7) ... Lüge. In Wahr[heit ... alle Seine We]rke. Ist nicht Freude und Stille ... (8) Wi[ßt] ihr [nicht]? Habt ihr nicht gehört? Sicherlich sind die Engel der Heiligkeit [Got]tes im Himmel ... (9) ... Wahrheit. Und sie folgen allen Wurzeln der Einsicht und sind wachsam über ... (10) [... gemäß] ihrer Erkenntnis, ein Mensch wird über den anderen hinaus verherrlicht werden, und gemäß seiner Einsicht wird seine Ehre vergrößert ... (11) ... Denn ein Mensch murmelt, weil er träge ist, und wenn ein Sohn Adams stille ist, ist es nicht (weil) ... (12) ... Und sie werden Ewigen Besitz erben. Habt ihr nicht gesehen ...?

## Das Geheimnis der Existenz

**Fragment 8** (1) ... denen, die Angst haben. Du sollst den ersten lehren ... (2) [zu] frühen [Zeiten], warum es existierte und was existierte in ... (3) warum sie waren ... Existenz in ... (4) [Tag und] Nacht sinne nach über das Geheimnis der Existenz ... (5) [... al]le ihre Wege, mit den Befehlen ... (6) ... betreffs Erkenntnis des Geheimnisses der Wahrheit ... (7) ... Leiden und Herrschaf[t ...] (8) ... [zu] wandeln in der Absicht [Seiner Ein]sicht ... (9) ... wandeln ...

## Das Heil (*Jescha'*) Seiner Werke

**Fragment 9, Spalte 1** (1) ... Zeit, damit er dich nicht höre. Und da er am Leben ist, spricht zu ihm, damit nicht ... (2) ohne den rechten Tadel um seinetwillen. Ist es nicht verbunden ... (3) Und auch sein Geist wird nicht verschlungen (d. h. vertilgt) werden, weil in Stille ... (4) [und] nimm seinen Tadel schnell zu Herzen, und sei nicht stolz auf deine Übertretungen ... (5) Er ist gerecht, wie du, weil er ein Fürst ist unter ... (6) Er wird tun. Denn wie einmalig ist Er? In all Seinem Werk ist Er ohne ... (7) betrachte nicht den bösen Mann als einen Helfer, auch nicht einen, der haßt ... (8) (und) das Heil (*Jescha'*) Seiner Werke, zusammen mit Seinem Befehl; darum wisse, wie du dich Ihm gegenüber verhalten sollst ... (9) Nimm nicht [das Gesetz *(Thora)* Gottes] weg aus deinem Herzen, und gehe nicht sehr weit alleine ... (10) Denn was ist kleiner als ein Mann ohne Mittel? Auch erfreue dich nicht, wenn du trauern solltest, damit du nicht leidest in deinem Leben ... (11) Existenz. Darum nimm von den Kindern des Heils (*Jescha'*), und wisse, wer Herrlichkeit erben wird, und auf ihm nicht ... (12) Und anstelle ihrer Trauer wird (dir) ewige Freude zuteil, [und] der Unruhestifter wird dir zur Verfügung gestellt werden, und nicht wird [sein ...] (13) Zu allen deinen jungen Mädchen spric[h] deine Urteile wie ein gerechter Herrscher, mache nicht ... (14) und nimm deine [Sün]den nicht leicht. [Dann] wird der Glan[z] sein ... Urteil ... (15) [wird] Er nehmen, und dann wird Gott sehen, und Sein Zorn wird gestillt werden, und

Er wird Hilfe geben gegenüber [deinen] Sünden, nach ... (16) wird nicht aufstehen alle seine Tage. Er wird rechtfertigen durch Sein Urteil, und ohne zu vergeben deine ... (17) Der Arme. O du, wenn die Speise fehlt, dein Bedürfnis und dein Überfluß ... (18) Du sollst Nahrung zurücklassen für Seine Herde nach Seinem Willen, und [davon] nimm, was dir zukommt, aber füge nichts hi[nzu ...] (19) Und wenn dir fehlt, nicht ... Reichtum von deinen Bedürfnissen, denn [Seiner] Schatzkammer wird nichts fehlen. [Und auf] (20) Sein Wort ist alles gegründet, so i[ß], was Er dir gibt, aber füge nichts dazu ... (21) ... dein Leben ... Wenn du Reichtum borgst von Men[schen], um deine Bedürfnisse zu decken, nicht ... (22) Tag und Nacht, und für den Frieden deiner Seele nicht ... Er wird dich zurückbringen ... Lüge nicht (23) vor ihm. Warum solltest du [die] Sünde ertragen? Auch von der Schande ... zu seinem Nächsten. (24) ... und er wird seine Hand verschließen, wenn du [ihrer] bedarfst. Der Weish[eit] gemäß ... (25) und wenn Schmerz dich befällt, und ... (26) ... Er wird offenbaren ... (27) Er wird nicht Sühne leisten mit ... (28) wi[eder]. Und auch ...

### Der Heilige Geist

**Fragment 9, Spalte 2; Fragment 10, Spalte** 1 (1) Er öffnete Seine Barmherzigkeiten ... alle die Bedürfnisse Seiner Schatzkammer, und um Nahrung zu geben (2) jedem lebenden Wesen. Da ist kein ... [Wenn er] seine Hand verschließt und der G[eist allen] (3) Fleisches zurückgezogen ist, sollst du nicht ... in ihm, und [mit] seiner Schand[e] wird dein Gesicht bedeckt sein, aber durch deine Vermittlung (4) [wird er herauskommen] aus dem Gefängnis, wie ... Und wenn er eine Leihgabe empfängt, [zahlt er] sie schnell voll (zurück). O du, belohne ihn, denn dein Geldbeutel (5) von Schätzen gehört dem, dem du verpflichtet bist, (wenn auch nur) um deines Nächsten willen. Du wirst ... all dein Leben mit ihm. (Darum) gib (ihm) schnell zurück, was immer (6) ihm gehört; sonst wird er deinen Geldbeutel nehmen. In deinen Angelegenheiten kompromittiere nicht deinen Geist. Tausche nicht deinen Heiligen Geist für irgendwelchen Reichtum, (7) denn kein Preis ist [deiner Seele] angemessen. Suche bereitwillig das Gesicht des[sen, der Voll]macht über deine Schatzkammer hat, und in seiner eigenen Sprache (8) [sprich mit ihm]. Auf diesem Weg wirst du deine Befriedigung finden. Verlasse nicht deine Gesetze, und halte deine Geheimnisse (geheim). (9) ... Wenn Er dir Seinen Dienst aufträgt ... (erlaube keinem) Schlaf, deine Augen (zu betreten), bis du es [alles] getan hast (10) ... füge ni[cht] hinzu. Wenn er bedürftig ist ... und sei nicht großzügig zu ihm. Auch Reichtum ohne (11) ... Dein [Auge] soll sehen, denn groß ist der Eifer für (12) ... Bei Seinem Willen ergib dich selbst in Seinen Dienst, und die Weisheit Seiner Schatzkammer (13) ... du wirst ihn beraten und ihm ein erstgeborener Sohn werden, und er wird dich lieben, wie ein Mann sein einziges Kind liebt. (14) Weil du ... [O d]u, verlasse dich nicht auf das ... und bleibe nicht wach (in der Nacht) wegen deines Geldes, (15) [und während der Nacht], fahre fort, darunter zu le[id]en. Und auch erniedrige nicht deine Seele [für] jemanden, der es nicht wert ist, sondern eher se[i] (16) zu ihm ... Schlage nicht jemanden, der nicht deine Stärke hat, damit du nicht strauchelst und dich selbst tief erniedrigst (17) ... deine Seele mit der Güte des Reichtums. Du wirst den Wind bestellen und deinem Herrn umsonst dienen, so (18) verkaufe deine Herrlichkeit nicht für Geld, und tausche nicht mit deinem Erbe, damit nicht deine leiblichen Erben verarmen. Versprich ihnen nicht (19) ... Wenn da keine Kelche sind, trinke keinen Wein, und wenn da keine Speise ist, bitte nicht um Delikatessen. O du, (20) [... Wenn dir] Brot fehlt, rühme dich nicht deiner Armut. Du bist bedürftig ... (21) ... Plündere [nicht], um am Leben zu bleiben, und verdünne auch nicht (den Inhalt eines) Gefäßes ... deine [Ge]setze ...

### Das Geheimnis der Existenz und die Wege der Wahrheit

**Fragment 10, Spalte 2** (3) So erinnere dich, daß du bedürftig bist ... was du willst, (4) wirst du nicht finden. In deiner Untreue wirst du ... trägt Er dir auf. (5) Strecke nicht deine Hand danach aus, damit du dich nicht versengst [und] dein Körper in Seinem Feuer verzehrt wird wie ... So zahlte Er ihm zurück. (6) Aber da wird Freude für dich sein, wenn du dich von ihm reinigst. Auch nimm keinen Reichtum von einem Mann, den du nicht kennst, (7) damit es nicht zu deiner Armut beitrage. Wenn (Gott) bestimmt hat, daß du in [deine]r Armut sterben sollst, so hat Er dies festgesetzt; aber verderbe nicht deinen Geist (8) deswegen. Dann sollst du dich niederlegen mit Wahrheit, und Er wird [ihn]en (den aufzeichnenden Engeln) deine Sündlosigkeit deutlich verkün[den]. Als deine Bestimmung (9) wirst du [Ewiges] Glück erben. [Denn] (obgleich) du arm bist, begehre nichts außer deinem eigenen Teil; und laß kein (Verlangen) dich verschlingen, damit du nicht abtrünnig (10) wirst. Und wenn Er dich aufrichtet, verhalte dich ehrwürdig. Und frage unter Seinen Kindern nach dem Geheimnis der Existenz; dann wirst du Kenntnis über (11) Sein Erbe erlangen und in Gerechtigkeit wandeln, denn Gott wird ... nicht ... auf allen deinen Wegen. Huldige denen, die dir Herrlichkeit bereiten, (12) und lobe Seinen Namen ohne Ende, denn aus Armut hat Er dein Haupt erhoben und dich unter Edle gesetzt. (13) Er hat dir Vollmacht über das Erbe der Herrlichkeit gegeben, so suche Sein Gefallen ohne Ende. (Obgleich) du arm bist, sag[e] nicht: »Ich bin arm, so (14) kann ich kei[ne] Erkenntnis suchen.« (Eher) beuge deinen Rücken aller Disziplin, und durch al[le Weish]eit reinige dein Herz, und in dem Reichtum deiner (15) geistigen Fülle erforsche das Geheimnis der Existenz. Und denke über alle Wege der Wahrheit nach, und bedenke alle Wurzeln des Bösen. (16) Dann wirst du wissen, was bitter ist für einen Mann und was süß ist für eine Person. Ehre deinen Vater in deiner Armut (17) und deine Mutter durch dein Verhalten. Denn wie der Vater eines Mannes, so sind seine Arme, und wie seine Beine, so ist seine Mutter. Sicherlich (18) haben sie dich geleitet wie eine Hand, und genau wie Er sie über (deinen) Geist bestimmt hat, so sollst du ihnen dienen. Und genau wie Er (19) deine Ohren für das Geheimnis der Existenz geöffnet hat, (so) sollst du sie ehren um deiner eigenen Ehre willen. Gen[au wie] … verehre sie (20) um deines eigenen Lebens willen und um deine Tage zu verlängern. (Obgleich) du in Armut bist … (21) ungesetzlich. Wenn du eine Frau in deiner Armut nimmst, nimm sie von den Töchtern[n des …] (22) von dem Geheimnis der Existenz. In deiner Gesellschaft, geh zusammen mit der Helferin deines Fleisches …

## Anmerkungen

(41) Die Wagen der Herrlichkeit (4Q286-287)

Frühere Besprechungen: J. T. Milik, *MS*, S. 130–135; P. Kobelski, *Melchizedek and Melchiresha* (Washington, DC: Catholic Biblical Association of America, 1981), S. 42–48. Fotografien: PAM 43.311, 43.312, 43.313 (Handschrift A) und 43.314 (Handschrift B), ER 1346, 1347, 1348 und 1349.

(42) Taufhymne (4Q414)

Frühere Besprechungen: keine. Fotografien: PAM 43.482, ER 1432.

(43) Hymnen der Armen (4Q434,436)

Frühere Besprechungen: keine. Fotografien: PAM 42.859, 43.513 und 43.528, ER 1048, 1463 und 1478.

(44) Die Kinder des Heils (*Jescha*) und das Geheimnis der Existenz (4Q416, 418)

Frühere Besprechungen: keine. Fotografien: PAM 42.758, 43.479, 43.480, 43.481, 43.483, 43.589, 43.511 und 43.512, ER 1006, 1429, 1430, 1431, 1433, 1536, 1461 und 1462. Die Reihenfolge der Fragmente ist aufgrund von Überlappungen der Handschriften gesichert. Die Fragmente 1–3 stellen Teile von 42.758 und 43.479 dar; Fragment 4 stammt von 43.580; die Fragmente 5–6 erscheinen auf 43.481; die Fragmente 7–8 auf 43.483; Fragment 9 erscheint auf 43.589; Fragment 10, Spalte 1 ist auf 43.511 und Spalte 2 auf 43.512 zu finden.

# Kapitel 8
# Weissagung, Magie und »Vermischtes«

Die Texte in diesem Teil präsentieren einen Querschnitt des übrigen unveröffentlichten Korpus. Einige geben uns einen kleinen, aber interessanten Einblick in das Alltagsleben vor zweitausend Jahren. Obgleich Astrologie, Amulette, Magie und ähnliches von den Rabbinern mißbilligt wurden und grundsätzlich verboten waren, bestätigen unsere Quellen, daß sie im Alltagsleben der Menschen eine nicht geringe Rolle spielten. Wie weit sie verbreitet waren und wie ernst sie von den Menschen genommen wurden, ist allerdings schwer festzustellen.

Der Astrologie und Weissagung hingen im griechisch-römischen Altertum die größten Geister an. Die führende philosophische Schule in Rom, die Stoiker, zählte zu den eifrigsten Verfechtern der Astrologie. Unter den Juden war die Astrologie sogar bis ins Herz des Tempelkultes vorgedrungen. Josephus teilt uns mit, daß die sieben Zweige der *menora* dort die sieben Planeten symbolisierten, die man damals kannte, darunter auch Sonne und Mond. Er fügt hinzu, daß die zwölf »Brotlaibe der Gegenwart« für die Tierkreiszeichen stehen. Einige jüdische Schriftsteller dieser Zeit wie Artapanus und Pseudo-Eupolemus gingen so weit, die Entdeckung der Astrologie Abraham zuzuschreiben. In gleicher Weise macht das Erste Henoch-Buch Henoch selbst zum Entdecker und Offenbarer dieser Art von Erkenntnis. So überrascht es nicht, wenn man in Qumran eine Anzahl astrologischer Schriften findet.

Auch Amulette waren trotz ihres Verbots mit Sicherheit weit verbreitet; allerdings unterschieden sie sich in ihrer Art nicht von den jüdischen Gebetsriemen, den Tefillin, die damals in Gebrauch waren und es auch heute noch sind. In 2. Makk. 12,40 findet sich für die makkabäische Zeit ein kritischer Hinweis darauf, daß Amulette eine – wenn auch negative – Rolle unter den Kriegern spielten. Magische Zauberschüsseln und Gegenstände dieser Art aus jener und späterer Zeit scheinen weit verbreitet gewesen zu sein.

Mit magischen Zauberformeln versuchte man, alle möglichen Katastrophen abzuwenden. Zauberformeln zur Bannung böser Geister waren sicherlich ein wichtiges Element der Volksreligionen im griechisch-römischen Altertum. Jeder glaubte an die Existenz solcher Geister und hielt es für angeraten, sich vor unliebsamen Überraschungen zu schützen. Gegen geringes

Entgelt schrieb der örtliche Zauberer oder Schreiber eine oder zwei Zauberformeln entweder auf eine Schüssel oder – weniger häufig, als aus unseren paar
Zeugnissen hervorgeht – auf ein Stück Metall oder Leder, das zusammenge-
rollt werden konnte und in einem Sicherheitskästchen aufbewahrt wurde. Der
Gegenstand mit der Inschrift wurde dann entweder unter dem Haus einer
bestimmten Person vergraben oder an einer passenden Stelle, etwa neben der
Tür, angebracht. Manchmal bewahrten die Menschen derartige Gegenstände
auch im Haus auf.

Texte wie das Brontologion und »Der physiognomische Text« (s.u.) sind in
der damaligen Zeit und ihrem abergläubischen Umfeld einzigartig. Diese Tatsache allein belegt schon die eingeschränkte Art ihres Gebrauchs, aber es ist
überraschend, daß man sie überhaupt unter solchen Menschen findet, die
doch auf der anderen Seite als eifrige »heilige Krieger« gelten. Dies zeigt, daß
die Texte im Alltagsleben dieser Menschen eine Rolle gespielt haben müssen,
wie allenthalben im Römischen Reich und auch noch heute. Die hier vorgestellten Gattungen versuchten – genauso wie andere astrologische Systeme –,
die Zukunft vorauszusagen: die erste, indem sie den Himmel und die astrologischen Zeichen nach Donner und Regen absucht; die zweite durch die Untersuchung der körperlichen Merkmale einer Person. Es ist nicht klar, ob die
Interessen, die sie verfolgen, in Qumran ebenso wie in rabbinischen Kreisen
verboten waren: Ihr Vorhandensein weist eher auf das Gegenteil hin. In diesem Licht sollte man das Interesse Qumrans an »geheimen Mysterien«, »ewigen Geheimnissen«, Abhandlungen in kryptischer Schrift und anderen esoterischen Tendenzen betrachten. Die astrologischen Bezeichnungen, wie wir sie
in dem Brontologion vorfinden, sind ebenfalls in dem Gedicht des mittelalterlichen jüdischen Dichters und Mystikers ibn Gabirol, *Die Krone des Königreiches,* enthalten.

Die beiden Texte über Sektendisziplin und die »Lobrede auf König Jonathan«
erwähnen tatsächlich historische Gestalten – in dem ersten Text ziemlich
wörtlich, in der »Lobrede« bzw. dem »Heiligen Gedicht« in Form einer Art
Widmung. Zusammen mit dem Text über die priesterlichen Dienstklassen III
(»Aemilius tötet«) sind diese Passagen von größtem historischen Interesse.
Die »Lobrede auf König Jonathan« stellt vielleicht das fehlende Verbin-
dungsstück dar, um entscheidende historiographische Probleme hinsichtlich
der Haltung der Gemeinde gegenüber Jerusalem zu lösen. Sie widerlegt die
Qumran-Theorien, die diese Person mit dem Frevelpriester der Qumran-Texte
identifizieren.

Es ist schwer zu verstehen, warum dieser Text zusammen mit vielen anderen Texten so lange zurückgehalten wurde. Daß wir ihn jetzt einer interes-
sierten Öffentlichkeit vorstellen können, ist ein exemplarisches Zeugnis dafür,
welch beglückende Auswirkungen der uneingeschränkte und freie Zugang
auf den Fortschritt menschlichen Erkennens haben kann. Er liefert einen ein-

zigartigen Einblick in das Gedankengut der *Bewegung*, die uns hier in einer früheren Zeit, vielleicht ihrer Anfangsphase, entgegentritt; zudem erhellt er die Haltung der Bewegung gegenüber einem Hauptvertreter des »Establishments« dieser Zeit.

Der Text über die Gemeindedisziplin, dem wir seinen Titel nach einer Anspielung im Text gegeben haben, nämlich »Er liebte seine körperlichen Absonderungen«, ist ebenfalls von einiger Bedeutung. Verwandt mit einigen der *halachischen* Texte zuvor, bietet auch er einen Einblick in das Alltagsleben der Gemeinde. Daß die Menschen, die um Vervollkommnung mittels Befolgung kultischer Vorschriften bemüht waren, es ernst meinten und daß dies nicht nur ein Ideal für eine utopische Zukunft war, wird plastisch und lebhaft bezeugt. Die Form des »Urteils« oder des »Tadels« fällt hier kraß aus. Derartiges wird indessen auch in der Damaskus-Schrift erwähnt, und dort hat der »*Mebakker*« oder »Bischof« die Urteile nicht nur zu fällen und auszuführen, sondern auch aufzuzeichnen. Eine solche Aufzeichnung liegt hier zweifellos vor.

## 45. Brontologion (4Q318)   (Tafel 23)

Das vorliegende Werk in aramäischer Sprache ist vielleicht der faszinierendste Weissagungstext, der in Qumran gefunden wurde, da er gleichzeitig ein Brontologion, ein Selenedromion und offenbar ein *thema mundi* darstellt. Wir wollen diese Begriffe kurz erläutern. Ein Brontologion ist ein Text, der versucht, die Zukunft anhand der Wahrnehmung des Donners am Himmel vorauszusagen. (Der Name stammt von dem griechischen Wort »*brontos*« = »Donner«.)

Brontologien gab es schon lange vor Qumran. Ein Selenedromion ist ein Text, der die Bewegungen des Mondes (griechisch »*selene*«) am Himmel aufzeichnet und anhand dieser Beobachtungen Voraussagen macht. Der vorliegende Qumran-Text zeichnet Bewegungen des Mondes unter Berücksichtigung der Tierkreiszeichen (Zodiak) auf und verbindet diese Annäherung mit der akustischen Wahrnehmung des Donners. Auf diese Weise entsteht ein bestimmtes Schema: Wenn der Mond in einem bestimmten Tierkreiszeichen steht – und das wird in einem Jahr mehrmals der Fall sein – und man gleichzeitig Donner hört, dann wird ein für das ganze Volk bedeutsames Ereignis eintreten.

Der vorliegende Text geht noch über diese bemerkenswerte Kombination von Weissagungsmethoden hinaus: Der Stier wird anstelle des Widders als das erste Tierkreiszeichen angesehen. Man kann dies feststellen, indem man das regelmäßige Muster des Textes auf den Nisan, den ersten Monat, zurückrechnet. Welche Bedeutung hat die Änderung der üblichen Reihenfolge? Der Grund, warum der Widder sogar in zeitgenössischen Zeitschriften und Büchern als erstes Zeichen aufgeführt wird, liegt darin, daß während der hellenistischen Epoche – ungefähr vom 4. bis zum 1. Jahrhundert v. Chr., als sich die Astrologie in ihrer modernen (westlichen) Form hauptsächlich entwickelte – die Sonne während der Frühjahrs-Tagundnachtgleiche im Widder aufging. Um das Jahr 125 v. Chr. entdeckte dann ein griechischer Astronom das Phänomen der Präzession des Zodiak – das heißt, daß der Zodiak sich im Verhältnis zur Sonne langsamer bewegte. Die Entdeckung zeigte, daß sich die Sonne – über eine Zeitspanne von etwa 2100 Jahren – von Zeichen zu Zeichen über den gesamten Zodiak bewegen würde. Darum würde sie nicht immer im Zeichen des Widders aufgehen und war auch in früheren Zeiten nicht immer darin aufgegangen. Von etwa 4500 bis 2100 v. Chr. war die Sonne im Zeichen des Stiers aufgegangen. Indem das Brontologion den Stier an den Anfang setzt, vertritt dieses Werk ein auf der *Schöpfung* basierendes astrologisches System. Nach dem System der biblischen Chronologie, dem sich der Verfasser dieses Werkes anschließt, schuf Gott die Welt und die Himmelskörper irgendwann während der Zeit, als die Sonne im Zeichen des Stiers stand. Wahrscheinlich setzte er die Schöpfung auf das 5. Jahrtausend v. Chr. an. Astrologische Texte, die eine Art Horoskop für den Gang der Welt allgemein zu erstellen versuchen, sind unter dem Namen *thema mundi* bekannt – vielleicht eine passende Bezeichnung für das vorliegende Werk.

Wir haben hier die uns heute geläufigen Bezeichnungen für die entsprechenden aramäischen Monats- und Tierkreisnamen verwendet. Die letzten Zeilen des erhaltenen Textes von Fragment 2, Spalte 2 enthalten über das astrologische Schema hinaus einige zusätzliche – offenbar zeitbezogene – Informationen. Sogar in dieser Literaturgattung sind die für Qumran so typischen nationalistischen und fremdenfeindlichen Gefühle noch spürbar: »Wenn es donnert an einem Tag, an dem der Mond in den Zwillingen steht, so bedeutet das Furcht und Kummer, *hervorgerufen durch Fremde*«, oder in der vorangehenden Zeile: »*Nationen* werden einander plündern« (Hervorhebungen von uns). Obgleich sich verwandte griechische Texte in ähnlicher Weise ausdrücken, sollte man diese Anspielungen im größeren Zusammenhang betrachten.

Das Wort *»'amal«* in Zeile 7 ist von besonderem Interesse. Hier – und auch sonst – wird es mit »Leiden« im Sinn von »Mühsal« übersetzt. *»'amal«* ist nicht nur für Qumran ein zentraler Begriff. Er spielt auch im Urchristentum im Hinblick auf den messianisch gedeuteten »leidenden Knecht« oder »Gottesknecht« aus Jes. 53 eine wichtige Rolle – wir haben dies bereits im Text vom messianischen Führer in Kapitel 1 und auch anderswo dargelegt. Es heißt dort: »Um des *'amal* seiner Seele willen (*nephesch* – in den »Hymnen der Armen« und auch sonst mit *»Ebjon«* verbunden) ... und durch seine Erkenntnis wird mein Knecht, der Gerechte, die Vielen rechtfertigen und ihre Sünden tragen« (Jes. 53,11).

Der Begriff wird im Habakuk-Kommentar (VIII,2) gebraucht, und zwar in der eschatologischen Auslegung des Satzes »der Gerechte wird durch seinen Glauben leben« (Hab. 2,4), ein Vers, der sowohl für Qumran als auch für die

Theologie des Paulus von großer Bedeutung ist (vgl. Gal. 3,11, wo ebenfalls Gen. 15,6 erwähnt wird). Da er im Habakuk-Kommentar auch später noch benutzt wird, um die Vergeblichkeit »trügerischen Dienstes« sowie die »Werke der Lüge«, mit denen der »lügende Spötter« die Gemeinde in die Irre führt (X, 12), zu beschreiben, haben wir diese eschatologische Dimension mit der Übersetzung »Leidenswerke« einzufangen versucht.

Die Betonung des Donners in diesem eschatologischen Schema ist noch im Blick auf die vielen Hinweise auf das »Regenmachen«, das mit der Literatur verbunden ist, von Interesse. Dies schließt auch Honi den Kreismacher ein, der zur Zeit des Aristobul, des Sohnes des Alexander Jannai, kurz vor der Erstürmung des Tempels durch Pompeius 63 v. Chr. als Regenmacher fungierte. Josephus nennt diesen Honi vielsagend auch Onias *den Gerechten*. Josephus zufolge weigerte sich Honi, die aufständischen Anhänger Aristobuls zu verdammen, die, fanatisch und fest entschlossen zum Widerstand gegen die Fremdherrschaft, gegen die Römer im Tempel ausharrten. Er verdammte vielmehr die pharisäischen Kollaborateure seines Bruders Hyrkan (*Altertümer* XIV §§ 22–25). Beide Brüder unterstützten, wie der Leser sich erinnern wird, die Ankunft der Römer und so auch den Aufstieg der herodianischen Familie.

Wie wir in unserem Text über die priesterlichen Dienstklassen III (»Aemilius tötet«) erfahren haben, liegt hier ein entscheidender Faktor für die Bestimmung von Gedankengut und Lebensweise in Qumran, entscheidend vor allem auch für das Verständnis der Entwicklung dieser Bewegung. Der Hinweis auf die »Araber« in 2,2.8 des Brontologions ist ebenfalls interessant und ergänzt den entsprechenden Hinweis im Aemilius-Text.

Jakobus der Gerechte (man beachte die Parallele zu Honis Beinamen) galt ebenfalls als einer dieser ursprünglichen »Regenmacher«. Dies wird in einer Schrift des Historikers Epiphanius aus dem 5. Jahrhundert n. Chr. mitgeteilt und beruht wahrscheinlich auf einem verlorenen Werk über Jakobus, welches er erwähnt – die *Anabathmoi Jacobou* (*Die Aufstiege des Jakobus; haeres.* 78,14). (Man beachte hier auch die mögliche Anspielung auf die Mystik der himmlischen Aufstiege.) Der Brief des Neuen Testaments, der dem Jakobus zugeschrieben wird, strotzt in seinem letzten und apokalyptischen Kapitel Jak. 5,7–18 nur so von Metaphern des »Regenmachens«, indem es einen der ersten Archetypen dieser Tradition, die mit dem apokalyptischen Urteil verbunden ist, nämlich Elia, hervortreten läßt.

Diese Entfaltung der »Regenmacher«-Metaphorik und ihre Verbindung mit einem eschatologischen Urteil sind auch in der Kriegsrolle aus Höhle 1 von Qumran stark vertreten: sie ist dort zusätzlich mit der Exegese der »Stern«-Prophezeiung und mit der berühmten eschatologischen Anspielung in Dan. 7,13 verknüpft (»der Menschensohn, der auf den Wolken des Himmels kommt«). Die »Wolken des Himmels« sind hier, wie wir gesehen haben, die »Himmlischen Heerscharen« oder alle *»Kedoschim«* (»Heiligen«) – der

»Regen« steht für das Urteil, das sie bringen (vgl. Eisenman, »Eschatological Rain Imagery in the War Scroll from Qumran and the Letter of James«, *JNES*, 1990). Josephus erfaßt die Situation wohl richtig, wenn er meint, daß »Gaukler und Betrüger« dieses Typs eine größere Gefahr darstellten als sogar die gewalttätigsten Rebellen, da sie vorgaben, sowohl »Neuerungen« (religiöse Reform) als auch einen »Regierungswechsel« herbeizuführen (*Der jüdische Krieg* II § 259).

Man sollte auch die Verwandtschaft des »Donner«-Symbolismus mit den beiden Zwillingen Johannes und Jakobus beachten, die im Neuen Testament »*Boanerges*«, das heißt »Söhne des Donners« oder »Donnersöhne« (Mk. 3,17), genannt werden. Ob dieser Beiname für unser Thema relevant ist, läßt sich schwer sagen; da es aber eben diese beiden Apostel waren, deren Mutter Jesus bat, einer möge zur Rechten und einer zur Linken im himmlischen Reich sitzen dürfen (Mt. 20,21; vgl. Mk. 14,62: »den Sohn des Menschen sitzen sehen zur Rechten der Macht und kommen mit den Wolken des Himmels«), kann man einen Zusammenhang vermuten.

Die übernatürlichen Aspekte der »Söhne Zadoks« oder der »Erwählten Israels« sind in diesem Buch bereits ausführlich dargelegt worden. Es besteht kein Zweifel, daß ihnen eine Schlüsselrolle beim »Letzten Gericht/Urteil« zukommt. Der Messias selbst bestimmt über »Himmel und Erde« – entsprechend der Titulierung des Textes, mit dem wir in Kapitel 1 begannen. Die »*Zaddikim*« waren die »Säulen«, die die Erde stützen; ebenso verhielt es sich mit »Säulenaposteln« wie Jakobus (Gal. 2,9). Der Menschensohn sollte »auf den Wolken des Himmels kommen«, und die Himmel sollten »Urteil herunterregnen«. Elia, auf den Jak. 5,17 Bezug nimmt, und vor ihm Pinhas waren offenbar Urbilder dieses Regenmachertyps, ebenso Honi der Kreismacher – wegen der Kreise, die er malte, um Regen zu bringen. Auch Jakobus sollte *Regen bringen* – Regen im wirklichen wie im eschatologischen Sinne.

Die zodiakale Dimension des Tierkreiszeichens »Zwillinge« wird in einem gewissen Sinne durch den aramäischen Namen eines der im Text erwähnten astrologischen Tierkreiszeichen, »*Thomia*«, das heißt »Zwillinge«, verstärkt. Dies erinnert an den Namen eines anderen Jüngers Jesu, der auch oft als »Bruder« bezeichnet wird: Judas Thomas oder Thomas der Zwilling. Daß sich die Bezeichnung »Bruder« entweder auf einen oder beide der oben genannten Jakobusse bezieht, ist ebenfalls klar.

TRANSLITERATION                                             **Fragment 1**

5. [וב IIIIIIII קשתא בו IIIIIIII ובIIIIIIIIIIII נדיא בר וב ר I דולא בר II וב]
ר III ובר [IIII]

6. [נוניא בר IIIII ובר IIIIIII דכרא בר IIIIIII וברIIIIIIIII תורא בר II]
IIIIII וב 3 וב[13]

7. [תאומיא ב13I וב13I סרטא ב13I וב13I אריא ב13IIII וב IIIIII3 IIIIIII וב IIIIIII3

8. [בתולתא ב3IIIIIIII וב3 ־ וב3 ־ ו מוזניא] *vacat*

9. [חשרי ב ו ב ו עקרבא ב ו ב ו קשתא ב ו IIIII וב ו IIIIIIII וב ו IIIIIIII] נדיא ב ו IIIIIIII

### Fragment 2 Spalte 1

1. ובר־III וב־ ו III II סרטנא ב ר־ II וב־ IIIIIII א[ר]י[א] ב־ר IIIIIII [ו]בר־ IIIIIIII

2. כתו[ו]לתא ב ר־ IIII IIIIIII וב3 וב3 מוזניא ב3 II וב3 I[I] עקרבא ב3II3

3. ובק IIIIIII קש[תא] ב3II3 [ ו] IIIIIII [ ו] וב3[ II] IIIIIIII [ III] נדי[א ב 13I IIIII

4. וב3 ־ דול[א] *vacat* שבט ב ו ו ב ו [נונ]י[א ב ו III וב]III

5. [דכרא ב3]IIII וב3IIIIIII וב ו IIIIII תורא ב ו [IIIII וב ו IIIIIII ו ב ו IIIIIIIIII תאומיא] ב־

6. [וב־ ו ] סרטנא ב ר־ II [וב ר־]III וב־ ו IIII אריא [ב־]IIIII וב־ו IIIIIII בתולתא]

7. ב־ו IIIIIIII וב־ו IIIIIIII מוזניא ב ר־IIIIIIIII <ו>ב־3 וב3 ע[קרבא ב3II3

8. [ו]כ3II [ קש[תא ב3II3 וב3IIIII נדיא ב [3II3 וב3[IIIIIIII וב3II3 II3 [ I] IIIIIII וב3II3 I]

9. דולא ב3IIIIIIIII וב3 ־ נוניא *vacat*

### Fragment 2 Spalte 2

1. אדר ב ו וב ו דכרא ב ו II וב ו IIIII תורא ב ו [III וב ו IIIIIII וב ו IIIIIIII תאומיא]

2. ב ו IIIIIIII <ו>ב ו III סרט[נ]א ב ר־ וב־ ו א[ר]יא ב ר־ ו II [ וב־ ו II] וב־ ו IIII [

3. בתול[תא] ב ר־IIIIII וב[־]IIIIII מוזניא ב ר־II [ IIII ] <ו>ב־ר־ ו IIII [ עקרבא]

4. ב [ר־] II [ IIIIII וב3 <3I> <13> קש[תא ב3 II3 [ וב3II3 ו ]נ[רדיא ב3 IIII [ IIIII3וב3]

5. דולא ב3IIIIIIII וב3 3II3 IIIIIIII וב3 [ II IIIIIIII3ב3 ] נו[ניא ב3 IIIIII וב3 ־ וב3 ־ ו ]

6. דכרא *vacat* [אם בתורא] ירעם מסכת על[מא רקן יהוין [

7. [ו]עמל למדינתא וחר[ב בד]רת מלכא ובמדינת אב[דן [

8. להוא ולערביא ...] [.א כפן ולהוון בזין אלן כא[ל]ן [

9. אם בתאומיא ירעם דחלה ומרע מנכריא ומ] [

## ÜBERSETZUNG

**Fragment 1** (5) [und am 7. des Schützen. Am 8. und 9. des Steinbocks. Am 10. und 11. des Wassermanns. Am 12. und] 13. und [1]4 (6) [der Fische. Am 15. und 16. des Widders. Am 17. und 18. des Stiers. Am 1]9. und 20. und 2[1. (7) der Zwillinge. Am 22. und 23. des Krebses. Am 24. und 25. des Löwen. Am 26.], 27. und 28. (8) [der Jungfrau. Am 29., 30. und 31. der Waage.] (9) [Tishri: am 1. und 2. des Skorpions. Am 3. und 4. des Schützen. Am 5., 6. und 7.] des Steinbocks. Am 8. ...

**Fragment 2, Spalte 1** (1) und am 13. und [1]4. des Krebses. Am 1[5]. und 16. des L[öw]en. Am 17. [und] 18. (2) der Jungfrau. Am [1]9., 20. und 21. der Waage. Am 2[2. und 2]3. des Skorpions. Am 24. (3) und 25. des Sch[ützen]. Am 26[.], 27[.] und 28[. des Steinbo]cks. Am 2[9.] (4) und 30. des Wasserm[anns]. Schevat: Am 1. und 2. [der Fisc]he. Am [3. und] 4. (5) [des Widders. Am] 5., [6. und 7.] des Stiers. Am 8[. und 9. der Zwillinge.] Am 10. (6) [und 11.] des Krebses. Am 12., 13., und 14. des Löwen. [Am 15. und 1]6. [der Jungfrau]. (7) Am 17. und 18. der Waage. Am 19., [20. und 21. des Sk]orpions. Am 22. (8) [und] 23. [des Schüt]zen. Am 24. und 25. des Stein-

267

bocks. Am [26.], 27. und 28. (9) des Wassermanns. Am 29. und 30. der Fische
**Fragment 2, Spalte 2** (1) Adar: Am 1. und 2. des Widders. Am 3. und 4. des
Stiers. Am 5[., 6. und 7. der Zwillinge]. (2) Am 8. (und) 9. des Kre[bses. Am
10. und 11. des Lö]wen. Am 12., 1[3. und 14.] (3) der Jungfrau. Am 15. und
1[6. der Waage. Am 1]7. (und) 1[8. des Skorpions]. (4) Am [1]9., 20. und 21.
des Schü[tzen. Am 22.] und 23[. des Stein]bocks. Am 2[4. und 25.] (5) des
Wassermanns. Am 26., 2[7. und 28]. der Fis[che]. Am 2[9., 30. und 31.]
(6) des Widders. [Wenn] es donnert [an einem Tag, an dem der Mond im Stier
ist], (so bedeutet das) [vergebliche] Änderungen in der We[lt (?) …] (7) [und]
Leiden für die Städte und Zerst[örung a]m königlichen [H]of und in der Stadt
der Zer[störung (?) …] (8) wird, und unter den Arabern … Hungersnot.
Nationen werden eina[nder] plündern. (9) Wenn es donnert an einem Tag, an
dem der Mond in den Zwillingen steht, (so bedeutet das) Furcht und Kummer, hervorgerufen durch Fremde und von …

## 46. Ein physiognomischer Text (4Q561)

Dieser Text gehört in die weitverbreitete Gruppe der Weissagungen, die aus
griechisch-römischen Beispielen bekannt sind. Die Schreiber schließen aus
Bewegungen, Gesten des Körpers, der Augen- und Haarfarbe, dem Gesichts-
ausdruck, dem Haarwuchs, der Geschmeidigkeit der Haut, der Stimme,
Eigenarten des Fleisches, einzelnen Körperteilen und dem Körper insgesamt
auf den Charakter einer Person. Besonders die antike Medizin achtete auf physiognomische »Erkennungszeichen«; im Mittelalter und in der Renaissance
erfreute sich die Physiognomik noch höherer Wertschätzung, und sie ist bis
heute nicht aus der Mode gekommen. Der vorliegende Qumran-Text ist
leider so fragmentarisch, daß man unmöglich feststellen kann, wie viele Personen er charakterisiert und ob seine endgültigen Bewertungen positiv oder
negativ sind. Dennoch kommt das Anliegen des Textes gut zum Ausdruck. Er
steht offenbar in Beziehung zu einem anderen, früher veröffentlichten hebräischen Werk von Qumran, 4Q186.

TRANSLITERATION                          **Spalte 1 (Fragmente 1-4)**

1. [ ] ו[הי מערבין ולא שגיא עינוה[י
2. בין אורין לאכומן אפה נגיד
3. ו[שפיר ושנוהי שוין ודקנה
4. דק להוה [ו]לא שגיא אברוהי
5. [מ[מחקין[ן] וב[ין מה]דמין לעבי[ן
6. [                    ] .
7. די אמן ברין [
8. פתין ושקוהי [יהוין בין דקן]
9. לעבין [ו]כף רגל[והי [

268

10. ננ]יד  [ לה רגלה ]                    [

11.            ]לת יפל[                  [

12.            ל]מסף ]                    [

13.            ]...[  ]                   [

14. [ כתפה ]        ר]וח לה            ר]וח לה

15. [ להוון על[    [ עקא

16. [ ולא רב ]  שערן עבות ]  שערן עבות

<br/>

**Spalte 2**

1.    להוה קל]ה                         [

2.    ל.מלי ית]                         [

3.    [ל]א אריך ]                      [

4.    שער דקנה ש]ניא                   [

5.    להוון בין עבין ל]דקין            [

6.    ואנון קט<נ>ין ו]                 [

7.    כעבין טפרוה]י                     [

8.    לקומתה י]                         [

<br/>

**Fragment 6**

1. [        ].[     ]                   [

2. [    ] . לשמקמיק ]                   [

3. [    ב]ררי וסנלנל לה]וה             [

4. [    ]. לה שער רשה ]                [

ÜBERSETZUNG

**Spalte 1 (Fragmente 1–4)** (1) ... sein ... wird gemischt und nicht zahlreich. Se[ine] Augen (2) sind zwischen hell und dunkel. Seine Nase ist lang (3) [und] anziehend, und seine Zähne sind gleichmäßig. Sein Bart (4) ist spärlich [und] nicht üppig. Seine Gliedmaßen (5) sind [f]lecki[g], zu[m Teil miß]gebildet und zum Teil dic[k] ... (7) (sein) Ellenbogen stark ... (8) breit, und seine Schenkel [sind weder dünn] (9) noch dick. Die Sohlen [seiner] Füße ... (10) la[ng]. ... Sein Fuß ... (12) [zu] beenden ... (14) ... seine Schulter ... sein [Ge]ist (15) ... sie sind ... Schmalheit (16) ... und ist nicht groß ... dicke Haare.

**Spalte 2** (1) [Seine] Stimme ist ... (3) ist [ni]cht erweitert ... (4) Das Haar seines Bartes ist üp[pig] ... (5) ist weder dick noch [dünn] ... (6) Und sie sind klein ... (7) Sei[ne] Nägel sind irgendwie dick ... (8) Was seine Größe angeht ...

**Fragment 6** (2) ... sein rötlich ... (3) ... [k]lar und ist rund [sein] ... (4) ... das Haar auf seinem Kopf ...

<br/>

## 47. Eine Amulettformel gegen böse Geister (4Q560)

Die Entdeckung dieses Textes unter den Rollen vom Toten Meer ist nicht zuletzt deswegen bedeutsam, weil er das früheste bekannte jüdische Beispiel dieser Art darstellt und den unmittelbaren »Konkurrenten« dieser Gattung einige Jahrhunderte vorausliegt. Es ist nicht klar, ob dieser Text Teil einer umfangreicheren Rolle war, die als eine Art Rezeptbuch von einem Schreiber oder Zauberer benutzt wurde, oder ob er eingewickelt in einem Kästchen aufbewahrt wurde. Dem Leser werden sicher einige Unsicherheiten bei der Übersetzung auffallen. Der Grund für die Schwierigkeiten liegt zum Teil in der Gattung dieser Texte selbst – sie benutzen bewußt fremde und ausgefallene Wörter. Viele derartige Texte verwenden eine bislang unbekannte Sprache. Ein anderes Problem des vorliegenden Textes ist seine fragmentarische Erhaltung; wenn uns mehr Kontext zur Verfügung stünde, könnten wir manche Punkte besser erhellen.

Diese Art der Zauberei oder Beschwörung ist in der apokryphen Literatur wie dem Buch Tobit (Kapitel 6, 8 und 11) und dem Buch Henoch (Kapitel 7), die beide in Qumran gefunden wurden, gängig. Die *Mischna* (Sanh. 7,7) wie auch das Alte Testament verdammen die Magie heftig. Auch Josephus hielt, wie wir gesehen haben, die Zauberer für »Gaukler und Betrüger« – zu denen er sicherlich auch einige der »Propheten und Lehrer« der Apostelgeschichte zählen würde –, für gefährlicher sogar als die Rebellen. Offensichtlich wurden damals magisches Wissen und magische Wirkung Salomo zugeschrieben, und Josephus schildert auch eine solche Person recht anschaulich (*Altertümer* VIII §§ 45–49). Er beschreibt, wie einer seiner Landsleute mit dem Namen Eleasar »in der Gegenwart Vespasians und seiner Söhne« Männer heilte, die von Dämonen besessen waren, indem er ihnen einen Ring, »der unter seinem Siegel von Salomo verschriebene Wurzeln enthielt«, unter die Nase hielt »und das rezitierte, was er (Salomo) geschrieben hatte«. Um Vespasian, der für diese Art des Aberglaubens nach dem Zeugnis Suetons sehr empfänglich war, zu beweisen, daß er Wunderkräfte besaß, befahl er dem Dämon, bei seinem Ausfahren eine Schüssel mit Wasser umzustoßen, die er zu diesem Zweck etwas abseits aufgestellt hatte. Der Dämon tat dies.

Im Umkreis Vespasians befand sich eine Gruppe von Leuten – Josephus selbst und interessanterweise auch Philos Neffe, Tiberius Alexander, eingeschlossen –, die Vespasian durch »Zeichen und Wunder« dieser Art, insbesondere durch Heilungen Lahmer und Blinder, überzeugten, daß er der wirkliche »Stern« sei, der aus Palästina herbeigerufen werde, um die Welt zu regieren. Nach Apg. 4,6 gehörte Tiberius Alexander zu den Verfolgern der sogenannten »Christen«. Josephus beschreibt ihn als Überläufer und Abtrünnigen vom Judentum (*Der jüdische Krieg* II § 220), den Vespasian zur Unterstützung seines recht ungestümen Sohns Titus zurückließ, der als Feldherr für die Belagerung, die mit der Zerstörung des Tempels endete, zuständig war.

Exorzismus und Zauberei dieser Art werden als ganz selbstverständlich auch in den Evangelien und der Apostelgeschichte erwähnt.

TRANSLITERATION                    **Fragment 1 Spalte 1**

[                    [‏לבב לנ‎]                              ]  .1
[            ‏ילדתה מרדות ילדן פקד באיש ש‎]                  ]  .2
‏מ‎[‏עלל בבשרא לחלח‎<‏ל‎>‏יא דכרא וחלחלית נקבתא‎               ]  .3
     ‏בשם הנו‎[‏שא עוא‎]‏ן ופשע אשא ועריה ואשת לבב‎           ]  .4
        ‏ה‎[‏ בשנא פרך דכר ופ‎<‏ר‎>‏כית נקבתא מחתורי‎          ]  .5
     [   ]  ‏ל‎[  ]..[      ]..[      ]...‏יען‎[      ]‏יעין‎.  ]  .6


                                   **Fragment 1 Spalte 2**

[                              ]...  .1
[                      ‏קודמו‎[‏הי‎                           .2
[                              ]...‏ו‎                       .3
[                      ‏קודמוהי וממ‎[                         .4
[                    ‏ואנה רוח מומה‎ ]                        .5
[                      ‏אומיתך רוחא‎ ]                        .6
[                    ‏על ארעא בעננין‎ ]                       .7
[              ]  ‏ל‎[  ]  [‏לל‎]        ]  .8

ÜBERSETZUNG

**Fragment 1, Spalte 1** (1) ... Herz ... (2) ... eine Mutter, die Strafe der Gebärenden, ein Befehl (des) Bösen ... (3) ... dem männlichen vergiftenden Dämon und dem weiblichen vergiftenden Dämon (ist verboten,) den Körper [zu] betreten ... (4) ... (Ich beschwöre dich) [bei dem Namen dessen, der] Sünden und Übertretung [ver]gibt, o Fieber, Erkältung und Brennen des Herzens (5) [... und verboten zu stören in der Nacht in Träumen oder am Tag] im Schlaf, der männliche PRK-Dämon und der weibliche PRK-Dämon, diejenigen, die verstoßen (?) ...
**Fragment 1, Spalte 2** (2) ... vor i[hm] ... (4) vor ihm und ... (5) und ich beschwöre (dich), o Geist ... (6) Ich beschwöre dich, o Geist ... (7) über der Erde, in den Wolken ...

## 48. Das Zeitalter des Lichts kommt (4Q462)

Diese Erzählung geht offensichtlich von der Verwünschung Noahs in Gen. 9,25–27 aus: »Verflucht sei Kanaan; der niedrigste Knecht sei er seinen Brüdern ... Gepriesen sei der Herr, der Gott Sems ... Raum schaffe Gott dem Japhet, daß er wohne in den Zelten Sems.« Sem galt natürlich als Vorfahre der Juden, während seine Brüder als Vorfahren der Nachbarvölker angesehen wurden. Noahs Worte, die als Prophezeiung gelesen wurden, beziehen sich wahrscheinlich auf die Davidische Zeit. Sie kündigen die endgültige Vormachtstellung der Juden gegenüber ihren Nachbarn an, ein zündender Funke in jedweder Zeit der Unterdrückung.

Der Text hätte den Propheten und Pseudo-Propheten in Kapitel 2 zugeordnet werden können, aber aufgrund seines nicht eindeutigen Charakters haben wir ihn hier aufgenommen. Er sollte als eine Art »Heilige Geschichte« verstanden werden. Nach der einleitenden Prophetie fährt er mit einem Urteil fort, und zwar einem Urteil, das scheinbar Jerusalem betrifft. Die Zeilen 6–8 »Der Herr ist der Herrscher ... Ihm allein gehört die Herrschaft« sollte man im Licht ähnlicher Schlagworte sehen, deren sich laut Josephus die Zeloten bedienten, die vor und während der Zeit des Aufstandes gegen Rom (66–70 n. Chr.) starken Zulauf hatten.

Nach Josephus weigerten sie sich, irgendeinen Menschen »Herr« zu nennen; sie rotteten sich anscheinend unter einem bestimmten Schlachtruf zusammen, den man mit »Kein König außer Gott« wiedergeben könnte, womit gemeint war: »Hier herrscht Gott und nicht der Mensch« (*Altertümer* XVIII § 23). Infolgedessen weigerten sie sich, den im fernen Rom weilenden römischen Kaiser anzuerkennen und die auferlegten Steuern zu zahlen, was, wie bereits im Zusammenhang mit dem »Testament des Kahath« in Kapitel 5 erläutert, verständlicherweise zu einem brennenden Thema im gesamten ersten nachchristlichen Jahrhundert wurde. Die Schlußfolgerung erübrigt sich, daß sie sich wohl auch kaum dazu herabgelassen haben dürften, irgendeinen messianischen Führer »Herr« zu nennen.

In dem vorliegenden Text begegnen uns die geläufigen Metaphern »Licht« und »Finsternis« (die erstere nun verbunden mit dem Kommen des offensichtlich ewigen »Königreiches«) sowie »Herrlichkeit« und die »Urteils«- Metaphorik. Sofern unsere Rekonstruktion korrekt ist, erfüllt sich die Prophezeiung Noahs dadurch, daß Israel (Jakob) die Kanaaniter der Zwangsarbeit unterwirft (5) – was auch immer damit gemeint sein mag. Der Hinweis auf eine zweite Gefangenschaft in oder durch Ägypten ab Zeile 12, verbunden mit dem Sturz Jerusalems, ist verwirrend, besonders weil sie mit den »Philistern« verknüpft zu sein scheint.

Genaugenommen ist sich der Verfasser des Textes sehr wohl bewußt, daß die Ägypter als Söhne Hams galten und daß die Philister, obgleich sie in Gen. 10 unter den Söhnen Hams aufgeführt wurden, eigentlich die Söhne Japhets oder Kaphthoriter, das heißt Kreter, waren. Dies wird durch archäologisches Material bestätigt. In diesem Zusammenhang erlaubt der Text auch die in Qumran übliche Lesart von »Kittim« als Söhne »Javans« (Griechenland). Möglicherweise bezieht sich darum die Geschichte unseres Textes auf die vormakkabäische Unterdrückung Jerusalems durch die ägyptischen Ptolemäer und die syrischen Seleukiden. Andererseits mag es sich vielleicht um eine verhüllte Anspielung auf die römischen Legionen aus Ägypten und Syrien zur Zeit der Belagerung Jerusalems handeln, wie wir sie in der Kriegsrolle auf die »Kittim aus Ägypten« und die »Kittim aus Assyrien« vorliegen haben.

Der Text schließt jedenfalls mit der üblichen und für die nationalistisch Gesinnten gewiß tröstlichen Zusage, daß Gott Jerusalem nicht vergessen werde und daß dessen Erniedrigung um ein vielfaches vergolten werde. Dies liegt auf einer Linie mit den Aussagen anderer Texte, etwa der letzten Spalte des Habakuk-Kommentars oder der »Hymnen der Armen« (siehe Kapitel 7). Angesichts der möglichen Zerstörung Jerusalems durch die »Kittim« folgert 1QpHab. XIII, 2–4, daß »Gott am Tage des Gerichtes (sic) von der Erde vernichten werde alle, die Götzenbilder verehren (d. h. die Völker/Heiden), und alle Gottlosen«.

TRANSLITERATION                       **Spalte 1 (Fragment 1)**

1. [    א[ת חם ואת יפת ]    [
2. [    ]נ ויזכור [    ליעקוב ויא[מר ]    [
3. [    לש[ו]ם לישרא[ל]    *vacat*    בכן יאמר[ו ]    [
4. [    לבוש[י]ם ריקמה הלכנו כי לוק. ]    [
5. [    ויתן בני כנען] לעבדים ליעקוב באהב[ה ]    [
6. [    וי[תנה לרבים לנחלה .... המושל ]    [
7. [    ] כבודו אשר מאחד ימלא את המים ואת [הארץ ]    [
8. [    ו]ל[ו] את הממשלה לבדו עמו היה האור עמהם ועלינו היה [החושך ]    [
9. [    יכלה ק[ץ החושך וקץ האור בא ומשלו לעולם על כן יאמר[ו ]    [
10. [    ל[י]שראל כי בתוכנו היה עם האביב יעק[וב ירד מצרימה ]    [
11. [    [על]יהמה ויעבודו ויתקימו ויזעקו אל .... ]    [
12. [    *vacat*    והנה נתנו במצרים שנית בקץ ממלכה ויתקי[מו ]    [
13. [    [ויתן עיר הקודש ביד יוש[בי פלשת ומצרים לבזה וחורבה &lt;ו&gt;ועמודיה [נהרסו ]    [
14. [    ת[מיר לדומם לרשע בעבור תקבל טמ[את עוונותיה ]    [
15. [    ]ה ועז פניה ותשנה בזיוה וערה ובגדיה [    [
16. [    [ים ואת אשר עשתה לה כן טמאת העו[ן ]    [
17. [    ] שנאתה כאשר היתה לפני הבנותה [    [
18. [    *vacat*    ויזכור את {ישרא} ירושלם ה[    [

ÜBERSETZUNG

**Spalte 1 (Fragment 1)** (1) ... Ham und Japhet ... (2) ... zu Jakob, und er sa[gte ...] Und er erinnerte sich ... (3) ... Israe[l zu ge]ben ... Dann sagten [sie ...] (4) ... Sie gingen [beklei]det mit feiner Kleidung, weil ... (5) [... Und Er gab die Söhne Kanaans] dem Jakob als Sklaven. In Lieb[e ...] (6) ... [Er] gab es (das Land) den Vielen als Erbe. (Der Herr ist) der Herrscher ... (7) ... Seine Herrlichkeit, die von dem Einen (kommt), füllt die Wasser und [das Land] ... (8) ... [Ih]m allein gehört die Herrschaft. Mit Ihm war das Licht; mit ihnen (den Engeln der Finsternis?) und über uns war [die Finsternis] ... (9) ... [Er wird das Zeit]alter der Finsternis [beenden], und das Zeitalter des Lichtes kommt, wenn sie (die Engel des Lichts?) regieren für immer. Darum sagten [sie] ... (10) ... zu [I]srael, weil Er in unserer Mitte war. Im Frühling ging

Jak[ob hinunter nach Ägypten ...] (11) [üb]er ihnen, und sie wurden in Zwangsarbeit gestellt, aber sie wurden erhalten. Sie schrien nach dem Herrn ... (12) Und siehe, sie wurden ein zweitesmal nach Ägypten gegeben, am Ende des Königreiches, aber sie wurden erh[alten ...] (13) [Und Er gab die Heilige Stadt in die Hände der Einwo]hner von Philistia und Ägypten, sie zu verderben und zu ruinieren. [Sie stürzten] ihre Säulen nieder ... (14) [... Sie (Jerusalem) ta]uschte (ihre Treue) aus, indem sie Böses erhöhte, so muß sie die Befle[ckung ihrer Sünden] auf sich nehmen ... (15) ... und ihr Trotz, so wurde sie gehaßt. In ihrer Schönheit, ihrem Schmuck und ihrer Kleidung ... (16) ... und was sie sich selbst antat. Ein Sohn der Befleckung des Bö[sen ...] (17) ihr Haß, wie sie vorher war, bevor sie wieder aufgebaut wurde ... (18) Aber Gott erinnerte sich Jerusalems ...

## 49. Er liebte seine körperlichen Absonderungen
   ## (Eine Aufzeichnung der Sektendisziplin – 4Q477)   (Tafel 24)

Dieser Text war offensichtlich eine solche Art von Aufzeichnung, wie sie der *»Mebakker«* oder »Bischof« vornehmen sollte; so wird es in der letzten Spalte der Damaskus-Schrift (s. o.) sowie in den Spalten des erhaltenen Textes erwähnt, der ohne Zweifel vorausging und der disziplinarische Maßnahmen und solche im den »Lagern« betraf. Das Vorhandensein eines solchen Verzeichnisses im Qumran-Korpus beweist nicht nur, daß derartige Aufzeichnungen gemacht wurden; gleichzeitig werden wir mit höchst lebendigen Augenzeugenberichten über das Leben konfrontiert, das in diesen Wüstengemeinschaften, die sich auf »die letzten Tage« oder die »Endzeit« vorbereiteten, geführt wurde.

Die Einheitlichkeit des Wortschatzes dieser Texte ist ebenfalls beeindruckend. Die Ideologie ist scharf umrissen, die Wortwahl sicher, sogar in den profanen und trivialen Texten dieser Art.

Deshalb wird auch der Terminus »Seele« in Zeile 1,2 ganz gezielt eingesetzt. Wir haben den Bedeutungsgehalt dieses wichtigen Ausdrucks bereits im letzten Kapitel dargelegt. Der Begriff ist natürlich in den veröffentlichten Hymnen und in den »Hymnen der Armen« weit verbreitet. Er wird regelmäßig in Verbindung mit Anspielungen auf die *»Ebjonim«*, *»'Anavim«* und *»Zaddikim«* – »die Armen«, »die Sanftmütigen« und »die Gerechten« – verwendet, ebenso im Habakuk-Kommentar, um die Vergeltung zu schildern, die den Frevelpriester wegen seiner Vernichtung des Lehrers der Gerechtigkeit und der Mitglieder seiner Gemeinde erwartet. In der letzten Spalte der Damaskus-Schrift wird »Seele« im Zusammenhang mit der Person gebraucht, die ihre Verbundenheit mit der *»Thora* des Mose« nicht bekräftigt und damit »die Fundamente der Gerechtigkeit zurückgewiesen hat«.

Die Verwendung von »Seele« in einem entscheidenden Abschnitt der Damaskus-Schrift – hier zur Beschreibung eines Angriffs auf die »Seele der

Gerechten« oder »des Gerechten« und seiner Mitstreiter – ist besonders wichtig. In lebensbedrohlichen Situationen wie dieser – und wohl ähnlichen in den beiden Sammlungen der Hymnen – bedeutet »Seele« wahrscheinlich eine Art Innerlichkeit, ein »inneres Sein« oder »Beisichsein« oder schlicht und einfach das Leben der betreffenden Personen.

In dem vorliegenden disziplinarischen Text – und es handelt sich hier nur um einen *disziplinarischen* und keinen Exkommunikationstext – finden wir in Zeile 1,4 die übliche Anspielung auf »Rebellion«, ohne Zweifel gegen die »Gesetze des Mose«. Der Kontext ist natürlich wieder ein negativer. Wir sind der »Rebellion« oder »Widerspenstigkeit« bereits in Verbindung mit der »Rebellion« des Hyrkan – wahrscheinlich gegen seinen Bruder Aristobul – in dem Text über die priesterlichen Dienstklassen III (»Aemilius tötet«) begegnet. Wir sind auf diesen Begriff weiterhin im Rahmen der »Rebellion« oder »Widerspenstigkeit« der »Söhne der Finsternis« gestoßen und ebenfalls bei der »Rebellion« gegen Gott zu Beginn des Habakuk-Kommentars und in der Damaskus-Schrift. Zweifellos schließt er auch die »Rebellion« oder »Widerspenstigkeit« einzelner Menschen wie des »lügenden Spötters« gegen das Gesetz ein. In diesem Kontext wird in Spalte 2, Zeile 2 das »Licht« genannt, und Zeile 1 impliziert, daß es hier um das »Wissen« einer bestimmten Übertretung geht, nicht eine unwillentliche, mit der wir es zu Beginn der letzten Spalte der Damaskus-Schrift und in Spalte VII der Gemeinderegel zu tun haben.

Die Anspielung auf die »Lager der Vielen« (1,3) ist ebenfalls eine Wendung, die diesen Text mit der letzten Spalte der Damaskus-Schrift und dem Tun des *»Mebakker«* oder »Bischofs« verbindet. Dieser wird als jemand beschrieben, der Verletzungen von Vorschriften schriftlich festhält und die »Lager« in der Wüste grundsätzlich unter seinem Kommando hat. Die Erwähnung der »Vielen« in Verbindung mit »Lager« löst außerdem ein zuvor angeschnittenes Problem – ein Grund mehr dafür, warum *alle* diese Texte für den kritischen Historiker unverzichtbar sind, im Gegensatz zum Philologen vielleicht, dem es nur um die Übersetzung einer einzelnen Handschrift geht.

Wir erinnern daran, daß der Begriff »die Vielen« benutzt wurde, um in der letzten Spalte der Damaskus-Schrift den »Priester, der den Vielen befiehlt«, zu beschreiben. Die Spalten XIII bis XIV der veröffentlichten Kairoer Damaskus-Schrift aber bestimmen den *»Mebakker«* oder »Bischof« noch viel deutlicher als denjenigen, der die vollständige Aufsicht über die »Lager« hat. Durch Spalte 1, Zeile 3 ist das Problem der Identität der beiden jetzt gelöst. Wenn die »Lager« in der Wüste die »Lager der Vielen« waren, wie unser Text hier en passant vermerkt, dann sind der »Priester, der den Vielen befiehlt«, und der *»Mebakker«* oder »Bischof«, der die »Lager« befehligt, ein und dieselbe Person. Schließlich ist auch die Bezeichnung des Jakobus als »Bischof der Jerusalemer Gemeinde« und als »Hoherpriester« in der frühkirchlichen Literatur nicht irrelevant.

Der Text ist darüber hinaus ein lebendiges Zeugnis für die tatsächliche Existenz der »Lager«. Uns begegnen zwei Menschen, die *wirklich* in ihnen lebten – die »Bewohner der Lager«, auf die so lebhaft in der letzten Spalte von 4QD angespielt wurde, und zwar »Hananja Nitos« und »Hananja ben Schim« (vermutlich »Schim'on« oder »Schemaja«). Außerdem werden ja die Mitglieder dieser »Lager« summarisch als »die Vielen« bezeichnet. Vor uns liegt ein äußerst ergreifendes und ganz unmittelbares Zeugnis.

Wieder stoßen wir auf eine Wendung wie »Geist des Glanzes«, die an die ekstatische »Glanz«-Sprache in den Texten »Die Wagen der Herrlichkeit« und »Das Geheimnis der Existenz« (siehe Kapitel 7) erinnert. Der Ausdruck »abwenden« in Spalte 2, Zeile 6 ist ebenfalls in Texten wie der Damaskus-Schrift oder der Gemeinderegel gängig, besonders wenn er im Sinne von »sich abwenden vom Gesetz« oder »in eine weglose Wüste in die Irre gehen« vorkommt. Derartige Formulierungen sind im Qumran-Korpus allgegenwärtig.

»Tadeln« in Zeile 9 (auch in Spalte 1, Zeile 2) meint nicht dasselbe wie »ausstoßen« oder »ausschließen« in den gewichtigeren Exkommunikationen von 4QD (s. o.), in der Gemeinderegel (II) und den »Wagen der Herrlichkeit«. Die Vergehen, die in diesem Bericht anklingen, sind keine Kapital- oder Exkommunikationsverbrechen, sondern mehr von der Art, wie sie in 1QS VII oder CD XII bis XV, vermutlich 4QD vorausgehend, aufgelistet werden. Die Anspielung erinnert an eine andere, der wir bereits im Genesis-Florilegium begegnet sind, nämlich wenn Ruben für den Beischlaf mit der Konkubine seines Vaters Jakob »getadelt« wird. Dies hier ist ein Verzeichnis »geringfügiger disziplinarischer Vergehen«, die von dem *»Mebakker«* in der Rolle des »über die Lager befehlenden Priesters« in den »letzten Tagen« festgehalten wurden.

Im lateinischen Sprachgebrauch bezeichnet das Wort *»Acta«* Verwaltungsprotokolle, die von Beamten wie Statthaltern, Prokuratoren u. ä. geführt wurden. Eusebius zum Beispiel teilt in seiner *Kirchengeschichte* 1,9.3 mit, daß er von *»Acta«* wisse, die – dreihundert an der Zahl – unter dem Namen des Pontius Pilatus in Umlauf waren und vorgeblich Verwaltungspapiere aus der Hinterlassenschaft des ehemaligen Prokurators seien. Die *»Acta«* oder »Protokolle« oder »Aufzeichnungen«, die wir hier in diesem disziplinarischen Text vor uns haben, halten im Gegensatz zu manchen anderen dieser Gattung tatsächlich »Verwaltungsvorgänge« fest – darum ihr sehr trockener und schlichter Ton.

Die »körperlichen Absonderungen« einer Person, deren Name nicht genannt wird, greifen schließlich Material der Kategorie »Trauer und sexuelle Angelegenheiten« auf, wie sie in den Reinheitsgesetzen (Typ A) in Kapitel 6 dargelegt wurden. Diese Anspielung steht in völligem Einklang mit der Qumran-Ideologie, der wir schrittweise auf die Spur gekommen sind. Jakobs »Tadel« hatte ja ebenfalls mit verbotenem sexuellen »Vermischen« zu tun. Dies liegt weiterhin auf einer Linie mit dem Verbot in Qumran, sich mit solchen Personen zu »vermischen«, da »die Heiligen Engel mit ihnen in ihren Lagern weilten« – ein zusätzlicher Hinweis auf die Lager selbst. Die Anwesenheit von »Heiligen Engeln in den Lagern« wird, wie wir vermerkt haben, sowohl in der Kriegsrolle als auch in der Damaskus-Schrift erwähnt – in der ersteren besonders im Hinblick auf das Fernhalten derartiger Unreinheiten vom Lager »von der Zeit an, zu der sie (die Heiligen des Bundes) Jerusalem verlassen und in den Krieg ziehen, bis sie zurückkehren«.

Jeder, der bisher ein solches Szenarium als Hirngespinst der Schreiber abtat, muß seinen Standpunkt noch einmal überdenken. Der Fund eines Fragments wie des vorliegenden zwingt ihn unwiderruflich dazu. Das »(Ver-)Mischen« oder »(Ver-)Mischen mit« ruft darüber hinaus eine ähnliche, bereits erläuterte Vorstellung aus dem »Ersten Brief über als Gerechtigkeit angerechnete Werke« wach. In jenem Dokument zielt der Begriff hauptsächlich auf die »Heiden« und das Sich-mit-ihnen-»Vermischen« ab, in der Kriegsrolle und der Damaskus-Schrift aber steht er für das »Vermischen« mit den »Söhnen der Hölle«. Natürlich sind alle diese Ausdrücke verwandt mit der Ideologie der »Absonderung«, der wir wiederholt in diesen Texten begegnet sind – »Trennung von rein und unrein«, Teil des allgemeinen Vorwurfs der »Tempelbefleckung«, aber auch die allgemeinen Anweisungen, »sich von den Söhnen der Hölle« oder »von der Mehrheit der Menschen fern(zu)halten« und »in die Wüstenlager hinaus(zu)ziehen«.

## TRANSLITERATION

**Spalte 1**

1. [ ] [ים אנשי ה..] [
2. [ ] [נפשמה ולהוכיח א]ת [
3. [ ] מ[חני הרבים על
4. [ ] מעל [

**Spalte 2**

1. [ ] ל [
2. [ אשר ] ר האור מדע]ת [
3. [ הרבים] [ את יוחנן בן ..] [
4. [ הואה קצר אפים ] [ העין שמו ונם רוח פארה ע.] [
5. [ ] [ה הואה ..מ.ש.]. ] *wacat* [ ואת חנניה ניתום הוכיחו אשר הוא]ה [
6. [ ] לה[ס]יר את רוח היח[ר מדרך] ונם לערב א[ת [אל]י [
7. [ ] [.. הוכ]יחו] [א]שר רוע] [עמו ונם אשר איננו ח] [
8. [ ] [.ורו ונם אוהב את שפך בשרו [
9. [ ] [ ] [ ואת חנניה בן שמ[ הוכיחו] [
10. [ ] ונ[ם אוהב את ט..] [

## ÜBERSETZUNG

**Spalte 1** (1) Die Männer der ... (2) ... ihre Seele, und zu tadeln (3) ... [die La]ger der Vielen, betreffs (4) ... Rebellion

**Spalte 2** (1) zu ... (2) welches ... das Licht, wissen[d ...] (3) die Vielen ... Jochanan ben ... (4) er war jähzornig ... sein Name ... Und auch der Geist des Glanzes mit ... (5) er ... Und sie tadelten Hananja Nitos, weil e[r] ... (6) ... den Geist der Gemein[de vom Weg abzu]wenden, und auch zu vermischen d[ie ...] (7) ... sie tad[elten, we]il er ... und auch, weil er nicht war ... (8) ... Außerdem liebte er seine körperlichen Absonderungen ... (9) Hananja ben Schim [ ... sie tadelten, weil ...] (10) [... Außer]dem liebte er ...

## 50. Lobrede auf König Jonathan (Alexander Jannai – 4Q448)
(Tafel 25)

Dieser Text widerlegt die traditionelle »Essener-Theorie« über die Ursprünge Qumrans zur Gänze. Diese Theorie wird seit dreißig Jahren vertreten, beruht aber auf falschen Übersetzungen und Fehlinterpretationen. Noch unverständlicher ist, wie die »Lobrede auf König Jonathan« völlig übergangen werden konnte. Wieder einmal zeigen sich die Notwendigkeit offenen Zugangs zu den Texten und die verheerenden Auswirkungen, weil die Archive nur einem kleinen Personenkreis zugänglich gemacht wurden.

In der Geschichte, die in den Texten reflektiert wird, gibt es nur zwei Könige mit Namen Jonathan: Jonathan, den Bruder des Judas Makkabäus (um 155 v. Chr.), und Alexander Jannai (gest. 76 v. Chr.), auf den wir in verschiedenen Texten Bezug genommen haben. Da der erste vermutlich niemals im wirklichen Sinne König war und folglich auch nicht mit »König« angesprochen wurde, befinden wir uns wahrscheinlich in der Zeit des Letztgenannten. Im Rahmen unserer Textsammlung sind wir auf ihn besonders in dem Text über die priesterlichen Dienstklassen III (»Aemilius tötet«; siehe Kapitel 4) eingegangen.

Einen Text in Händen zu haben, der mit einer Widmung oder einer Lobrede auf ihn – in den Worten der »Lobrede« selbst: einem *Schir Kodesch* oder »Heiligen Lied/Gedicht« – eingeleitet wird, ist ein geschichtlicher Schatz von höchster Bedeutung für das Studium der Rollen. Aus diesem Grund beschließen wir unser Buch mit seiner Interpretation. Die Tatsache, daß dieser Text so lange zurückgehalten wurde und deshalb die Diskussion in der betreffenden Sache über weite Strecken falsch geführt wurde, kann nur als verwerflich angesehen werden.

Vor zehn Jahren meinte einer der Herausgeber dieses Buches, daß Qumran *promakkabäisch* verstanden werden müsse, das heißt *für* Alexander Jannai oder Jonathan und nicht gegen ihn. Er folgerte aus der Beschreibung des Judas und seiner neun Mitstreiter, die »in den Bergen« lebten und nur Pflanzen aßen, »um nicht unrein zu werden« (2. Makk. 5,27), daß die Siedlung möglicherweise von den Makkabäern gegründet worden sei, um dieser Erfahrung in der »Wüste« eine Heimstatt zu geben, und nicht (wie in der normativen Qum-

ran-Forschung, die aus dieser Gründung antimakkabäische Vorurteile heraus-
las) in Opposition zu ihnen stehe.

Man sollte auch nicht außer acht lassen, daß die beiden Makkabäer-Bücher
das Fest Chanukka, für dessen Erinnerung sie verfaßt wurden, als das neue
Laubhüttenfest darstellen, das in der »Wüste« anläßlich der ersten Offenba-
rung oder der erneuten Gabe des Gesetzes gefeiert wurde. Jener Herausgeber
wies ferner auf einen zweiten, späteren Aufenthalt des Alexander Jannai in der
»Wüste« hin, als er und etwa sechstausend seiner Untergrundkämpfer zu den
»Hügeln«, die Jerusalem umgaben, flohen, um Demetrius zu widerstehen.
Dieser griechisch-seleukidische König war wahrscheinlich von der Gegenpar-
tei Alexanders, den Pharisäern, in das Land eingeladen worden (*Der jüdische
Krieg* I §§ 92–95).

Diese Einladung durch die pharisäischen Gegner des Alexander Jannai
muß als prototypisch für jene Partei und das »Establishment« der Sadduzäer
angesehen werden, das die Pharisäer schließlich unter Kontrolle bekamen.
Später sind es dieselben pharisäischen Anhänger Hyrkans II. – auf sie wurde
in mißbilligender Weise in dem Text über die priesterlichen Dienstklassen III
(»Aemilius tötet«) Bezug genommen –, die sich auf die Seite von Pompeius
und Scaurus stellen, die in jenem Text erwähnt werden. Sie standen vermutlich auch mit Antipater, dem Vater des Herodes, im Einvernehmen, der den
römischen Truppen half, die Anhänger des Aristobul im Tempel zu überwältigen. Josephus berichtet über den Ehrfurcht gebietenden Eindruck, den die
Besessenheit der Anhänger Aristobuls auf die Römer machte, indem sie
standhaft die Erfüllung ihrer priesterlichen Pflichten im Tempel fortsetzten,
als man sie bereits niederzumetzeln begann. Josephus teilt ebenfalls mit, daß
die pharisäischen Kollaborateure der Römer mehr priesterliche Gesinnungs-
genossen des Aristobul töteten als die römischen Truppen selbst (*Der jüdische
Krieg* I §§ 148–150).

Josephus nennt darüber hinaus zwei Rabbiner der nächsten Generation, die
offensichtlich Personen von der Statur Hillels und Schammajs in der rabbinischen Tradition darstellen sollen. Er nennt sie »Pollio« und »Sameas«.
Während der Ereignisse des Jahres 37 v. Chr. hatten diese dem Volk geraten,
»Herodes die Stadttore zu öffnen«, als dieser, unterstützt von Marcus Antonius, nach Jerusalem zurückkehrte und es noch einmal erstürmte, um schließlich die Macht für sich und seine Dynastie zu übernehmen (*Altertümer* XV
§§ 2-3). Aus diesem Grund standen Pollio, Sameas und ihre pharisäischen
Anhänger in der Gunst des Herodes, während dieser die übrigen Mitglieder
des sadduzäischen Sanhedrins hinrichten ließ (*Altertümer* XIV §§ 175–176).
Entgegen dem herkömmlichen Verständnis, das während des 1. Jahrtausends
von den Erben jener Tradition gepflegt wurde, war die pharisäische Position,
die die Genannten vertraten, nicht die gängige. Das Volk ignorierte sie vielmehr und befürwortete in der Regel eine mehr nationalistische Ausrichtung;

die Stimmung im Volk war demnach *promakkabäisch*, nicht umgekehrt – und sie schlägt sich in der »Lobrede auf König Jonathan« beispielhaft nieder.

Während der Zeit des Aufstands gegen Rom, der wahrscheinlich von den Kräften gesteuert wurde, die in der Qumran-Literatur anschaulich hervortreten, waren es – so vermerkt Josephus ausdrücklich – die Köpfe der Pharisäer, die Oberpriester (das heißt herodianische Sadduzäer) und die Männer an der Macht (die Herodianer und ihre Verbündeten, deren Mittelsmann eine geheimnisumwitterte Person namens »Saul« war), die die Römer nach Jerusalem riefen, um den Aufstand niederzuwerfen. Damit beschworen sie jene folgenschweren Ereignisse herauf, die letztlich zur Zerstörung des Tempels führten (*Der jüdische Krieg* II §§ 411–418). Josephus und Philos Neffe Tiberius Alexander mischten bei dieser Zerstörung sogar kräftig mit!

Es gibt noch einen weiteren Qumran-Text, der sich auf diese Ereignisse bezieht, nämlich den Nahum-Kommentar aus Höhle 4. Dieser Text – wie immer man ihn auch interpretiert – wurde offensichtlich *nach* der Ankunft der »Kittim« im Land verfaßt. Er scheint sowohl auf Demetrius, der eben erwähnt wurde, als auch auf Antiochus (wahrscheinlich Epiphanes) zur Zeit des heldenhaften Kampfes des Judas Makkabäus gegen ihn hinzuweisen und merkt an, daß die »Kittim« nach den »Griechen« kamen. Also muß dieser Text in römischer Zeit geschrieben worden sein, und daraus kann man zu Recht schließen, daß im Nahum- wie in dem mit ihm verwandten Habakuk-Kommentar und im Kommentar zu Psalm 37 der Begriff »Kittim« für die Römer steht.

In den traditionellen Theorien über die Ursprünge Qumrans, das heißt in der »Essener-Theorie« und ihren Spielarten, wurde Alexander Jannai als der wahrscheinlichste »Kandidat« für die Rolle des Frevelpriesters gehandelt, den diese Kommentare beschreiben – entweder er oder einer seiner makkabäischen Vorläufer wie Judas, Judas' Vater Mattatias, sein Bruder Jonathan oder sogar der Sohn des Alexander, Aristobul, der offensichtlich im Aemilius-Text erwähnt wird. Das Ziel des Buches *Maccabees, Zadokites, Christians and Qumran* war es, diese Ansicht zu widerlegen. Die »Lobrede auf König Jonathan« erschüttert die »Essener-Theorie« erneut und führt in die entgegengesetzte Richtung.

Seitdem man – dank der Bemühungen einer jungen israelischen Wissenschaftlerin – von der Existenz der »Lobrede« weiß, sind verschiedene Erklärungen, meistens von Personen, die die traditionelle »Essener-Theorie« retten wollten, angeboten worden, etwa, »ein Sadduzäer muß der Qumran-Gemeinde beigetreten sein« u. a. Ähnliche Kommentare wurden in der frühen Forschung im Zusammenhang mit der Kriegsrolle abgegeben, das heißt, man wollte sie als imaginär oder allegorisch verstehen. Das gleiche gilt für die Kupferrolle: Man glaubte – aus ähnlichen Beweggründen – nicht, daß sie eine wirkliche Liste von Verstecken im Tempel war. Alle genannten Erklärungsversuche sind grotesk und gehen völlig an dem Gedankengut der Qumran-Schriften vorbei.

Bei der beschriebenen Gruppe handelt es sich um »Sadduzäer« oder vielleicht noch besser (um der hebräischen Nuance gerecht zu werden): um »Zadokiden«. Sie sind keine Sadduzäer im Sinne des Neuen Testaments oder wie Josephus sie porträtiert. Sie sind ein völlig anderer Typ. Dies wird übrigens auch durch die beiden Briefe über die Werkgerechtigkeit (siehe Kapitel 6) und den disziplinarischen Text, der der »Lobrede« vorausging, bestätigt. Diese Gruppe lebte *wirklich* zurückgezogen in den Lagern der Wüste.

Natürlich kann man diese Gruppe »Essener« nennen, doch sollte man dann neu definieren, was mit »Essener« gemeint ist, und dabei die militante, nationalistische und aufständische Gesinnung der Gruppe, die manche »zelotisch« nennen würden, berücksichtigen. Diese Gruppe kann *nicht* antimakkabäisch, sondern muß promakkabäisch gewesen sein. Die Bewegung hinter der Qumran-Literatur gedachte am ehesten der makkabäischen »Lagertradition« (die *Hütten* des neuen Laubhüttenfestes in der Wüste).

Alexander Jannai oder andere »Wüstenkämpfer« in der makkabäischen Tradition können nicht der Frevelpriester gewesen sein. Dies ist ein Widerspruch in sich selbst und offenbart das völlige Unvermögen, die Bedeutung des vor uns liegenden Materials zu erfassen. Nur eine Person mit pharisäischen Tendenzen wie sein kompromißbereiterer Sohn Hyrkan II. kann in der bewußten Art verstanden worden sein. Die wenigen Zeilen dieses kurzen, aber herrlichen Gedichtes *beweisen* auf unwiderlegbare Weise unsere These.

Das Gedicht hat einige interessante Merkmale. Erstens *ist* es ein Gedicht. Wir haben es »Lobrede« genannt, um sowohl seinem Lobpreis einer großen Persönlichkeit als auch der »Heiligkeit« der Anrede, die in der Widmung der ersten Zeile zum Ausdruck kommt, gerecht zu werden. Zweitens ist es sehr alt. Links oben auf Tafel 25 über diesem Text steht ein apokrypher Psalm, der sich durch eine andere Handschrift von ihm unterscheidet. Ebenfalls oben auf der Platte rechts von diesem Psalm steht ein hingekritzeltes Wort, wiederum in einer anderen Handschrift: »Halleluja« (»Lobet den Herrn«). Dieses Wort findet sich in späteren Versen der traditionellen Psalmen.

Auf den apokryphen Psalm auf der oberen Seite des Dokuments wird in der Regel als Psalm 154 Bezug genommen. Er ist in der syrischen Tradition bekannt und wurde interessanterweise zusammen mit den Qumran-Psalmen in Höhle 11 gefunden. In der Bibel erscheint er allerdings nicht. Es handelt sich dabei um einen Lobpreis, der »die Vielen« verherrlicht, in strengem Einklang mit der »Lobrede auf König Jonathan« weiter unten auf dem Pergament. Er quillt von gängigem Qumran-Vokabular über: *»Hasidim«*, *»Zaddikim«*, »die Aufrichtigen«, »die Sanftmütigen«, »seine Seele«, »ein angenehmer Geruch« und – eine neue Formulierung – »die Einfältigen«. Sie wird in ähnlich bedeutenden Zusammenhängen im Habakuk- und Nahum-Kommentar parallel zu »die Armen« gebraucht. Wahrscheinlich ist sie sogar eine Parallele zu »die Geringen« in den Evangelien (Mt. 10,42; Mk. 9,42 usw.). Welche Rolle

der Psalm auch in diesem Dokument gespielt haben mag, sein unverwechsel-
barer apokalyptischer Nationalismus steht in völligem Einklang mit der Qumran-Ideologie, und vielleicht ist er sogar dort geschrieben worden.

Die Handschrift unten auf der Seite ist informell und erscheint in Kursiv-
buchstaben; der Inhalt des Textes ist ein Lobpreis. Die Widmung findet sich
in der Form eines neunzeiligen Gedichtes am rechten Rand des Hauptstücks,
wiedergegeben als Spalte 1 in unserer Transkription. Jede Zeile enthält zwei
Wendungen, einige drei, und eine besteht nur aus »Israel«. Der Text scheint
vollständig und völlig ursprünglich zu sein, fast wie *Haiku*-Dichtung, außer
daß er anstelle von 17 Silben 20 Satzglieder enthält.

Ihm folgt in der unteren Hälfte von Spalte 2 Material in derselben Handschrift. Was uns hier vorliegt, könnte eine bedeutende Sammlung von
»Gedichten« oder »Heiligen Liedern« gewesen sein. Möglicherweise wurden
sie sogar als Teil einer König Jonathan zugeeigneten Laudatio gesungen oder
ihm selbst zugesandt. Sie können aber auch eine private Abschrift von einem
Text sein, den jemand aufheben wollte. Es sollte jedoch bedacht werden, daß
die Gemeinde sich keinen Zwang antat, diesen Alexander mit »König« anzu-
sprechen. Viele Münzen, die während dieser Zeit geprägt wurden, tragen die
Inschrift »Jonathan der Hohepriester der Juden« *(»Jehudim«)*. Münzen, die
das Logo »König« tragen, sind normalerweise in Griechisch und tragen seinen griechischen Namen »Alexander«. Einige wenige andere tragen das Logo
»der König Jonathan«.

Der Hinweis auf die »ganze Gemeinde Deines Volkes« in Spalte 1, Zeile 3
ist insofern interessant, als er die ähnliche Terminologie, die Qumran auf sich
selbst anwendet, widerspiegelt (»die Gemeinde«). Das gleiche gilt für Zeile 5,
die vermerkt, daß die Juden ein *Diaspora*volk sind, die in »alle vier Himmelsrichtungen« (Zeile 6) zerstreut sind. Am interessantesten sind jedoch
wohl die beiden Anspielungen in Zeile 8 und 9. »Vollkommen« in Zeile 8
nimmt eine uns schon bekannte Terminologie auf. Strenggenommen ist es
nicht genau das Wort »vollkommen«, sondern ein paralleles Wort mit der
gleichen Bedeutung, mehr in der Richtung von »ganz«.

Das Wort *»Hever«* in Zeile 9 erscheint auf zahlreichen makkabäischen
Münzen dieser Zeit, besonders auf denen, die unter Alexander Jannai geprägt
wurden. Es wird von der hebräischen Wurzel »Freund« oder, wenn man so
will, »Bruderschaft« abgeleitet. Jonathan wird auf Münzen fast immer in dieser Weise gehuldigt, das heißt durch Ehrenbezeichnungen wie »der Hohepriester und das Haupt der Bruderschaft (oder des Rates oder des Sanhedrins)
der Juden«. Wir haben es vorgezogen, dieses Wort mit »Gemeinwesen«
(»Commonwealth«) zu übersetzen. Seine Verwendung im vorliegenden Text,
verbunden mit dem überschwenglichen Lob für Alexander, paßt zu den Münzen dieser Zeit und verstärkt den Eindruck der historischen Authentizität des
Gedichtes selbst.

Auch wenn der Charakter der Lobrede aus der ersten Spalte nicht so deutlich hervorginge, so würde er doch durch die zweite Spalte und natürlich das apokryphe Gedicht weiter oben um so mehr erhärtet. Es ist schwer vorstellbar, daß diese Gruppe an irgendeinem Punkt über König Jonathan ernüchtert war, und die Herausgeber weisen diese Interpretation zurück.

Die zweite Spalte ist, wie der Leser sehen kann, schwerer verständlich, weil weniger Material erhalten ist. Da klingt in Zeile 1 »Liebe« an, doch die Übersetzung »Wein« am Ende von Zeile 2 ist im Zusammenhang mit der übrigen »Lobrede« verwirrend. Das Wort könnte auch mit »Griechenland« übersetzt werden, aber dies erhellt den Kontext genausowenig. Das Stichwort »Gemeinwesen« wird in Spalte 2, Zeile 6 wiederaufgenommen, hier in Verbindung mit dem verherrlichenden »Königreich«, wahrscheinlich dem Jonathans. Die zweimalige Erwähnung des »Namens«, die auf Gutes für den Monarchen und Segen abzielt, ist beachtenswert.

In diesem Kontext ist auch das bedeutungsträchtige »aufsuchen« in Zeile 2,4 von Interesse. Auf diesen Begriff mit seiner Schattierung »heimsuchen« sind wir durch das gesamte Qumran-Korpus hindurch gestoßen. Wir sind ihm im Text über den Messias des Himmels und der Erde begegnet, wo er sich auf Gott bezog, der die »*Hasidim* aufsucht« oder die »*Zaddikim* bei ihrem Namen ruft«. Auch hier – ob absichtlich oder zufällig – haben wir wieder das Stichwort »Name«. »Aufsuchen« oder »heimsuchen« erscheint ebenfalls, wie wir gesehen haben, in I,6–7 der Damaskus-Schrift. Dort wird der Begriff im Zusammenhang mit dem »Sproß aus der Pflanzung Aarons und Israels« erwähnt, den Gott offenbar wachsen ließ, »damit er Sein Land in Besitz nehme«. Im Kontext von CD kann der Begriff »aufsuchen« oder »heimsuchen« als Hinweis darauf verstanden werden, daß diese erste messianische Gestalt ihre Wurzeln sowohl in der Davidischen wie auch in der priesterlichen Tradition hat, und damit gliche dieser Messias jener Figur, die am Ende der Schrift »aufsteht«, »aufersteht« oder »wiederkehrt«; es könnte aber auch die Gemeinde selbst gemeint sein.

Schließlich sei noch auf Zeile 7 hingewiesen: »die, die teilnehmen am Krieg«. Diese Formulierung wird in einem höchst bedeutsamen Kontext in der Auslegung des zadokidischen Bundes aus Hes. 44,15 in Spalte IV der Kairoer Damaskus-Schrift verwendet. Man kann die Aneinanderreihung in dieser Prophezeiung, »die Priester, die Leviten, die Söhne Zadoks«, auch im Sinne von »die Priester, die die zadokidischen Leviten waren« auffassen. Diese Lesart unterläuft die Damaskus-Schrift jedoch, indem sie jeweils »und« einfügt. Ihrer Exegese entsprechend liest sich die Prophetie nun folgendermaßen: »Die Priester *und* die Leviten *und* die Söhne Zadoks«, das heißt: Es werden *verschiedene* Personengruppen aufgezählt. Damit ist die nachfolgende Exegese vorbereitet, welche die »Priester« als »die Bußfertigen Israels, die in die Wüste hinauszogen« mit den »Söhnen Zadoks« in bekannter Manier identifiziert.

Auf die »Leviten« geht die Exegese nicht ein, aber ein anderes Wort, nämlich »Teilnehmer« *(»Nilvim«)*, offenbar auf das Wort »Leviten« anspielend, wird eingefügt. Die Interpretation liest sich dann so: »Und die mit ihnen teilnehmen« (oder »sich ihnen anschließen«) – »ihnen« sind, wie eben erwähnt, »die Bußfertigen Israels ... in der Wüste«. Dieser Ausdruck scheint in der »Lobrede auf König Jonathan« auf, hier aber ergänzend an eine Phrase gebunden, die in der Damaskus-Schrift fehlt, nämlich »die, die teilnehmen am Krieg von ...«. »Am Krieg von« ist eine wichtige Beifügung, die sofort den Krieg gegen Demetrius, an dem Jonathan beteiligt gewesen zu sein scheint und der im Nahum-Kommentar beschrieben wird, wachruft.

Wie sich herausstellt, erscheint eine Variante dieser Terminologie auch im Nahum-Kommentar, das heißt der rein verbale Gebrauch »teilnehmen«. (In unserer Übersetzung der »Lobrede« Spalte 2, Zeile 7 haben wir das Substantiv »Teilnehmer« in einen Relativsatz aufgelöst.) Das Verb steht im Nahum-Kommentar in Verbindung mit den »Einfältigen« und ist sprachlich unterschwellig mit dem Ausdruck *»ger-nilveh«* (»ansässige Fremde«) verknüpft – eine weitere Variante der Verwendung. Das Wort *»Nilvim«* erscheint übrigens in Esth. 9,27, wo es auf die »Heiden« bezogen wird, die sich auf die eine oder andere Art mit der jüdischen Gemeinde »verbinden« – daher die Bedeutung von »teilnehmen«, was auf das Wort »Leviten« anspielt. Darin mag auch ein »assoziativer«, wenn auch geringerer Status angesprochen sein, das heißt, eine Gruppe gottesfürchtiger Heiden »schließt sich« der Gemeinde »an«. Wie dem auch sei – die Präsenz dieses Hinweises in dieser »Lobrede auf König Jonathan«, deren nationalistische Gefühle offenkundig sind und die außerdem mit Krieg verbunden ist, sollte man keineswegs geringschätzen.

TRANSLITERATION                                        **Spalte 1**

1. שיר קדש
2. על יונתן המלך
3. וכל קהל עמך
4. ישראל
5. אשר בארבע
6. רוחות שמים
7. יהי שלום כלם
8. שלם מלפניך
9. וחבר בשמך

**Spalte 2**

1. באהבתך אתימר ]                    [
2. ביום {וע} וערב מיין ]             [
3. לקרוב להיות ת. ]                   [
4. פקדם לברכה לה. ]                  [

284

5. ‏על שמך שנקרא‏ . [   ]
6. ‏ממלכה לחברך‏ . [   ]
7. ‏נלוים מלחמת‏ .. ] [   ]
8. ‏לזכרון שמך‏ ] [   ]
9. ‏ח‏. [‏ר‏. ] [   ]

ÜBERSETZUNG

**Spalte 1** (1) Ein heiliges Gedicht (2) für König Jonathan (3) und die ganze Gemeinde Deines Volkes (4) Israel, (5) die (zerstreut sind) in (6) (alle) vier Himmelsrichtungen, (7) mögen sie alle wohl sein, (8) vollkommen vor Dir, (9) und ein Gemeinwesen in Deinem Namen

**Spalte 2** (1) Durch Deine Liebe … (2) am Tag und am Abend, von Wein (oder »Griechenland«?) … (3) nahezukommen, um zu sein … (4) Suche sie auf für einen Segen, um … (5) auf Deinen Namen, der verkündet wird … (6) ein Königreich für Dein Gemeinwesen … (7) die, die am Krieg von … teilnehmen … (8) zum Gedenken Deines Namens …

## Anmerkungen

(45) Brontologion (4Q318)

Frühere Besprechungen: J. T. Milik, *Ten Years*, S. 42; ders., *Books of Enoch*, S. 187; J. C. Greenfield und M. Sokoloff, »Astrological and Related Omen Texts in Jewish Palestinian Aramaic«, *Journal of Near Eastern Studies* 48 (1989), S. 202. Fotografien: PAM 43.374, ER 1368.

(46) Ein physiognomischer Text (4Q561)

Frühere Besprechungen: J. Starcky, »Les quatre étapes du messianisme à Qumran«, *Revue Biblique* 70 (1963), S. 503, Anm. 66. Fotografien: PAM 43.598, ER 1545.

(47) Eine Amulettformel gegen böse Geister (4Q560)

Frühere Besprechungen: keine. *DSSIP* führt den Text unter »Proverbs ? ar« auf, aber es handelt sich eindeutig um einen Beschwörungstext. Fotografien: PAM 43.574 und 43.602, ER 1522 und 1549.

(48) Das Zeitalter des Lichts kommt (4Q462)

Frühere Besprechungen: M. Smith, »4Q462 (Narrative) Fragment 1: A Preliminary Edition«, *Revue de Qumran* 15 (1991), S. 55–77. Fotografien: PAM 43.546, ER 1495.

(49) Er liebte seine körperlichen Absonderungen (Eine Aufzeichnung der Sektendisziplin – 4Q477)

Frühere Besprechungen: keine. Fotografien: PAM 43.562, ER 1510.

(50) Lobrede auf König Jonathan (Alexander Jannai – 4Q448)

Frühere Besprechungen: A. Rabinovich, »A Prayer for King Yonaton«, *Jerusalem Post Magazine* 8 (1992), S. 9–11. Fotografien: PAM 41.371 und 43.545, ER 266 und 1494.

# Register